고전 티벳어 문법

Lehrbuch der klassischen tibetischen Schriftsprache

Michael Hahn 저 | 안성두, 최성호 역

씨아이알

초판 서문

고전 티벳어 문법(Lehrbuch der klassischen tibetischen Schriftsprache)은 필자가 1969/70년 두 학기 동안 함부르크대학에서 강의했던 고전 티벳어 수업의 강의자료에 의거하고 있다. 본서는 두 개의 서로 모순된 목적을 추구하고 있다. 하나는 이 책은 재료의 교육적 서술을 통해 언뜻 보아 매우 가공하기 어려운 자료 속으로 침투하는 것을 가능한 한 용이하게 하려는 것이며, 그럼으로써 대학에서의 교재용뿐 아니라 독학자를 위한 용도로써 사용하려는 것이다. 다른 하나는 이 책은 이런 목적을 가진 다른 책에 비해 상대적으로 완성된 문법책으로서 티벳 문헌에 관심을 가진 사람들에게 초급단계의 강의를 넘어 도움을 주려는 것이다.

첫 번째 목적은 어떤 이유도 필요치 않을 것이다. 왜냐하면 과(科)에 따라 배열되고 연습문제를 수반한 교재는 이제까지 존재하지 않았기 때문이며, 또한 현존하는 티벳어 문법의 단순한 학습 후에 연습문제를 풀 때에 초기의 어려움은 헤아릴 수 없이 크기 때문이다.

우리가 티벳어 문법을 기술함에 있어 현금의 상황을 볼 때 두 번째 목적은 이해될 것이다. 왜냐하면 오늘날까지 티벳어 문법에 대한 실질적으로 포괄적이며 학문적 작업은 없기 때문에 음성학과 형태론·구문론에 대해 알고자 하는 사람은 책 속에 다양한 방식을 찾아야만 하기 때문이다.

1) 유럽식에 따른 문법서 속에서
2) 티벳 전통적인 문법서 속에서나 또는 그에 대한 유럽어로의 번역과 제 작업 속에서
3) 다른 저작 속에서, 예를 들면 문법에 대한 논서나 논문, 티벳 사전, 색인, 문헌과 방언문법 등에서

2-3)에서 언급한 가능성은 초보자에게는 완전히 배제되며 티벳어 문법을 잘 아는 사람들

에게도 공력을 필요로 하며 시간낭비일 것이다. 그러면 1)로 정리될 수 있는 문법학자, 즉 Csoma de Körös(1834), Isaac Jacob Schmidt(1839), Phillippe Edouard Foucault(1858), (Heinrich Wenzel에 의해 작업된) Heinrich August Jäschke(1883), Palmyr Cordier(1908), Herbert Bruce Jacques Bacot(1946-8), Marcelle Lalou(1950) 및 Nokolayevich Roerich/Lobsang Phuntshog Lhalungpa (1957)는 무엇을 했는가?

위에서 언급했던 대다수 작품들 속에서 가치 있는 관찰이나 적어도 필요한 자료모음은 발견된다고 강조해야 할 것이다. 그렇지만 그중에서 단지 Lalou의 Manuel élémentaire de tibétain classique만이 만족스러울 것이다. 왜냐하면 이 책은 짧지만 많은 자료를 정리되고 일목요연한 형태로 제공하기 때문이다. Csoma de Körös와 Schmidt, 또 부분적으로 Foucault는 서술상 매우 구식이다. Jäschke의 문법은 너무 짧고 일목요연하지 못하다. Francke/Simon의 보충은 이런 단점을 부분적으로 채워주지만, 가치란 점에서 비교되지 않는다. Cordier도 비록 많은 주목할 만한 점이 있음에도 너무 정보가 부족하다. Hannah는 주로 현대 티벳어를 다루었고, 반면 Bacot은 너무 티벳 전통문법에 영향받았다. 이를 그는 그의 저작인 Une grammaire tibétaine du tibétain classique, Les ślokas grammaticaux de Tonmi Sambhoṭa, avec leurs commentaires(Paris, 1928)에서 다루었다. 그의 문법책의 제2부를 이루는, (전거를 포함한) 자료모음으로서 매우 가치 있는 Index morphologique는 안타깝게도 잘 정리되지 않았다. 마지막으로 Roerich는 티벳어 일반과 그 언어계차, 방언에 관한 뛰어난 통찰을 보여주긴 하지만 세세한 점에서 강의교재와 참고자료로 사용하기에는 너무 짧다.

위에서 언급한 문법서 중에서 비교할 수 없을 정도로 자료적 가치가 높은 (Lalou의) 책이 오래전에 절판되었기 때문에 이 간극을 동일할 정도의 많은 자료뿐 아니라 두 배 분량의 문법자료를 제공함으로써 본 서를 갖고 대체하고자 시도했다.

자료의 선택과 서술을 위해 다음의 관점이 결정적이다.

1) 기본적으로 고전 티벳어라는 하나의 언어 등급만이 기술되어야 한다. 이 고전 티벳어가 경전화된 칸쥬르와 탠주르 판본 속에서뿐 아니라 그것과 관련된 학자들의 저작에서도 발견된다. 고전 티벳어 이전 또는 서사시나 일상회화에서 나타나는 것은 주변적으로 다루어졌다.

2) 고전 티벳어를 기술할 때에 조사와 단어위치, 문장 분석이라는 구문론의 문제가 전면에 나오게 된다. 왜냐하면 이들 문제는 올바른 번역을 위해 커다란 의미를 갖고 있기 때문이다.

3) 형태론을 다루기 위해서는 분량뿐 아니라 현재의 학문적 수준도 충분치 않기 때문에 티벳 문법에 있어 이 중요한 영역을 건너뛸 수밖에 없을 것이다. 아직도 숨겨져 있는 어원과 단어형성론을 위한 형태론의 중요성 때문에 그와 관련된 문제점들에 주의를 환기시키기 위해 이곳저곳에서 산발적으로 정보들을 뿌려놓았다.

4) 각 과의 배열과 강의에서 다룬 내용을 가능한 한 빨리 이해시키려는 필요한 연습문제를 고려하여 문법 자료는 모든 경우에 엄격하게 체계적으로 제시될 수는 없을 것이다. 그렇지만 연관성은 교차인득을 통하거나 색인의 도움으로 빨리 발견될 수 있다. 언급한 이유 때문에 사소한 반복은 불가피할 것이다.

5) 예문이나 예시문장들은 부분적으로는 유럽이나 티벳의 다른 저자의 저작에서 따온 것이며, 부분적으로는 필자 자신이 문헌에서 모은 것이다. 몇몇 경우에 독자들로 하여금 그들의 문법지식 수준에 따라 이해하도록 하기 위해 그 예문들은 축약되거나 변형되어야만 했다. 전거를 부가하는 것은 지면관계상 어려웠다.

6) 티벳 단어의 현대 발음을 상대적으로 상세하게 기술하기 위해 1-4과에서 세 가지 중요한 이유가 제시되었다.

(가) 티벳 목판본과 필사본에서 잘못 쓰인 글자가 종종 발견된다. 그것은 모음이 비슷한 발음을 가진 글자로 대체되는 방식으로 일어났다. 현대 라사 티벳어에서 can과 spyan, bcad와 bcas, phyong과 mchong은 똑같이 발음된다는 것을 아는 사람만이 이

런 오류를 정정하거나 그런 변이현상을 설명할 수 있다.

(나) 현대 발음에 대한 지식은 현대 티벳어의 학습을 매우 용이하게 한다. 이는 고전 문헌에 관심을 가진 사람들에게도 커다란 의미가 있을 것이다.

(다) 과거와는 달리 오늘날 유럽에서도 많은 훈련받은 티벳 승려들이 고전문헌에 대한 문제에 자문할 수 있다.

자료의 선택과 그 기술의 방식에 있어서 1-4)에서 설명한 제한에도 불구하고 본 서에서는 많은 수의 문법적 현상들이 처음으로 서술되었으며, 자체적으로 놓여 있는 한계의 범위에서 현존하는 문법서들과 비해 서술의 체계를 정비하고 개선하려고 노력했다.

하나 또는 다수의 방식으로 출판함으로써 고전 티벳어 문법에 기여한 많은 저자들에게 감사를 드린다. 단지 그들 중 일부만이 본 서에서 언급되었을 뿐이다. 나에게 특히 의미 깊은 것은 함부르크대학의 인도-티벳학 연구소에서 모든 문제를 티벳인 강사와 함께 논의하는 것이었다, 그 학식 있는 강사의 이름은 Geshe Gedün Lodro(= dge bshes dGe 'dun blo gros), 간단히 게세 하람파 카람 쿄르푄(dge bshes Lha ram oa bka' ram skyor dpon)이다. 그는 또한 매우 친절하게 예문들을 올바르게 검토해주었다.

Hamburg, 1971, 5월 1일

Michael Hahn

제6판과 제7판 서문

사반세기가 지나 처음으로 고전 티벳어 문법(lehrbuch der klassischen tibetischen Schriftsprache)이 새로운 모습으로 나타났다. 이는 이 형태로 예견할 수 없었던 기술적 발전 때문에 가능해졌다. 이 때문에 10여 년에 걸친 실험과 시도 후에 티벳 문자를 사용해서 구문을 만들 수 있었다. 이에 대해 과연 이런 작업과 연관된, 유의미한 작업분담을 끝내는 것이 과연 목적에 맞는지 문제를 제기할 수 있을 것이다. 독학적으로 문장을 만드는 시연의 다양성은 충분히 의심을 불러일으키기에 족했고, 직업적인 식자공은 여하튼 여기에 대해 전혀 다른 느낌을 받았을 것이다. 지금 이 책의 경우에 이 질문은 학구적으로 남아 있다. 왜냐하면 다양한 동양 문자에 대해 익숙한 잘 훈련된 식자공은 그들에게 충분히 사례할 수 있을지를 묻지 않더라도 오늘날 거의 남아 있지 않기 때문이다.

최근 들어 티벳 문자를 사용한 출판의 저본을 컴퓨터로 작성할 수 있었다. 이는 원래의 '문장'에 대해 거의 상상할 수 없었던 작업량의 경감을 의미했다. 1970/1년에 두 대의 타자기를 이용하여 작성한 것이지만, 그것도 당시에는 엄청난 발전이었고, 티벳 텍스트를 위해 비워놓아야만 하는 빈 공간을 끊임없이 축정해야만 하는 수고를 잊게 해주었다. 컴퓨터 문장의 가장 큰 장점은 편리한 교정 가능성에 있다. 또한 교정 가능성이나 심미적인 이로움 외에도 이런 방식으로 예전의 교재가 가진 단점들이 극복될 수 있었다. 그것은 초보자에게 너무 작은 초판본의 문자인데, 그로 인해 티벳어 학습은 필요 이상으로 어려운 것이 되어버렸다.

책으로 판매하기 위해서 이런 컴퓨터 문장이 결코 애들 장난이 아니라는 것을 잊을 필요는 없을 것이다. 증대된 가능성과 함께 어려움이 증대되었다. 적어도 텍스트의 우수성과 도표를 선택과 만들 때에는 누구도 식자공으로서 태어나지 않았고, 다른 전공에서처럼 여기서도 이 분야를 숙지해야 한다는 것이 분명해졌다. 이것이 이 교재의 수정과 재작업이 1년이나

지체되었으며, 그럼으로써 초판본의 작성과 필기에 걸린 만큼의 시간이 소요된 이유이다.

현재의 원고는 제5판과 근본적으로 차이나지는 않지만, 일련의 세세한 점에서는 다르다. 그때까지 각주나 '문법에 대한 보충'에서 발견될 수 있었던 모든 변화가 본문에서 다루어졌다. 수정작업을 통해 연습문제에서의 오류와 모순이 제거되었다. 강독자료 1-4에 대한 해설이 특히 근본적으로 이루어졌으며, 관련된 텍스트 아래의 각주로서 제시되었다. 단어 해설과 단어집을 다시 작업하는 데 큰 노력이 들었다. 마지막으로 각 과에 나오는 모든 단어가 포함되었으며, 그 결과 알려지지 않았거나 누락된 단어가 보충될 수 있었다.

제5판의 보충하는 말에서 공지된 것처럼 비록 제6판에서 이 교재의 근본적인 재작업이 아직 이루어지지는 않았다고 해도, 나는 이런 새로운 구성을 통해 이 방향으로의 첫 번째 근본적인 발걸음이 마련되었기를 바란다. 이후의 재작업과 수정은 본질적으로 더 단순하게 수행될 것이다. 그래서 다음 판에서는 더 이상 형식적인 모습이 아니라 주로 내용이 주목 대상이 될 것이다. 내가 이제까지 32년간 재직한 Marburg 대학에서의 새로운 작업무대에서 티벳어 교육이 다시 나의 대학활동의 중심으로 옮겨갔기 때문에 이 교재를 내적으로 새롭게 구성하는 것이 먼 미래의 일이 아니라고 전망하고 있다. 우연히 생겨난 이 강의교재에 대해 상세히 알고 싶은 사람은 초판의 서문(1971)과 제5판의 발문(1985)을 보기 바란다. (역주: 초판의 서문은 본 서의 맨 앞으로 옮겨 실었다.)

이 자리에서 이 책을 출판하는 데 지원한 사람들에 대해 감사하는 것은 유쾌한 의무일 것이다. 비서인 Dagnnar Becker 부인은 커다란 참을성을 갖고 독일어 문장을 컴퓨터로 옮겼다. 신학석사이며 인도학과 티벳학을 공부하는 Albrecht Hanisch 씨는 그 후에 티벳 텍스트를 첨부했고 스스로 많은 형태적인 정정작업을 수행했고, 수정작업을 행했다. 그는 단어 해설과 전체의 어휘를 재작업하고 또 색인을 만드는 데 기여했다. 나는 이 책의 최종적인 구성을 부분적으로는 그와 더불어, 부분적으로는 단독으로 수행했다. 최종 교정을 위해서 나의 친구이자 동료인 Dr. Jens-Uwe Hartmann, Dr. Konrad Klaus가 그들 자신의 과도한 의무에도 불구하고 도움을 주었다.

만일 본 서에서 시도된 내적, 외적 변화가 독자들로 하여금 티벳문화와 불교연구에 특히 중요한 언어인 티벳어를 학습하기 위한 접근을 조금이라도 쉽게 만들어준다면, 이 책을 만드는 데 참여했던 모든 사람들의 수고는 충분히 보답될 것이다. 출판의 오류를 제시하거나 비판과 개선책의 제안에 대해서는 언제나 감사하고 있다.

1994년 8월 20일 Marburg, Swisstal-odendorf에서

Michael Hahn

제6판은 내가 기대했던 것보다 빨리 절판되었다. 그래서 이 책을 크게 변경하지 않고 재판을 찍을 수밖에 없었다. 컴퓨터 작업은 작은 오류들을 쪽수의 변화 없이도 수행하는 것을 가능케 했다, 대부분의 수정은 Dr. Siglinde Dietz 부인, Dr. Ulrike Roesler 부인, Prof. Dr. Jens-Uwe Hartmann의 제안에 의거하는데, 여기서 그들에게 심심한 감사를 드린다.

역자 서문

고전 티벳어는 티벳의 문화를 자체적으로 연구하려는 티벳 연구자뿐 아니라 불교학을 연구하고자 하는 사람들에게 필수적인 언어이다. 티벳인들은 히말라야 고원의 척박한 지대에서 불교를 받아들여 매우 발전된 철학적 · 종교적 감수성을 발전시켜왔다. 티벳 역사에서 불교가 공식적으로 도입되기 시작한 것은 송짼감포 왕(~650)의 시대였다. 그는 인도에서 불교를 도입했을 뿐 아니라, 퇸미 삼보타를 위시한 여러 학자들을 북인도 캐슈미르 지방으로 파견해 그곳의 문자를 기반으로 해서 티벳 문자를 만들게 했다고 한다. 티벳 문자가 창제된 정확한 시기는 알려지지 않지만 적어도 송짼감포 왕의 사후부터 불전이 번역되기 시작했을 것이다. 그렇다면 티벳의 문자는 인도와 중국을 제외한 동아시아와 동남아시아 지역에서 가장 이른 시기에 발명되고 사용된 것이다.

본 서『고전 티벳어 문법』은 Michael Hahn의 Klassische Tibetische Schriftsprache를 번역한 것이다. 이 책은 출간된 이래 독일에서 티벳어 수업의 교재로 널리 활용되었고, 또 독일을 넘어 영어와 덴마크어, 폴란드어 등으로 번역될 정도로 가장 훌륭한 티벳어 문법 입문서로 간주되었다. 역자도 이 책을 통해 티벳어를 배우기 시작했다. 이 책의 장점은 너무 쉽지도 않고 또 너무 난해하지도 않다는 데 있다고 생각한다. 티벳어는 우리말과 비슷하게 격조사 또는 격어미를 사용해서 문장 내에서의 명사의 격을 규정하며, 명사는 인구어에 속하는 언어와 같은 성과 수에 따른 변화를 하지 않는다. 이런 점에서 산스크리트어와 매우 대조되며, 한국어와 문법상 비슷한 점이 많기 때문에 배우기 편한 언어라고 생각된다. 따라서 유럽인을 대상으로 하는 티벳어 초급 문법서처럼 지나치게 상세한 설명은 오히려 티벳어 학습을 저해할 우려가 있고, 반면 초급 문법서에 지나치게 어렵거나 예외적인 문장들이 빈번히 등장하는 것도 바람직한 것이 아닐 것이다. 예를 들어 초보자에게 거의 도움이 되지 않는 돈황 출토의 예문이나 어려운 예문이 기초 문법서에 등장하는 것은 티벳어를 익히는 데 그다지 좋은 방식이 아니다. 이런 점에서 본 서의 장점은 여러 형태의 격조사를 중심으로 티벳어 문법의 핵심을 구성했다는 데 있다. 이는 티벳 문법을 익히는 데 매우 중요한 길라잡이 역할을 한다. 이에 덧붙여 본 서의 장점은 바로 직전에 배운 문법사항을 체크할 수 있는 예문이 각 장의 끝에 연습문제로 제시되어 있다는 점이다. 이를 통해 각 장에서 익힌 격조사 등을 문법적 역할을 적절히 파악할 수 있을 것이다.

본 서에서 주어진 순서대로 티벳어 문법을 익혀 나간다면, 1학기 정도면 강독자료를 제외한 문법사항을 공부할 수 있을 것이다. 그 후에 강독자료를 해석해 가는 훈련을 한다면 티벳어 번역문헌의 문법 사항에 관한 한 큰 어려움 없이 구문을 이해할 수 있을 것이라고 생각한다.

고전 티벳어의 중요성은 말할 나위도 없이 인도불전의 가장 중요한 저작의 대부분이 티벳어로 번역되어 보존되어 있다는 데 있다. 산스크리트어 사본이 남아 있는 인도불전의 분량에 비해 오로지 티벳역으로만 남아 있는 인도불전의 분량이 압도적으로 많다는 점을 고려한다면, 불교의 철학적·종교적 이념의 다양성과 깊이를 이해하기 위해서는 반드시 티벳역이 의존하지 않을 수 없을 것이다. 또한 한역과 산스크리트 사본이 남아 있는 경우일지라도 티벳역의 중요성은 사라지지 않을 것이다. 이런 점에서 본 번역서가 티벳어를 공부하고자 하는 학도들에게 작은 길잡이가 된다면 역자들에게 더할 나위없는 기쁨이 될 것이다.

본 번역을 완성하기까지에는 서울대학교 대학원에서 불교를 전공하는 김태우 군과 이길산 군의 도움이 컸다. 그들의 도움으로 강독자료를 티벳 문자로 제시할 수 있었고, 또한 권말의 단어집도 정리된 형태로 제공할 수 있었다. 이 기회를 빌려 다시 한 번 고마움을 전한다. 마지막으로 매우 낯선 티벳 문자를 교정하고 편집하느라 많은 수고를 아끼지 않으신 도서출판 씨아이알의 박영지 편집장 이하 편집진들에게도 심심한 인사를 드린다.

2016년 8월 연구실에서

번역자를 대표하여 안성두

학습을 위한 참조 사항

1과에서 4과에서 다룬 음운학 부분은 티벳어 사용자의 검사 가능성이 있을 때에만 집중적으로 다루어질 필요가 있다. 이것들의 학습을 위해 근접한 발음을 나타낼 수 있는 잘 편집된 텍스트로 충분할 것이다.

마찬가지로 작은 글자체로 표시한 텍스트도 첫 번째 학습에서는 생략해도 좋을 것이다. 왜냐하면 그것은 보통 특정한 문제를 다루고 있기 때문이다.

18과를 끝마친 후에 첫 번째 강독자료들의 연습을 시작해야 한다. 19과와 20과 및 그때까지 남겨두었던 문법 부분이 이들 강독자료를 푸는 동안 전반적으로 다루어질 수 있을 것이다.

높은 수준의 난이도를 갖고 있고 또 산스크리트 지식을 가진 학생들에게 관심이 깊을 강독자료 4-5를 다루기 전에 원한다면 가벼운 텍스트를 읽을 수도 있다. 여기서 언급할 만한 것은 Roruka의 왕인 *Udrāyaṇa*와 금광명경(*Suvarṇaprabhāsottamasūtra*)의 티벳어 번역이다. 이들 양자는 Johannes Nobel에 의해 각기 편집되어 전자는 1955년 Wiesbaden에서, 후자는 1955-58년에 Leiden에서 출판되었다. Udrāyaṇa 왕의 이야기 자료와 산스크리트(짧은 판본)로부터의 금광명경 번역은 Nobel의 매우 조심스러운 작업을 통해 만들어진 특별한 어휘집을 통해 매우 간편하게 사용될 수 있었다. 그 외에도 추천할 만한 자료는 51개의 전설모음집인 賢愚經[1]의 티벳어 번역이다. 왜냐하면 그것들은 과도하게 많은 이해를 전제하지 않기 때문이다. 일련의 오류를 통해 잘못 산출된 Isaac Jacob Schmidt[2]의 편집본에 비해 북경판과 Derge본, Lhasa본 및 Urga본의 Kanjur의 근대적 출판물이나 인도에서 싸게 출판된 텍스트가 선호된다. 그것들은 믿을 만한 원문을 제공하기 때문이다.

1 구체적인 사항은 14과 독해문제 앞의 설명을 참조.

2 Schmidt의 텍스트와 번역 및 Schiefner의 보충과 해석은 출판이 예기되었지만 아직 Georg Olms 출판사(Hildesheim)에서 간행되지 않았다.

마지막으로 언급된 문헌의 훈련을 위해서 충분한 사전적인 보조자료는 출판이 오래되었음에도 불구하고 오늘날까지 전체적으로 그 가치를 잃지 않은 예쉬케(Heinrich Jäschke)에 의한 *A Tibetan-English Dictionary*(London, 1881)[3]이다. 이 사전은 Sarat Chandra Das가 편찬한 사전인 *Tibetan-English Dictionary*(Calcutta, 1902)[4]에 의해 부분적으로, 특히 불교 영역에서 매우 유용하게 보완되었다.

이 책에서 제시된 어휘는 문법 조사를 포함하지 않는다. 그것들에 대한 설명은 다른 곳에서 찾아야 할 것이다. 그 외에는 어휘집은 가능한 한 포괄적으로 작성되었고 거의 모든 경우에 압축적인 축자 번역의 형태이긴 하지만 결합된 단어의 분석을 제공하고 있다. 이는 독자들에게 티벳어의 어원과 어의에 대한 통찰을 전해줄 것이며, 이를 통해 기계적인 학습의 지분을 줄여줄 것이다.

동사어간은 보통 어휘집에서는 예쉬케 사전에서 제시하는 방식으로 인용되고 있다. 의심스러운 경우에는 추가적으로 티벳 전래의 동사목록과 사전에 의거했다. 티벳어 단어와 그 형태 및 의미에 대한 역사적이면서도 체계적인 연구는 아직 시작되고 있지 못하다.[5]

티벳어 단어와 표현의 산스크리트 대응어는 보다 이해가 증대되거나 또는 의미를 상세히 하는 데 도움이 될 때에만 제시했다. 이는 실제상으로 강독자료 3-4에 해당된다. 이를 위해 18과 17절에서 다룬 앞부분이 부사적으로 사용된 동사복합어 항목을 참조하라.

본 서의 마지막 부분에서 위에서 또 이하에서 언급했던 관련 전거에 대한 참고사항을 발견할 수 있을 것이다. 지난 여러 해 동안 나에게 독학을 위한 추가적인 보충자료를 제공하고자 하는 마음이 일어났다. 이에 상응하여 1996년 겨울학기부터 5과에서 18과까지 또 강독자료 1-4까지의 해답집이 제공되고 있다. 약 100쪽에 달하는 이 해답집은 티벳어 회화와 단어이해를 위한 공부에도 도움이 된다.

---

3 독일어 초판본은 이에 1871년 Gnadau에서 출판되었다. 그것은 1971년 Oskar Zeller 출판사(Osnabrück)에서 재발간되었다. 영어판본은 저렴한 인도 간행본으로 출판되었지만, 일본 京都의 臨川書店에서 compact edition으로 구할 수 있다.

4 이 책은 Graham Sandberg와 August Willhelm Heyde에 의해 Calcutta에서 편집되었다.

5 티벳어 동사와 관련된 문제에 대해서는 19과 각주 1에 언급된 W. South Coblin에서 편집되었다.

Contents

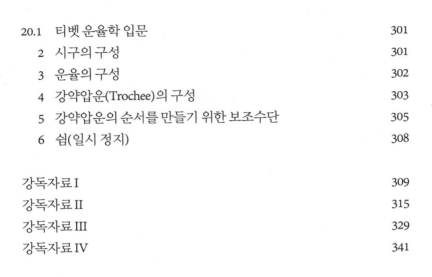

고전 티벳어 문법

Lehrbuch der klassischen tibetischen Schriftsprache

제1과

1.1 티벳어 문자: 30개 기본문자

티벳 전승에 따르면 632년 퇸미 삼보타(Thon-mi Sambhoṭa)가 만든 티벳 문자는 인도의 문자권 내에 속하며, 인도 굽타 문자체에 의거해서 창제되었다고 추정된다. 아래가 30개의 기본문자이다.

ཀ	*ka*	ཁ	*kha*	ག	*ga*	ང	*nga* (또는 *ṅa*)
ཅ	*ca*	ཆ	*cha*	ཇ	*ja*	ཉ	*nya* (또는 *ña*)
ཏ	*ta*	ཐ	*tha*	ད	*da*	ན	*na*
པ	*pa*	ཕ	*pha*	བ	*ba*	མ	*ma*
ཙ	*tsa*	ཚ	*tsha*	ཛ	*dza*		
ཝ	*va* (또는 *wa*)	ཞ	*zha* (또는 *źa*)	ཟ	*za*	འ	*'a*
ཡ	*ya*	ར	*ra*	ལ	*la*		
ཤ	*sha* (또는 *śa*)	ས	*sa*	ཧ	*ha*	ཨ	*a*

위에서 제시된 기본문자의 배열은 인도문자의 배열방식에서 유래했으며, 티벳 사전의 배열방식에 따르고 있다. 위의 로마자 표기는 Wylie 방식에 따른 것이며, 괄호 속의 표기는 유럽에서 통용되는 방식이다(역주: 본 서에서는 Wylie 방식으로 표기했다). 위의 기본문자 자역(字譯, 로마자 표기)[1]에서 자음으로 시작하는 말 뒤에 쓰인 a는[2] 주어진 문자가 분절 부호로 종

결된 때만 사용된다. 분절 부호에 대해서는 설명의 편의상 3.2에서 소개하겠다.

이 책에서 배우는 티벳문자 정자체와 더불어서(དབུ་ཅན་ *dbu can* "머리를 가진" 다시 말해서 "윗줄이 있는"), 또한 다양한 필기체(고유한 기호 དབུ་མེད་ *dbu med* "머리가 없는", 다시 말해서 "윗줄이 없는")와 장식적인 서체의 나열이 있다. 이와 관련해서는 다음을 참조하라. Alexander CSOMA dE KŐRÖS, *A Grammar of the Tibetan Language in English*, Calcutta 1834; Jacques BACOT, "L'écriture cursive tibétaine", *Journal asiatique* 1912, S. 5-78.[3]

이전의 네 차례 출판물(1971, 1972, 1974, 1981)과 달리, 제5판(1985)부터는 가장 광범위하게 사용되는 로마자 표기법을 채택하였다. 이 방식은 미국의 도서관(Library of Congress, Washington)과 많은 독일 도서관에서 채택하고 있다. 다른 로마자 표기법으로는 (독일에도 부분적으로 사용되는) "프랑스식"과 일본식(티벳불교경전 교부처에서 채택한 방식), 그리고 추가적인 특별한 문자를 사용하지 않고 표기하는, 미국에서 주로 사용되는 Wylie 방식이 있다(역주: 본 서에서는 편의상 Wylie 방식으로 표기했다).[4]

1.2 기본문자의 발음

이하에서는 라사(Lhasa) 지역의 티벳어 발음을 기술한다. 이 발음은 티벳 전역과 인접지역에서 공용어로 채택되었다. 이 책에서는 단지 연습을 위해 필요한 정도의 정확성에 초점을 맞추어 설명하겠다. 음소(音素),[5] 음조의 흐름 등의 미묘한 뉘앙스에 대해서는 이 책에서 다루지 못했다.

---

1 자역(字譯, Transliteration)은 외국문자를 로마자로 바꾸어 적는 것을 가리킨다. 일반적으로 학술적인 표준에 바탕한 고정된 부호(혹은 부호들의 조합)로써 원래 문자 각각을 표시한다. 반면에 음역(音譯, Transkription)은 외국어 단어의 음가(音價, 소리값)를 특수한 문자들을 사용한 문자체계를 가지고 옮겨 적는 것이다. 그 특수한 문자들은 소리를 가장 가깝게 표현한 것이다. 예시: 러시아어 **Чайковский**는 Čaikovskij로 자역되고, Tschaikowski로 음역된다.

2 유일한 예외는 ཨ이다. 이 문자에는 자음 두음이, 즉 강한 소리의 삽입이 표시되지 않는다.

3 문자를 쓰는 방법을 배우고 익힐 때는 본 서 마지막 페이지 참조.

4 현재 사용되고 있는 다른 자역체계에 대해서는 제1과의 말미를 참조.

5 음소(音素, Phonem)는 한 언어에서 [의미를] 식별할 수 있는 소리의 최소단위이다. 개별적인 발화자의 실제 발음과는 관련이 없다.

티벳 단어의 로마자 표기와 실제발음 사이의 차이는 한 눈에 알아볼 수 있다. 그러나 그것은 결코 프랑스어에서의 표기와 발음의 차이보다 크지 않다. 그리고 그것은 영어의 철자법과는 달리 제한된 규칙을 통해서 모든 티벳 단어 발음을 거의 정확하게 규정할 수 있다.[6] 그럼에도 불구하고 처음 배울 때 몇 가지 어려운 점은 있다. 먼저 발음들을 새롭게 익혀야 한다는 점과 각각의 음절을 발음할 때 음조(정확히 말하면 소리의 흐름)가 매우 중요하다는 점이다. 라사 방언의 음성학을 본 서에서 체계적으로 제시하지는 않고, 앞서 소개한 문자체계와 대응하여 제시하겠다.

두음위치에 있는 30개 기본문자의 발음, 그리고 2.1부터 3.1에서 다룰 [기본문자 외의] 나머지 두음 문자소(文字素)[7]의 발음에는 두 가지 공통적인 규칙이 적용된다.

a) 모든 자음으로 시작하는 음은 뒤따르는 장음 *a*(발음대로 음역하면 /a:/)와 함께 발음된다.
b) 이렇게 형성된 모든 음절은 높거나(hoch) 낮은(tief) 소리(Ton)로 발음된다. 높은 소리의 음조(Tonverlauf)는 보통 독일어에서 "da"가 강조하는 억양으로 발음될 때와 상응한다("Wo ist das Buch? *Da*!"). 낮은 소리 a의 음조는 다음과 같다. 독일어 문장 "Kam er? Er *kam.*"의 두 번째 "kam"에서 시작하며, 이때 [그 *kam*의] *m*이 발음되기 직전에 다시 약하게 a가 한 번 더 발음된다. "Er *kaám.*"

자음-두음에 있는 아래의 모음들의 소리높낮이는 기본적으로 두음의 문자형태에 의해 결정된다. 다음의 기본문자 뒤에서는 항상 높게 소리 나는 모음이 따른다.

ཀ, ཁ, ཅ, ཆ, ཏ, ཐ, པ, ཕ, ཙ, ཚ, ཤ, ས, ཧ, ཨ

6 주로 음조(音調, Tonhöhe)의 흐름과 몇몇 음절들 사이의 충돌 때문에 예외적인 경우가 생길 때가 있다.

7 티벳어에서 문자소(文字素, Graphem, 문자단위)는 최소 하나, 최대 네 개의 기본문자의 조합과 하나의 모음부호 — 필요 없는 경우도 있다 — 로 구성된다.

다음의 기본문자 뒤에서는 항상 낮게 소리 나는 모음이 따른다.

ག, ང, ཇ, ཉ, ད, ན, བ, མ, ཛ, ཝ, ཞ, ཟ, འ, ཡ, ར, ལ

기본문자 각각의 발음[8]

ཀ, ཅ, ཏ, པ, ཙ는 높은 음조의 무성음이며, 기식음이 없이(즉, aspiration 없이)[9] 발음한다.

음역[10]

ཀ	프랑스어 *car*의 *ca*와 유사함 = skt. *ka*	/ka:/
ཅ	이태리어 *ciao*의 *cia*와 유사함 = skt. *ca*	/tɕa:/
ཏ	프랑스어의 *ta*와 유사함 = skt. *ta*	/ta:/
པ	프랑스어 *papa*의 *pa*와 유사함. *papa* = skt. *pa*	/pa:/
ཙ	이태리어 *pizza*의 *zza*와 유사함. *pizza* = skt. *tsa*	/tsa:/

ཁ, ཆ, ཐ, ཕ, ཚ는 명확히 들릴 정도로 숨을 내뱉는다는 점(즉, aspiration이 있다는 점)에서만 ཀ, ཅ, ཏ, པ, ཙ와 구별된다. 독일어에서보다 더 강하게 숨을 내뱉는다. 음역은 차례대로 다음과 같다: /kha:/, /tɕha:/, /tha:/, /pha:/, /tsha:/.

ག, ཇ, ད, བ, ཛ는 뒤따르는 모음이 낮게 소리 난다는 점에서 ཁ, ཆ, ཐ, ཕ, ཚ와 구별된다. 북부 독일어의, 즉 숨을 내뱉는, 발음에서는 이 음가(音價)들과 ka, tscha, ta, pa, tsa가 비슷하게 구현된다.

---

8 음성학 개념들에 대해서는 표 1의 개략적인 설명을 참조하라.

9 기식음(氣息音, Aspiration): 귀로 식별할 수 있는 정도로 숨을 내뱉는 것이다. 바로 앞 소리와 끊김 없이 이어진다.

10 이 발음[표식]은 프랑스어의 무성(無聲)-무기(無氣)-폐쇄(閉鎖)음보다는 약간 약한 소리를 위한 표식이다. 따라서 ġ:, ḍẓa:, ḍa:, ḅa:, ḍza:로 음역할 수 있다. (소위 "무성 폐쇄음 Media"이다. 독일어의 ab̲geben, end̲lich, weg̲laufen을 참조하라.) 여기에서는 단순하고 명료하게 음소표를 만들기 위해 이 음역방식을 사용하지 않았다.

음역은 위와 같다.[11]

ང, ཉ, ན, མ는 낮은 음조(tieftonige)의 비음이다. 음역

ང 독일어의 ng와 유사함. 예컨대, *Engel* /ŋa:/

ཉ 프랑스어의 gn와 유사함. 예컨대, *champagne* /ɲa:/

ན 독일어의 n과 유사함. /na:/

མ 독일어의 m와 유사함. /ma:/

ཝ는 낮은 음조의 양순(bilabial) 마찰음이다. /wa:/

ཡ, ར, ལ는 낮음 음조의 유성음이다.

ཡ 독일어의 j와 유사함. 예컨대, *ja* /ja:/

ར 치경-경구개(硬口蓋)에서 발음되는 r이다.

체코어의 ř과 유사하다. 예컨대, *Dvořák* /ɽa:/[12]

ལ 치경-측음(側音)이다.[13] /la:/

ཤ와 ཟ는 낮은 음조의 무성 마찰음이다.

ཤ 독일어의 ch와 비슷하다. 예컨대 *ich*[14]; = skt. *śa* /ɕa:/

---

11 예외사항: ཛ는 정통적인 학술관례에 근거하자면 /^{n}dza:/로 발음된다. ཛ의 전통적인 발음이 /^{n}dza:/라는 점은 실질적으로 ཛ가 두음인 티벳어 단어가 하나도 없는 [이유]를 설명해준다. 보통 ཛ 앞에는 첨전자(첨전자에 대한 세부사항은 3과에서 다룬다) མ나 འ가 있고, 이 두 첨전자는 음소 ^{n}*dz*를 야기한다(3.1 참조). 또는 첨관자 ར와 결합되는데, 이것은 음소 *ts*(낮은 소리)를 야기한다(제2과 표 2 앞의 설명 참조). [첨자의 결합이 없는] 단순한 ཛ에 대해서는 첫번째 발음/^{n}dz/을 선택해도 될 듯하다. 이 발음은 아마 두 글자 [산스크리트 단어] ཛམ་བུ་ *dzam bu*와 འཛམ་བུ་ *'dzam bu*가 영향을 끼쳤을 것이다.

12 혼동의 여지가 없을 때에는 단순하게 /ra:/라고 써도 무방하다.

13 혀 바닥의 앞부분을 이빨과 치조(齒槽)에 놓는다. 반면 독일어 l은 혀끝소리이다. 즉, 혀끝에 의해 소리가 만들어진다(lat. *apex*).

14 이 소리를 티벳어 방식으로 발음할 때에는 공기가 혀의 위쪽뿐만 아니라 혀의 양쪽 옆으로도 동시에 지나간다. 독

ཟ 독일어의 ss와 같다. 예컨대, *Tasse* /sa:/

ཤ와 ས는 ཞ와 ཟ의 높은 음조 소리에 대응한다. 음역은 위와 같다.

ཧ 높은 음조의 독일어 h이다. /ha:/

འ 기식음과 함께 낮은 소리로 발음한다. /ʰa:/

ཨ 강한 후두음(stimmeinsatz)과 함께 높은 음조로 발음한다.[15] /ʔa:/

티벳어 알파벳의 기본문자 30개는 총 23개의 두음-자음 음소를 나타낸다. 다음의 표 1에서 다시 한 번 체계적으로 제시하겠다.[16]

표 1

	폐쇄음	파찰음(破擦音)	비음	마찰음	측음(側音)
양순음	p ph		m	w	
치음(齒音)	t th	ts tsh	n	S	
치경(齒莖)음					l
치경-경구개(硬口蓋)음		tɕ tɕh	ɳ	ɽ	
경구개음				ɕ j	
연구개음	k kh		ŋ		
후두음	ʔ			h ʰ(a)	

표의 첫 줄에 쓰인 음성학 개념들은 발음 방식과 관련이 있다:

폐쇄음(Verschlusslaut)은 라틴어로 테누이스(*tenuis*) 혹은 무투스(*mutus*)라고도 부른다. 발음을 할 때마다 소리를 막았다가 빠르고 폭발적으로 열어서 만드는 소리이다. 파찰음

일어에서는 혀 위쪽으로만 지나간다.

15 독일어와 같다.

16 음성학 관련 학술용어는 *Das Fischer-Lexicon 25, Sprachen*, hrsg. von Heinz F. Wendt, und Maria Schubiger, *Einführung in die Phonetik*, Berlin 1970에서 "Phonetik" 장을 참조하라.

(Affrikate)은 공기가 조음(調音)기관과 마찰하여 나는 소리가 폐쇄음 뒤에 이어질 때 만들어지는 소리이다. 라틴어로 아프리카레(*affricare*)라고 한다. 비음(Nasal)은 코를 통해서 만들어지는 소리이다. 마찰음(Engelaut)은 공기가 [긴장되어] 좁혀진 조음기관을 통과하면서 만들어진다. 측음(Lateralengelaut)은 소리가 날 때에는 압축된 공기가 혀 양쪽 끝을 지나간다.

표 왼쪽 첫 칸에 있는 개념들은 소리가 만들어지는 위치를 나타낸다.

양순음(Biblabial) 발음은 두 입술(lat. *labium*)을 가지고 만든다. 치음(Dental)은 이빨(lat. *dens*)들을 가지고 만든다. 치경음(Dentialveolar) 발음은 이빨들과 치조(齒槽) 사이에서 형성되며, 혀 뒷면이 입천장 앞쪽 끝에 있는 작은 홈에 닿아 있을 때 형성된다. 치경-경구개음(Alveolarpalatal)을 발음할 때에는 혀를 입천장과 치조 사이에 세운다. 경구개음(Palatal)의 발음은 입천장 바로 아래에서 만들어진다. 연구개(軟口蓋, 입천장 뒤쪽 물렁물렁한 부분)에서 만들어지는 발음을 연구개음이라고 한다. 후두음(Laryngal 또는 Guttural)은 후두 뒤쪽에서 생성된다.

몇몇 다른 티벳어 자역입력체계

참조: 이 책에서 사용한 문자입력체계와 차이가 나는 것들만 아래에 언급하였다.

1. 프랑스식 입력체계

ca → *ča*, *cha* → *čha*, *ja* → *ǰa*, *tsa* → *ca*, *tsha* → *cha*, *dza* → *ja*, *śa* → *ša*, *źa* → *ža*.

더 엄격한 프랑스 자역에서는 *'a*를 *'a*(spiritus lenis, 부드럽게 숨뱉기)로 표시한다. 반면에 ʿ(spiritus asper, 거칠게 숨뱉기)를 기식음 표시로 사용한다: *kʿa*, *čʿa*, *tʿa*, *pʿa*, *cʿa*. 이것은, *'čʿa ba*와 같이 보기에 안 좋은 형태를 야기한다. 기술적인 문제로 이런 기호를 입력하기 어려울 때에는 간단히 별표(*)가 spiritus asper와 lenis 자리에 들어간다.

2. 일본식 입력체계

dza →*dsa, źa* →*sha* [!], *'a* →*ḥa*

3. Turrell V. Wylie 입력체계(역주: 이 방식대로 표기를 권한다)

ṅa →*nga, ña* →*nya, śa* →*sha, źa* →*zha*

4. 함부르크식 입력체계(이제는 거의 사용되지 않는다)

tsa →*ća, tsha* →*ćha, dza* →*j́a, 'a* →*ẖa*

영국의 이란학, 인도학, 티벳학자인 에메릭(Ronald E. Emmerick)은 수정된 함부르크 입력체계를 사용한다. 그는 기본적으로 *'a*로 *ha*를 표시하고, 첨족자 *ha*에는 밑줄을 친다. 즉, *lha*를 *lẖa*로 표시한다. 이것은 산스크리트의 유성(有聲)-기식(氣息)-폐쇄(閉鎖)음을 자역할 때도 나타난다. *a*는 *'a*로 나타난다. 첨족자와 산스크리트 자역에 대해서는 2과와 3과를 참조하라.

제1과 연습문제

1 30개의 기본문자를 순서대로 쓰시오. 그 자역과 음역도 함께 쓰시오.

2 30개의 기본문자를 두 범주로 나누시오.

a) 높은 음조의 음절

b) 낮은 음조의 음절

3 표 1을 베껴 쓰시오. 그리고 각 음소(音素) 옆에 그 음소를 두음으로 가지는 기본문자를 채워 넣으시오.

4 표 1에 있는 음소들을 두 범주로 나누시오.

a) 독일어에 있는 음소

b) 독일어에 없는 음소

/고전 티벳어 문법/

제2과

2.1 단어의 두음에서 기본문자의 확장

ཐ, འ, ཨ를 제외한 모든 기본문자는 [단어의] 두음(頭音)에서 아래에서 서술된 방식 중 최소한 한 가지로 확장될 수 있다.

a) 첨족자(添足字, 아래-첨자): 하나의 문자가 다른 문자 **아래에** 들어감

b) 첨관자(添冠字, 위-첨자): 하나의 문자가 다른 문자 **위에** 들어감

c) 첨전자(添前字, 앞-첨자): 하나의 문자가 다른 문자 **앞에** 들어감

이것이 기본문자를 확장하는 세 가지 방식이다. 이 방식들은 [한 기본문자에] 조합될 수 있다. 그리고 이 방식들에 의해 기본문자가 가지고 있는 음소(音素, Phonem)와 음조(音調, Tonem)의 음가가 영향을 받[아서 달라진다.] 때로는 큰 변화가 생기지 않기도 하고, 때로는 음소는 그대로인 채 음조만 변하기도 하며, 때로는 음조는 그대로인 채 음소만 변하기도 한다. 하지만 그 변화는 규칙적이며, 단어별로 다른 것은 아니다.

거의 모든 기본문자들이, 즉 27개 문자들이, 위에서 서술된 방식으로 변화될 수 있다. 하지만 이 문자들 중 오직 10개만이 [첨자로 사용되어] 이런 변화를 야기할 수 있다.

첨족자 가능 문자:	ཝ, ཡ, ར, ལ
첨관자 가능 문자:	ར, ལ, ས
첨전자 가능 문자:	ག, ད, བ, མ, འ

ལ가 첨족자로 쓰일 때(ཟླ)는 크기가 축소되지만 형태는 변하지 않는다. 반면에 ཝ는 ◌ྭ로, ཡ는 ◌ྱ로, ར는 ◌ྲ로 대체된다.

ལ와 ས가 첨관자로 쓰일 때는 크기가 축소되지만 형태는 변하지 않는다. 반면에 ར는 ཪ로 변한다. 첨전자는 형태와 크기가 변하지 않는다.

2.2 첨족자 ཝ

ཝ는 다음의 16개 기본문자의 첨족자가 될 수 있다.

ཀྭ, ཁྭ, གྭ, ཅྭ, ཉྭ, ཏྭ, དྭ, ཙྭ, ཚྭ, ཞྭ, ཟྭ, རྭ, ལྭ, ཤྭ, སྭ, ཧྭ, [+གྲྭ]

kwa, khwa, gwa, cwa, nywa, twa, dwa, tswa, tshwa, zhwa, zwa, rwa, lwa, shwa, swa, hwa [+ *grwa*]

첨족자 ◌ྭ는 두음(頭音)의 음조값과 음소값 모두 변화시키지 않는다. 이 16개 합자(合字)는 기본문자와 같은 방식으로 발음된다.[1] 이 합자들 중 대다수는 매우 드물게 등장한다. 첨족자 ཝ는 단지 동형이의어(同形異義語, 형태는 같지만 뜻이 다른 단어)나 동음이의어(同音異義語, 발음은 같지만 뜻이 다른 단어)들을 구분하기 위한 부호로 더 빈번히 사용된다.

---

1 반면 결합[문자] སྭ는 가끔 /*so:*/로도 발음된다. 예컨대, སྭཱ་ཧཱ་ *swā hā* (skt. *svāhā*). — 첨족자 ཝ에 대한 몇 가지 중요한 세부사항은 이 책의 범위를 넘어선다. 이 책이 참고가 될 것이다: Berthold Laufer, “Über das Va zur. Ein Beitrag zur Phonetik der tibetischen Sprache”, *Wiener Zeitschrift für die Kunde des Morgenlandes* XII (1898), 95-109, 199-226.

예시: ཚ་　　*tsha*　　"뜨거운"

ཚྭ་　　*tshwa*　　"소금"

두 경우 모두 /tsha:/(높은 음조)로 발음된다.

2.3 첨족자 ཡ

ཡ는 다음 7개 기본문자의 첨족자로 사용될 수 있다:

ཀྱ, ཁྱ, གྱ, པྱ, ཕྱ, བྱ, མྱ

kya, khya, gya, pya, phya, bya, mya

합자 ཀྱ, ཁྱ, གྱ는 새로운 음소 2개를 산출한다. 발음기호[2]

ཀྱ	높은 음조의 무성 경구개음이다.	/ca/[3]
ཁྱ	ཀྱ에 대응하는 높은 음조의 기식음이다.	/cha/
གྱ	낮은 음조의 ཁྱ이다.	/cha/

폐쇄음은 혀의 등의 중간부분을 입천장의 중간과 뒤 사이에 두고서 만든다. 독일어에서는 k뒤에 i를 붙임으로써 가장 가깝게 발음할 수 있다. 예를 들어 독일어 단어 "Kind"를 극단적으로 경구개음화시켜서 발음할 수 있다. 그리고 k로 뒤에 독일어 j를 발음함으로써 k발음을 부드럽게 만들어야 한다.

པྱ, ཕྱ, བྱ, མྱ는 발음상으로 각각 ཅ, ཆ, ཇ, ཉ와 같다.

---

2 앞으로는 장모음을 표시하지 않을 것이다.

3 여기도 더 정확히 "무성 폐쇄음(Media)" (ja)으로 자역해야 한다. 제1과 각주 10 참조.

2.4 첨족자 ྲ

ྲ는 다음 13개 기본문자의 첨족자로 사용될 수 있다:

ཀྲ, ཁྲ, གྲ, ཏྲ, ཐྲ, དྲ, པྲ, ཕྲ, བྲ, མྲ, ཤྲ, སྲ, ཧྲ
kra, khra, gra, tra, thra, dra, pra, phra, bra, mra, shra, sra, hra

합자 ཐྲ, ཤྲ는 거의 등장하지 않는다. 발음에 있어서 ཀྲ, ཏྲ, པྲ가 같은 그룹, ཁྲ, ཕྲ, ཐྲ가 같은 그룹, གྲ, དྲ, བྲ가 같은 그룹이다. 그리고 이것들에 의해 총 2개의 새로운 음소가 만들어진다.

ཀྲ, ཏྲ, པྲ는 높은 음조이고, 무성음이고, 무기음이며, 반쯤 반전음(反轉音, retroplex)인 파열음(explosive)으로[4] 발음된다. 대략 영어 *true*의 *tr*에 가깝다.

ཁྲ, ཐྲ, ཕྲ는 위에 상응하는 높은 음조의 기식음(氣息音)이다. གྲ, དྲ, བྲ는 낮은 음조라는 점에서만 [ཁྲ, ཐྲ, ཕྲ와] 차이가 난다.

음역: /tʂa/(때로는 /ḍʐ̧a/)와 /tʂha/

མྲ는 오직 첨관자 ས와 결합된 형태로만 등장한다(2.7.b 참조). 이 합자는 티벳어 학술전통에 따르면 높은 음조의 མ로 발음해야 한다. 따라서 음조의 측면에서 [མ의] 한 변형이다.[5]

ཤྲ는 오직 외래어에서만 나타나고, ཤ처럼 발음된다. སྲ는 ས처럼 발음된다.

ཧྲ는 새로운 음소를 만들어낸다. 이 발음은 높은 음조의 무성음이며 치경(齒莖)-경구개(硬口蓋)음이며 마찰음(Engelaut)이다.[6] 이 소리는 대략 낮은 음조의 유성음 ར와 대비되는 높은 음조의 무성음 ར을 나타낸다. 발음기호: /ʃa/

4 혀의 등이 반쯤 뒤로 구부러진 채로 발음되는 폐쇄음과 유사하다.

5 Eberhardt Richter, *Grundlagen der Phonetik des Lhasa-Dialekts*, Berlin 1964, 59에 따르면, མྲ는 낮은 소리로 발음된다. 하지만 이 진술은 이론적인 측면에서만 의미가 있다.

6 혀를 입천장 앞 쪽으로 올리고 공기를 그 사이로 불어넣는다.

2.5 첨족자 ལ

ལ는 다음 6개 기본문자의 첨족자로 사용될 수 있다:

ཀླ་གླ་བླ་ཟླ་རླ་སླ

kla, gla, bla, zla, rla, sla

ཀླ་གླ་བླ་རླ་སླ는 모두 높은 음조의 ལ로 발음된다. 단지 음조의 측면에서 [ལ의] 한 변형이다. ཟླ는 치(齒)-비(鼻)음[/n/]을 발음한 직후에 낮은 음조의 무기음(無氣音)인 치음(/d/)을 발음함으로써 소리를 만든다. 음역: /ⁿda/

2.6 첨족자 요약

첨족자는 42개의 합자와 더불어 총 6개의 새로운 음소를 산출한다. 그 여섯 개는 /c/, /ch/, /tʂ/, /tʂh/, /ʃ/, /ⁿd/이다. 또한 이미 소개된 음소 /n/, /m/, /l/의 음조 변화를 산출한다.

두음 음소를 체계적으로 제시하면 이제 다음과 같은 모습이 된다.

표 2

	폐쇄음	파찰음	비음이 앞에 붙은 폐쇄음	비음	마찰음	측음
양순음	p ph			m	w	
치음	t th	ts tsh	ⁿd	n	s	
치경음						l
치경-경구개음		tɕ tɕh		ɳ	ʃ r	
반쯤 반전음	ʈ ʈh	(tʂ tʂh)				
경구개음	c ch				ɕ j	

표 2 (계속)

	폐쇄음	파찰음	비음이 앞에 붙은 폐쇄음	비음	마찰음	측음
연구개음	k kh			ŋ		
후두음	ʔ				h ^{h}(a)	

2.7 첨관자

첨관자 ར, ལ, ས는 특정한 기본문자들뿐만 아니라, 기본문자와 첨족자로 구성된 몇몇 합자들의 첨관자로도 사용될 수 있다. 첨관자에 의해서는 새로운 음소가 오직 하나 만들어지고, 그 외에는 음조가 변한다거나 기식음(공기 내뿜는 소리)이 사라지는 정도이다. 따라서 첨관자를 가지는 조합자들은 [발음과 관련해서] 한꺼번에 설명하겠다. [첨관자와] 결합[된 문자]는 다음과 같다:

a) 첨관자 + 기본문자

(1) 첨관자 ར

རྐ, རྒ, རྔ, རྗ, རྙ, རྟ, རྡ, རྣ, རྦ, རྨ, རྩ, རྫ(12개 합자)

rka, rga, rnga, rja, rnya, rta, rda, rna, rba, rma, rtsa, rdza

(2) 첨관자 ལ

ལྐ, ལྒ, ལྔ, ལྕ, ལྗ, ལྟ, ལྡ, ལྤ, ལྦ, ལྷ(10개 합자)

lka, lga, lnga, lca, lja, lta, lda, lpa, lba, lha

(3) 첨관자 ས

སྐ, སྒ, སྔ, སྙ, སྟ, སྡ, སྣ, སྤ, སྦ, སྨ, སྩ(11개 결합자)

ska, sga, snga, snya, sta, sda, sna, spa, sba, sma, stsa

b) 첨관자 + 합자(기본자와 첨족자가 결합된 것)

(1) 첨관자 ར

རྐྱ, རྒྱ, རྨྱ(3개 합자)

rkya, rgya, rmya

(2) 첨관자 ས

སྐྱ, སྒྱ, སྤྱ, སྦྱ, སྨྱ, སྐྲ, སྒྲ, སྤྲ, སྦྲ, སྨྲ(10개 합자)[7]

skya, sgya, spya, sbya, smya, skra, sgra, spra, sbra, smra

합자 ལྷ가 새로운 음소를 만든다. 높은 음조의 무성음 ལ가 ཧ와 동시에 발음된다. ལྷ는 ལ에 대비되는, 높은 음조의 무성음이고 기식음이다. ལྷ와 ལ의 관계는 ཧྲ와 ར의 관계와 유사하다. 음역: /ɬa/

나머지 45개의 합자의 경우에는 첨관자 아래, 다음의 네 가지 범주 [중의 한] 소리가 난다.

a) 높은 음조의 무성음이며, 무기음인 폐색(Verschluß)-마찰(Reibe)음, 예컨대 ཀྲ에서 ཊ

b) 낮은 음조의 무성음이며, 기식음인 폐색-마찰음, 예컨대 སྒྲ에서 ཋ

7 또 다른 합자 སྣྲ는 오직 두 단어에서만 나타난다. 그 두 단어는 སྣྲོན་ *snron*과 སྣྲུབས་ *snrubs*이고, 각각 18번째, 19번째 날 달의 모양을 의미한다. 여기서 ◌ྲ는 [이 단어를 각각 སྣོན་, སྣུབས་와] 구분하는 역할만 한다. 그 외에 སྣྲེལ་(ག)ཞི་ *snrel (g)zhi*도 있다. 이것은 산스크리트로 *vyatyasta*라고 부르는 한 지역을 번역한 것이다(*Mahāvyutpatti* 3069).

c) 낮은 음조의 비음, 예컨대 གྙ에서 ཉ

d) 높은 음조의 비음, 예컨대 སྙ에서 ཉ

첨관자는 이 소리들에 다음과 같은 영향을 미친다.

(1) 높은 음조의 소리는 변하지 않는다. 예컨대, ཀ = ཀ, སྙ = ཉ

(2) 낮은 음조의 비음은 높은 음조가 된다. 예컨대, གྙ = /ɳa/ (높은 소리)

(3) 낮은 음조의 무성음이며 기식음인 폐색-마찰음은 기식음이 사라지게 된다. 예컨대, ག = /kha/ (낮은 소리), སྒ = /ka/ (낮은 소리)

모든 경우에 첨관자는 발음되지 않는다.

[지금까지 설명한 모든 음소를 제시하면] 두음 음소표는 이제 다음과 같은 형태가 된다.

표 3

	폐쇄음	파찰음	비음이 앞에 붙은 폐쇄음	비음	마찰음	측음
양순음	p ph			m	w	
치음	t th	ts tsh	ⁿd	n	s	
치경음						ɬ l
치경-경구개음		tɕ tɕh		ɳ	ʃ r	
반쯤 반전음	ʈ ʈh	(tʂ tʂh)				
경구개음	c ch				ɕ j	
연구개음	k kh			ŋ		
후두음	ʔ				h ʰ(a)	

제2과 연습문제

1 지금까지 다룬 88개의 합자를 순서대로 적으시오. 자역과 음역도 함께 적으시오.

2 그 88개의 합자를 두 그룹으로 나누시오.

a) 높은 음조의 음절

b) 낮은 음조의 음절

3 표 3에 있는 모든 음소 옆에 그 음소를 두음으로 가지는 문자소(文字素, Graphem)를 적으시오. (기본문자까지 포함한 모든 문자소를 적으시오.) 그리고 그 문자소를 높은 음조의 음절과 낮은 음조의 음절로 나누시오.

4 이번 과에서 새롭게 등장한 음소를 두 그룹으로 나누시오.

a) 독일어에 있는 음소

b) 독일어에 없는 음소

제3과

3.1 첨전자

다섯 개의 첨전자 ག, ད, བ, མ, འ가 뒤따르는 기본자와 합자 앞에 올 수 있다.

a) 첨전자 ག(11개 문자소)

གཅ, གཉ, གཏ, གད, གན, གཞ, གཟ, གཡ, གཤ, གས, གཙ

gca, gnya, gta, gda, gna, gzha, gza, g.ya,[1] *gsha, gsa, gtsa*

b) 첨전자 ད(15개 문자소)

དཀ, དག, དང, དཔ, དབ, དམ,	*dka, dga, dnga, dpa, dba, dma,*
དཀྱ, དགྱ, དཔྱ, དབྱ, དམྱ,	*dkya, dgya, dpya, dbya, dmya,*
དཀྲ, དགྲ, དཔྲ, དབྲ	*dkra, dgra, dpra, dbra*

1 g 다음에 점을 찍어서 다음에 오는 y와 분리시켰다. g가 접두어라는 것을 보여주기 위해서이다. གྱ와 གཡ의 자음역을 구별하기 위해서 이 점은 필요하다. 이 차이를 나타낼 수 있는 다른 방법은 이음선(*g-ya*)을 긋거나 기본문자에 밑줄(*gya*)을 치는 것이다.

c) 첨전자 བ(42개 문자소)

བཀ, བག, བཅ, བཏ, བད, བཞ, བཟ, བཤ, བས	*bka, bga, bca, bta, bda, bzha, bza, bsha, bsa*
བཀྱ, བགྱ	*bkya, bgya*
བཀྲ, བགྲ	*bkra, bgra*
བཀླ, བཟླ, བརླ, བསླ	*bkla, bzla, brla, bsla*
བརྐ, བརྒ, བརྔ, བརྗ, བརྙ, བརྟ, བརྡ, བརྣ, བརྩ, བརྫ	*brka, brga, brnga, brja, brnya, brta, brda, brna, brtsa, brdza*
བལྟ	*blta*
བསྐ, བསྒ, བསྔ, བསྙ, བསྟ, བསྡ, བསྣ, བསྩ	*bska, bsga, bsnga, bsnya, bsta, bsda, bsna, bstsa*
བརྐྱ, བརྒྱ	*brkya, brgya*
བསྐྱ, བསྒྱ	*bskya, bsgya*
བསྐྲ, བསྒྲ	*bskra, bsgra*

d) 첨전자 མ(15개 문자소)

མཁ, མག, མང, མཆ, མཇ, མཉ, མཐ, མད, མན, མཚ, མཛ	*mkha, mga, mnga, mcha, mja,* *mnya, mtha, mda, mna, mtsha, mdza*
མཁྱ, མགྱ	*mkhya, mgya*
མཁྲ, མགྲ	*mkhra, mgra*

e) 첨전자 འ(20개 문자소)

འཁ, འག, འཆ, འཇ, འཐ, འད, འཕ, འབ, འཚ, འཛ	*'kha, 'ga, 'cha, 'ja, 'tha, 'da, 'pha, 'ba, 'tsha, 'dza*
འཁྱ, འགྱ, འཕྱ, འབྱ	*'khya, 'gya, 'phya, 'bya*
འཁྲ, འགྲ, འཐྲ, འདྲ, འཕྲ, འབྲ	*'khra, 'gra, 'thra, 'dra, 'phra, 'bra*

첨전자 뒤에 오는 [기본자 및 결합자의] 소리는 다음의 아홉 가지 범주로 나눌 수 있다.

a) 높은 음조의 무성음이며 무기음인 폐쇄-마찰음, 예컨대 དཔ, དཙ

b) 낮은 음조의 무성음이며 무기음인 폐쇄-마찰음, 예컨대 བསྒ, བརྗ

c) 높은 음조의 무성음이며 기식음인 폐쇄-마찰음, 예컨대 འཁ, འཚ

d) 낮은 음조의 무성음이며 기식음인 폐쇄-마찰음, 예컨대 དག, མགྲ

e) 높은 음조의 비음, 예컨대 བརྙ

f) 낮은 음조의 비음, 예컨대 མན

g) 높은 음조나 낮은 음조의 마찰음, 예컨대 བཤ, གཞ

h) 높은 음조의 측음, 예컨대 བསླ

i) 예외: ག 뒤에 오는 ཡ, བ 뒤에 오는 ཟླ, ད 뒤에 오는 བ

첨전자는 위의 [범주]소리들에 다음과 같은 영향을 끼친다.

(1) 모든 높은 음조의 소리(a, c, e, h), 모든 마찰음(g), 비음이 앞에 붙은 유성폐쇄음 ཟླ (i)는 발음상 변화가 없다.

(2) 낮은 음조의 무성음이며 무기음인 폐쇄-마찰음(b)도 역시 [발음이] 변하지 않는다. 이 소리 앞에는 첨전자 ག, ད, བ만이 나타난다.

(3) 낮은 음조의 비음(f)은 높은 음조가 된다.

(4) 낮은 음조의 무성음이며 기식음인 폐쇄-마찰음(d)은 ག, ད, བ 뒤에서는 기식음이 사라진다. མ, འ 뒤에서는 낮은 음조의 무기음이며 비음이 앞에 붙은 유성폐쇄음으로 변한다. 이 현상에 의해 6개의 새로운 음소가 생긴다: /^{m}b/, /^{n}dz/, /^{n}dẓ/, /^{n}dẓ̧/, /^{n}ɉ/, /^{n}g/[2](예컨대 འབ, འཛ, འཇ, འདྲ, འགྱ, འག)

(5) ག 뒤에 오는 ཡ (i)는 높은 음조로 발음된다.

(6) ད 뒤에 오는 བ (i)는 예외이다: 모음 a 앞에서 དབ는 높은 음조의 /wa/로 발음된다. 다른 모음 앞에서는 높은 음조의 ཨ가[3] 된다. 예를 들어, དབྱ와 དབྲ는 각각 높은 음조의 /ja/, /ra/

2 위에 써 있는 n은 항상 [이어지는 자음과] 같은 계열의 비음(같은 구강구조에서 나오는 비음)으로 발음된다.

로 발음된다.

예시:

(1)의 예 བསྐ = བཀ = དཀ = ཀ = /ka/ (높은 음조)

བཀྲ = དཀྲ = དཔྲ = ཀྲ = པྲ = /tʂa/ (높은 음조)

བཚ = འཚ = ཚ = /tsha/ (높은 음조)

བསྣ = མན = སྣ = ན = /na/ (높은 음조)

བཞ = ཞ = /ɕa/ (낮은 음조)

བཤ = ཤ = /ɕa/ (높은 음조)

བཟླ = ཟླ = /ⁿda/ (높은 음조)

(2)의 예 བགྱ = བསྒྱ = གྱ = སྒྱ = /ca/ (낮은 음조)

(3)의 예 གཉ = མཉ = /ɲ/ (높은 음조)

(4)의 예 དབྱ = བབྱ = གྱ = སྒྱ = /ca/ (낮은 음조)

མཛ = འཛ = /ⁿdʑa/ (낮은 음조)

따라서 두음음소(anlauteden Phoneme)에 대한 전체적인 표는 다음과 같은 형태가 된다.

표 4

	폐쇄음	파찰음	비음이 앞에 붙은 폐쇄-마찰음	비음	마찰음	측음
양순음	p ph		ᵐb	m	w	
치음	t th	ts tsh	ⁿd ⁿdz	n	s	
치경음						ɬ l
치경-경구개음		tɕ tɕh	ⁿdʑ	ɲ	r	

3 그러나 정통적인 발음에 근거하자면 ཞ(높은 음조)가 된다.

표 4 (계속)

	폐쇄음	파찰음	비음이 앞에 붙은 폐쇄-마찰음	비음	마찰음	측음
중간-반전음	ʈ ʈh	(tʂ tʂh)	^{n}dʐ			
경구개음	c ch		^{n}ɟ		ʃ j	
연구개음	k kh		^{n}g	ŋ		
후두음	ʔ				h ^{h}(a)	

비음이 앞에 붙은 유성음인 폐쇄-마찰음은 오직 낮은 음조의 음절의 두음에서만 나타난다. ʔ, ʂ, h, ɬ 뒤에는 항상 높은 음조가 뒤따른다. 나머지 다른 소리들에 대해서는 문자소가 명백하게 뒤따르는 모음의 음조를 결정한다.

지금까지 다루었던 두음 문자소의 발음규칙들은 오직 독립적인 음절에 대해서만 적용된다. 한 단어 안에서 두 음절이 결합될 때, 때때로 특정한 두음과 말음이 변화된다. 이 현상은 4.1에서 설명하겠다.

3.2 모음부호

티벳문자에는 모음부호가 네 개 있다. 이 부호들은 원칙상 220개의 두음 문자소와 결합될 수 있다. 그 부호는 기본자(◯)의 위나 아래에 쓴다. 또는 기본자가 포함되어 있는 합자(Ligatur, ◯) 위나 아래에 쓴다.

부호	자역(字譯)	음가	예시
◌ི	*i*	ɪ	མི་ *mi*
◌ུ	*u*	ʊ	ག་ *gru*
◌ེ	*e*	ɛ	སྨྲེ་ *smre*
◌ོ	*o*	ɔ	བསྒོ་ *bsgo*

위 4개 예시[문자]에는, 점 하나가 모음부호와 결합된 문자소 오른쪽 위에 적혀 있다. 이 부호는 티벳어로 ཚེག(*tsheg*)이라고 부르고, 음절을 나누는 역할을 한다. 이것은 하나의 음절이 끝났다는 것을 가리키며, 한 단어가 끝났다는 것을 가리키지 않는다. [로마자로] 자역할 때는 따로 옮겨 적지 않는다. 일반적으로 두 음절 사이의 빈칸이 원본에 ཚེག་ 하나가 있다는 것을 표시한다. ཤད་ 앞에서 음절의 끝이 예외적으로 [다르게 표시된다. 그것은] 4.2를 참조하라.

위에서 제시된 음가는 원칙적으로 모음이 종지음[인 문자]에서만 유효하다. 10개의 [자음] 종지음-문자소가 만드는 [모음]의 변화는 3.3에서 다루겠다.

분절 부호가 220개의 문자소 중의 하나 뒤에 오고, 아무런 모음 부호가 표시되지 않은 채 한 음절이 두음으로만 이루어진 경우가 있다.[4] 이때에는 그 문자소에 내재된 모든 a가 발음되며, 그 [a]는 길지도 짧지도 않게 중간 길이로 발음된다.

3.3 종지음 문자소[5]

30개의 기본문자 중에 오직 다음의 10개가 종지음 자리에 올 수 있다.

ག, ང, ད, ན, བ, མ, འ, ར, ལ, ས

4 종지음이 될 수 없는 자음과 첨전자로만 음절이 구성되는 경우 이 설명은 적용되지 않는다. 3.3 참조.

5 발음에 있어서 Pausa 형태(휴지 형태, 한 음절을 독립적으로 발음하는 것)와 Sandhi 형태(문장 내 연결된 형태, 한 음절을 문장 내에서 [앞뒤와] 연결 지어 발음하는 것)를 구분해야 한다.
종지음 བ, མ, འ, ར의 경우에는 Pausa와 Sandhi 형태가 같다. ང, ན의 경우에는 휴지 형태에서 둘 다 비음 ŋ와 n으로서 명확이 발음된다. 문장 내 연결된 형태에서는 그 자리에 장음화된 비모음(鼻母音)이 들어간다(ན 앞에서의 모음 굴절).
종지음 ད와 ས는 휴지 형태에서는 더 강한 후두음으로 발음된다. 문장 내 연결된 형태에서는 강한 후두음이 탈락하고 대신에 그 앞에 있는 모음이 장음화된다(ད와 ས 앞에서의 모음이 굴절된다).
종지음 ག와 ལ는 세 가지 방식으로 구현된다.
a) 휴지 형태에서는 -ġ 또는 -ㄱ로 완전하게 발음된다.
b) 강하게 발음할 때 모음을 약하게 장음화시키면서 숨을 반쯤 내쉰다.
c) 순간적으로 발음할 때 숨을 충분히 내쉬며, 앞의 모음이 [종지음의 짧은 발음 시간을] 보충하기 위해 길어진다.

이 종지음은 오직 [그 종지음] 앞에 오는 모음과 결합되어 있을 때만 다루어질 수 있다. 왜냐하면 [종지음은] 대부분의 경우에 양적으로 혹은 질적으로 그 [앞의 모음]에 영향을 미치기 때문이다.

ག　강한 후두음으로 구현되고, 그와 더불어 그 앞에 있는 모음은 약간 길어진다.

གཅིག་	*gcig*	발음	/tɕiʔ/

이 강한 후두음은 더 빠르게 발음될 때에는 완전히 사라진다(བག་ bag; 발음: /pha·/). 더 명확하게 발음될 때는 연구개음화된 무성의 폐쇄음 형태가 되고(ġ), 그때에 그 앞에 있는 모음은 다시 짧아진다(གཅིག: /tɕɪġ/).

ང　[그 앞의 모음을] 비음(nasal)화된 장모음을 만들거나, 모음 변화 없이 완전하게 발음된다.

ནང་	*nang*	발음:	/nã·/
དང་	*dang*	발음:	/thaŋ/

ད　자체로는 거의 발음되지 않는다. 대신 /a/, /ʊ·/, /ɔ/를 각각 /ɛ·/, /y/, /œ/로 변음(Umlaut)시킨다. 또한 /ɪ/, /ɛ/는 각각 /i/, /ɛ·/로 장음화시킨다.

བྱད་	*byad*	발음:	/tɕhɛ·/
བུད་	*bud*	발음:	/phy·/
བོད་	*bod*	발음:	/phœ·/
གཉིད་	*gnyid*	발음:	/ɲi/
མེད་	*med*	발음:	/mɛ·/

ད는 강한 후두음으로는 거의 나타나지 않는다.

བརྒྱད་	*brgyad*	발음:	/cɛʔ/

ན ད와 마찬가지로 변음하면서 모음을 장음화시킨다.

རྒྱན་	*rgyan*	발음:	/cɛ̃·/
བདུན་	*bdun*	발음:	/tỹ·/
བོན་	*bon*	발음:	/phœ̃·/
ཡིན་	*yin*	발음:	/jɪ̃·/
ལེན་	*len*	발음:	/lɛ̃·/

이상의 세련된 형태 외에도 단모음 뒤에서 /n/이 완전히 발음되는 것도 많이 듣게 된다. 즉, /chɛn/, /tyn/, /phœn/, /jɪn/ 그리고 /lɛn/.

བ 양순음의 무성-폐쇄음 (b̥)으로 구현된다. 모음은 단모음으로 유지된다.

ཐུབ་	*thub*	발음:	/thʊb̥/

མ 완전히 발음된다. 모음은 단모음으로 유지된다.

ལམ་	*lam*	발음:	/lam/

འ 정서(正書)를 위한 수단일 뿐이며, 그 앞의 문자가 기본문자라는 것을 알리는 부호이다. 이 앞에 다시 하나의 첨전자가 있다고 해도, 그것은 아무런 모음부호를 가지지 않는다.[6]

དག་	*dag*	발음:	/thaġ/ (ད 두음, ག 말음)
དགའ་	*dga'*	발음:	/ka/ (ག 기본문자, ད 첨전자)

ར 보통 완전히 발음되고, 발음할 때 두음이 [r이 입에서] 발음되는 위치에 약간 영향을 줄 수 있다. 모음은 단모음으로 유지된다.

དར་	*dar*	발음:	/thar/
འཆར་	*'char*	발음:	/tɕhaɹ/

ལ ད와 비슷하게 기능한다. 즉, 자체로는 거의 발음되지 않지만, /a/, /ɔ/, /ʊ/를 각각 /ɛ·/, /œ·/, /y·/로 변음시킨다. 또한 /ɪ/, /ɛ/는 각각 /i/, /ɛ·/로 장음화시킨다.

བལ་	*bal*	발음:	/phɛ·/
ཡུལ་	*yul*	발음:	/jy·/
རོལ་	*rol*	발음:	/rœ·/
རིལ་	*ril*	발음:	/ri/
ཤེལ་	*shel*	발음:	/ɕɛ·/

이런 세련된 발음형태 외에도 단모음 뒤에서 *l*이 완전하게 발음되기도 한다. 즉, /phɛl/, /jyl/, /rœl/, /rɪl/, /ɕɛl/.

ས ད와 비슷하게 기능한다. 즉, 자체로는 거의 발음되지 않지만, /a/, /ɔ/, /ʊ/를 각각 /ɛ·/, /œ·/, /y·/로 변음시킨다. 또한 /ɪ/, /ɛ/는 각각 /i/, /ɛ·/로 장음화시킨다.

---

6 དགུ་ 혹은 དགེ་를 참조하라.

ལས་	*las*	발음:	/lɛ·/
ལུས་	*lus*	발음:	/ly·/
ཆོས་	*chos*	발음:	/tɕhœ·/
གཉིས་	*gnyis*	발음:	/ɲi/
མེས་	*mes*	발음:	/mɛ·/

종지음 ག, ང, བ, མ 다음에 두 번째 종지음으로서 ས가 올 수 있다. 그것으로 인해서 다음의 네 개의 종지음 문자소가 생긴다. གས[7], ངས, བས, མས. 자역은 *gs*, *ngs*, *bs*, *ms*로 한다.

예시:	ལགས་	*lags*	བསྔགས་	*bsngags*
	ཁོངས་	*khongs*	མདངས་	*mdangs*
	ཐབས་	*thabs*	བསྒྲུབས་	*bsgrubs*
	ཁམས་	*khams*	བསྐམས་	*bskams*

문자가 개혁되기 이전에 고대 티벳 정서법에서는 두 번째 종지음 위치에 또 하나의 자음 종지음이 올 수 있었다. 그것이 이른바 ད་དྲག་ *da drag*(덧붙여진 ད "affigiertes ད")이다. 이것은 ན, ར, ལ 등을 종지음으로 가지는 특정한 단어와 동사형태 뒤에 나타난다. 새로운 정서법에서는 전혀 쓰지 않지만, [그 뒤에 오는] 두음을 변화시키는 방식으로 [이전에 이 종지음이 사용되었다는] 분명한 흔적이 남아 있다. 그래서 오늘날에는 [다음 세 단어들을] ཀུན་ཏུ་, ཐར་ཏོ་, སྐུལ་ཅིག་으로 쓰게 되었는데, 이 형태들이 이전에 ཀུནད་ཏུ་, ཐརད་ཏོ་, སྐུལད་ཅིག་으로 사용되었기 때문이다. 탈락된 ད་དྲག་ 의 영향이 없었다면, 이 형태들은 두 번째 자리에 오는 조사들에 대해 적용되는 규칙에 따라서 다음과 같은 모습이어야 할 것이다: ཀུན་དུ་ *kun du*, ཐར་རོ་ *thar ro*, སྐུལ་ཞིག་ *skul zhig*.

두 번째 종지음은 자주 발음에서는 무시된다.

지금까지 다룬 종지음의 규칙들은 여덟 가지 자음 종지음 음소(phonem) ʔ, g̊, ŋ, b̥, m, r, n, l (마지막 두 개는 임의적인 변형이다) 외에도 다음의 모음 음소를 표방한다.

7 종지음 གས는 또한 –속기자(速記字)로서- ཌ (*ḍa*) 또는 ཊ(*ṭa*)로 쓸 수 있다. 이 부호에 대해서는 4.3을 참조하라.

a	a·	ã·	y·	ỹ·
ɪ	i	ĩ·	œ·	œ̃·
ʊ	u	ũ		
ɛ	ɛ·	ɛ̃·		
ɔ	ɔ·	ɔ̃·		

3.4 모음 조사들의 운반자로서 འ

3.3에서 논의한 정서법상의 기능과 더불어, 기본문자 འ(འ་ཆུང་ *'a chung*)는 또한 세 가지 모음조사를 어떤 단어의 모음-종지음 뒤에 덧붙이는 역할을 한다. 그 세 개의 조사는 འི, འུ འོ이다.

འུ와 འོ의 경우에는 발음할 경우 이중모음이 다음과 같은 방식으로 일어난다. 두 번째 모음이 약한 소리로 첫 번째 모음 뒤에 온다.

རྟེའུ	*rte'u*	발음:	/tɛʊ/ (/tɛʔʊ/가 아님)

두 번째 모음은 항상 첫 번째 모음에 비하여 음조가 낮아진다.

འི는 앞에 오는 i를 장음화시킨다. ɛ는 닫힌 모음 e가 된다. a, ʊ, ɔ는 장음화된, 닫힌 변음화된 모음이 된다.

མིའི	*mi'i*	발음:	/mi·/
དེའི	*de'i*	발음:	/the·/
བྱའི	*bya'i*	발음:	/tɕhe·/
ཕོའི	*pho'i*	발음:	/phø·/
སུའི	*su'i*	발음:	/sy·/

모든 경우에 음조는 앞 단어의 끝에 비하여 약간 올라간다. 그 때문에 མིའི་ 와 མིས་, དེའི་와 དེས་ 같은 비슷한 형태들이 발음에서 서로 구분된다.[8]

8 འི, འུ, འོ는 고전티벳어에서는 ཚེག་(*tsheg*) 없이 앞에 오는 음절에 붙지만, 더 고대의 티벳어에는 ཚེག་(*tsheg*)과 함께 붙는다. འང་과 འམ་(10.6과 6.6 참조)은 때로는 ཚེག་(*tsheg*) 없이, 때로는 함께 붙는다.

제3과 연습문제

1 이번 과에서 배운 새로운 문자소 102개를 순서대로 쓰시오. 그 문자소의 자역과 음역도 함께 쓰시오.

2 102개의 문자소를 발음의 측면에서 두 가지 범주로 나누시오.

a) 높은 음조의 음절

b) 낮은 음조의 음절

3 음소(音素) 표 4에 있는 모든 음소 옆에 그 음소가 두음인 문자소를 기입하시오.

4 이번 과에서 새롭게 나타난 음소들을 두 범주로 나누시오.

a) 독일어에 있는 음소

b) 독일어에 없는 음소

5 아래 문자들을 자역하고, 또 음역도 적으시오.

མཁས་, མཛོད་, ལེགས་, བཤད་, དེ་, དག་, འཛིན་, སྤུད་, རྒྱ་, མཚོ་, གཏེར་, ཕྱིར་, ཐམས་, ཅད་, འབབ་, བླང་, དོར་, ཟློ་, གྲོས་, རྟུལ་, འདྲེས་, ལྷུགས་, ཁབ་, ཡིད་, ཤེས་, མའི་, པོའི་, ཁྭ་, མཁའ་, འགྱུར་, སྤྲུལ་, ཨག་, ལྷག་, བརྩད་, བསྒྲུན་, གཏིང་, དབྱུག་, གཡོན་,

བསླབས་, ལམ་, ཟློའི་, མཐེའུ་ འགྲོའོ་, མེའུ་, གླུའི་, བྱའོ་, བགྱིའོ་, མེའི་, རེའོ་, བཟའི་

제4과

4.1 산디 규칙

두 개 이상의 단어들이 연속될 때, [앞 단어의] 종지음과 [뒷 단어의] 두음[頭音]에서 빈번히 소리변화가 일어난다. 이 소리변화를 인도의 문법용어로 산디(*Sandhi*)라고 부른다. 다른 여러 언어들처럼 라사(Lhasa)-티벳어에도 일련의 산디 규칙이 있으며, 그 규칙은 음소(Phoneme)뿐만 아니라 음조 및 소리의 흐름과도 관계되어 있다. 여기서는 그중 가장 중요한 것들만 다루겠다. 원칙적으로 라사-티벳어 산디 규칙은 연속되는 음절들이 한 단어에 속할 때만 적용된다.

a) 조사의 두음이 낮은 음조 /pha/일 때, 이 소리는 양순 마찰음 /ß/로 변한다. 이는 b로 시작하는 명사형 조사(5.4 참조) 또는 축소조사(Diminuipartikel)가 있을 때(19.7 참조) – 즉, བ་, བོ་, བུ་일 때 – 각각 /ßa/, /ßɔ/, /ßʊ/로 발음되며, 음조는 없다는 것이다(다음을 보시오).[1]

དགའ་བ་	*dga' ba*	발음:	/ka ßa/
དཔའ་བོ་	*dpa' bo*	발음:	/pa ßɔ/

1 축소조사 བུ་는 매우 빈번하게 정확한 발음으로, 즉 /phʊ/로 발음된다.

རྒྱལ་བུ་	*rgyal bu*	발음:	/ɟɛ̇ ßʊ/	

b) 무기음이면서 무성음인 폐쇄-마찰음은 자음종지음(子音末音) 뒤에서 상응하는(같은 계열의) 유성음으로 변한다. 이때 [그 자음]종지음이 /g/와 /b/인 경우, [이것들] 또한 유성음으로 변한다.

གྲོགས་པོ་	*grogs po*	발음:	/tʂhɔg bɔ/	(/tʂhɔʔ pɔ/ 대신에)
ཁྱིམ་བདག་	*khyim bdag*	발음:	/chɪm daˑ/	(/chɪm taʔ/ 대신에)
སློབ་སྦྱོང་	*slob sbyoṅ*	발음:	/lɔb dzɔŋ/	(/lɔb̥ tɔŋ/ 대신에)

c) 똑같은 두음변화가 모음종지음 뒤에서도 임의적으로 일어난다.

བོད་སྐད་	*bod skad*	발음:	/phœ kɛ̇/ 또는 /phœ gɛ̇/

만약 선행하는 소리가 비음으로 끝나는 모음이라면, [종지음 비음은] 뒤따르는 두음은 그 두음이 속한 계열의 모음으로 변화한다. 그리고 모음은 짧아진다.

ཡིན་པས་	*yin pas*	발음:	/jɪm bɛ̇/	(/jĩ̇ pɛ̇/ 대신에)
རྒན་བདག་	*rgan bdag*	발음:	/kɛn daˑ/	(/kɛ̃̇ taʔ/ 대신에)

d) 모음의 종지음 뒤에서 묵음의 첨전자(보통 བ)와 드물긴 하지만 첨관자들이 발성되기도 한다.

བཅོ་བརྒྱད་	*bco brgyad*	발음:	/ʨob ɟɛ̇/	(/ʨɔ cɛ̇/ 대신에)
ཨུ་རྒྱན་	*u rgyann*	발음:	/ʔur ɟɛ̃̇/	(/ʔʊ cɛ̃̇/ 대신에)

특히 매우 자주 사용되는 다음의 부사는 기억해두어야 한다.

དལྟ *da lta* 발음: /than da/ (/tha ta/ 대신에)

e) 독립적으로 사용되지 않는 티벳어 조사들은[2] 보통 선행하는 음절의 음조의 영향을 받아서 음조가 사라진다. 이것에 대해서는 a)의 예문을 참고하라.

4.2 문장부호

전통적인 티벳 정서법에는 문장부호가 매우 적다. 그중에서 가장 중요한 것은 ཤད་ *śad*라고 불리는 세로줄།이다. 한 줄은 ཚིག་ཤད་이라고 불린다. ཤད་ 바로 앞에 있는 단어는 음절분절기호(ཚེག་ *tsheg*)가 생략된다. 단, 그 단어가 ང으로 끝날 때는 예외이다. ང 뒤에서는 ཚེག་이 항상 보존된다.

ཤད་는 주(主)문장에서 독립적이라고 간주되는 절들을 나눈다. 이렇게 [나눈] 절들이 본질적으로 티벳어 부(副)문장이 된다. 이 부문장은 격조사, 양보형 조사, 반종지형 조사, 병렬조사로 끝나거나,[3] 무언가를 열거할 때 결합조사 དང་(*dang*, "~와, 그리고")을 통해 한정된 부분으로 끝나기도 한다. 이 한 줄 ཤད་은 엄밀한 규칙대로 사용되지 않으며, 따라서 임의적이며 우연하다.

많은 텍스트에서 한 줄 ཤད་의 다른 형태인 སྦྲུལ་ཤད་ (*sbrul shad*, 위에 뱀을 그린 세로줄)와 སྤུངས་ཤད་ (*spungs shad*, 점을 쌓아놓은 세로줄)를 쓴다.

༑ སྤུངས་ཤད་ *spungs shad*

༈ སྦྲུལ་ཤད་ *sbrul shad*

---

2 5.4.에 열거된 것을 참고하시오.

3 조사들은 10.6, 14.1-16, 15.1-7에서 설명할 것이다.

두 줄 ཤད་는 티벳어로 ཉིས་ཤད་(*nyis shad*, 두 개의 *shad*)이다. 이것은 서술문 종지형 조사[4] 뒤에 쓴다. 그 외에도 두 줄 ཤད་는 운문에서 각각의 행들을 시각적으로 구분해주는 데 쓴다. 이때 이 부호는 구문론적으로 아무런 기능도 없다. 티벳어 운문은 전적으로 음절수에 의해서 [문장이] 결정되기 때문이다.[5] 운문에서 다른 ཤད་는 사용하지 않는다.

하나의 장이나 절과 같은 큰 단락은 བཞི་ཤད་(*bzhi shad*, 네 개의 *shad*)를 사용해서 구분한다. 그리고 네 개의 *shad*은 보통 ཉིས་ཤད་(두 개의 *shad*)를 [나누어서] 두 번 배치한다. ༎ ༎

དབུ་(*dbu*, 머리)라고 부르는 부호(༄)는 텍스트의 시작이나 큰 단락이 시작될 때에 이중(༄༅), 삼중(༄༅༅)으로 그린다.

4.3 인도문자를 [티벳어로] 바꾸는 체계(데바나가리 Devanāgarī와 함께 도표로 설명)

티벳인들은 산스크리트 단어를 티벳문자로 바꾸어 표기하기 위해서 일련의 추가적인 부호를 고안했다. 이 부호들은 모두 [티벳어의] 기본문자 혹은 모음부호에서 유래했으며, 두 개의 첨족자(Subskript, ྭ 와 ྱ)를 가지고 티벳인들은 모든 데바나가리 문자들을[6] [티벳어로] 표시하고자 했다. [이를 통하여] 티벳어 문자체계에는 [원래] 상응하는 문자가 없었던 [데바나가리 문자들도 옮겨 쓸 수 있게 되었다.] 이 자역을 위해 고안된 문자체계를 아는 것은 고급 단계의 [고전티벳어] 독해를 위해 반드시 필요하다. 인도어에 뿌리를 둔 단어와 고유명사가 매우 많이 티벳어에 침투해 있기 때문이다.

---

4 6.5절을 참조하라.

5 20과를 참조하라.

6 이것은 오늘날 가장 널리 사용되는 인도 알파벳이다. 이 알파벳으로 산스크리트 텍스트가 대부분 인쇄된다. 티벳인들이 음역을 위한 알파벳을 만들 때에는 당연히 오늘날 사용되는 [데바나가리] 형태는 없었고, 그와 유사한 형태만이 있었다.

단모음	अ	a	इ	i	उ	u	ऋ	ṛ	ऌ	ḷ
	ཨ	a	ཨི	i	ཨུ	u	རྀ	ṛ	ལྀ	ḷ
장모음	आ	ā	ई	ī	ऊ	ū	ॠ	ṝ	ॡ	ḹ
	ཨཱ	ā	ཨཱི	ī	ཨཱུ	ū	རཱྀ	ṝ	ལཱྀ	ḹ
이중모음	ए	e	ऐ	ai	ओ	o	औ	au		
	ཨེ	e	ཨཻ	ai	ཨོ	o	ཨཽ	au		
연구개음	क	ka	ख	kha	ग	ga	घ	gha	ङ	ṅa
	ཀ	ka	ཁ	kha	ག	ga	གྷ	gha	ང	ṅa(nga)
경구개음	च	ca	छ	cha	ज	ja	झ	jha	ञ	ña(nya)
	ཙ	tsa	ཚ	tsha	ཛ	dza	ཛྷ	dzha	ཉ	ña(nya)
반전음	ट	ṭa	ठ	ṭha	ड	ḍa	ढ	ḍha	ण	ṇa
	ཊ	ṭa	ཋ	ṭha	ཌ	ḍa	ཌྷ	ḍha	ཎ	ṇa
치음	त	ta	थ	tha	द	da	ध	dha	न	na
	ཏ	ta	ཐ	tha	ད	da	དྷ	dha	ན	na
양순음	प	pa	फ	pha	ब	ba	भ	bha	म	Ma
	པ	pa	ཕ	pha	བ	ba	བྷ	bha	མ	Ma
반모음	य	ya	र	ra	ल	la	व	va	(བ보다 드물게 ཝ wa)	
	ཡ	ya	ར	ra	ལ	la	བ	ba		
마찰음	श	śa(sha)	ष	ṣa	स	sa				
	ཤ	śa	ཥ	ṣa	ས	sa				
기음	ह	ha								
	ཧ	ha								
anusvāra	ं	ṃ								
	ཾ	ṃ								
visarga	ः	ḥ								
	ཿ	ḥ								
anunāsika	ँ	~								
	ྃ	~								

요약하면, 다음의 것들이 새로운 요소로 사용된다.

a) 모음부호 i (ི)를 좌우로 뒤집은 기호가 모음 r과 l의 부호로 사용된다.

b) འ(འ་རིང་པོ་ 'a ring po, 긴 'a)를 첨족자로 사용해서 (ཱ) 장음을 나타내는 부호로 사용된다.

c) 모음부호 e(ེ), o(ོ)를 두 번 쓴 기호(ཻ, ཽ)가 각각 이중모음 ai, au의 부호로 사용된다.[7]

d) 치음 부호와 ཤ를 좌우로 뒤집은 기호들이 각각 반전음과 반전음 계열의 마찰음(ṣ)의 부호로 사용된다.

e) ྷ를 첨족자로 사용하는 기호(ྷ)가 유성 폐쇄음의 부호로 사용된다.

특이한 점은 치음의 경구개음인 파찰음을 인도어 경구개음을 옮겨 쓰기 위해 사용한다는 사실이다. 이것은 네팔과 카슈미르에서 경구개음이 일반적으로 치음의 파찰음으로 발음되는 것에 소급될 수 있을 것이다.

다음과 같이 발음한다.

(1) ྲྀ와 ླྀ는 각각 རི와 ལི [와 똑같이] 발음된다.

(2) 첨족자 འ는 그 위에 있는 모음을 장음화시킨다.

(3) ཨཻ와 ཨཽ는 각각 ai와 au로 발음된다.

(4) 치음 부호와 ཤ가 좌우로 뒤집혀서 써 있으면, 치경-경구개음으로 발음한다: ཊ=ཏ

(5) 첨족자 ྷ는 보통 무시된다. 그것과 결합된 기본문자들이 거의 [티벳어에서] 기식음으로 [발음되고 있기 때문이다.]

나머지 부호들은 항상 티벳어 [기존의] 방식대로 발음된다.

데바나가리 자음들의 합자는 보통 여러 문자를 결합해서 옮겨 적는다. 어떤 경우에는 오른쪽에 복잡한 결합문자가 따라오기도 한다. 하지만 때로는 그 문자를 한눈에 파악할 수

7 ai와 au에 대한 모음부호는 산스크리트 단어를 음역할 때에 다른 기본문자들과 결합한 형태로 사용된다. གཽ་ཏ་མ་ *Gau ta ma*(skt. *Gautama*, 붓다의 종족이름)

있게 쉽게 [풀어서] 다시 쓴 [문자]가 발견되기도 한다. 예를 들어, 산스크리트어 *kunda*를 자역한 ཀུཎྜ་ 옆에 ཀུན་ད་(*kun da*)가 써 있는 경우가 있다. 산스크리트어 보살설화모음집(skt. *Bodhisattvāvadānakalpalatā*)을 자역한 텍스트의 한 부분을 아래에 전형적인 예시로 제시한다.

ལུ་པ་ཤྲུ་ཊ་བ་སྤྲ་ཊཀྐ་ཊ་སྤྲ་ཛ་ཁ་ནི་ཏེ་ནཱཀྵ་སྨ་པ་ཀུ་ཊ་ཏཀྐ་ཡོཏྲི་ར་བི་ཏ་ཏ་ཛ་བིཿཔྲེ་རི་ཀཱ་གྲཾ་ལི་ཏ་ནོ་ནསྟཾ་སྨ་ཏུཿབི་བ་ཏི་ཡ་ད་སོ་ནི

4.4 알파벳순 배열[8]

티벳어 단어는 기본문자를 기준으로 알파벳순으로 배열된다. 모음의 순서는 a, i, u, e, o 이다. 그다음에 10개의 종지음이 다시 알파벳순으로 이어진다(དག་ 다음에 དང་). 종지음이 하나인 단어가 두 개인 단어 앞에 온다(ཚང་ 다음에 ཚོངས་). 기본문자가 하나인 것 다음에 첨족자가 결합된 합자가 온다. 그다음 첨전자, 그다음에 첨관자가 온다. 마지막으로 첨전자와 첨관자가 결합된 단어가 온다(모음과 첨족자는 각각의 경우 앞에서 설명한 순서로 배열된다). 종지음을 편의상 생략하고, 다음에서 예를 제시한다.

8 다음과 같은 세부사항에 대해서는, 단어들의 배열에 관한 완전한 합의가 없다. 아래-첨자 ཝ의 배역, 종지음 འ에 대한 고려, 그 외의 다른 모음-종지-조사들에 대한 고려.

ག	*ga-*	དག	*dga-*	རྒ	*rga-*
གི	*gi-*	དགྱ	*dgya-*	རྒྱ	*rgya-*
གུ	*gu-*	དགྲ	*dgra-*	ལྒ	*lga-*
གེ	*ge-*	བག	*bga-*	སྒ	*sga-*
གོ	*go-*	བགྱ	*bgya-*	སྒྱ	*sgya-*
གྭ	*gwa-*	བགྲ	*bgra-*	སྒྲ	*sgra-*
གྱ	*gya-*	མག	*mga-*	བརྒ	*brga-*
གྱི	*gyi*	མགྱ	*mgya-*	བརྒྱ	*brgya-*
གྲ	*gra-*	མགྲ	*mgra-*	བསྒ	*bsga-*
གྲི	*gri-*	འག	*’ga-*	བསྒྲ	*bsgra-*
གླ	*gla-*	འགྱ	*’gya-*		
གླི	*gli-*	འགྲ	*’gra-*		

제5과

5.1 문장의 성분

티벳어 문장에는 5종의 구성요소가 구별되어 있다.

a) 술어

b) 목적어

c) 논리상의 주어

d) 수식어

e) 부사적 규정

인도유럽어 계통에서 주어는 보통 주격으로 표시되지만 티벳어는 어떤 특정한 주격 조사도 갖지 않는다는 특징이 있다. 그 대신에 논리상의 주어가 술어의 성격에 상응하게 동사의 행동을 작용케 하는 행위자로서 도구격(instrumental)으로 표시되거나 또는 동사행위에 단지 참여하거나 그것과 어떤 일정한 관계에 있는 것으로서 목적격으로 등장한다. 이것은 7.6.c.3 및 8.2.a에서 자세히 설명할 것이다.

5.2 단어의 유형

문장 안에서 단어유형의 범주를 다음과 같이 나눌 수 있다.

<table>
<tr><td>a) 동사</td><td></td></tr>
<tr><td>b) 명사(Substantiv)</td><td rowspan="4">체언</td></tr>
<tr><td>c) 형용사</td></tr>
<tr><td>d) 대명사</td></tr>
<tr><td>e) 수사</td></tr>
<tr><td>f) 부사</td><td></td></tr>
<tr><td>g) 후치사(Postposition)</td><td></td></tr>
<tr><td>h) 접속어(Konjunktion)</td><td></td></tr>
<tr><td>i) 의문사(Interjektion)</td><td></td></tr>
</table>

이러한 전통적 분류는 문장 안에서 단어의 유형에 대한 분명한 분류를 제시한다. 반면 맥락과 분리된 티벳어 단어는 종종 상기 범주의 한 범주뿐 아니라 여러 범주에 속할 수 있다. 동사(a)와 명사(b), 형용사(c)의 세 범주는 동사어간을 체언으로 이끌 수 있는 명사형 조사의 존재를 통해(5.5 및 6 참조) 특히 서로 밀접히 연관되어 있다.

부사(f)와 후치사(g) 및 접속어(h)의 세 범주는 대부분 독립적인 단어들을 통해서가 아니라 그것들의 어떤 특정한 파생어를 통해 나타내지는 한에서 "불순한" 것이다. 예를 들어 부사와 후치사는 부사형 조사와 체언의 격조사의 도움으로 파생되었다. 접속어는(གལ་ཏེ་ *gal te* 혹은 འོ་ན་ *'o na*와 같이) 특히 축약된 문장으로 구성될 수 있다.

5.3 단어의 배열

고전티벳어 산문에서 단어배열의 규칙은 비교적 단순하다. 완전한 문장에서 서술어는 마지막에 위치한다. 서술어는 직전의 선행하는 부사적 규정을 통해 확장될 수 있다. 자동사 문장에서 서술어 앞에 논리상의 주어가 오며, 타동사 술어를 가진 문장에서는 일반적으로 목적어가 그 중간에 온다. 그렇지만 어떤 경우에는 의미상의 주어가 목적어 뒤에 올 수도 있다. 주어와 목적어는 선치되거나 후치된 수식어를 통해 확장될 수 있다. 문장의 앞에서 종종 전체 문장에 걸치는 부사적 규정이 발견된다. 수식어와 부사적 규정은 광범위하고 복합적으로 결합될 수 있다. 이에 대해서는 14.8의 설명과 비교할 것.

도식적 서술:

부사 - 수식어 = 주어 = 수식어 - 수식어=목적어[1]=수식어 - 부사 = 술어

또는

부사 - 수식어 = 목적어 = 수식어 - 수식어=주어=수식어 - 부사 = 술어

운문 문헌에서 이러한 단어순서에 어긋나는 표현이 종종 발견되는데, 만일 그 정도가 심할 경우 주로 문맥에 의지해서 의미를 추정할 수밖에 없다.

5.4 조사에 대한 개관

티벳어에서 구문론을 위해서뿐 아니라 단어를 만들기 위해서 중요한 것이 단독적으로 사용되지 않는 일련의 조사들이다. 티벳어 문법의 핵심은 이들 조사의 문법적 역할을 설명하는

1 자동사 또는 명사적 서술어를 가진 문장에서 이런 구문은 없다.

데 있다. 조사들은 직접적으로 또는 다른 조사에 의해 분리된 채 (5.2에서 언급된) 단어의 유형을 그 앞에 가져야만 한다. 따라서 조사들은 어미라고도 부를 수 있다. 그들 조사 중에서 중요한 것은 다음과 같다.

a) 종지형 조사[2]
b) 동명사형 혹은 결합형 조사[3]
c) 양보형 조사
d) 분리형 조사
e) 비교형 조사
f) 명사형 조사
g) 수사 조사
h) 격 조사[4]
i) 축소형 조사
j) 강화형 조사
k) 소유형 조사
l) 부정(不定) 조사
m) 부사형 조사

티벳어 문법은 본질적인 면에서 이들 조사들의 정확한 기능을 서술하는 것으로 이루어져 있다.

5.5 명사형 조사에 대한 일반적 설명

티벳어에는 여섯 개의 명사형 조사가 있는데, 그것들의 기능은 그것에 선행하는 단어를 명사로 만드는 것이다. 추가적으로 이들 조사를 통해 명사에 있어 주로 자연적 성이 표시된다. 이 경우 པ་와 པོ་는 남성, མ་와 མོ་는 여성을 나타낸다. 반면 ཀ་와 ཀོ་는 차이가 없으며 종종 단지 집단적 성격을 가진다.

---

2 서술문, 의문문, 명령문의 종지형 조사
3 반종지형 조사, 병렬조사, 조동사를 위한 결합 조사
4 격은 호격, 목적격, 도구격, 소유격, 연결형, 처격, 탈격, 향격으로 구별된다.

པ་, པོ་, ཀ་에 있어 다음의 연음(sandhi)규칙이 적용된다.

པ་와 པོ་는 모음이나 ང, འ, ར, ལ로 끝나는 말 뒤에서 བ་와 བོ་로 연음된다. 만일 개혁된 철자법에서는 탈락되었지만 원래 강의(强意)의 종지음 ད་དྲག་이 ར와 ལ에 뒤따른다면, པ་와 པོ་는 연음되지 않고 그대로 남아 있게 된다.

ཀ་는 보통 종지음 ག, ད, བ, ས 뒤에, ཁ는 ན, ར, ལ 뒤에, ག는 ང, མ, འ 및 모음 뒤에 온다. 그렇지만 이 연음규칙에 어긋나는 많은 경우가 있기 때문에 의심스러운 경우에는 사전에 의거해서 통용되는 형태를 확인해야 한다.

མ་, མོ་, ཀོ་는 변화하지 않고 남아 있다.

5.6 명사형 조사의 기능[5]

1) པ་와 མ་

པ་와 མ་는 첫째, 선행하는 단어에 귀속시킬 수 있는 일반적이고 추상적인 관념을 표현한다.

ག་ལ་	"어디에?"	ག་ལ་བ་	"어디에 있는 것"
མཐོང་	"보다"	མཐོང་བ་	"봄"

둘째, 구체적인 인물을 나타낸다. 이 경우 선행하는 개념 속에서 소유나 특징으로서 표현된 것이 그것에 귀속된다.

མཐོང་	"보다"	མཐོང་བ་	"보는 사람"

5 보다 엄격한 개념형성에서 우리는 (연음 없는) 순수한 명사조사 པ་와 (연음형태의) 동명사형 조사 པ་ / བ를 구별해야 한다.

རྟ་ "말" རྟ་པ་ "말에 소속된 자(즉, 기사)"

이하 기술되는 기능들은 위의 두 가지 기능에 환원된다.

a) 부사를 명사화시키는 기능

ཅེས་ "그같이" ཅེས་པ་ "그렇게 말해진 것"[6]

ག་ལ་ "어디에?" ག་ལ་བ་ "어디에 있음", 즉 "머무는 곳"

གང་ན་ "어디에?" གང་ན་བ་ "어디에 있음", 즉 "머무는 곳"

b) 동사를 명사화시키는 기능

པ་의 도움으로 동사적 의미를 가진 어간 중에서 동사형태의 명사(Verbalsubstantiv)가 형성된다.

མཐོང་ "보다" མཐོང་བ་ "봄"

དཀར་ "희다" དཀར་པ་ "흰 것"

이런 형태로 사전이나 본 서의 단어집에 티벳어 동사가 수록되어 있다. 그렇지만 한 문헌 속에서 པ་나 བ་를 수반한 동사어간은 반드시 동사형태의 명사일 필요는 없고 다른 해석의 여지도 있다는 사실에 주의해야 한다. 다음의 c)를 참조할 것.

c) 동사를 형용사로 만드는 기능

b)에서 만들어진 형태는 동사형태의 형용사 또는 분사로도 기능한다.

6 이 단어는 추가적으로 도구격을 덧붙여서 *ced pas* "그렇게 말했기 때문에", "그렇게 언급되었기 때문에"로 자주 쓰인다.

མཐོང་བ་ "보는"

이 형태는 능동태와 수동태를 구별하지 않는 티벳 동사의 비인칭적 성격에 맞게(8.4 및 9.1과 비교) 능동태적으로 "보는"으로, 그리고 수동태적으로 "보이는"으로 해석될 수 있다.

동사형태의 명사나 형용사는 소위 현재어간에 의해서뿐 아니라 과거어간과 미래어간이라는 다른 두 어간형태에 의해 형성될 수 있다. 이때 단지 관련된 동사의 [진행이나 완료 등의] 측면이나 [직설, 원망, 명령 등의] 양태가 변화하게 되며, པ'의 기능은 남아 있게 된다(9.1과 비교).

d) 소속을 나타내는 기능

명사어간에 덧붙여 པ'는 일반적 의미에서 소속을 나타낸다.

རྟ་	"말"	རྟ་པ་	"말에 속한 자; 기수"
ཞིང་	"밭"	ཞིང་པ་	"밭에 속한 자; 농부"

만일 기본단어가 이미 명사형 조사로 끝날 경우 두 개의 명사형 조사가 연이어 나올 수 있다.

དགོན་པ་	"황무지, 암자"	དགོན་པ་པ་	"암자에 속한 자; 은자"

이 기능을 표시하는 པ'는 음운적으로 변화하지 않는다.

e) 소유를 나타내는 기능

명사어간이나 명사복합어에 덧붙여 པ'는 사람이나 사물을 나타내는데, 여기에 명사어간이나 명사복합어를 통해 명명된 것이 소유나 성질로서 존재한다. 이 기능을 지닌 པ'는 마찬가지로 변하지 않는다.

རྐང་གཉིས་པ་	"두 발을 가진 자"
མ་ཐག་པ་	"어떤 간격도 없는, 바로 이어"[7]
བག་ཡོད་པ་	"주의력이 있는 자"
དེ་གཉིས་མེད་པ་	"그 둘이 없는 자"

보통 པ་를 통해 구체적인 소유관계가 표현되는 것이 아니라는 점을 강조해야 한다. 이를 위해서는 소유형 조사 ཅན་(소유의 의미를 가진 형용사, 10.5 참조)이나 또는 명사로서 수식하는 단어에 붙여 사용하는 བདག་("주인")이 사용된다. རྟ་བདག་("말주인")과 ཞིང་བདག་("밭주인")은 རྟ་པ་("기수(騎手)")와 ཞིང་པ་("농부")와 대비된다. བདག་은 བདག་པོ་("지배자, 소유자")의 축약형이다.

f) 서수를 나타내는 기능

기수에 པ་를 붙임에 의해 서수가 만들어진다.

གཉིས་	"2"	གཉིས་པ་	"두 번째"

다만 གཅིག་ "하나"에 대해 비규칙적으로 དང་པོ་ "첫 번째"를 사용한다. 이 기능에서도 པ་는 변하지 않는다.

그렇지만 རྐང་གཉིས་པ་와 같은 표현에 있어서 그것이 "두 번째 발"인지 아니면 "두 발을 가진 자"인지는 오직 문맥이 결정한다.

g) 여성을 나타내는 조사 མ་

c)~f)의 범주의 표현에서 여성명사는 보통 수식적인 사용에서가 아니라 단지 독립적인 사용에서 형성된다. 여성형을 만드는 조사로서 주로 མ་가 사용되며 드물게 མོ་가 사용된다.

---

7 복합어의 뒤에 놓인다. ཐོས་མ་ཐག་པའི་དུས་སུ་ "들음에 바로 이어지는 때, 듣자마자 바로." - པའི་는 수식의 소유격이고, སུ་는 시간을 나타내는 향격이다.

མཐོང་མ་ "보는 여자"
ཆང་ཚོང་མ་ "술집 여주인"
རྐང་གཉིས་མ་ "두발을 가진 여인"
གཉིས་མ་ "두 번째 여인"

하지만:

བོད་པ་ "티벳인 남자" བོད་མོ་ "티벳 여인"

이제까지 다룬 예에 대해서 པ་나 བ་로 끝나는 대응하는 남성형이 항시 존재한다. 그 외에도 མ་는 조사가 없는 형태의 여성형을 나타내는데, 그것은 특히 산스크리트의 번역에서 여성형을 나타내기 위해 사용된다.

དབྱངས་ཅན་ "좋은 목소리를 지닌", skt. *sarasvant*[8](신의 이름)
དབྱངས་ཅན་མ་ "좋은 목소리를 가진(여성)", skt. *Sarasvatī*(여신명)
རེས་ "[몇] 차례, [몇] 번", skt. *vāra*
རེས་མ་ "매춘부", skt. *vārā*

h) 성과 무관한 형용사를 만드는 조사 མ་

특정한 추상적인 시공 개념을 나타내는 많은 수의 명사어간은 명사형 조사 མ་를 통해 소속을 나타내는 형용사를 만든다. 이 형용사는 다시 체언으로 사용될 수 있다.

གོང་ "위의 것, 앞의 것" གོང་མ་ "위의, 전의"
གྲི་ "위의 것, 앞의 것" གྲི་མ་ "위의"

---

8 티벳인들은 잘못된 어원의 파생어인 svaravant에 근거해서 번역했다.

ཐ་	“마지막 것”	ཐ་མ་	“최후의”

또한 동사어간에서 མ་를 통해 형용사가 파생된다.

བཅོས་	“인위적으로 만들다”	བཅོས་མ་	“인위적인”
འདར་	“떨다”	སྡར་མ་	“비겁한, 겁쟁이”[9]
གཙང་	“순수하다”	གཙང་མ་	“순수한”

이 범주에 གཏེར་མ་(“은장물”) 또는 གཏོར་མ་(“제사 후 뿌리는 음식”)와 같은 단어가 속한다. 특히 전자는 티벳불교에서 누군가에 의해 숨겨지고 후에 다시 발견된 문헌 장르를 나타낸다.

2) པོ་와 མོ་

པ་ 또는 མ་와 결합시킬 때에 이 조사의 특정한 기능이 པ་와 མ་를 통해 성을 구별시키는 기능에 비해 두드러지는 데 비해, པོ་와 མོ་에 있어서는 성의 구별이 전면에 등장한다. པོ་와 མོ་는 주로 동사어간 뒤에서 또는 동사어간에서 파생된 형태 뒤에서 사용되며, 해당하는 동사행동을 수행하거나 해당하는 성질을 가진 사람을 나타낸다.

བྱེད་	“하다”	བྱེད་པོ་	“행위자”
དམར་	“빨간”	དམར་པོ་	“빨간 남자”

여기서 각각 다음 기능을 준별할 수 있다.

---

9 여기서 འདར་에서 སྡར་로의 형태적 변화는 무시해야 한다.

i) 행위자 명사(Nomina agentis)를 형성시키는 기능

동사어간이나 동사형태의 명사에 덧붙여 པོ་와 མོ་는 해당 동사행동을 수행하는 자를 가리킨다.

བྱེད་ "행하다" བྱེད་པོ་와 བྱེད་པ་པོ་ "행하는 남자"

བྱེད་མོ་와 བྱེད་པ་མོ་ "행하는 여자"[10]

동사형태의 형용사와의 차이는 위의 b)의 설명과 비교하여 행위자 명사가 주로 명사적으로 사용된다는 데 있다. 나아가 행위자 명사는 의미에 맞게 오직 하나의 동사어간, 즉 현재어간을 통해 만들어질 수 있다.

j) 행위자 명사를 만드는 기능 중 특별한 경우

རྒྱལ་ "승리하다"

རྒྱལ་པོ་ "왕"

རྒྱལ་མོ་ "여왕"

이런 경우에 동사형태의 형용사는 행위자 명사의 기능을 가진다.

རྒྱལ་བ་ "승리하다, 승리자"

k) 명사어간에서 성을 나타내는 기능

생명체를 나타내는 다수의 명사어간에서 པོ་와 མོ་는 남성과 여성을 나타내는 표시로서 사용된다.

---

10 이 두 번째 여성형은 오늘날의 관점에서는 문체상 아름답지 않다; 하지만 산스크리트 번역 문헌에서는 적지 않게 등장한다. 강독자료 IV 게송 4b མཛེས་པ་མོ་ 참조.

གྲོགས་	"친구"	གྲོགས་པོ་	"남자친구"
		གྲོགས་མོ་	"여자친구"
དགྲ་	"적"	དགྲ་པོ་	"(남자) 적"
		དགྲ་མོ་	"(여자) 적"

남성형은 종종 པོ་ 없이 사용되며, 이 경우 여성형만 མོ་를 붙인다.

སྟག་	"호랑이"	སྟག་མོ་	"암호랑이"
ལྷ་	"신"	ལྷ་མོ་	"여신"

l) 성과 관련된 형용사를 만드는 기능

어떤 성질의 존재를 나타내는 동사어간은 소속되는 형용사를 보통 པོ་와 མོ་를 붙여 만든다. 모음으로 끝나는 어간에서 종종 자음의 종지음 ན가 པོ་와 མོ་ 앞에 온다.

དམར་	"빨갛다"	དམར་པོ་와 དམར་མོ་	"빨간"
ཆེ་	"크다"	ཆེན་པོ་와 ཆེན་མོ་	"큰"

m) 중성 명사를 만드는 기능

몇몇 동사어간에서 མོ་의 도움으로 다양한 의미를 가진 동사형태의 명사가 만들어진다. 이 경우 동사어간의 시작음과 종지음 속에서 변화가 일어난다.

བགད་	"웃다"	གད་མོ་	"웃음"
ལྟ་	"보다"	ལྟད་མོ་	"연극"
འབྲི་	"쓰다"	རི་མོ་	"줄"

3) ཀ 와 ཀོ

n) 성과 무관한 명사를 만드는 기능

성과 무관한 조사 ཀ་와 ཀོ་는 성과 연결된 다른 네 개의 조사보다 매우 드물게 사용된다.[11] 그것들은 중성적 성격에 맞게 주로 추상적 표현에서 사용된다.

རྒ་	"늙다"	རྒས་ཀ་	"나이듦"
འདམ་	"뽑다"	འདམ་ཀ་	"선출"
འབྱེད་	"나누다"	ཕྱེད་ཀ་	"절반"

o) 지시적 기능

대명사 뒤에서 ཀ་와 ཀོ་는 지시적이고 강조적인 기능을 한다. 수 뒤에서 단지 ཀ་만이 사용된다.

བདག་ཁོ་	"나 여기"	ཁྱོད་ཀོ་	"너 여기"
དེ་ཀ་, དེ་ཁ་, དེ་ཀོ་	"저기 그"	འདི་ག་, འདི་ཀོ་	"이것 여기"

수 뒤에서 ཀ་는 지시하는 기능 이외에도 집합을 나타내는 기능도 있다.

གཉིས་ཀ་ "저기 두 개, 한 쌍"

이때 종종 པོ་를 사용하기도 한다.

གསུམ་པོ་ "저기 세 개, 삼중"

ཀོ་와 ཀོ་는 때로 체언이나 격조사, 그리고 결합형 조사 뒤에서 (8.3에서 설명할 분리형조사에 있어서처럼) 약

11 ཀོ་가 사용된 전거는 단지 일상회화에서만 찾을 수 있다.

간 강조된 기능을 가진다. 이때 ཀྱི་와 ཀྱོ་에 종종 의문문이 뒤따른다.

།ཀལ་ཏེ་ཀུན་ན་ཆུ་ཡོད་ན། །ཁྲོན་པའི་ཆུས་ཀྱི་ཅི་ཞིག་བྱ།

"만일 도처에 물이 있다면, 샘물이 무슨 필요가 있겠는가?"[12]

4) 모든 명사형 조사에 대해

p) 구별하거나 더 이상 인식될 수 없는 명사형 조사의 기능

하나 또는 두 개의 명사형 조사를 통해 끝나는, 고전문어에서 나타나는 모든 단어들이 이제까지 다룬 범주들을 통해 파악될 수 있는 것은 아니다. 아래와 같은 결합형에서 명사형 조사는 이 단어를 명확히 특징짓는 데 기여한다. དཔུང་("어깨")을 같은 발음의 དཔུང་("군대")과 구별하기 위해 전자에 추가적으로 명사형 조사 པ་를 붙여 དཔུང་པ("어깨")로 만든다. རི་에 대한 부차적 표현 རི་བོ་("산")라든가 རྩེ་의 부차적 표현 རྩེ་མོ་("봉우리")도 유사한 방식으로 설명할 수 있다. 따라서 앞의 예의 경우, རི་མོ་("그림")와의 혼동위험이 있고, 두 번째 경우에는 동사어간 རྩེ་("놀다")와 རྩེ་བ་를 혼동할 위험이 있다. 그렇지만 무엇 때문에 어떤 단어는 명사형 조사를 가지며, 왜 바로 그 대응하는 조사가 선택되었는지를 모든 경우에 명확하게 알 수는 없다. 그렇지만 명사형 조사의 대부분은 만족할 만한 방식으로 위에서 언급한 기능의 범주의 하나로 분류될 수 있다.

5.7 명사형 조사의 유래

성과 관련된 명사형 조사 པ་와 མ་ 및 པ་와 མོ་는 아마 기본적인 ཕ་("아버지") -མ་("어머니"), ཕོ་("남자", "남성적인") -མོ་("부인", "여성적인")의 대립관계로 환원될 수 있다. བུ་ཕོ་("남자 아이,

12 이 조사에 대한 유용한 전거를 모은 것이 D.R. Shackleton Bailey, *The Śatapañcaśaka of Matṛceṭa*, Cambridge 1951, p.153 이다.

아들")와 བུ་མོ་("여자 아이, 딸")의 개념쌍도 이를 방증해주며, 또 오래된 서법에서 발견되는, པ་와 པོ་ 대신에 བ་와 བོ་를 쓰는 것도 유력한 증거이다. 이러한 설명은 ཀ་와 ཀོ་ 역시 독립적인 명사 어간을 근저에 갖고 있다는 추정을 가능케 한다. 어간 ཁ་("부분")와 ཁོ་("그, 그녀, 그것", 3인칭 인칭대명사)[13]도 그 증거로서 제시되는데, 여기서 그 의미는 ཀ་와 ཀོ་의 중성적이고 지시적 기능과 일치한다.

13 이것은 이런 형태에서 중성이다.

제5과 연습문제

단어 해설의 도움으로 아래 단어에서 명사형 조사의 기능을 규정하라.

སྐད་ཅིག་མ་	찰나적	དོན་མེད་པ་	무익한
སྐྱེ་བ་	태어남	དྲོན་མོ་	따뜻한
སྐྱེ་བོ་	중생	ཕོ་ཉ་མོ་	여사환
སྐྱོན་མ་	악한 여인	བག་མེད་པ་	부주의한
སྐྱོན་མེད་པ་	단점 없는	དབང་པོ་	주인, 감관
གྲངས་མེད་པ་	무수한	འབྱུང་པོ་	존재, 귀신
རྒན་པོ་	늙은 이	མང་པོ་	많은
རྒན་མོ་	늙은 여인	གཙོ་བོ་	최고
རྒྱང་མ་	떨어짐	གཙོ་མོ་	최고의 여인
ལྔ་པ་	다섯 번째	རྩེ་གཅིག་པ་	집중한
སྔ་བ་	이전	མཛའ་བོ་	사랑스러운, 연인
སྔ་མ་	이전에	ཞལ་ཆེ་པ་	재판관
ཆང་ཚོང་མ་	술집 여주인	ཟབ་པོ་	심원한
ཆུང་མ་	부인	བཟང་པོ་	좋은 자
མཇུག་མ་	꼬리	བཟང་མོ་	좋은 여인
འཇོག་པོ་	뱀	གཡོག་པོ་	하인
གཏུམ་མོ་	뜨거운 여인	གཡོག་མོ་	하녀
ཐོག་མ་	시작	རིང་པོ་	긴
སུམ་ཅུ་དགུ་པ་	39번째	བསྲེག་ལུགས་ཟ་བ་	불
ལྷག་མ་	나머지		

제5과 단어 해설[14]

དཀར་བ་	흰	སྔ་	이전
རྐང་	발	ཅེས་	~라고
	(=རྐང་པ་) 복합어에서	གཅིག་	1
སྐད་ཅིག་	찰나	བཅོས་པ་	인공적으로 만들다
སྐྱེ་བ་	태어나다	ཆང་	술
སྐྱོན་	잘못	ཆུང་བ་	작은
ཁ་	부분	འཆི་བ་	결정하다
ཁོ་	그, 그녀	མཇུག་	뒤
ཁྱོད་	너(2인칭 대명사)	འཛོག་པ་	건립하다, 하게 하다
ག་ལ་	어디에	གཉིས་	2
གང་ན་	어디에	གཏུམ་པ་	뜨겁다
གོང་	위	རྟ་	말
གྲངས་	수	ལྟ་བ་	보다
གྲོགས་	친구	སྟག་	호랑이
དགོན་པ་	황야	ཐ་	마지막
དགྲ་	적	ཐག་	거리, 간격
བགད་པ་	웃다	ཐོག་	위
རྒ་བ་	늙다	ཐོས་པ་	듣다
རྒྱང་	멀리 있음	མཐོང་བ་	보다
རྒྱལ་བ་	이기다	དང་པོ་	첫 번째
ལྔ་	5	དུས་	때

14 첫 번째로 나오는 단어들과 합성어만이 제시되었다.

དེ་	그	མང་བ་	많은
དོན་	의미, 목적, 이익	མེད་པ་	없다
དྲོ་བ་	따뜻하다	མོ་	부인, 여인
བདག་	나	གཙང་བ་	순수하다
བདག་པོ་	소유자	གཙོ་བོ་	최고
འདམ་པ་	뽑다	རྩེ་	꼭대기, 끝(=རྩེ་མོ་)
འདར་བ་	떨다	རྩེ་བ་	놀이하다
འདི་	이(지시대명사)	ཚོང་	장사
དཔུང་	군대	མཛའ་བ་	사랑하다
དཔུང་པ་	어깨	ཞལ་	입
ཕ་	아버지	ཞིང་	밭
ཕོ་	남자	ཟ་བ་	먹다
ཕོ་ཉ་	사환	ཟབ་པ་	깊다
བག་	주의	བཟང་བ་	좋다
བོད་	티벳	གཡོག་	아래, 하인
བྱེད་པ་	하다, 만들다	རི་	산=རི་བོ་
བླ་	높은, 위	རིང་བ་	길다
དབང་	힘	རེས་	~번
དབྱངས་	좋은 소리	སུམ་ཅུ་དགུ་	39
འབྱུང་བ་	일어나다	གསུམ་	3
འབྱེད་པ་	나누다	བསྲེག་ལུགས་	태우는 버터
འབྲི་བ་	쓰다	ལྷ་	신
མ་	부정사	ལྷག་	더 많은, 더한 것
མ་	어머니		

제6과

6.1 부정(不定)조사

'1'을 뜻하는 기수 གཅིག에서 파생된 부정조사 ཅིག་은 영어의 'a', 'someone', 독일어의 'ein', 'irgendein'과 같이 "어떤", "하나"를 의미하며, 다음과 같은 세 형태가 있다.

ཅིག་	종지음 ག, ད, བ 뒤에
ཞིག་	종지음 ང, ན, མ, འ, ར, ལ, 모음 뒤에
ཤིག་	종지음 ས 뒤에

ཅིག་은 티벳어에서 부정관사 역할을 한다. 하지만 독일어의 부정관사보다 불확실성의 정도가 더 강하다. ཅིག་은 수식하는 단어 뒤에 위치한다. 만일 그 단어가 이미 후치된 수식어를 동반한다면 ཅིག་은 가장 마지막 위치에 온다.

མི་ཞིག་	"어떤 사람"
འགྲོ་བ་ཆེན་པོ་རྐང་གཉིས་པ་ཞིག་	"어떤, 두 발을 가진 큰 중생"

숫자 뒤에서 ཅིག་은 집합명사를 만드는 기능을 한다.

བུད་མེད་གཉིས་ཤིག་	"한 쌍의 여인들(=두 여인들)"

대명사어간 뒤에서 ཅིག་의 용례는 17.3 참조.

6.2 지시대명사

티벳어에는 세 가지 대명사가 있다.

དེ་	"저것, 저 사람" (멀리 있는 대상)
དོ་	"이것, 이 사람"
འདི་	"이것, 이 사람" (가까이 있는 대상)

이 중에서 དོ་는 거의 사용되지 않는다. དེ་와 འདི་는 명사형 조사 ཀ་, ཀོ་를 통해 강조될 수 있다.

དེ་ཀོ་ "바로 그 [사람]"

འདི་ག་ "바로 이 [사람]"

དེ་와 འདི་, 특히 དེ་는 티벳어에 존재하지 않는 정관사를 대신한다. 그것들은 선행어에 붙여 사용되며, ཅིག་과는 달리 명사적 기능으로 사용될 수 있다.[1]

རྒྱལ་པོ་ཆེན་པོ་དེ་ "그 위대한 왕"

དེས་སྨྲས་སོ་ "그는 말했다."[2]

단지 몇몇 확정된 표현에서 지시대명사는 수식되는 단어 앞에 온다.

1 어떤 경우에 ཅིག་으로부터 "하나"의 의미를 가진 기수 གཅིག་이 사용된다.

2 དེས་는 དེ་ (저, 그 [사람])의 도구격이다(8.2.a 참조).

དེ་སྐད་ 또는 འདི་སྐད་(ཅེས་སྨྲས་སོ) "그 말, 이 말(을 했다.)"[3]

유사하게 འདི་སྐད་དུ་ "이런 말로써"[4]

6.3 수식어의 위치

5.3에서 설명했듯이 수식어는 수식되는 단어의 앞 또는 뒤에 위치할 수 있다. 만일 [한 단어에 대한] 여러 수식어가 한 문장 속에 있다면, 이 두 방식이 함께 사용될 수 있다. 수식어가 [수식되는 단어의] 앞에 위치할 경우, 수식어의 마지막에 소유격 조사를 덧붙여야 한다. 수식어가 뒤에 위치할 경우 변화 없이 사용된다.[5]

6.4 종지형 조사에 대한 개론적 설명

티벳어에는 세 가지 완성된 문장 유형이 있다. 그것은 서술문, 의문문, 명령문이다. 의문문과 명령문은 대부분 서술문의 문형에 준한다. 각각의 문장유형마다 고유한 종지형 조사가 덧붙여지는데, 각 문장은 예외적인 경우는 제외하고 항시 이들 종지형 조사로 끝나야 한다.

འོ་	서술문의 종지형 조사
འམ་	의문문의 종지형 조사
ཅིག་	명령문의 종지형 조사

3 직접화법의 처음 또는 끝에서 사용된다.

4 직접화법 혹은 인용문의 처음에 사용된다. -དུ는 양태를 나타내는 향격(Terminative) 조사이다(13.5.m 참조).

5 소유격을 다룰 때까지 예문과 연습문장에서는 후치된 수식어만이 사용되었다. 여러 수식어가 사용될 때 수식되는 단어가 중간에 위치하는 것(Zirkumposition)에 대한 설명은 14.8.c를 보라.

종지형 조사의 형태는 [종지형 조사] 바로 앞의 종지음에 의해 결정된다. 이때 명령형 조사 ཅིག་의 음운변화 및 형태변화는 부정조사 ཅིག་의 변화와 같다(6.1 참조).

ན, ར, ལ로 끝나는 일련의 동사어간들은 원래 고대의 서체법에서는 명령형 어간에 강의의 ད(ད་དྲག་)가 종지음으로 붙어 있었다. 새로운 정서법에서 ད་དྲག་이 사라진 후에도 이 종지음 뒤에서 사용된 종지형 조사 ཅིག་이 사용된다. 예를 들어 སྒྱུར་ཞིག་이 아니라 (སྒྱུརད་ཅིག་에서 유래했기 때문에) སྒྱུར་ཅིག་이 쓰인다.

종지형 조사 འོ་와 འམ་에는 다음의 연성규칙이 있다.

a) 앞의 단어가 모음으로 끝나면, འོ་와 འམ་은 음절을 떼지 않고 그 단어에 직접 결합된다.

མཆི་ མཆིའོ་(서술문) མཆིའམ་(의문문)

정서법이 부정확한 텍스트에서 종지형 조사 앞에 ཅོག་이 종종 발견된다. 특히 운문에서 음절수를 맞추기 위해서 종종 쓰인다.

b) 앞의 단어가 འ로 끝나면, འ가 탈락되고 འོ་와 འམ་이 대신 들어간다. 모음화된 འ에 대해서는 a)에서와 같은 규칙이 적용된다.

མངའ་ མངའོ་(서술문) མངའམ་(의문문)

c) 종지음으로 올 수 있는 나머지 아홉 문자 중 하나는 단어가 끝나면 그 종지음이 [그에 뒤따르는] 종지형 조사의 두음으로 반복된다.[6]

སྨྲས་ སྨྲས་སོ་(서술문) སྨྲས་སམ་(의문문)

d) 동사의 과거형 동사어간이 원래 ད་དྲག་으로 끝나 있었지만, 후에 새로운 정서법에 의

6 이런 연음규칙은 기식음 འ의 투입에서 설명되는데, 이 소리는 자동적으로 서행하는 종지음에 매우 밀접히 연결되어 있다.

해 나중에 탈락된 경우, 종지형 어미에는 ཏོ་와 ཏམ་이 사용된다.

སྐུར་(원래 སྐུརད་): སྐུར་ཏོ་(서술문) སྐུར་ཏམ་(의문문)

བསྙན་(원래 བསྙནད་): བསྙན་ཏོ་(서술문) བསྙན་ཏམ་(의문문)

ཏོ་와 ཏམ་은 དོ་와 དམ་의 다른 형태이다. 종지음이 ན, ར, ལ로 끝나는 과거어간이 원래 강의의 ད་དྲག་을 가졌는가는 보통 종지형 조사의 형태를 통해 나타난다. 따라서 예쉬케 사전은 종지형 조사 ཏོ་를 문제되는 동사의 경우에 함께 제시한다. 여러 티벳인에 의해 서술된 문법서에서 이런 경우가 다루어지고 있는데, 거기에서 동사의 목록 안에 각각의 ད་དྲག་이 쓰이고 있다.

6.5 서술문의 종지형 조사

서술문의 종지형 조사는 동사로 끝나는 문장이나 명사적 서술문이거나 생략된 문장에 있어서도 동일하다. 또한 부사적 술어도 가능하다. 15.3.g(2)를 참조하라.

a) ཉི་མ་འཆར་རོ་ "태양이 뜬다."

བུ་མོ་མཛེས་པ་སྐྱེས་སོ་ "아름다운 딸이 태어났다."

[동사어간 뒤에 붙이는 경우에,] 종지형 조사는 번역하지 않는다.

b) བྲམ་ཟེ་དེ་དབུལ་པོ་ཞིག་གོ་ "저 브라만은 가난하다(가난한 사람이다)."

ཁྱིམ་དེ་ཆེན་པོའོ་ "저 집은 크다(큰 집이다)."

이 경우에 종지형 조사는 계사(繫辭 ~이다)로 번역된다.

c) 질문: "어디에 가는가?"

대답: "왕에게." ("나는 왕에게 간다."의 줄임말)

티벳어로는 རྒྱལ་པོའི་དྲུང་དུའོ་ "왕에게."[7]

질문: "그것은 누구의 책인가?"

대답: "나의 것." ("그것의 나의 책이다."의 줄임말)

티벳어로는 བདག་གིའོ་ "나의 것."[8]

이 경우 종지형 조사는 번역하지 않는다.

만일 여러 개의 주문장이 이어진다면, 종지형 조사는 오직 마지막 서술문 뒤에만 온다.

བུད་མེད་རྒན་མོ་ཤི་བུ་མོ་གཞོན་པ་ཉམས་སོ་

"늙은 부인은 죽었고, 젊은 딸은 다쳤다."

동사 ཡིན་པ་("이다")와 ཡོད་པ་("있다") 뒤에서 종지형 조사는 생략될 수 있다.

6.6 의문문의 종지형 조사

의문대명사를 갖지 않는 경우에도 문장의 끝에 འམ་이 온다.

ཕ་འོངས་སམ་ "아버지가 오셨는가?"

མི་དེ་དགྲ་ཡིན་ནམ་ "저 사람은 적인가?"

마지막 문장은 མི་དེ་དགྲའམ་으로 축약될 수 있다. 이 경우 종지형 조사는 계사로서 번역된다.

의문대명사를 가진 의문문의 경우 종지형 조사는 생략된다.

---

7 རྒྱལ་པོའི་는 소유격 조사이며, དྲུང་དུ་는 방향을 나타내는 향격 조사이다.

8 བདག་གི་는 བདག་의 소유격이며 소유대명사로서 사용된다. 12.7 참조.

སུ་ཞིག་འོངས་ “누가 왔었는가?”

ཇི་ལྟར་བྱ་ “어떻게 해야 하는가? 무엇을 해야 하는가?”

불완전한 서술문처럼, 티벳어에는 의문문 종지형 조사 འམ་으로 끝나는 불완전한 의문문이 있다.

A: “달라이 라마는 티벳으로부터 떠났다.”

B: “인도로?” 티벳어로는 ཀ་གར་དུ་འམ་ “인도로?”[9]

때때로 종지형 조사 འམ་ 대신에 의문형 어간 ཅི་(17.1 비교)가 의문형 조사로서 사용된다. ཅི་는 이 기능에서 주로 처음이나 문장의 앞부분에 온다. 예를 들어 གནང་ངམ་ 대신에 ཅི་གནང་ “그는 주는가? 과연 그는 주는가?”이 사용된다. 나아가 ཅི་는 의문문의 종지형 어미 뒤에서 사용될 수도 있다. 이를 통해 수사적으로 의문문이 구성된다.

།ཐེག་ཆེན་ཕལ་ཆེར་ཁྱེད་ཅག་གི། །མདོ་དང་མཚུངས་འདོད་མིད་ནམ་ཅི།

“대승을 일반적으로 당신의[10] 경전과 일치한다고 주장할 수 있지 않을까?” (대답은 긍정이다.)

여러 구성부분으로 이루어진 의문문에서 འམ་은 마지막 구성부분 다음에 탈락한다.

བུ་མོ་དེ་འགྲོའམ་འོང་ “저 소녀는 가는가, 오는가?”

མི་དེ་དགྲའམ་གཉེན་ “저 사람은 적인가, 친구인가?”

여러 개의 동사적인 또는 명사적인 술어 사이에서의 이런 사용에서 출발하여 འམ་은 순접과 역접의 의미를 갖는 체언 사이에서 순수한 나열조사로서 발전되었다.

ཆུ་བོའམ་མཚོའམ་རྒྱ་མཚོ་ན་ཉ་ཡོད་དོ་ “강이나 호수나 바다에 물고기가 있다.”[11]

---

9 ཀ་གར་ 다음에 དུ་는 방향의 향격이다. 13.3.a 참조.

10 대화상대자는 붓다이다.

11 ན་는 모든 선행하는 개념들에서 장소의 처격이다. 11.2.a 참조.

མི་ཆེན་པོའམ་ཆུང་ངུ་ཞིག་ "크거나 작은 어떤 사람"

일상회화체에서 강하게 영향받은 토착 문헌에서 의문형 조사 외에 의문부사 ཨེ་를 자주 접하게 된다. 이것은 항시 술어 앞에 와야 한다.

དེ་ཨེ་བདེན་མ་བདེན་ "그것은 진리인가 아닌가?"

서술어는 추가적으로 의문형 조사를 통해 확장될 수 있다.

ཁྱོད་ཀྱིས་སྙིང་སྟོབས་ཀྱིས་ལེན་ཨེ་ནུས་སམ་

"당신은 비심의 힘에 의해 [그것을] 취할 수 있습니까?"

의문 부사 ཨེ་와 함께 형성되는 의문문이 서술문의 목적어라면 ཨེ་는 "~인지, 영어 whether"로 번역된다.

དེ་ནས་འདི་འདྲ་ཨེ་བྱུང་སོམས་

"그것으로부터 이것과 같은 것이 생겨났는지를 생각해봐라!"

6.7 명령문의 종지형 조사

티벳어 동사는 두 종류로 나누어진다. 강변화하는 동사로서 2단 내지 4단으로 어간이 변화하는 동사와 약변화하는 동사로서 불변화하는 어간을 가진 동사이다. 강변화 동사는 항시 고유한 명령형 어간을 가지며, 그것은 다른 어간과 함께 사용될 수 있다(세부사항은 9.1 참조). 명령형 조사 ཅིག་ 앞에는 항시 명령형 어간이 있어야 한다. 금지문(9.1.b.6 참조)과 བྱེད་པ་처럼 현재형 어간을 사용하는 몇몇 동사의 경우는 예외이다.

མཐོང་ཞིག་ "보아라." (약변화 동사)

བྱོས་ཤིག་ "만들어라." (བྱོས་는 བྱེད་པ་의 명령형 어간)

བྱེད་ཅིག་ "만들어라." (문헌에 드물지만 등장하는 형태)

금지문의 경우와 몇몇 동사의 경우(9.1.b.6과 비교하여) 명령형 조사는 때때로 아무 대체어가 없이 생략될 수 있다.

ཤོག་ "가라" (གཤེགས་པ་의 명령형 어간)

ཞུ་, གསོལ་ 등의 동사어간은 다른 조사 없이 부탁을 표현할 때 사용되며, 이때 향격 조사를 지배한다.

བསྟན་དུ་གསོལ་ "가르쳐주시기를 청합니다."[12]

6.8 종지형 조사의 유래

서술문의 종지형 조사 འོ་는 아마 고형의 지시대명사 འོ་("이것")와 동일할 것이다. 이 지시대명사는 동시에 긍정을 나타내는 조사로서, 또한 복수 1인칭 대명사의 어간으로서 사용되었다(12.5와 비교).
의문문의 종지형 조사 འམ་은 부정을 나타내는 부사인 མ་에로 소급될 것이다.
명령문의 종지형 조사의 유래는 불분명하지만, 아마 부정조사에로 소급될 것이다.

12 བསྟན་དུ་는 སྟོན་པ་의 미래형 어간에 향격(Terminativ)을 붙인 것이다. 명령문의 종지형 조사를 17.7에서 다룰 축소형 조사와 연결시키는 것에 대해서는 17.7을 볼 것.

제6과 연습문제

다음의 티벳어 문장을 번역하시오.

༡ མི་རྒན་པོ་དེ་སྨོན་པ་ཆེན་པོའོ།

༢ གྲོགས་པོ་གཞོན་པ་ཚུར་ཤོག།

༣ འགྲོ་བ་རྐང་གསུམ་པ་མེད་དོ།

༤ དགྲ་མོ་དེ་བགད་དམ་འདར།

༥ ཁྱིམ་དེ་དམར་རམ།

༦ རྟ་པ་ཁ་ཅིག་འོང་ངོ་།

༧ རྒྱ་གར་པ་འདི་ག་ག་ལ་སྐྱེས།

༨ དགྲ་དང་གཉེན་དེ་གཉིས་མེད་པའི་མི་ནི་མེད་དོ། [13]

༩ རྒྱལ་མོ་དེ་ཤི་འམ་མ་ཤི།

༡༠ གཡོག་པོ་ཆུང་ངུ་དེ་ག་སྐྱུར་མ་ཡིན་ནམ།

༡༡ བླ་མ་ཆེན་པོ་དེ་ཇི་ལྟར་ཉམས།

༡༢ དཔུང་པ་གཉིས་པོ་དེ་རིང་ངམ་མི་རིང་།

༡༣ རི་བོ་དེ་ལ་[14] རྩེ་མོ་གསུམ་ཡོད།

༡༤ བྲམ་ཟེ་དབུལ་པོ་དེ་ཕྲུད་མེད་གཏུམ་མོ་ཞིག་ཡོད།

༡༥ ཉི་མ་འཆར་བ་དམར་པོ་ཡིན།

---

13 དང་은 여기서 "-과"를 의미한다. -དེ་གཉིས་는 དགྲ་དང་གཉེན에 대한 후치된 동격이다. -མེད་པའི་མི་ནི་는 다음을 의미한다: "-가 없는 사람은." པའི་는 앞에 놓인 표현을 뒤의 단어에 귀속시키는 수식을 나타내는 소유격이다. 분리형 조사 ནི는 앞에 놓인 단어를 -여기서는 주어- 강조한다.

14 ལ་는 처격 조사이다. 여기서는 여격의 기능을 가진다. "~에는"

제6과 단어 해설[15]

སྐྱེས་	སྐྱེ་བ་(5)의 과거형 어간
ཁ་ཅིག་	몇몇의
ཁྱིམ་	집
གར་	དཀར་(5)의 음성학적 변형
གྱུར་	འགྱུར་བ་의 과거형 어간
འགྱུར་བ་	되다
འགྲོ་བ་	가다, 중생
རྒན་པོ་	늙은
རྒྱ་	넓음; 확장; 평지
རྒྱ་གར་	흰 땅, 인도
རྒྱ་བ་	넓은
རྒྱ་མཚོ་	'넓은 호수', 바다
རྒྱལ་པོ་	왕
ཆུ་	물
ཆུ་བོ་	강
ཆུང་ངུ་	작은, 어린
ཆེན་པོ་	큰, 위대한
འཆར་བ་	떠오르다
འཆི་བ་	죽다
ཇི་ལྟར་	어떻게? 어떤 방식으로?
ཉ་	물고기
ཉམས་པ་	해를 입히다
ཉི་མ་	태양, 해
གཉེན་	친구
སྟོན་པ་	가르치다, 설명하다; 스승
བསྟན་	སྟོན་པ་의 미래형 어간
དེ་	저것, 그것
དོ་	이것
དྲུང་དུ་	~근처로(소유격과 함께 쓰임)
འདི་	이것
སྡར་མ་	비겁한, 소심한
གནང་བ་	주다, 수여하다, 허용하다
བུ་མོ་	소녀
བུད་མེད་	여인
བྱ་	བྱེད་པ་(5)의 미래형 어간
བྲམ་ཟེ་	바라문
བླ་མ་	스승, 라마(높은 자)
དབུལ་པོ་	가난한
སྦྱིན་པ་	주다, 베풀다
མི་	사람, 남자

15 티벳어 단어 뒤에 있는 괄호 안 번호는 그 단어가 처음 나왔던 과를 가리킨다.

མི་	(부정사) ~아닌
དམར་བ་	붉은
སྨྲ་བ་	말하다
སྨྲས་	སྨྲ་བ་의 과거형 어간
ཚུར་	여기에, 여기에서
མཚོ་	호수, 바다
མཛེས་པ་	아름다운, 예쁜
ཞུ་བ་	부탁하다, 청하다
གཞོན་པ་	젊은
འོང་བ་	오다
འོངས་	འང་བ་의 과거형 어간
ཡིན་པ་	이다
ཡོད་པ་	있다
ཤི་	འཆི་བ་의 과거형 어간
ཤོག་	གཤེགས་པ་의 명령형 어간
གཤེགས་པ་	오다
སུ་	누구?
སུ་ཞིག་	어느 누구?
གསོལ་བ་	부탁하다, 청하다

/고전 티벳어 문법/

제7과

7.1 복수조사

티벳어에는 복수를 나타내는 6개의 조사가 있다.

རྣམས་, དག་, ཚོ་, ཅག་, ཐྲག་, ཅོག་

그것들의 용법은 다음과 같다.

a) རྣམས་과 དག་은 가장 자주 쓰이는 복수조사이다. 그것들은 모든 종류의 체언에 붙일 수 있다. དག་은 རྣམས་보다 덜 사용되며, 원래 집단적 성격을 나타내는 조사로서 순수한 복수조사는 아니다.[1]

མི་	"사람"	མི་རྣམས་	"사람들"
བྲམ་ཟེ་	"바라문"	བྲམ་ཟེ་དག་	"바라문들"[2]

1 티벳어 རི་, རི་རྣམས་, རི་དག་는 각각 "산", "산들", "산맥"을 가리킨다.

2 དག་의 정확한 서술에 관해서는 Michael Hahn "On the function and origin of the particle dag", *Tibetan Studies*, Zürich 1978, pp.137-47 참조.

b) ཚོ་는 “일군, 무리”의 의미를 가진 명사이다. 따라서 이 말은 주로 생물의 기술 뒤에서 또 수와 대명사 뒤에서 사용된다. 가끔 집단적 의미로서도 사용된다.

བ་	“암소”	བ་ཚོ་	“암소들”
འདི་	“이것”	འདི་ཚོ་	“이것들”
འབུམ་	“십만”	འབུམ་ཚོ་	“십만 무리”

c) ཅག་은 단지 대명사와 함께 쓰인다.

བདག་	“나”	བདག་ཅག་	“우리”

d) ཕྲག་은 숫자의 집합개념을 나타낸다.

བརྒྱ་	“백”	བརྒྱ་ཕྲག་	“일백 개”
སྟོང་	“천”	སྟོང་ཕྲག་	“일천 개”
བདུན་	“일곱”	བདུན་ཕྲག་	“일곱 개, 즉 일주일”[3]

e) ཅོག་은 현재에는 사용되지 않는 지시대명사 어간인 འོ་(“이것”)의 복수형을 나타내는 འོ་ཅོག(“이것들”)의 형태로만 나온다. འོ་는 서술문의 종지형 조사와 동일한 규칙에 따라(6.4 참조) 선행하는 종지음에 결합된다.

གསུམ་མོ་ཅོག་	“여기 세 개, 세 개 모두”

주목할 만한 사항은 འོ་ཅོག་이 동사어간 뒤에서 상대적으로 빈번히 사용된다는 점이다. 이때 그것은 동사형태의 형용사로 해석될 수 있다.

3 즉, 일곱 [날].

ཡོད་དོ་ཅོག་ "모든 존재하는 것들"

འོང་ངོ་ཅོག་ "모든 오고 있는 것들"

f) 복수조사로서의 གཉིས་

수사 གཉིས་("둘")는 종종 한 쌍의 개념군을 헤아린 뒤에서 양수를 나타내는 조사의 의미로 사용된다. 이들 양 개념은 주로 의미상 하나의 전체를 나타낸다.

ཕ་མ་གཉིས་ "아버지와 어머니 양자, 즉 양친"

ཡོན་ཏན་སྦྱོར་གཉིས་ "공덕과 결합 양자"

둘보다 더 큰 기수는 매우 드물게만 사용된다. 왜냐하면 두 부분 이상의 집단을 표현하는 수는 비교적 적기 때문이다. 그렇지만 그것들은 필요한 경우 항시 만들어질 수 있다.

མ་སྨད་གསུམ "어머니와 아들들-[합쳐] 세 명"

7.2 복수조사의 위치와 구문

a) 위치

복수조사는 선치와 후치의 수식어 다수에 관련 없이 단지 한 번 수식구의 맨 마지막에 온다.

복수조사는 항시 체언 뒤에 오며, 나중에 다루어질 격조사 앞에 위치한다. རྣམས་은 예외로서 종종 격조사 뒤에, 주로 소유격 조사 뒤에 오기도 한다. 이것은 고대 티벳어의 잔존 현상으로서 티벳인들이 이 복수조사의 명사적 기원에 대해 의식하고 있음을 보여준다. རྣམས་ 은 རྣམ་("종류, 유형")에서 파생된 말이다.

བླ་མ་རྒན་པོ་རྣམས་ "늙은 스승들"

བླ་མ་རྒན་པོ་འོང་བ་རྣམས་ "오고 있는, 늙은 스승들"

བླ་མ་རྒན་པོ་འོང་བ་དེ་རྣམས་ "오고 있는, 저 늙은 스승들"

티벳인들은 고전 티벳어와 관련하여 [성 · 수 · 격 등의] 일치에 대해 알지 못했다. 이는 앞으로 다룰 격조사에서도 마찬가지이다.

b) 구문

티벳어 복수조사는 번역문헌에서의 དག་의 사용과 같은 특별한 경우를 제외하고는(7.3 참조), 순수한 복수조사로서 더 이상 분화되지 않은 다수만을 나타낸다. 다만 다음과 같이 드물게 나타나는 경우를 주목할 필요가 있다.

(1) 수많은 다른 언어처럼 티벳어는 복수를 갖고 존칭을 표시한다.

ཁྱེད་ཅག་གི་མདོ་ "그대의 경전"[4]

(2) 복수는 복수적인 개념과 동일하거나 유사한 것의 총체를 나타낼 수 있다.

ངདག་ "나와 같은 사람들(우리)"

(3) 복수조사는 문장 내에서 복수임이 명백할 경우 생략될 수 있다. 이것은 특히 복합어의 앞부분에서 그러하다.

ལྷའི་དབང་པོ་ "신들의 왕"[5]

7.3 번역문헌에서 དག་

산스크리트어로부터 번역된 문헌에서 དག་은 일반적으로 양수를 표현하는 데 사용된다.

---

4 གི་는 소유격 조사이다. 여기서 대화상대자는 붓다이다.

5 ལྷའི་는 ལྷ་에 소유격 조사 འི་를 붙인 형태이다.

བྲམ་ཟེ་དག་　　“두 바라문”

그 밖에도 양수나 복수를 나타내는 것이 아니라 수나 양, 지속기간의 불확정성을 나타내는 데 사용된다.

ཡུན་རིང་པོ་དག་　　“오랜 시간 동안”

이 기능에서 དག་은 주로 운문을 맞추는 것이긴 하지만 분명 단수개념 뒤에 올 수도 있다.

གཞོན་ནུ་དག་　　“오, 젊은이여!”

དག་이 가진 원래의 복수의미의 퇴색은 이 조사가 다른 복수조사인 རྣམས་과 함께 쓰일 때 분명히 드러난다.

ཚིག་རྣམས་དག་　　“단어들”

이 복수형은 의미상 단순복수 ཚིག་རྣམས་과 구별되지 않는다.

7.4 격조사에 대한 일반적 설명

티벳어에서 몇몇 조사들은 체언이나 동사어간에 붙여 사용될 수 있다. 그때 그것들의 기능은 일반적으로 표현하면 그것에 선행하는 어간이나 체언과 그 후에 오는 어간이나 체언 사이에서 확정된 유형의 관계성을 보여주는 것이다. 체언에서 이 방식으로 생겨난 관계는 인도유럽어에서 보통 격을 통해 표현되는 것과 유사하다. 이러한 기능적 유비 때문에 이들 조사를 격어미 또는 격조사라고 부르며, 그것들을 표시하기 위해 인도유럽어의 격의 명칭을 사용한다. 이 서술방식은 본 서에서도 사용되고 있다. 그렇지만 이 경우 격조사라는 말은 단지 유용한 표시로서 이해되어야 한다는 점에 주의하기 바란다. 격조사로서의 이해는 그것의 기능 속에서 찾아야 할 것이다. 본 서에서 사용된 격의 명칭은 호격, 목적격, 도구격, 소유격, 연결격, 처격, 탈격, 향격이다.

본 서에서는 더 이상 상세히 다루지 않겠지만 모든 격조사가 독립적인 명사어간으로 소급되기 때문에 그들 격조사는 기원과 위치에 따라 (명사적인) 후치사로 표시하는 것이 더 적절하다고 할지도 모른다. 그렇지만 "후치사(Postposition)"라는 개념은 [격조사를 수반하여] 활용되는 명사어간의 특별한 용법을 표시하는 것으로서 유보되어야 할 것이다(17.6 참조).

다양한 격조사들이 부분적으로 비슷한 기능을 갖기 때문에 두 가지 방식으로 관찰할 수 있다.

(a) 체계적 관찰방식으로서 여기서 나타나는 조사들의 기능은 각각의 조사들에게 배정된 분류의 도식으로서 기능할 것이다.
(b) 도식적 관찰방식으로서 여기서 각 조사들의 개별적 기능들이 반복의 위험을 무릅쓰고 기술될 것이다.

참고서로서도 사용될 수 있는 기본문법서에서는 단지 도식적 관찰방식만이 문제시된다. 반면 체계적 관찰방식의 유형은 지금까지 충분히 연구되지 않은 티벳인에 의해 작성된 문법서에서 많이 발견된다.
동사어간과 연관된 격조사들은 특별히 취급될 것이다. 왜냐하면 이 경우 격조사들은 다른 방식으로 번역되어야 하기 때문이다(14.1-7 참조).
본 서에서 호격이나 목적격으로 명명한, 격조사를 갖지 않은 체언이 격의 관찰에 함께 포함되었다.

7.5 격조사 없는 체언: 호격

체언을 격조사 없이 사용할 경우 이것은 호격으로 이해된다.

ལྷ་ "오, 신이시여!"

호격은 종종 선행하는(때로 후치된) 감탄사를 통해 분명해진다.

ཀྱེ་རྒྱལ་བ་ 또는 རྒྱལ་བ་ཀྱེ་ "오! 승리자여!"

7.6 격조사 없는 체언: 목적격[6]

목적격이란 명칭은 여기서 호격을 제외한, 격조사를 갖지 않은 체언의 모든 기능을 나타내는 상위개념이다. 목적격은 다음과 같이 구별되어 사용된다.

---

6 또는 kasus absolutus(절대격)이다. 본 서 말미에 있는 제5판의 결어를 참조할 것.

a) 외적 대상의 목적어

외적 대상의 목적어는 행동의 외부에 있고, 단지 그 행동에 의해 [주어와] 관련된 대상을 나타낸다. 많은 타동사가 외적 대상의 목적어를 지배한다.

ཁྱིམ་ཆེན་པོ་ཞིག་མཐོང་ངོ་ "[그는] 하나의 큰 집을 본다."

b) 내적 대상의 목적어 또는 내용의 목적어

내적 대상의 목적어 또는 내용의 목적어는 행동에 의해 산출된, 즉 행동의 결과를 기술하거나 또는 행동의 내용을 기술하는, 행동의 범위에 있는 대상을 가리킨다.

མཆོད་རྟེན་བྱས་སོ་ "탑을 세웠다."

བསམ་པ་དེ་སེམས་སོ་ "그러한 의도(생각)를 생각했다."

내용의 목적어는 자동사에서도 올 수 있다. 이것은 특히 어원을 공유하는 말(Figura etymologika)의 경우 타당하다.

གད་མོ་དགད་པ་ "미소를 미소지음"

c) 시간적 목적어

몇몇 표현에 한정되는 시간적 목적어는 뒤따르는 동사행동이 성취되는 시점을 나타낸다.

དེའི་ཚེ་ "그때"[7]

དུས་ "시간", ཚེ་ "때", སྐབས་ "경우, 기회"와 같은 단어의 시제적 목적어는 빈번히 시간적인

7 དེའི་는 수식적 소유격이다. 이에 대해서는 6.3과10.2.h 참조.

접속어로서 (보다 정확히 말하면 시제적인 후치사로서) 사용된다.

ཞག་གཉིས་སོང་དུས་(སུ་) "이틀이 지나갔을 때"

དེ་ནས་བོད་ཡུལ་དུ་འོང་བའི་ཚེ་(ན་) "그 후에 티벳으로 와야 할 때"

མི་དེ་རྣམས་མཐོང་བའི་སྐབས་(སུ་) "그 사람들을 보았을 경우에"

괄호로 표시한 격조사가 보여주듯이 시제적 목적어 대신에 시제적인 의미를 가진 향격이나 처격을 사용할 수도 있다.

d) 양태의 목적어(modaler Akkusativ)

하나의 체언이 조사 없이 사용되는 가장 중요하고 흔한 방식은 독일어에서 보통 "~에 관해 말하자면", "~과 관련해" 등으로 번역되는 양태의 목적어로서의 사용이다. 양태의 목적어에서 세 가지 사용방식이 구별된다.

(1) 형용사와 동사의 한정어로서 관계를 나타내는 목적어[8]

티벳어에서 형용사와 동사의 의미는 종종 선행하는 관계의 목적어를 통해 특수화된다.

གཏིང་ཟབ་པོ་ "(강, 호수 등의 경우) 바닥과 관련해 깊은"

སྒྲ་ཟབ་པོ་ "소리와 관련해 깊은"

བློ་ཟབ་པོ་ "이해와 관련해 깊은"

동사적 표현:

8 (1)에서 제시한 티벳문의 예는 원래 "바닥은 깊다" 등의 체언으로 끝나는 독립적인 문장으로 환원된다.

རྒྱང་རིང་བ་　　“거리와 관련해 멀리 있는”

이 유형의 구문은 종종 산스크리트어의 형용사 복합어(Bahuvrīhi)의 번역을 위해 사용되는 것으로, 예를 들어 티벳인의 이름인 བློ་བཟང་ “지혜와 관련해서 좋은, 탁월한 지성”의 경우이다. 이 단어는 산스크리트어 *sumati* “좋은 지혜를 가진”의 번역어이다.[9] 산스크리트에서 형용사 복합어가 형태상으로 *Karmadhāraya* 복합어와 동일할 수 있듯이 티벳어에서도 한 명사가 후치된 수식어와 함께 사용되었는지 또는 양태적 목적어를 통해 특별히 제시된 형용사가 제시되었는지 즉시 알아차릴 수는 없다. 아래 두 번역의 가능성을 비교해보라.

ཚིག་བཟང་　　“좋은, 타당한 말; 문장”

또는　　“말과 관련해 좋은 것”, “말에 능숙한 자”

(2) 선취의 격으로서 관계의 목적어

한 문장의 모든 명사적 개념은 그것이 문장 내에서 어떤 문법적 역할을 하는가에 관련없이 선취의 목적격의 형태 속에서 문장 앞에 놓일 수 있다. 이런 선취의 형태는 강조를 나타낸다. 선취의 목적어는 종종 ནི་를 통해 강조된다(8.3 참조).

བྲམ་ཟེ་དབུལ་པོ་དེ་ནི་ཁྱིམ་བདག་གིས་དེ་ལ་བཟའ་བ་དང་བགོ་བ་བྱིན་ནོ་

“그 가난한 바라문에 대해 말하자면, 집주인[10]은 그에게 음식과 옷을 주었다.”

직접화법에서 빈번히 사용되는 대화의 시작과 끝을 표시하는 방식이 다음 예문으로 제시될 수 있다.

དེས་སྨྲས་པ་(ནི) … ཅེས་སྨྲས་སོ་

“그에 의해 말해진 것에 관하여 말하자면 그것은 …이라고 말해졌다.[11]

---

9 구문론적으로 서로 연결된 단어의 모음으로 파악되는, བློ་ཟབ་པོ་ “깊은 이해”와 같은 구성물과는 달리, བློ་བཟང་은 하나의 독립적인 새로운 단어로 전이되었다는 것을 의미한다.

10 ཁྱིམ་བདག་གིས་는 행위자를 나타내는 도구격이다(8.2.a 참조). 도구격은 타동사의 주어를 표시한다. དེ་ལ་는 간접목적어를 나타내는 처격이다.

11 དེས་는 행위자를 나타내는 도구격이다.

= 그는 다음과 같이 말했다."

(3) 자동사와 명사적 술어에 있어 논리적 주어로서의 관계의 목적어

티벳어 동사는 성격상 비인칭적이며, 단지 어떤 동사의 행동이 일어났음 또는 형용사적으로 사용된 동사에 있어 어떤 성질의 존재를 나타내고 있다.

མཐོང་ངོ་	"봄이 있다."
འོང་ངོ་	"옴이 있다."
དམར་རོ་	"힘이 있다."

논리적 주어는 동사의 행위에 두 가지 방식으로 관계할 수 있다. 그것은 동사의 행동에 부분적으로 관여하거나 또는 그것을 촉발시키는 노릇을 한다. 이런 분류는 실제로는 동사를 자동사나 타동사로 분류하는 것과 동일한 것이다. 자동사에 있어 논리적 주어는 항시 관계의 목적격에 놓여 있다. 이 경우 목적어는 위에서 기술한 관계들 중에서 두 번째 관계를 표시한다.

གཉེན་རྣམས་འོང་ངོ་	"친구들이 왔다."("친구와 관련해서 옴이 있다.")
དེའི་ཚེ་བུ་ཕོ་མཛེས་པ་སྐྱེས་སོ་	"그때 한 아름다운 아들이 태어났다."
	(직역: "그때 아름다운 아들과 관련해서 태어남이 있다.")

티벳어의 이해에 따르면 옴이나 태어남은 우리가 이런 동사행동을 통해 직접 대상에 작용할 수 없기 때문에 어떤 촉발자도 갖지 못하는 것이다. 티벳어의 관점에서 자동사의 술어를 가진 문장 내에서의 논리적 주어는 동사행동의 목적어라기보다는 문장의 논리적 주어로서 이해되어야 한다.

명사적 술어를 가진 문장 속에서 주어는 차라리 문장의 "주제"를 의미할 것이다. 이것은 (7.6.d.2에서 다룰) 선취의 목적어에 대응하거나 또는 (8.3.에서 설명할) 분리형 조사 ནི་를 통해

제공된 표현에 대응한다.[12]

ཁྱིམ་དེ་ཆེན་པོ་ཡིན་ “저 집은 크다.”

(“저 집에 대해 말하자면 [그것은] 크다.”)

12 조사 없는 격을 적절히 기술하는 것과 관련된 문제들은 다음 차례에 기술할 것이다.

제7과 연습문제

다음의 티벳어 문장을 번역하시오.[13]

༡ བྲམ་ཟེ་ཚེ་རིང་པོ་དེ་མཁས་པ་ཆེན་པོ་ཡིན་ནམ།

༢ ཀྱེ་ཡེ་གཞོན་ནུ་དག། ཁ་སང་དགྲ་བོ་བརྒྱ་ཕྲག་བསད་དོ།

༣ བླ་མ་དེས་སྨྲས་པ། ད་མཆོད་རྟེན་ཆེན་པོ་གསར་པ་སྟོང་ཕྲག་བྱེད་དོ་ཞེས་སྨྲས་སོ།

༤ ཁྱིམ་བདག་གིས་འདི་སྐད་ཅེས་སྨྲས་སོ། བླང་ཕྱིར་བྱིན་ཅིག།

༥ བདུན་ཕྲག་འདི་ནི་གཉེན་མཐུ་ཆེན་པོ་འོང་ངོ་།

༦ ཆུ་བོ་གཏིང་ཟབ་པོ་འདི་ལྡོས་ཤིག།

༧ རྒྱལ་པོ་དེས་བསམས་པ་བུད་མེད་སྡུག་པ་འདི་ཅིག་མཁས་སམ་མི་མཁས་ཞེས་བསམས་སོ།

༨ མཚོ་ཆུ་མེད་པ་འདི་ནི་ཉ་རྣམས་ཤིའོ།

༩ ཀྱེ་རྒྱལ་པོ་སྙིང་རྗེ་ཆེན་པོ་བུ་མོ་སྡིག་པ་བྱེད་པ་འདི་ནི་མ་སོད་ཅིག།

༡༠ བུད་མེད་རྒན་མོ་ཟན་ཟ་བ་དེ་མི་སྡུག་པའོ།

༡༡ གཞོན་ནུ་བློ་མཁས་པ་འདི་ནི་སྙིང་རྗེ་ཆེན་པོ་འམ། ཉུང་བ་ཡིན་ནམ་ཞེས་མི་རྣམས་ཀྱིས་འདྲིའོ།

༡༢ བོད་ཡུལ་ནི་ཆེ་ཁྱད་ཆེན་པོ་དང་མི་ཉུང་བ་ཡིན།

༡༣ རྒྱ་གར་ནི་ཆེ་ཁྱད་ཆེན་པོ་དང་མི་མང་བ་ཡིན།

༡༤ རྒྱལ་པོ་ཆེན་པོ་ལ་གཡོག་པོ་སྟོང་ཕྲག་ཡོད།

༡༥ མི་ཡོན་ཏན་ཆེན་པོ་སྐྱོན་ཆུང་བ་ཤིན་ཏུ་དཀོན་པ་ཡིན།

13 연습문제 3, 4, 7과 11에서 말하고 생각함을 의미하는 동사들은 행위자의 도구격을 지배한다. 즉, (བླ་མ་)དེས, ཁྱིམ་བདག་གིས་, (རྒྱལ་པོ་)དེས་, མི་རྣམས་ཀྱིས་이다. 14번의 ལ་는 소속을 나타낸다(11.4.a 참조).

제7과 단어 해설

ཀྱ་ཡེ་	오! (감탄사)
ཀྱེ་	오! (감탄사)
དཀོན་པ་	희귀한, 드문
སྐད་	말, 단어
སྐྱོན་	흠, 결함, 잘못
ཁ་སང་	어제
ཁྱིམ་བདག་	집주인
ཁྱེད་	그대, 당신(존칭)
མཁས་པ་	현명한, 박식한
གད་མོ་	웃음, 비웃음
གླང་	소, 숫소
བགོ་བ་	옷
རྒྱང་	먼 거리, 떨어짐
སྒྲ་	소리
བརྒྱ་	백, 100
ང་	나
ཆེ་ཁྱད་	큼, 크기
མཆོད་རྟེན་	탑(소탑)
ཉུང་བ་	[수적으로] 적은
སྙིང་	심장, 마음
སྙིང་རྗེ་	연민, 비심(悲心)
གཏིང་	[물의] 바닥
རྟེན་	저장고, 용기, 지지처
ཉོས་	ཉོ་བ་(5)의 명령형 어간
སྟོང་	천, 1000
མཐུ་	힘, 능력
ད་	지금
དང་	~과, 그리고
བདུན་	일곱
བདུན་ཕྲག་	한 주('7[일]')
མདོ་	경전
འདི་སྐད་ཅེས་	다음과 같이
འདྲི་བ་	질문하다
སྡིག་པ་	악한; 악
སྡུག་པ་	아름다운, 사랑스러운
ནི་	~에 대해 말하자면
ཕྱིར་	다시, 뒤로
བ་	암소
བུ་ཚོ་	아들
བོད་ཡུལ་	티벳
བྱས་	བྱེད་པ་(5)의 과거형 어간
བློ་	의도, 이해, 지혜
འབུམ་	십만
མང་པོ་	많은

ཕྲད་	어린이, 아들
ཚིག་	단어, 말
ཚེ་	시간, 때, 생애
ཞེས་	ཅེས་의 변형. 직전 단어의 최종 음이 ག, ད, བ인 경우
གཞོན་ནུ་	젊은이
ཟན་	음식, 식사
གཟུགས་	[아름다운] 외모
བཟང་པོ་	좋은, 훌륭한
བཟའ་བ་	음식, 먹을 것
ཡུན་	시각, 시
ཡུལ་	지방, 영토
ཡོན་ཏན་	장점, 덕, 공덕
རིང་པོ་	긴
ཤིན་ཏུ་	매우, 대단히
སེམས་པ་	생각하다
སོད་	གསོད་པ་의 명령형 어간
སླར་	다시, 후에
གསར་པ་	새로운
གསོད་པ་	죽이다, 살해하다
བསད་	གསོད་པ་의 과거형 동사어간
བསམ་པ་	생각, 사고
བསམས་	སེམས་པ་의 과거형 어간

/고전 티벳어 문법/

제8과

8.1 도구격 조사[1]

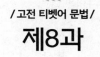

도구격 조사는 직전 단어의 종지음에 따라 다른 형태를 가진다.

도구격의 형태		예
ཀྱིས་	종지음 ད, བ, ས 뒤에서	སྐད་ཀྱིས་, རྒྱབ་ཀྱིས་, ལུས་ཀྱིས་
གིས་	종지음 ག, ང 뒤에서	མིག་གིས་, དབང་གིས་
གྱིས་	종지음 ན, མ, ར, ལ 뒤에서	ཟན་གྱིས་, ལམ་གྱིས་, མཐར་གྱིས་, ཞལ་གྱིས་
-ས་[2]	모음 뒤에서, 종지음 འ를 대체하는 경우에	ང་ - ངས་, མདའ་ - མདས་
ཡིས་	-ས་를 운문상 대체하여 사용	ང་ - ངཡིས་, མདའ་ - མདའ་ཡིས་

8.2 도구격의 기능

a) 행위자를 나타내는 기능

도구격은 모든 타동사와 사역동사에서 행위자를 표시하는 격이다. 타동사 술어를 가진 문

---

1 티벳어 사본과 목판본에서 도구격 조사는 종종 10.1에서 언급할 소유격 조사로 대체된다. 이것은 두 조사의 발음상의 유사성에 기인할 것이다.

2 -ས་형태는 티벳 문법학자의 설명에 따르면 འིས་로 환원된다. 이에 대해서는 10.1 참조.

장에서 의미상의 주어는 도구격으로 나타낸다.

མི་དེས་འདི་སྐད་ཅེས་སྨྲས་སོ། "저 사람은 이렇게 말했다."
직역: "저 사람에 의해 이렇게 말함이 일어났다."

རྒྱལ་པོ་དེས་དགྲ་བོ་རྣམས་བཅོམ་མོ། "저 왕은 적들을 멸했다."
직역: "저 왕에 의해 적들을 멸함이 일어났다."

타동사는 명사화된 형태로, 즉 동사형태의 명사나 동사형태의 형용사의 형태로 사용될 때에도 행위자를 나타내는 도구격을 지배한다.

དགྲ་བོས་བསྟོད་པ་མི་འདོད་པ་ཡིན། "적에 의해 칭찬받음은 바라지 않는다."

동사형태의 명사인 དགྲ་བོས་བསྟོད་པ་ 뒤에 또 다시 격조사가 사용될 수 있음에 주의하라. 이는 아래 c)에서 기술된 기능에서 도구격의 사용이다. 때로 우리는 동사에서 파생한 명사에서 행위자를 나타내는 도구격 대신에 주어를 나타내는 소유격을 발견하기도 한다(10.2.a 참조). 비록 이런 경우는 자주 나오지는 않지만, 이 경우에도 도구격의 사용이 잘못 표기되고 있음을 고려해야 한다.

བསྟོད་པ་ 가 또한 동사에서 파생된 형용사이기에 དགྲ་བོས་བསྟོད་པ་ "적에 의해 칭찬받는 사람은"으로도 번역할 수 있다. 이 표현은 행위자로서 타동사에 대해 사용될 수 있다.

རྒྱལ་པོ་དགྲ་བོས་བསྟོད་པས་བྲམ་ཟེ་དགྲ་བོས་བསད་པ་རྣམས་མཐོང་ངོ།
"적에 의해 칭찬받은 왕은 적에 의해 살해된 바라문들을 보았다."

때때로 명사복합어의 동사적 구성요소는 티벳어에서 일반적으로 주어적 소유격을 갖는 경우에(10.2.a 참조) 행위자를 나타내는 도구격을 써서 표현된다. 예를 들어 བྱིས་པས་སྤྱོད་ཚུལ་ "아이의 행동방식", 또는 정확히 "(행위자로서) 한 아이에 의한 행동방식". 이러한 경우는 빈번히 텐주르(*Tangjur*, 티벳장경의 논장)에서 발견되는데, 이것들은 (원래 소유격을 도구격으로 오기한) 전승상의 오류로서 설명될 수 있다.

b) 수단, 도구를 나타내는 도구격

수단이나 방법을 나타내는 도구격은 그것을 통해 하나의 동사행동이 수행되는 도구를 나타낸다.

རིགས་ངན་གྱིས་ཆོམ་རྐུན་རལ་གྲིས་བསད་དོ། "망나니는 도둑을 칼을 갖고 죽였다."

c) 원인을 나타내는 도구격

이유를 나타내는 도구격은 뒤따르는 동사행동의 원인을 보여준다.

ལས་དགེ་བ་རྣམས་ཀྱིས་བྱང་ཆུབ་ཐོབ་བོ། "선업(善業)들 때문에 깨달음(菩提)을 얻었다."

이유를 나타내는 도구격은 특히 동사형태의 파생한 명사에서 발견된다. 번역에 있어 이 명사적 표현을 목적에 맞게 인과적 관계를 나타내는 부분장을 통해 대체한다.

བ་ལང་ལེགས་པར་མ་བསྲུངས་པས་སྟོར་ཏོ། "암소를 잘 보호하지 못했기 때문에, 사라졌다."

인과관계를 나타내는 도구격 외에도 원인을 나타내는 탈격(12.4.n)이나 후치사를 이용한 완곡한 표현으로(17.6 참조) 동일한 기능을 나타낼 수 있다.

d) 양태를 나타내는 도구격

양태를 나타내는 도구격은 이어지는 동사행동에 수반되는 사태나 그 동사행동이 수행되는 방식을 나타낸다.

གྲོགས་པོ་མང་པོ་རྣམས་འཛིན་པས་ལེགས་འགྲོ་སོང་ངོ།

"많은 친구를 얻으면서 우다야(Udaya, Legs 'gro)는 갔다."

བདག་གིས་གུས་པས་འཚལ་ལོ།	"나는 존경하면서 귀의했다."
རིགས་པས་དཔྱོད་པ་	"이치를 갖고 분석하기"
སྙིང་རྗེ་མེད་པས་	"자비심 없이"[3]

이런 방식으로 형용사와 동사형태의 명사에 의해서뿐만 아니라 순수한 명사에 의해서도 양태를 나타내는 부사가 만들어진다.

རིམ་པ་	"차례" → རིམ་གྱིས་	"차례로"
སྐད་ཅིག་	"순간" → སྐད་ཅིག་གིས་	"한 순간에"

종종 양태를 나타내는 도구격은 관계의 목적격과 유사하다.

སྟོབས་ཀྱིས་ཐུབ་པ་ "(어떤 사람과) 힘이라는 점에서 대등하다."

양태를 나타내는 도구격은 양태를 나타내는 탈격(12.2.c)이나 향격(13.5.m)과 유사한 기능을 한다.

e) 대가를 나타내는 도구격

대가를 나타내는 도구격은 그것을 통해 어떤 다른 것이 보상될 수 있는 것을 나타낸다.

རིན་ཆེན་འདི་དངུལ་བརྒྱས་ཉོས་སོ། "이 보석을 은전 100개를 주고 샀다."

---

3 f)에 나오는 예문 참조.

f) 특정 동사와 연결된 도구격

도구격은 다양한 동사와 결합되어 사용된다. 이 경우 보통 예쉬케(Jäschke) 사전에 해당되는 단어가 기술되어 있다. 예를 들면 འདེབས་པ(“때리다”)라는 동사는 도구격과 함께 관용적 표현을 이루는 경우가 많다. 또 དོགས་པ(“두려워하다”) 등의 동사는 목적격으로 도구격을 취한다. 아래의 문장에서 도구격의 다양한 경우를 참조하라.

> བུའི་མ་མ་ཡིན་པ་དེས་ནི་བུ་ལ་སྙིང་རྗེ་མེད་པས་སྨད་ཀྱིས་མི་དོགས་ཏེ་མཐུ་ཅི་ཡོད་པས་དྲངས་སོ།
>
> “아이의 엄마가 아닌 그는, 아이에 대해 자비심 없이 부상을 두려워하지 않고 온갖 힘을 다해 끌어당겼다.”[4]

우리는 이 문장에서 다양한 도구격의 기능을 주의해서 보아야 한다.

8.3 분리형 조사 ནི་

분리형 조사 ནི་(“~에 대해 말하자면”)[5]를 통해 각각의 단어 내지 한 문장성분이 특별히 강조된다. 이때 ནི་를 통해 완결된 문장성분은 보통 문장의 앞부분에 위치하는데, 이를 통해 7.6.d.2에서 이미 다루어진 선취된 목적어가 생겨난다. 이것은 뒤따르는 문장에서 적절한 격조사를 통해 보충해 이해되어야 한다.

ང་ནི་མི་འགྲོའོ།	“나에 대해 말하자면, [나는] 가지 않는다.”
ངའི་རིགས་ནི་བྲམ་ཟེ་ཡིན།	“나의 가문에 대해 말하자면, [나는] 바라문이다.”[6]

---

4 བུའི་는 བུ་의 소유격이다. བུ་ལ་는 처격이며, ཏེ་는 반종지형 조사로서 현재분사의 역할을 하는 것으로 번역될 수 있다.

5 ན와 ནས 뒤에서의 ནི에 대해서는 14.4과 14.6 참조.

6 ངའི་는 ང་의 소유격이다.

དགྲ་བོ་རྒྱལ་པོས་བཅོམ་པ་ནི་རིགས་ངན་གྱིས་རལ་གྲིས་བསད་དོ།

“왕에 의해 제압된 적에 대해 말하자면, [그를] 망나니가 칼을 갖고 죽였다.”

དམ་པ་རྣམས་ནི་ཆགས་བྲལ་གཏམ་ …།

“고귀한 사람들에 대해 말하자면, [그들의] 탐욕을 떠난 말….”

ནི་가 제목에서 사용될 수 있다. 이 경우 그 기능은 현대어의 “:”에 상당하며, 보통 번역하지 않는다.

ལེའུ་གསུམ་པ་ནི་ “제3장:”

마찬가지로 직접화법을 포함하는 문장구성의 앞부분은 명확성을 위해 ནི་를 통해 완결될 수 있다(7.6.d(2) 참조).

또한 때때로 하나의 단어는 한 문장 내에서, 즉 문장 외부에 있지 않은 경우에 ནི་를 통해 강조된다.

དགྲ་བོ་རྒྱལ་པོས་བཅོམ་པ་ནི་རིགས་ངན་གྱིས་རལ་གྲིས་ནི་བསད་དོ།

“왕에 의해 제압된 적에 대해 말하자면, [그를] 망나니가 (다른 방식이 아니라 바로) 칼을 갖고 죽였다.”

이 문장에서 རལ་གྲིས에 부가된 ནི་에 의해 표현되는 뉘앙스는 괄호 속에 있는 내용이다.

운문에서 ནི་는 강하게 불완전한 게송의 끝을 채워주기 위해 사용된다. 이 경우 이 조사는 모든 문장성분 위에 올 수 있지만, 다만 운율적으로 약한 위상에서이다(20.5 참조). ནི་는 절대적으로 “약한” 조사이다. 즉, 부정조사나 지시대명사와 같이 하나의 표현에 속하는 문장성분은 ནི་에 선행해야만 한다.

8.4 동사의 개관

티벳어에서 동사어간과 체언의 어간의 경계는 동사와 명사가 이미 형태론적으로 명확히 구분될 수 있는 대부분의 인도유럽어에 비해 매우 희미하다. 어간의 다수는 동사어간인 동시에 명사어간이며, 소위 격조사는(탈격 조사 ལས་를 제외하고) 동일한 방식으로 동사어간과 명사어간에 붙여 사용될 수 있다. 티벳어는 명사형 조사 པ་의 도움으로 동사어간을 명사적으로 사용할 수 있는 풍부한 가능성을 보여주고 있다. 그럼에도 동사어간과 명사어간을 형태적으로 구분할 수 있는 기준은 있다.

단지 동사어간만이 명령문의 종지형 조사와 병렬형 조사(ཅིང་, ཞིང་) 및 조동사에서 결합조사를 취한다. 그리고 (비록 모든 경우에 그렇지는 않더라도) 단지 동사어간에서만 내적 활용의 흔적이 발견된다(9.1과 19 참조).

반면 분리형조사와 복수 조사, 축약형 조사와 소유형 조사, 부정(不定)조사와 부사형 조사 등의 다른 조사는 단지 명사어간 다음이나 또는 동사적 / 명사적 어간의 명사적 형태 다음에 온다.

이미 7.6.d.3와 8.2.a에서 언급했듯이 티벳어에서 타동사와 자동사의 구별은 매우 중요하다. 타동사는 정의에 따라 직접목적어와 행위자를 가질 수 있는 반면, 자동사는 직접목적어를 지배하지 않고 다만 동사행동과 관련이 있는, 관계의 목적어만을 가지며, 이것이 논리상의 주어를 나타낸다.

티벳어 동사를 독일어로 번역할 때에 동사는 여러 범주에 떨어질 것이다. 예를 들어 སྐྱེ་བ་는 수동태로("geboren werden"), གནས་པ་는 자동사로("sitzen"), གསོད་པ་는 타동사로("toeten"), འཇུག་པ་는 사역동사로("eintreten lassen") 번역된다. (역주: 우리말 번역에서는 각기 "태어나다", "머물다", "죽이다", "들어가게 하다"일 것이다.)

하지만 이들 범주로 티벳어를 명확히 분류하려는 작업은 많은 시도에도 불구하고 아직 확신을 주지 못한다. 따라서 이와 관련된 형태론적 문제들은 본 서와 같은 초보 문법서에서는 배제할 것이다.

티벳어에서 동일한 동사의 경우 어떤 성의 변화도 없다는 점을 강조해야 하지만, 번역할 때 양식적인 이유에서 이를 표현할 수는 있을 것이다. 따라서 예를 들어 རྒྱལ་པོས་དགྲ་བོ་གསད་དོ། 를 "왕은 적을 죽인다." 또는 "적은 왕에 의해 죽여졌다."로 번역할 수 있다.

제8과 연습문제

다음의 티벳어 문장을 번역하시오.

༡ རྒྱལ་པོ་སྙིང་རྗེ་ཆེན་པོ་དེས་དགྲ་བོ་སྡིག་པ་ཆེན་པོ་དེ་མ་བསད་དོ།

༢ བྲམ་ཟེ་རྒན་པོ་ཆོམ་རྐུན་རྣམས་ཀྱིས་རལ་གྲིས་བསད་པ་དེ་ནི་མི་རྣམས་ཀྱིས་དེ་ནི་བློ་ཟབ་པོའོ་ཞེས་སྨྲའོ།

༣ གླང་བདག་གིས་ཉོས་པ་དེ་རྣམས་ནི་གྲོགས་པོ་དེས་ལེགས་པར་མ་བསྲུངས་སོ།

༤ བྲམ་ཟེ་ནི་རིགས་བཟང་པོ་ཞིག་ཡིན།

༥ རིན་ཆེན་དངུལ་སྟོང་ཕྲག་བརྒྱ་རྣམས་ཀྱིས་ཉོས་པ་དེ་སྟོར་ཏོ།

༦ བདག་ནི་སྡིག་པ་ཆེན་པོ་རྣམས་བྱས་པས་བྱང་ཆུབ་མི་ཐོབ་བོ།

༧ གཉེན་ལེགས་པར་མ་དཔྱད་པ་ནི་བག་མེད་པ་མ་བྱོས་ཤིག།

༨ ཕ་རྒན་པོས་སྨྲ་ཟབ་པོས་ལས་སྡིག་པ་མ་བྱོས་ཤིག་ཅེས་སྨྲས་པས་བདག་གིས་ནུས་པ་ཅི་ཡོད་པས་ལས་དགེ་བ་
རྣམས་བྱའོ།

༩ མཆོད་རྟེན་རིན་ཆེན་བཟང་པོ་བདུན་དང་ལྡན་པ་གུས་པས་མཆོད་ཅིག།

༡༠ ཚིག་བདག་གིས་སྨྲས་པ་བརྫོས་མ་མ་ཡིན། བདག་གིས་སྨྲས་པ་བདེན་པ་ཡིན།

༡༡ བྲམ་ཟེ་རྒྱ་གར་པ་རྣམས་ཀྱིས་འདི་སྐད་ཅེས་སྨྲས་སོ། བ་རྣམས་མ་སོད་ཅིག།

༡༢ ཞིང་པ་མོ་མིག་མི་མཐོང་བ་འདི་ག་ནི་ཚེ་རིང་མོ་ཡིན།

༡༣ དགྲ་བོ་སྟར་མ་རྣམས་ཀྱིས་དོགས་པ་ཆེན་པོས་འདི་སྐད་ཅེས་སྨྲས་སོ། ཀྱེ་རྒྱལ་པོ་བདག་ཅག་མ་སོད་ཅིག།

༡༤ བྱིས་པ་རྣམས་ཚུར་ཤོག། སུ་ཞིག་ཉམས།

༡༥ རྒྱ་མཚོ་ནི་ཆུ་གཏིང་ཟབ་པོའམ་མི་ཟབ་པོ།

제8과 단어 해설

རྐུ་བ་	훔치다, 빼앗다
རྐུན་པོ་	도둑
གུས་པ་	순종, 귀의
གྲི་	칼
དགེ་བ་	유익한, 선한
ངན་པ་	나쁜, 악한
དངུལ་	돈, 은화
ཅི་	무엇? 무엇(관계대명사)
བཅོམ་	འཇོམས་པ་의 과거형 어간
ཆགས་པ་	탐욕, 욕망
ཆགས་བྲལ་	탐욕을 여읜, 이욕의
ཆུད་པ་	~에 침투하다, 스며들다
ཆོམ་	도둑질
ཆོམ་རྐུན་	도둑
མཆོད་པ་	존경하다, 공경하다
འཇུག་པ་	~에 들어가게 하다
འཇོམས་པ་	제압하다, 무찌르다
ཉོ་བ་	사다, 구입하다
ཉོས་	ཉོ་བ་의 과거형 어간
གཏམ་	이야기
སྟོད་པ་	칭찬하다
སྟོབས་	힘
སྟོར་བ་	사라지다, 없어지다
བསྟོད་	སྟོད་པ་의 과거형 어간
བསྟོད་པ་	칭찬
ཐུབ་པ་	~할 수 있다; (도구격) ~와 대등하다
ཐོབ་པ་	얻다, 획득하다
དོགས་པ་	(도구격) ~에 대해 두려워하다
དྲངས་	འདྲེན་པ་의 과거형 어간
བདེན་པ་	진실한, 참된
འདེབས་པ་	때리다
འདྲེན་པ་	끌어당기다
(དང་)ལྡན་པ་	~을 갖춘, ~을 수반한
ནུས་པ་	능력, 가능
གནས་པ་	서다, 머물다; 살다
སྣད་	부상, 상해
སྣད་པ་	해치다, 상하게 하다
དཔྱད་	དཔྱོད་པ་의 과거형 어간
དཔྱོད་པ་	분석하다, 검사하다
སྤྱོད་པ་	행하다, 수행하다
སྤྱོད་ཚུལ་	행동방식
ཕྱག་	(존칭) 손; 존경

ཕྱག་འཚལ་བ་	존경하다, 귀의하다
བ་ལང་	숫소
བག་མེད་པ་	부주의한; 부주의함, 사려 없음
བྱུང་	འབྱུང་བ་의 과거형 어간
བྱང་ཆུབ་	깨달음, 보리(菩提)
བྱང་བ་	순수한, 정화된
བྱིས་པ་	어린이; 어리석은
བྲལ་བ་	~와 분리된, ~을 여읜
འབྱང་བ་	청정하다
མིག་	눈
ཚུལ་	방식, 형태
འཚལ་བ་	바라다
འཛིན་པ་	잡다, 쥐다, 파악하다
ཞིང་པ་	농부
རལ་	དྲལ་과 ཧྲལ་의 부차적 형태. འདྲལ་བ་의 과거형 어간, 갈기갈기 찢어진
རལ་གྲི་	칼
རིགས་	종족, 계급, 종성(種姓)
རིགས་ངན་	망나니(악한 종성을 가진 자)
རིགས་པ་	알맞은, 적절한
རིན་	가치, 귀중품
རིན་ཆེན་	보석
རིམ་པ་	차례, 순서
ཡང་	ཀྱང་의 부차적 형태
ལས་	행위, 업
ལེགས་འགྲོ་	고유명사(skt. 아마도 udaya)
ལེགས་པ་	좋은, 진실한
ལེགས་པར་	좋게, 옳은 방식으로
ལེའུ་	장, 절, 과
སྲུང་བ་	보호하다, 감시하다
བསྲུངས་	སྲུང་བ་의 과거형 어간

/고전 티벳어 문법/

제9과

9.1 동사의 형태와 그 의미

첨전자, 기본자, 모음, 첨후자(종지음)를 변화시킴에 의해 일련의 동사는 네 가지 어간형태를 가질 수 있다. 이들 네 가지 어간형태는 아래에서 보듯이 특정한 문법적 기능을 가진다. 반면 어떤 동사는 3종 어간의 형태를, 어떤 동사는 2종 어간의 형태를, 그리고 몇몇 동사는 형태상의 변화 없이 동일한 어간형태를 유지한다.

마지막 경우에 하나의 형태가 둘 이상의 어간형태의 기능을 넘겨받고 있다. 이런 경우는 둘 이상의 어간형태가 합쳐진 것이라고 기술할 수 있다.

a) 4어간 형태

현재형	과거형	미래형	명령형
1. བྱེད་	2. བྱས་	3. བྱ་	4. བྱོས་

b) 3어간 형태

1. རྩེད་	2. བརྩེས་	3. བརྩེད་	4. རྩེད་	(1=4)
1. སྣད་	2. བསྣད་	3. བསྣད་	4. སྣོད་	(2=3)
1. འཁོལ་	2. བཀོལ་	3. འཁོལ་	4. ཁོལ་	(1=3)

c) 2어간 형태

1. སྦྱིན་ 2. བྱིན་ 3. སྦྱིན་ 4. བྱིན་ (1=3, 2=4)

1. འཕྲད་ 2. ཕྲད་ 3. ཕྲད་ 4. ཕྲད་ (2=3=4)

d) 1어간 형태

1. མཐོང་ 2. མཐོང་ 3. མཐོང་ 4. མཐོང་

이들 동사의 형태론에 대해서는 19과에서 설명할 것이다.

이들 네 어간형태는 관습적으로 현재어간, 과거어간, 미래어간, 명령어간으로 기술되고 있다. 비록 이 용어가 그 어간의 기능에 적합하지는 않다고 해도 본 서에서는 두 가지 이유에서 이 용어를 사용했다. 하나는 티벳의 문법학에서도 거의 동일한 명명법이 사용되고 있고,[1] 다른 하나는 이 용어가 현대어로 쓰여진 문법서에도 사용되고 있기 때문이다. 그렇지만 실제적으로 이들 어간은 다음과 같은 기능을 가지고 있다:

a) 현재어간

현재어간은 시간적이나 양태적으로 한정되지 않은 일반적인 어간이다. 이것은 (1) 보편적인 사태, (2) 현실적이고 지속적인 사태, (3) 역사적 현재를 나타난다.[2]

(1) ཡོན་ཏན་རྣམས་ཀྱིས་སྐྱེ་བོ་དམ་པ་སྒྲགས་སོ། “공덕들이 진실한 사람을 알린다.”

(2) བདག་ད་ལྟར་ཁྱིམ་ལ་དུར་ཙམ་དུ་འཛིན་ནོ། “나는 지금 집에 대해 단지 무덤으로 파악하고 있다.[3]

(3) རྒྱལ་པོ་མཛེས་པ་ཞེས་འབྱུང་ངོ་། “‘མཛེས་པ’라고 불리는 한 왕이 있었다.”

---

1 현재는 བྱེད་ཚིག་ 또는 ད་ལྟ་བའི་ཚིག་이며, 과거는 འདས་ཚིག་, 미래는 བྱ་ཚིག་ 또는 མ་འོངས་པའི་ཚིག་, 명령은 བསྐུལ་ཚིག་이다.

2 화자가 역사적 과거를 마치 현재형인 것처럼 이야기한다.

3 ཁྱིམ་ལ་는 ཁྱིམ་의 처격이다. དུ་는 향격 조사이다. འཛིན་པ는 항시 위의 두 격과 함께 사용되어야 한다.

b) 과거어간

과거어간은 원래 순수하게 [완료된 동작의] 측면을 나타내며, 동사행동의 완료와 관련해 동사의 행동을 특징지어준다. 시제는 우선적으로 문맥에 따라 결정되었고, 이는 오늘날에도 마찬가지이다.

지속적 측면을 나타내는 동사와 완료된 동작을 나타내는 동사 간의 대비는 한정된 경우이지만 독일어에서도 발견된다. 예를 들어 "frieren"("얼다", 지속적)와 "gefrieren"("얼었다", 완료), 또는 "sein"("이다", 지속적)과 "werden"("되다", 완료).

이런 과거어간의 의미로부터 다음과 같은 용례가 도출된다.

(1) 완결된 동사의 행동을 기술할 때

བདག་གིས་རྡོ་བ་ཞིག་འཕངས་པས་རྟ་ཀྱུམ་སོ། "내가 하나의 돌을 던졌기 때문에 말이 죽었다."

이 문맥에서는 말이 죽어가는 과정이 아래 예문과 비교해 완결된 것으로 표현되고 있다.

བདག་གིས་རྡོ་བ་ཞིག་འཕངས་པས་རྟ་འཀྱུམ་སོ། "내가 하나의 돌을 던졌기 때문에 말은 죽어간다."

여기서는 이 과정이 완결되었다고 말하지 않는다.

(2) 시제적 종속관계

གླང་སོང་ནས་སྟོར་ཏོ། "소가 달려간 후 사라졌다."[4]

소의 달려감이 끝났을 때 우리는 소의 사라짐에 대해 말할 수 있다.

---

4 ནས་는 여기서 시제적 기능으로 사용된 탈격 조사이다.

(3) 인과적 종속관계

(1)에서 사용된 འཕངས་པས་의 형태와 비교해보면 돌을 던진 과정이 끝난 후에야 이 동사행동의 결과가 생겨난다.

(4) 조건적 종속관계

བརྩོན་པར་བྱས་ན་ …། “만일 노력을 했다면, …”[5]

과거어간은 조건절의 완결된 동사 행동이 (여기에서 표시되지 않은) 결과를 갖게 되리라는 것을 나타낸다. 그 외에도 과거에 속하지 않은 동사행동들, 즉 현재어간이 부문장 속에 나오는 것도 가능하다.

(5) 양보적 종속관계

བརྩལ་ཀྱང་དངུལ་མ་བརྙེས་སོ། “노력했지만 돈을 얻지 못했다.”

과거어간은 비록 성과는 없지만 노력하는 행동이 중단되었음을 나나낸다.

(6) 특히 주의할 것은 금지문에서 과거어간의 사용이다. 여기서 명령형의 조사가 종종 탈락된다.

རྟ་མ་བཏང་ཞིག། “말을 놓지 말라!”

རྟ་རྒོད་མ་མ་བཏང་། “사나운 말을 놓지 말라!”

과거어간이 시제와는 무관하다는 것은 과거어간이 완결된 미래에 대해 사용된다는 사실을 통해서도 나타난다(16.3.d 참조).

5 ན་는 조건적 기능으로 사용된 처격 조사이다.

བསྲུབས་པར་འགྱུར་རོ། "[그들은] 보호되어야 할 것이다."

c) 미래어간

미래어간 역시 그 명칭과는 달리 시제적 의미보다는 필연적 의미를 가진 양태적 뉘앙스를 나타낸다. 그것은 (아직 시작되지 않은) 어떤 동사행동이 성취되어야만 하는 것을 표현한다.

རིག་པ་ནངཔར་འཆི་ཡང་བསླབ། "내일 죽는다고 할지라도 배워야 한다."

미래어간을 의지적 행위를 표현할 때 사용하는 경우

བདག་གིས་དགྲ་བོ་གསད་དོ "나는 적을 죽이려 한다." ("나에 의해서 적은 죽임을 당할 것이다.")

이때 미래어간을 미래적 표현으로 간주하여 "나는 적을 죽일 것이다."로 번역하는 것도 가능하다. 그 이유는 한편으로는 독일어에서처럼 티벳어에서 미래는 의지적 성격을 갖기 때문이며, 다른 한편으로는 필연성은 반드시 성취되어야 할 행위를 가리키므로 항상 미래적 요소를 갖기 때문이다. 그렇지만 그 필연성은 미래어간의 필연적 성격을 두드러지게 보여주며, 순수한 미래는 티벳어에서 단지 부가적으로만 표현된다(16.3.b 참조).

특히 빈번히 사용되는 필연성을 나타내는 어간형은 ཅེས་བྱ་བ་ "그렇게 불려야 하는 것; 소위 말해지는"이라는 표현에서 나타난다.

행위명사는 보통 미래어간에서부터 파생된다.

སྟོད་པ་	"칭찬하다"	བསྟོད་པ་	"칭찬"
སྟོན་པ་	"가르치다"	བསྟན་པ་	"가르침, 교의"
བྱེད་པ་	"만들다"	བྱ་བ་	"일, 작업"

d) 명령형 어간

명령형 어간은 주로 (1) 명령적 성격을 갖지만 (2) 경우에 따라 원망적 성격을 나타내기도 한다.[6]

(1) ལྟོས་ཤིག། "보라!"

(2) ཕན་ཚུལ་སེམས་ནི་མཉེན་གྱུར་ཅིག། "서로 마음이 평안해 지기를!"

9.2 연결형 조사 དང་

연결형 조사 དང་은 기능상 격조사에 소속된다. 왜냐하면 그것은 격조사처럼 두 개의 (명사) 어간 사이에서 어떤 특정한 관계를 표현하는 임무를 갖기 때문이다. 접속조사로서 དང་을 사용하는 것은 격조사로서의 그것의 기능으로부터 파생되며 따라서 이차적이다. 연결형 조사는 그것에 선행하는 어간이 뒤따르는 어간과 결합되거나 그것에 의해 수반되는 것을 나타낸다. 결합이나 수반은 다음의 경우에 일어난다.

a) 두 명사어간 사이에서

བུ་གཉིས་དང་བཙུན་མོ་དང་རྒྱལ་པོ་སོང་ངོ་། "두 아들과 왕비와 함께 왕은 갔다."

단지 དང་을 통해서만 표현되는 두 체언 사이의 순수한 연결 관계는 자주 등장하지는 않는다. 많은 경우 དང་은 그가 가진 연결적 기능을 잃고 단순한 접속사로 된다.

བགོ་བ་དང་བཟའ་བ་ "옷과 음식"

---

6 Erik Haarh, *The Yar-lung Dynasty*, København 1969, p.27에 따르면 명령형은 과거적 성격을 가진다. 이 주장을 의심하지는 않지만 이를 보여주는 예를 제시하기는 어렵다.

이때 དང་ 뒤에 "།"를 놓음으로써 매우 빈번히 격조사로서의 དང་의 성격이 보존된다.

ཕ་དང་། མ་དང་། བུ་ཕོ་དང་། བུ་མོ་དང་། "아버지와 어머니와 아들과 딸과 함께"

དང་은 보통 나열하는 각각의 단어 뒤에 오지만, 마지막 단어 뒤에서 생략할 수 있다.

b) 명사어간과 부사(후치사), 형용사 내지 동사 사이에서

연결관계는 고전문어에서 དང་과 단독으로 결합하지 않고 ལྷན་ཅིག་ཏུ་ "~와 함께"라는 부사와 함께 사용된다. ལྷན་ཅིག་ཏུ་를 형식적으로 དང་을 지배하는 후치사로 간주할 수 있다.

རྒྱལ་པོ་བཙུན་མོ་དང་ལྷན་ཅིག་ཏུ་གཤེགས་སོ། "왕은 왕비와 함께 왔다."

유비적 방식으로 몇몇 형용사와 동사는 연결형 조사와 함께 구문을 이룬다. 이때 사용되는 단어는 연결이나 수반, 또는 분리를 의미하는 말이다.[7] 마지막 경우는 명확히 유비적으로 형성된 것이다.

ཁྱིམ་དང་ཉེ་བ་(རིང་བ) "집과 가까이"

གཉེན་དང་འགྲོགས་པ་(འབྲལ་བ་) "친구와 동반해서(떨어져서)"

c) 동사형태의 명사 다음에 오는 경우

동사형태의 명사의 뒤에서 དང་의 기능은 구문적으로 매우 중요하다.[8] 원래의 의미에 상응하게 དང་은 여기서 동사형태의 명사를 통해 기술되는 행위가 뒤따르는 동사행동을 시간적으로 수반하고 있음을 나타낸다. 즉, 동시적으로 일어나고 있음을 나타낸다. 이러한 동사형태

7 이런 기능에서 연결형 조사는 향격 조사로 대체될 수 있다(13.5.g 참조).

8 동사형태의 형용사 뒤에 오는 དང་ 뒤에서 종종 단순한 형태의 ཤད་가 온다.

의 명사에 있어 현재어간이 사용되었다면 그런 동시성은 아직 지속되고 있거나 또는 보편적인 행위와 관련된다. 그러므로 뒤따르는 동사의 시제와의 동시성이 표현되는 것이다.

དེས་འོང་བ་དང་སྨྲས་སོ།	"그는 오면서 말했다."

반면 동사형태의 명사가 과거형이라면, 이것은 아직 완결되지 않은 (주문장의) 동사 행동보다 선행함을 나타낸다.[9]

…ཞེས་སྨྲས་པ་དང་དགྲ་བོ་བསད་དོ།	"…라고 말한 후에, 적을 죽였다."[10]

미래어간과의 결합은 매우 드물게 나타낸다. 그 경우 이를 미래어간을 동사형태의 명사 다음에 빈번히 사용되는 དང་의 용법과 혼동하지 말아야 한다. 그때 དང་은 단지 계사적 기능을 가진다. 명령형 어간과 དང་의 결합형에 대해서는 다음 d)를 보라.

티벳어의 관점에서 동사형태의 명사 뒤에서 དང་은 인과관계를 표현할 수도 있다.

ཡི་གེ་སློབ་པ་དང་མཁས་པར་འགྱུར་རོ།	"문자를 배웠기 때문에 [그는] 학자가 된다."
སྨན་ཟོད་པ་དང་ནད་སོས་སོ།	"약을 먹었기 때문에 [그는] 병을 고쳤다."

여기서는 원래 시간적 관계인 것을 인과적 뉘앙스[로 사용하는 것]과 관련이 있다. "문자를 배움으로써 학자가 된다."와 "약을 먹은 후 다시 건강해졌다."에서 시간적 관계는 필연적으로 인과적 관계를 암시한다. 왜냐하면 논리적으로 보았을 때 두 번째 행위가 첫 번째 행위에 이어진다고 하기보다는 첫 번째 행위가 두 번째 행위의 원인이라고 볼 수 있기 때문이다.

---

9 완성된 동사행동은 단지 과거나 미래에 올 수 있다는 점에 주목하라.

10 이 구문은 티벳어 과거어간의 특성을 잘 보여준다.

d) 명령문에서 연결시키는 기능

명령문은 연결형 조사의 도움으로 뒤따르는 명령문이나 서술문과 연결될 수 있다. 앞 문장의 명령형 조사는 དང་ 앞에서 생략될 수 있다.

ཁྱོད་ལེགས་པར་ཉོན་ཅིག་དང། ཁྱོད་ལ་བཤད་པར་བྱའོ།

"너는 잘 들어라! 너에게 설명할 것이다."[11]

ཚུར་ཤོག་རྒྱལ་པོའི་དྲུང་དུ་འདོང་དང། དེས་ཁྱེད་ཅག་གི་ཞལ་ཆེ་གཅོད་དོ།

"이러 오너라! 왕의 근처로 가라. 그는 우리를 위해 결정을 내릴 것이다."[12]

e) 반복된 명사어간 사이에서의 기능

ཞག་དང་ཞག་ "하루하루, 나날이"

ཁྱིམ་དང་ཁྱིམ་ "집집마다"

여기서도 དང་의 연결적 기능은 아직도 분명히 드러난다. 왜냐하면 ཞག과 ཁྱིམ의 반복을 통해 배분적인 성격이 표현되고 있으며(17.10 참조), 여기서 དང은 두 어간을 긴밀하게 연결시키고 있다.

11 ཁྱོད་ལ་는 여격의 기능을 가진 처격이다. བཤད་པར་는 양태적 기능을 가진 향격이다.

12 현재는 여기서 가까운 미래의 의미를 나타낸다. རྒྱལ་པོའི་는 소유격이다. དྲུང་དུ་는 방향의 향격이다. ཁྱེད་ཅག་གི་는 이익과 손해를 나타내는 소유격이다. "우리들에게"

제9과 연습문제

다음의 티벳어 문장을 번역하시오

༡ དམན་པ་འབྱོར་པ་ཆེན་པོ་ཡང་རིགས་བཟང་པོས་རིག་པ་དང་བརྩོན་པས་འཛེམས་སོ།

༢ ཡོན་ཏན་ཆུང་བ་རྣམས་ང་རྒྱལ་ཆེའོ། མཁས་པ་རྣམས་དུལ་བས་གནས་སོ།
ཆུ་ཕྲན་རྟག་ཏུ་ཀུ་ཅོ་ཆེའོ། རྒྱ་མཚོ་ནི་ཅ་ཅོག་ལ་སྒྲོགས།

༣ དམ་པ་དུལ་བས་རང་དང་གཞན་རྣམས་སྐྱོང་ངོ། ཤིང་འབྲས་བུ་དང་ལྡན་པས་རང་དང་གཞན་རྣམས་སྲུང་ངོ།

༤ བློན་པོ་འབྱོར་པ་ཐོབ་པ་དང་བདེའོ། སྐྱེ་བོ་དམ་པ་སྦྱིན་པ་བྱིན་པ་དང་བདེའོ།

༥ འདི་ནི་གཉེན་འདི་ནི་དགྲ་བོ་ཞེས་བློ་གྲོས་ཆུང་བ་རྣམས་ཀྱིས་འབྱེད་དོ།

༦ སྐྱེ་བོ་དམ་པ་རྟག་ཏུ་འགྱུར་ལྡོག་མེད་པ་རིན་ཆེན་དང་འདྲའོ།

༧ སྐྱེ་བོ་ངན་པ་སྲང་མདའ་དང་འདྲ་བ་ཅུང་ཟད་ཙམ་གྱིས་བརྟན་པ་དང་འབྲལ་ལོ།

༨ དགྲ་བོ་རྣམས་དང་འཐབ་པ་དང་དཔའ་བོས་དམག་མི་རྣམས་གཏམ་འདིས་བརྩོན་པར་བྱོས་ཤིག་དང་རྒྱལ་དང་ཉེའོ་ཞེས་བསྐུལ་ཏོ།

༩ སྐྱེ་བོ་དམ་པ་ངན་པ་དང་འགྲོགས་པས་མི་ཐམས་ཅད་ཀྱིས་དེ་ཡང་བདག་ཉིད་ངན་པ་ཡིན་ཅེས་སེམས་སོ།

༡༠ དམན་པ་སྐྱེ་བོ་དམ་པ་བསྟེན་པས་སྤྱོད་ཚུལ་འདིས་བདག་ཉིད་ངན་པ་སྤོང་ངོ།

༡༡ རི་བོ་ལྷ་རྣམས་ཀྱིས་མི་གཡོ་བ་ལྟར་བདག་ཉིད་ཆེན་པོ་བརྟན་པ་ཡིན།

༡༢ ཤིང་བལ་ཆུང་ངུས་གཡོ་བ་ལྟར་སྤྱོད་ཚུལ་དམན་པ་འགྱུར་ལྡོག་ཆེན་པོ་ཡིན།

༡༣ ཤེས་རབ་ཆེན་པོས་མི་གཞན་རྣམས་བརྫུན་གྱིས་བདེ་བླག་ཏུ་སླུའོ།

༡༤ རྐུན་པོ་རྣམས་ཀྱིས་དེ་ནི་ཁྱི་ཡིན་ཅེས་སྨྲས་པས་བྲམ་ཟེ་བསླུས་པས་ར་མ་དངུལ་སུམ་ཅུས་ཉོས་པ་བཏང་ངོ།

༡༥ རྟག་ཏུ་བདེན་པ་སྨྲོས་ཤིག་དང་ལས་ངན་པ་མ་བྱེད་ཤིག།

제9과 단어 해설

여기서부터 4단 동사는 어간형을 덧붙여 제시할 것이다. P는 과거형 동사어간, F는 미래형 동사어간, I는 명령형 동사어간을 나타낸다. 달리 표시하지 않은 어간형은 항상 현재형이다.[역주: s는 "참고하라(see)"를 의미한다.]

ཀུ་ཅོ་ 소음
སྐུལ་བ་ 권고하다, 설득하다
PF བསྐུལ་
སྐྱེ་བོ་ 사람, 중생
སྐྱོང་བ་ 보호하다
P བསྐྱངས་ F བསྐྱང་ I སྐྱོངས་
སྐྱོབ་པ་ 보호하다, 구하다
P བསྐྱབས་ F བསྐྱབ་ I སྐྱོབས་
བསྐུལ་ s. སྐུལ་བ་བ་
བསྐྱབས་ s. སྐྱོབ་པ་
ཁྱི་ 개
ག་ལ་ 어떻게? 어떤 방식으로?
གུམ་ s. འགུམ་པ་
གྱུར་ s. འགྱུར་བ་
འགུམ་པ་ 죽다
P གུམ་
འགྱུར་ལྡོག་ 변화, 변동
འགྱུར་བ་ 변하다
PI གྱུར་
འགྲོགས་པ་ (དང་와 함께) 벗하다
རྒྱལ་ 승리
སྒྲོག(ས)་པ་ 부르다, 울리게 하다
P བསྒྲགས་ F བསྒྲག་ I སྒྲོགས་
ང་རྒྱལ་ 자부, 자만
ཅ་ཅོ་ 소음, 함성
ཅུང་ཟད་ 소량의, 약간의
གཅད་ s. གཅོད་པ་
གཅོད་པ་ 끊다, 잘라내다
P བཅོད་ F གཅད་ I ཆོད་
ཆུ་ཕྲན་ 물방울, 개천(Jaschke)
ཆེ་ ཆེ་བ་의 축약형
ཆེ་བ་ 큰; 큼, 크기
ཉན་པ་ 듣다 I ཉོན་
ཉེ་བ་ (དང་와 함께) 가까운
ཉོན་ s. ཉན་པ་
མཉེན་པ་ 부드러운, 사랑스러운

རྙེད་པ་ 얻다, 획득하다

P བརྙེས་ F བརྙེད་ I རྙེད་

བརྙེས་ s. རྙེད་པ་

གཏང་ s. གཏོང་བ་

གཏོང་བ་ 주다, 포기하다

P བཏང་ F གཏང་ I ཐོང་

བཏང་ s. གཏོང་བ་

རྟག་ཏུ་ 항상

ལྟར་ ~와 같이(후치된 비교 조사)

སྟེན་པ་ ~에 의거하다

PF བསྟེན་

བརྟན་པ་ 단단한; 견고함, 항속성

བསྟེན་ s. སྟེན་པ་

ཐམས་ཅད་ 모든, 모두

འཐབ་པ་ (དང་) ~와 싸우다

ད་ལྟར་ 지금, 현재

དམ་པ་ 고결한, 진실한

དུར་ 무덤

དུལ་བ་ 조복된, 계율

བདག་ཉིད་ 본성, 천성

བདེ་བ་ 즐거운, 낙, 행복

བདེ་བླག་ཏུ་ adv. 쉽게

འདོང་བ་ 가다

P དོང་ I དོང་, འདོང་

འདྲ་བ་ (དང་) ~와 비슷한

རྡོ་བ་ 돌, 암석

ལྡན་པ་ (དང་) ~을 갖춘

ལྡོག་པ་ 변하다; 변화

ནང་པར་ adv. 내일

ནད་ 병, 질병

ནད་གསོ་བ་ 병이 치유됨

དཔའ་བོ་ 용감한; 용사, 영웅

སྤོང་བ་ 포기하다, 단념하다

P སྤངས་ F སྤང་ I སྤོངས་

ཕན་ཚུན་ adv. 서로, 상호간

ཕྲན་ 파편, 부분

འཕངས་ s. འཕེན་པ་

འཕེན་པ་ 던지다

P འཕངས་ F འཕང་ I ཕོང(ས་)

བལ་ 털, 모직

བུ་མོ་ 딸

བྱེད་པ་ 만들다, 행하다; 명명하다

P བྱས་ F བྱ་ I བྱོས་

བླུན་པོ་ 어리석은; 바보, 멍청이

བློ་གྲོས་ 이해, 사고력, 지성

འབྱུང་བ་ 생기다; 일어나다

PI བྱུང་

འབྱེད་པ་ 열다; 나누다; 쪼개다

P ཕྱེ་, ཕྱེད་, ཕྱེས་ F དབྱེ་ I ཕྱེས་

འབྱོར་པ་ 부유, 재력

འབྲལ་བ་ (དང་) ~와 분리되다

PI བྲལ་

འབྲས་བུ་ 열매, 결과

སྦྱིན་པ་ 선물, 보시

དམག་ 군대, 군

དམག་མི་ 군인

དམན་པ་ 낮은, 저속한

སྨན་ 약, 약제

སྨྲོས་ སྨྲ་བ་(6)의 I

ཙམ་ 단지, 다만 (부사, 형용사와 함께)

བཙུན་མོ་ 왕비

སྩོལ་བ་ 주다, 수여하다

PF བསྩལ་

བརྩོན་པ་ 노력, 수고

བརྩོན་པར་བྱེད་པ་ 수고하다, 애쓰다

འཚོལ་བ་ 추구하다, 추적하다

PE བ་ཙལ་ I ཚོལ་

འཛིན་པ་ 붙잡다, 파악하다

P བཟུང་ F གཟུང་ I ཟུངས་

བརྫུན་ 거짓말

ཞག་ 낮, 주간

ཞལ་ཆེ་ 결정, 판결

ཞལ་ཆེ་གཅོད་པ་ 결정하다, 판결하다

གཞན་ 다른

ཟ་བ་ 먹다

ཟོས་ ཟ་བ་의 과거형, 명령형 동사어간

ཨུ་བུ་ཅག་ 우리, 저희

ཡང་ 또한, 더욱이, ~임에도 불구하고

ཡི་གེ་ 문자

གཡོ་བ་ 동요하다; 움직이게 하다, 진동되다

P གཡོས་

ར་མ་ 염소

རང་ 자기 자신, 스스로

རི་བོ་ 산

རིག་པ་ 알다, 앎, 지식

རིང་བ་ (དང་) ~에서 먼

ཤིང་ 나무

ཤིང་བལ་ 솜, 면화

ཤེས་རབ་ 지혜, 반야

སུམ་ཅུ་ 삼십

སོང་ འགྲོ་བ་ (6)의 과거형, 명령형 어간

སོས་ s. གསོ་བ་

སྲང་མདའ་ 저울대

སླུ་བ་ 속이다, 기만하다

P བསླུས་ F བསླུ་ I སླུས་

སློབ་པ་ 배우다

P བསླབས་ F བསླབ་ I སློབས་

གསད་ གསོད་པ་ (7)의 미래형어간

གསོ་བ་ 치료하다

P གསོས, (བ)སོས་

བསླབ་ s. སློབ་པ་

བསླུས་ s. སླུ་བ་

ལྷན་ཅིག་ཏུ་ (དང་) ~와 함께

/고전 티벳어 문법/

제10과

10.1 소유격 조사[1]

도구격 조사처럼 소유격 조사도 선행하는 단어의 종지음에 따라 5종의 형태를 가진다.

소유격 조사의 형태		예
ཀྱི་	종지음ད, བ, ས 뒤에서	སྐད་ཀྱི་, རྒྱབ་ཀྱི་, ལུས་ཀྱི་
གི་	종지음ག, ང 뒤에서	མིག་གི་, དབང་གི་
གྱི་	종지음ན, མ, ར, ལ 뒤에서	ཟན་གྱི་, ལམ་གྱི་, གུར་གྱི་, ཞལ་གྱི་
འི་	종지음 모음과འ 뒤에서	ང་ - ངའི་, མདའ་ - མདའི་
ཡི་	종지음འི་와 동일. 주로 운문에서 사용	ང་ - ངཡི་, མདའ་ - མདའ་ཡི་

만일 티벳인 문법학자와 같이 -ས་ 대신에 원래의 형태인 -འིས་를 도구격에 사용한다면 도구격은 소유격에 -ས་를 더한 형태임을 알 수 있을 것이다.

10.2 소유격 조사의 기능

티벳어에서 소유격 조사는 수식하는 격조사이다. 소유격의 임무는 뒤따르는 명사개념을

1 제8.1의 첫번째 각주를 참조.

구체적으로 설명하는 것이다.[2] 그때 일련의 다양한 종류의 관계들이 생겨나는데, 그것들 중에서 중요한 것은 다음과 같다.

a) 주어를 나타내는 기능

주어적 소유격은 뒤따르는 개념의 논리적 주어를 나타낸다. 이것은 순수한 명사로 이루어지거나(이 경우 동사의 행동이 의미상 보충되어야 할 것임), 또는 동사형태의 명사로 이루어진다.

བཅོམ་ལྡན་འདས་ཀྱི་ཐུགས་རྗེ་	"세존의 비심"("세존이 느끼시는 비심")
གྲོགས་པོའི་བསྔོན་པ་	"친구의 칭찬"("친구가 말하는 칭찬")

만일 뒷부분이 동사의 행동으로 이루어졌다면 아래에서 설명할 목적격을 나타내는 소유격과 혼동될 위험이 있다. 또 다른 측면에서 동사적인 뒷부분에서 선행하는 주어는 종종 행위자를 나타내는 도구격으로 표현되는데(8.2.a 참조), 이 도구격은 동사형태의 명사의 동사적 측면을 특히 강조하는 것이다.
གྲོགས་པོས་བསྔོད་པ་ "친구의 칭찬" ("친구에 의해 수행된 칭찬")

b) 목적격을 나타내는 기능

이것은 뒤따르는 부분을 통해 표시된 행동의 대상을 나타낸다. 뒤따르는 부분은 앞의 a)처럼 순전히 명사이거나 또는 동사형태의 명사일 수 있다.

མི་འདིའི་སྐྱབས་	"이 사람의 구제"
གྲོགས་པོའི་བསྔོད་པ་	"친구의 칭찬"

만일 뒷부분에 동사형태의 명사가 온다면, 동사어간의 격은 보존되게 된다. 즉, 앞부분에 목적격과 도구격, 처격 II 또는 탈격 조사가 온다.

---

2 이 명사 개념은 한 단어나 복문으로 구성될 수 있다.

གྲོགས་པོ་བསྔོད་པ་	"친구를 칭찬함"
དགྲ་བོས་དོགས་པ་	"적을 두려워함"
གཉེད་ལ་སྨྲ་བ་	"친구에게 말함"
དགྲ་ལས་རྒྱལ་བ་	"적에 대해 승리함"

c) 소유를 나타내는 기능

이것은 그것에 뒤따르는 개념을 통해 명명된 사태의 소유자를 나타낸다.

རྒྱལ་པོའི་ཕོ་བྲང་	"왕의 궁전"

티벳어는 인칭대명사의 소유격을 소유대명사로 사용한다.

བདག་གི་ཁྱིམ་	"나의 집"

때로 (10.2.h에서 보듯이) 수식적 소유격으로 변화되는 경우도 있다. 따라서 첫 번째 예문을 "제왕적인 궁전"이라고 번역할 수도 있다.

d) 구분을 나타내는 기능

전체 중의 일부를 나타낸다.

ལྷའི་གཙོ་བོ་	"신의 최고, 신들 중에 최고"
གཉེན་རྣམས་ཀྱི་བཟང་པོ་རྣམས་	"친구들 중 좋은 자들"

형용사가 뒷부분을 구성하는 경우 매우 빈번히 최상급으로 번역해야 한다(앞의 첫 번째 예문 참조).

e) 질적 성질을 나타내는 기능

이것은 뒷부분을 구성하는 질료나 물질을 나타낸다.

ཤིང་གི་ཚལ་བ་	"나무로 된 조각"
གསེར་གྱི་བུམ་པ་	"금으로 된 항아리"

f) 이익과 손해를 나타내는 기능

이것은 누구를 위해, 누구 때문에 이익과 손해가 일어났는지를 보여준다.[3]

བསོད་སྙོམས་ཀྱི་དུས་	"탁발을 위한 때"
བུས་པོའི་བླ་	"아들을 위한 상징물"

g) 설명적 기능

이것은 상위의 명사에 주어진 일반적 명칭의 개념적 내용을 규정한다.

རིགས་ཀྱི་ཁུར་བུ་	"가문의 짐" ("가문 때문에 주어진 짐")

설명적 소유격은 무엇보다 시구에서 축약된 비교를 위해 사용된다.

གདོང་གི་ཟླ་བ་	"얼굴의 달" ("달과 같이 아름다운 얼굴")

h) 수식적 기능

수식되는 말에 선치된 수식어는 티벳어에서 기본적으로 소유격의 형태로 나타나야 한다. 수식어는 (형용사나 대명사, 명사의) 한 단어 내지 복합문으로 이루어질 수 있다.

---

3 이것과 대응하는 처격의 기능은 11.3.b을 보라.

여기서 "수식적 소유격"이란 말은 소유격이 형용사적이나 대명사적 수식어로서 번역되어야 하는 경우를 나타내는 명칭이다. 티벳인의 관점에 입각해보면 이제까지 다루어진 범주들의 대부분은 수식적 소유격이라고 말할 수 있을 것이다. 아래 예문 중에서 첫 번째 예문이 보여주듯이 선치된 형용사적 수식어의 소유격은 구분을 나타내는 소유격(10.2.d)으로서의 수식어로 해석했을 때 보다 잘 이해될 것이다. 즉, "가난에 [빠진] 사람(ein Mann von Armut)".

འཕོངས་པའི་མི་ "가난한 사람"

དེའི་ཚེ་ "그때"

སྔོན་གྱི་དུས་ "이전의 때"

རྒྱལ་པོ་ངན་པའི་གཡོག་པོ་རྣམས་ཀྱིས་སྙིང་རྗེ་མེད་པས་བསད་པའི་བྲམ་ཟེ་

"악한 왕의 하인들에 의해 무자비하게 살해된 바라문"

마지막 예문은 티벳어에서 선행하거나 후치된 수식어가 가질 수 있는 복잡성의 정도를 잘 보여준다. [앞의 예문에서] 수식어는 소유적 소유격과 행위자를 나타내는 도구격 및 방식을 나타내는 도구격을 가지고 있다는 점에 주목하라. 복잡한 수식어에 대해서는 14.8을 보라.

i) 후치사 앞에서 관용적으로 사용되는 소유격

보통 명사어간과 격조사의 배합으로 이루어진 거의 모든 후치사는 소유격 조사와 함께 구문을 형성한다.

རྒྱལ་པོའི་དྲུང་དུ་ "왕의 근처로"

བདེ་བ་ཐོབ་པའི་ཕྱིར་ "기쁨을 얻기 위해"

k) 관용화된 명사로서의 기능(der erstarrte Genitiv)[4]

몇몇 경우에 빈번히 사용되는 수식적 소유격으로부터 새로운 명사가 파생되는데, 이 명사는 격조사를 가질

4 " [일부를] 생략한 소유격(elliptischer Genitiv)"이라고 명명하는 것이 더 나을지도 모르겠다.

수 있다.

ཕ་	"저편"	ཕ་གི་	"저편의"[5]
ཕ་གིའི་རི་དེ་	"저 건너편의 산"		
ཕ་གིར་	"저편으로"		
བདག་	"나(我)"	བདག་གི་	"나의 것(我所)"
བདག་གིར་འཛིན་པ་	"나의 것으로 파악함"(我所執)		

10.3 부정사

티벳어에는 མ་와 མི་라는 두 개의 부정사가 있다. 동사적으로 사용된 동사어간에서 མ་는 과거형 동사어간과 명령형 동사어간 앞에 오며, མི་는 현재형 동사어간과 미래형 동사어간 앞에 온다. 어간 변화 없이 체언적으로 사용된 동사형태의 명사 앞에서 མ་는 (보통) 동사어간에서 파생된 명사 앞에, 그리고 མི་는 동사형태의 형용사 앞에 온다.

예문:

동사어간 རིག་ "알다"

རིག་པ་	"앎, 지식"	མ་རིག་པ་	"무명(無明)"
རིག་པ་	"알다"	མི་རིག་པ་	"알지 못하는"

동사어간 བྱེད་ "하다"

མི་བྱེད་དོ་	"하지 않다"
མི་བྱེད་པ་	"하지 않는; 하지 않는 자"

5 ཕ་གི་가 실제로 소유격인지, 또는 གི་가 명사적 근원을 갖지 않은가는 확실하지 않다. 유비적인 མ་གི་ "아래의 것", ཡ་གི་ "위의 것"과 비교하라. 여기서 사용된 조사 གི་는 고티벳어에서 གྱི་로 나타나는데, 이는 소유격과는 다른 것이다.

མ་བྱས་སོ་	"하지 않았다"
མ་བྱས་པ་	"하지 않았던", "하지 않았던 자"
མི་བྱའོ་	"하지 않아야 한다."
མི་བྱ་བ་	"하지 않아야 할"
མ་བྱེད་ཅིག་	"하지 말라"[6]

동사형태의 형용사 앞에 그것을 한정하는 관계의 목적어가 온다면 부정사는 명사와 형용사 사이에 오지, 결코 관련된 표현 전체의 앞에 오지 않는다.

སྒྲ་ཟབ་པོ་	"깊은 목소리"
སྒྲ་མི་ཟབ་པོ་	"깊지 않은 목소리"
བཀྲ་ཤིས་པ་	"기쁜"
བཀྲ་མི་ཤིས་པ་	"기쁘지 않은"
ཐ་དད་པ་	"구별되는"
ཐ་མི་དད་པ་	"구별되지 않은"
ཕྱིན་ཅི་ལོག་པ་	"전도된, 거꾸로 된"
ཕྱིན་ཅི་མ་ལོག་པ་	"전도되지 않은"[7]

10.4 부정사가 ཡིན་པ་, ཡོད་པ་ 와 함께 사용되는 경우

부정사 མ་와 མི་가 ཡིན་པ་("이다"), ཡོད་པ་("있다")와 결합했을 때, 전자의 경우 주로, 후자의 경우 반드시 아래 축약형이 사용된다.

6 현재어간 བྱེད་는 명령어간 བྱོས་를 대신할 수 있다.

7 ལོག་은 과거형 동사어간이다.

(1) མ་ཡིན་ མིན་으로 축약
(2) མི་ཡོད་ མེད་으로 대체

མིན་པ와 མེད་པ는 부정어나 계사로서 사용될 뿐 아니라 부정접두사(Alpha Privativam)의 의미에서 그것의 형용사적 형태 속에서 명사 개념의 부정을 위해서도 사용된다.

ལྷ་མིན་ "신이 아닌 자, 非神"[8]
བཟའ་བ་དང་བཟའ་བ་མེད་པ་ "먹고 입을 것이 없는 [자]"

མིན་པ는 종종 축약적 구문에서 사용된다.
།བདག་ཉིད་ཆེ་ལ་སྐྱེ་བོ་རྣམས། །སྐྱོན་འཚོལ་འགྱུར་གྱི་དམན་ལ་མིན།
"위대한 성품을 지닌 자에게 사람들은 허물을 구하지만, 저열한 자에게는 [허물을 구하지] 않는다."

10.5 소유형 조사 ཅན་, 형용사 བཅས་པ་ 와 ལྡན་པ་

ཅན་의 도움으로 체언과 명사적 표현으로부터 소유의 의미를 가진 형용사가 파생된다.

ནོར་ "재산"
ནོར་ཅན་ "재산을 가진"
ཟབ་པོའི་སྒྲ་ "깊은 목소리"
ཟབ་པོའི་སྒྲ་ཅན་ "깊은 목소리를 가진"

비슷한 용법을 가진 형용사 བཅས་པ་와 ལྡན་པ་는 연결형 조사 དང་과 함께 사용되며,[9] 비슷한 의

8 ལྷ་མིན་은 ལྷ་མ་ཡིན་པ་의 축약형이다. 이것은 skt. Asura를 단순히 어원적으로 번역한 것이다.
9 때로 연결형 조사는 향격으로 대체된다. 13.5.q 참조.

미를 가진다.

ནོར་དང་ལྡན་པ་(축약형: ནོར་ལྡན) "재산을 가진"
ཟབ་པོའི་སྒྲ་དང་བཅས་པ་ "깊은 목소리를 가진"

소유를 나타내는 형용사가 명사적으로 사용된 독립적인 개념을 표현할 경우, དང་ལྡན་པ་와 དང་བཅས་པ་ 대신에 보통 축약형인 བཅས་와 ལྡན་이 사용된다.

ནོར་ལྡན་ "재산을 가진 자, 부자"

일반적으로 명사복합어의 구성에서 모든 불필요한 조사들은 탈락되며, 따라서 어간만이 이어지게 된다. 아래 예문과 비교해보라!

ཁྱིམ་གྱི་བདག་པོ་ "집을 소유한 사람"
ཁྱིམ་བདག་ "가장"

ཅན་, བཅས་པ་, ལྡན་པ་는 때때로 비교를 위한 조사로도 사용된다. 예: གསེར་ཅན་ "금과 같은, 금의". 이들 중에서 마지막 두 개의 형용사는 매우 드문 경우에만 비교를 나타내는 기능으로 사용된다. 이들 조사들은 산스크리트로부터 번역된 문헌에서 주로 나타난다. 이들 문헌에서 (불변화하는 비교형 어미인) –*vat*와 (그중의 어간 형태를 갖고 변화하는 소유형 어미인) –*vant*/*vat*가 사용되고 있다. ཅན་의 문헌적 증거는 매우 많으며 따라서 여기에서 진정한 티벳어의 의미가 문제되고 있다고 보인다.
티벳어 구문론과 번역문헌의 특별한 형태로서 소유를 나타내는 형용사가 소유형 조사들이나 소유를 표시하는 형용사 없이도 명사로부터 파생될 수 있다는 점을 주목해야 한다.
འཇམ་དཔལ་ "부드러운 아름다움[을 지닌]" 문수보살의 이름
སྦྲང་རྩི་བརྟུལ་ཞུགས་ "꿀의 행동방식(을 가진)", 꿀벌의 별칭 skt. Madhuvrata
བསྟན་བཅོས་དུ་མ་རྣམས་ལ་ཀུན་ནས་འདྲིས་པས་རྣམ་པར་དག་པའི་བློ
"수많은 논서에 대해 통효(通曉)함을 통해 청정한 지혜(를 가진 [보살])"
첫 번째와 두 번째 예문에서 소유형 조사 내지 이에 대응하는 형용사의 누락은 모든 조사들을 빼고 또 가능한 한 짝수의 음절을 보존하려는 단어형성에서의 지배적인 경향으로 소급된다. 세 번째 예문과 같은 다른 경우에서는 산스크리트 원문의 형용사 복합어(*Bahuvrīhi*)가 동격의 *Tatpuruṣa* 또는 *Karmadhāraya* 복합어로 해석

된 것이다.

10.6 양보형 조사의 형태

양보형 조사의 형태는 선행하는 단어의 마지막 음절에 따라 다음과 같이 형성된다.

ཀྱང་	종지음 ག, བ, ད, ས 뒤와 ད་དྲག 현상이 나타나는 ན, ར, ལ 뒤에서
ཡང་	종지음 ང, ན, མ, ར, ལ 뒤에서
འང་	종지음 모음과 འ 뒤에서, 이때 འང་는 종지형 조사 འས과 같은 방식으로 앞 단어와 결합한다. འང་ 대신에 독립된 형태의 ཡང་도 자주 사용된다.

10.7 체언 뒤에서의 양보형 조사

체언 뒤에서 양보형 조사는 세 가지 기능을 가진다.

a) 나열("~도, 또한")

དགྲ་བོའི་བུ་རྣམས་ཀྱང་བསད་དོ་ "적의 아들들도 살해되었다."

반복 시 양보형 조사는 "~뿐 아니라 ~도"라는 의미에서 긍정적, 부정적 연결사로 번역될 수 있다.

མག་པས་བག་མ་མཛེས་པ་ཡང་ཐོབ། རིན་ཆེན་མང་པོ་ཡང་ཐབ་བོ༎

"신랑은 아름다운 신부를 얻었을 뿐 아니라 많은 보물을 얻었다."

བགོ་བ་ཡང་མེད། བཟའ་བ་ཡང་མེད་དོ༎ "옷뿐 아니라 음식도 없다."

b) 강조("또한, 조차")

བུད་མེད་དང་བུ་རྣམས་ཀྱང་དགྲ་བོ་རྣམས་ཀྱིས་བསད་དོ་ "부인과 아들들조차도 적에 의해 살해되었다."

གཉེན་མཆོག་ཀྱང་མ་འོངས་སོ་ "최고의 친구조차 오지 않았다."

c) 강화("더욱 더")

형용사가 양보형 조사의 도움으로 강화될 때 이 조사는 반복되는 단어 사이에 온다.

གསལ་བ་	"청명한"	གསལ་ཡང་གསལ་	"매우 청명한"
མཛེས་པ་	"아름다운"	མཛེས་ཀྱང་མཛེས་	"매우 아름다운"[10]

10.8 동사어간 뒤에서의 양보형 조사

동사어간 뒤에서 양보형 조사는 제한하는 의미를 가진다. 양보형 조사는 그것에 선행하는 동사행동이 뒤따르는 동사행동을 위한 충분치 않은 조건임을 나타낸다.

བཙལ་ཀྱང་དངུལ་མ་བརྙེས་སོ་ "노력했지만 돈을 얻지 못했다."

양보조사 뒤에 부정문이 오는 대신 긍정문이 오는 경우도 많다.

བྱང་ཆུབ་སེམས་དཔའ་ལ་གནོད་པར་བྱས་ཀྱང་མི་དེ་རྣམས་ལ་ཐུགས་རྗེ་དང་ལྡན་པར་གྱུར་ཏོ།

"보살에게 해를 입혔지만, [보살은] 그 사람들에게 자비심을 갖게 되었다."[11]

---

10 Geshe Gedün Lodrö의 개인적인 설명에 따르면 어간+양보형 조사+어간의 구문은 기본적으로 다른 의미를 갖고 있다. 즉, མཛེས་ཀྱང་མཛེས་은 "아름다울 것이다. [그러나 이제 다른 것에 대해 말하자.]"

11 ལྡན་པར་는 གྱུར་ཏོ와 독립한 향격이다. 이에 대해서는 13.5.p 참조. 처격 ལ་는 두 경우 모두 여격의 의미로 번역될 수 있다.

처격 조사I과 함께 사용될 때의 양보형 조사의 의미에 대해서는 14.4.c 참조. 한정되지 않은 의미를 형성할 때의 양보조사의 기능에 대해서는 17.3 참조.

세 가지 다른 형태로 나타나는 양보형 조사와 앞의 음절에 영향 받지 않고 사용되는 ཡང("다시", "역시")을 혼동해서는 안 된다.

제10과 연습문제

다음의 티벳어 문장을 번역하시오.

༡ ད་ལྟར་བཅོམ་ལྡན་འདས་ཀྱི་ཚིག་ལེགས་པར་ཉོན་ཅིག་དང་ལས་ངན་པ་རྣམས་མ་བྱོས་ཤིག།

༢ མི་དམ་པ་རྣམས་ཀྱིས་བསྟོད་པའི་བཅོམ་ལྡན་འདས་ཀྱི་ཡོན་ཏན་ཐོབ་པའི་ཕྱིར་ངས་ལས་དགེ་བ་རྣམས་བྱའོ།

༣ དམ་པ་རྒོལ་ཡང་ཕན་པ་སྒྲུབ། སྐྱེ་བོ་ངན་པ་མཛའ་ཡང་གནོད་དོ།

༤ འཆི་བ་དང་ཉེ་བའི་ཕྱིར་དོགས་པ་ཆེན་པོ་བྱུང་ངོ།

༥ མི་བཟང་པོས་མི་ངན་པ་དང་འགྲོགས་པར་མི་བྱའོ།[12]

༦ གཡོག་པོ་ངན་པའི་བག་མེད་པས་བདག་གི་དངུལ་སྟོང་ཕྲག་འཛིན་པའི་བུམ་པ་དང་གསེར་གྱི་རལ་གྲི་རིན་ཐང་ཆེན་པོ་སྟོར་ཏོ།

༧ རྒན་པོའི་ཆོས་རྒྱུན་གྱི་སྤྱོད་ཚུལ་མི་བཟང་པོ་ལས་དགེ་བ་དང་བྲལ་བ་ནི་སྐྱེ་བོ་རྣམས་ཀྱིས་དེ་མ་བསྟོད་དོ།

༨ ནོར་འཕེལ་བ་དང་སྟོབས་ཀྱང་འཕེལ། ནོར་འབྲི་བ་དང་སྟོབས་ཀྱང་འབྲིའོ།

༩ བཅོམ་ལྡན་འདས་མཁས་པ་རྣམས་ཀྱི་གཙོ་བོ་བྱང་ཆུབ་ལེགས་པར་ཐོབ་པས་མི་རྣམས་ཀྱིས་མཆོད་དོ།

༡༠ བདག་ཡི་གེ་བསླབ་པའི་ཕྱིར་བླ་མ་མཁས་པའི་དྲུང་དུ་འདོང་ངོ།

༡༡ དངུལ་འདི་རྣམས་ཀྱི་ཕྱེད་ཀ་ཙམ་གྱིས་གླང་རྒན་པོ་སྟོབས་དང་བྲལ་བ་དེ་བདག་གིས་ཉོས་སོ།

༡༢ དགྲ་བོས་དོགས་པས་བུད་མེད་རྣམས་བུ་ཕོ་དང་བུ་མོ་དང་ལྷན་ཅིག་ཏུ་མི་སྟོབས་ཆེན་པོའི་དྲུང་དུ་སོང་བ་དང་དེས་རལ་གྲི་རིང་པོས་ལེགས་པར་བསྲུངས་སོ།

༡༣ བསམ་པ་དག་པ་ཡིན་པའི་ཕྱིར་རིག་པའི་མིག་གིས་བྱང་ཆུབ་ཀྱི་རིན་ཆེན་མཐོང་ངོ།

༡༤ མི་ལས་དགེ་བ་བྱེད་པ་དེ་ནི་བཏང་ཡང་འབྱོར་པ་ཆར་པ་བཞིན་དུ་བབས་སོ།

༡༥ ཡུལ་གྱི་དགྲ་བོ་གསོད་པའི་རལ་གྲི་ནི་རིགས་ངན་སྙིང་རྗེ་མི་འབྱུང་བས་འཛིན་ནོ།

༡༦ ཉི་མ་དམར་པོ་འཆར་བ་དང་བྲམ་ཟེའི་བུ་གཉེན་དང་ལྷན་ཅིག་ཏུ་བཅོམ་ལྡན་འདས་ག་ལ་བ་དེའི་དྲུང་དུ་སོང་ངོ།

12 འགྲོགས་པར་는 동사형태의 명사 འགྲོགས་པ་ "연대하다"의 향격이다. 동사 བྱེད་པ་는 보통 이 동사가 지배하는 선행동사의 향격을 필요로 한다.

༡༧ བླ་མ་མཆོག་གིས་སློབ་ཏུ་བཅུག་པའི་ངའི་གཉེན་འོངས་པའི་ཚེ་ཤིན་ཏུ་འཕོངས་ཀྱང་ཡོན་རིན་ཐང་ཆེན་པོ་ཕྱིར་ཏོ།

༡༨ མི་བློ་མཁས་པའམ་མཐུ་ཆེན་པོའམ་གྲོགས་པོ་བཟང་པོ་དང་འགྲོགས་པས་དངུལ་དང་བྲལ་ཡང་བདེ་བ་ཐོབ་བོ།

༡༩ ཀྱེ་བྱིས་པ་དག་བླ་མའི་བསྟན་པ་རབ་ཏུ་ལེགས་པར་ཉོན་དང་དེའི་མཆོད་པ་བྱོས་ཤིག།

༢༠ རིགས་དམན་པ་དེས་ཀྱང་རྒྱལ་བ་མང་ཡང་རང་གི་སྟོབས་ཀྱིས་ནོར་ཆེན་པོ་དང་རབ་ཏུ་གྲགས་པའི་དྲི་འཚོང་བའི་བུ་མོ་རབ་ཏུ་གཞོན་པ་བརྙེས་སོ།

제10과 단어 해설

བཀྲ་	행복(복합어에서만 사용됨)
བཀྲ་ཤིས་པ་	행복한
སྐྱབས་	구조, 구제
ཁུར་བུ་	짐
ཁྱེར་	s. འཁྱེར་བ་
ཁྲོས་	s. འཁྲོ་བ་
འཁྱེར་བ་	가지고 가다
PFI ཁྱེར་	
འཁྲོ་བ་	화난, 화내다
PI ཁྲོས་	
རྒོལ་བ་	싸우다, 투쟁하다
སྒྲུབ་པ་	완성하다, 성취하다
P བསྒྲུབས་ F བསྒྲུབ་ I སྒྲུབས་	
སྔོན་	이전의, 이전의 것
ཇི་	어떻게? 무엇(관계사)
བཅས་པ་	(དང་) ~을 갖춘
བཅོམ་ལྡན་འདས་	세존(붓다의 별칭)
ཆར་པ་	비, 소나기
མཆོག་	뛰어난, 최고의
རྗེ་	지배자
ཐ་དད་པ་	다른, 구별된
ཐུགས་རྗེ་	연민, 비심(悲心)
དག་པ་	순수한, 청정한
དུས་	시간, 때
དྲི་	향기, 향
གདོང་	얼굴
ནོར་	재산
གནོད་པ་	해를 끼치다
ཕ་	저편
ཕན་པ་	이익, 유익
ཕོ་བྲང་	궁전
ཕྱིན་ཅི་ལོག་པ་	전도된, 전도
ཕྱིན་པ་	도착하다, 이르다
ཕྱིར་	(소유격 조사 뒤에) ~을 위하여, ~때문에
ཕྱེད་ཀ་	절반
འཕེལ་བ་	증가하다
P ཕེལ་	
འཕོངས་པ་	가난한, 결핍된
བག་མ་	신부
བབས་	s. འབབ་པ་
བུམ་པ་	병, 항아리
བྱང་ཆུབ་སེམས་དཔའ་	보살('깨달음을 가진 자')
བྲལ་བ་	(དང་) ~와 분리된

ལྟས་ 불길한 징조, 흉조

འབབ་པ་ 떨어지다

P བབས་ F འབབ་ I བོབས་

འབྲི་བ་ 감소하다, 빼다

PI བྲི་

མག་པ་ 신랑, 사위

ཚལ་བ་ 조각, 파편

འཚོང་བ་ 팔다

P བཙོངས་ F བཙོང་ I ཚོངས་

འཚོལ་བ་ 추구하다, 찾다

PF བཙལ་; བཙོལ་ I ཚོལ་

མཛའ་བ་ 친한

འཛིན་པ་ 쥐다, 잡다(8/9 참조)

འཛུམ་པ་ 웃다

P བཙུམས་; ཟུམ་ F གཟུམ་ I ཚུམས་

བཞིན་དུ་ (목적격 뒤에서) ~처럼,
~에 따라서

ཟླ་བ་ 달

ཡོན་ 선물

རབ་ཏུ་ 매우 (부사)

རིན་ཐང་ 가치, 가격

ལོག་པ་ 거꾸로, 상반되는

ཤིས་པ་ 행복한, 유익한

གཤིན་པོ་ 죽은 자

གཤིན་རྗེ་ 죽음의 신

སེམས་ཅན་ 사람, 중생

སེམས་དཔའ་ 고귀한 자

སློབ་ཏུ་བཅུག་པ་ 가르치다, 지도하다

གསལ་བ་ 밝은, 명료한

གསེར་ 금

བསོད་སྙོམས་ 탁발, 구걸

제11과

11.1 처격 조사: ན་, ལ་

티벳어에는 주로 처격의 의미를 가진 두 개의 처격 조사가 있다. ན་는 명사어간 뒤에서 주로 장소적 기능을 나타내기 위해 사용된다. 반면 ལ་의 적용범위는 매우 광범위하고 다른 격조사의 적용범위에까지 이른다. 따라서 ན་는 좁은 의미의 처격 조사로, 그리고 ལ་는 넓은 의미의 처격 조사로 부를 수 있다.

다른 학자들은 ལ་를 여격 조사나 목적격 조사로 기술함으로써 ལ་를 ན་와 구별한다. 기능상으로 모든 세 가지 설명은 가능하다(11.3 참조). 그렇지만 한편으로 ནས་와 ལས་를 하나의 명칭으로 묶고 다른 한편으로 ན་와 ལ་를 분리하여 취급하는 것은 권하지 않는다. 근본적인 주장은 ན་뿐 아니라 ལ་도 장소적 의미를 가진 명사어간으로 소급된다는 것이다.

11.2 ན་의 기능(처격 조사 I)

ན་는 주로 장소, 시간, 방향 등을 나타낸다. 부사를 만드는 기능도 있다.

a) 장소를 나타내는 기능

장소를 나타내는 처격은 그 속에서 동사행동이 수행되는 장소를 나타낸다. 장소는 구체적일 필요는 없다. 처격에 대한 질문은 "어디에"이다.

ཡུལ་ཞིག་ན་	"어떤 곳에서"
རྨི་ལམ་ན་	"꿈에서"

b) 시간을 나타내는 기능

이 기능은 동사행동이 수행되는 시점을 나타낸다. "언제"에 대한 답이다.

དེའི་ཚེ་ན་	"그때"

시제적 기능에서 ན་는 종종 동사형태의 명사 다음에 온다. 이때 대응하는 동사행동과 뒤따르는 동사행동의 동시성이 표현된다. 여기서 그것은 시제적인 부문장으로 번역된다.

མཐོང་བ་ན་	"보고 있을 때"

c) 방향을 나타내는 기능

이 기능은 동사행동의 공간적 목표를 나타낸다. "어디로"에 대한 답이다.

གཡས་ན་ཕྱག་འཚལ་ལོ་	"오른 편에서 예배했다."

이런 ན་의 사용은 드물며, 위의 예문이 유래했듯이 아마도 티벳인 문법학자들에 제한되고 있을 것이다. 여기서 7종의 ལ་의 의미를 가진 조사[1]의 등가성을 주장하려는 시도가 보인다. 방향의 기술을 위해 보통 넓은 의미

1 티벳 문법가들은 기능상 동일한 7종의 조사를 ལ་དོན이라 부른다. 그들 조사는 모든 "ལ་의 의미를 가니"를 의미한다. 여기에 2종의 처격 조사와 5종의 향격 조사(13.1-2 참조)가 있다.

의 처격과 향격이 사용된다(11.3.f와 13.5.k 참조).

d) 부사를 만드는 기능

ན་는 빈번히 시간적, 공간적 부사 및 그러한 의미를 가진 후치사를 만들기 위해 사용된다. 이 기능은 ན་에 특유한 것이며 넓은 의미의 ལ་와 구별된다.

དེ་ན་	"그곳에서"
འདི་ན་	"이곳에서"
སྔ་ན་	"전에"
འོ་ན་	"그렇다면"(skt. evaṃ sati)
རྡུང་ན་	"근처에"
ནང་ན་	"안에"
ཕ་རོལ་ན་	"저편에"
བར་ན་	"사이에"

e) 중복되어 사용된 격조사로서의 기능

때때로 ན་는 그 의미를 변화시킴이 없이 도구격이나 향격 조사에 붙여 사용된다.

རྒྱུ་དེས་ན་	"그 이유 때문에"
ཅེས་སྨྲས་པས་ན་	"그와 같이 말했기 때문에"
ཕྱིར་ན་	"때문에"
གཅིག་ཏུ་ན་ … གཉིས་སུ་ན་	첫 번째는 … 두 번째는

위의 예문은 모든 경우에 ན་가 없는 것처럼 번역될 수 있다.

동사어간과 결합해 사용되는 ན་에 대해서는 14.4 참조.

11.3 ལ་의 기능(처격 조사 II)

모든 격조사 중에서 ལ་조사는 가장 넓은 용례를 가지고 있다. 왜냐하면 이 조사는 가장 일반적인 방식의 공간적 관계를 표현하기 때문이다. 본 서에서 사용된 라틴어 문법용어의 관점에서 ལ་의 기능은 3종으로 요약될 수 있다.

A　　여격의 기능

B　　목적격의 기능

C　　처격의 기능

그 외에 몇 가지 특별한 경우와 동사어간과 결합한 ལ་의 기능이 있다.

11.4 여격의 기능을 나타내는 ལ་

a) 간접목적어를 나타내는 기능

이 형태는 목적격의 형태로 직접 대상을 취하는 것과 대조적으로 간접목적어를 나타낸다.

སེམས་ཅན་ཆེན་པོས་སྟག་མོ་ལ་ལུས་ཀྱི་ཤ་བཏང་ངོ་

"마하샷트바(大士, mahāsattva)는 암호랑이에게 신체의 살을 주었다."

b) 이익과 손해를 나타내는 기능

이 경우 ལ་는 누구를 위해, 누구에게 이익과 손해가 있거나 일어남을 보여준다. 그 기능은 상응하는 소유격의 그것과 동일하다(10.2.f 참조). 그렇지만 소유격보다 널리 사용된다.

རྒྱལ་པོ་དེ་ལ་སྲས་གསུམ་མངའོ་　　"저 왕에게 세 아들이 있다."

ཚིག་སྙན་པ་རྣམ་པ་སྣ་ཚོགས་ཀྱིས་ཕ་མ་གཉིས་ལ་སྤྲོ་བ་བསྐྱེད་དོ་

"여러 종류의 좋은 말을 갖고 부모 두 사람에게 기쁨을 일으켰다."

c) 목적을 나타내는 기능

ལ་는 어떤 목적을 위해 동사행동이 이루어지는가를 나타낸다.

ཞིང་པ་རྣམས་ཀྱིས་ལོ་ཏོག་སྨིན་པ་ལ་ཆུ་འདེན་ནོ་

"농부들은 곡식의 성숙을 위해 물을 관개했다."

목적을 나타내는 처격은 자주 사용되지는 않는다. 종지문은 대부분 동사형태의 명사의 향격이나 마지막에 후치사를 가진 부차적 구성을 통해 표현된다(13.4.f 참조).

d) 참여한 사람을 나타내는 기능

ལ་는 동사행동이나 그 과정에 직접적으로가 아니라 단지 간접적으로 참여한 사람을 나타낸다. 이 기능은 ལ་에 특유한 것이다.

སེམས་ཅན་ཆེན་པོ་ཐམས་ཅད་ལ་བུ་གཅིག་པ་དང་འདྲའོ་	"마하삿트바는 모든 이를 유일한 아들과 같이 본다."
ང་ལ་ཁྱོད་ཀྱི་སྡིག་པའི་ལས་མི་ཆུང་ངོ་	"내게 너의 악한 행위는 작지 않다."

11.5 목적격의 기능을 나타내는 ལ་

e) 동사의 간접목적어를 나타내는 기능

많은 경우 동사의 간접목적어는 넓은 의미의 처격인 ལ་를 통해 나타낸다.

བྲམ་ཟེ་དེས་རྡོ་བས་རྟའི་རྐང་པ་ལ་ཕོག་གོ་	"저 브라흐만은 돌을 갖고 말의 다리에 던졌다."
ཤ་ལ་ཟ་བ་	"몸을 먹음"

현대 티벳어에서 타동사의 직접목적어를 나타내기 위한 ལ་의 사용은 두드러진다. 이런 ལ་의 사용은 이 조사가 가진 일반적인 장소적 성격에서 찾을 수 있다.

f) 방향을 나타내는 기능

ལ་의 이 기능은 동사행동의 공간적 목표를 나타낸다.

ལུས་ས་ལ་བརྡབས་སོ་	"몸을 바닥에 던졌다."
ཕ་མ་གཉིས་ཀྱིས་ནམ་མཁའ་ལ་བལྟས་སོ་	"부모 두 사람은 하늘을 보았다."

ལ་의 이 기능은 향격 조사와 공통된다(13.5.k 참조).

g) 관계를 나타내는 기능

이 기능은 무엇과 관련해서, 또는 무엇을 고려해서 동사행동이 수행되는가를 보여준다.

གནས་ལུགས་ལ་དཔྱོད་དོ་	"사태의 체계와 관련해 조사한다."
སྨན་ལ་མཁས་པ་	"약에 대해 알다."
ཆེ་ཆུང་གི་ཚད་ལ་	"대소(大小)의 양과 관련하여"

대체로 관계를 나타내는 체격의 기능은 관계적 목적격의 기능과 일치한다(7.6.d 참조).

11.6 처격의 기능을 나타내는 ལ་

h) 장소의 처격

ལ་의 이 기능은 동사행동이 수행되는 장소를 나타낸다.

རྒྱ་མཚོ་ལ་ནོར་བུ་གནས་སོ་	"바다에 보석이 있다."
ཕྲག་པ་ལ་འཁུར་བ་	"어깨에 짊어짐"

i) 시간의 처격

ལ་의 이 기능은 동사행동이 수행되는 시점을 나타낸다.

ཉིན་གུང་ལ་ཟན་ཟའོ་	"오후에 음식을 먹는다."
ཞག་གསུམ་པ་ལ་	"제3일에"

넓은 의미의 처격을 나타내는 ལ་의 기능은 상응하는 좁은 의미의 처격 ན་와 완전히 일치한다.

11.7 동사형태의 명사와 함께 사용된 ལ་

동사형태의 명사 다음에 사용된 ལ་는 ན་의 경우처럼(11.2.3 참조) 뒤따르는 행동과의 동시성을 표현한다. 즉, 그것은 여기서 시간적 기능으로 사용된다(11.6.i 참조).

ཟན་ཟ་བ་ལ་འདི་སྐད་ཅེས་སྨྲས་སོ་ "음식을 먹는 동안 이같이 말했다."

과거어간을 가진 동사형태의 명사 다음에 ལ་가 사용되면 뒤따르는 동사보다 선행함을 나타낸다.

ཟན་ཟོས་པ་ལ་འདི་སྐད་ཅེས་སྨྲས་སོ་ "음식을 먹은 후에 다음과 같이 말했다."

위의 ལ་의 두 기능은 동사형태의 명사 다음의 향격의 기능과 일치한다(9.2.c 참조).

11.8 동사에 있어 ལ་

티벳어에는 ལ་와 구문적으로 연결되는 동사가 많다. 이하에 이 처격 조사와 어느 정도 규칙성을 보이는 동사 그룹들을 열거하겠다.

(1) 말하고 생각함을 나타내는 동사

སྨྲ་བ་	"~에게 말하다"	སྒོམ་པ་	"~에 대해 생각하다"

(2) 요구와 기대를 나타내는 동사

འདོད་པ་	"~에 대해 갈구하다."	དགའ་བ་	"~에 대해 기뻐하다"

(3) 두려움과 꾸짖음, 미움을 나타내는 동사[2]

འཇིགས་པ་	"~에 대해 두려워하다"	སྨད་པ་	"~에 대해 꾸짖다"
ཕྲག་དོག་བྱེད་པ་	"멸시하다"	སྐྱོ་བྱེད་པ་	"싫증을 느끼다"
སྡང་བ་	"~을 증오하다"		

(4) 해침과 도움을 나타내는 동사

གནོད་པ་	"~에게 해를 끼치다"	ཕན་འདོགས་པ་	"~에게 도움이 되다"

---

2 이들 동사는 도구격과 함께 쓰이지만 드문 경우 탈격과도 함께 만든다(8.2.f 참조).

(5) 존경을 나타내는 동사

ཕྱག་འཚལ་བ་　　“~에게 귀의하다”

(6) 접촉을 나타내는 동사

རེག་པ་　　“~에 접촉하다”

འཕྲད་པ་　　“~을 안다”

위의 예문을 번역할 때 적절한 문형으로 변화를 줌으로써 ལ་의 공간적 성격이나 여격의 성격을 대응하는 동사와 결합시키려고 해야 한다.

정확한 동사의 구성은 보통 Jäschke 사전에 나온다. 필요한 경우 *Bodhicaryāvatāra*의 티벳역 색인인 *Friedlich Weller, Tibetisch-Sanskritischer Index zum Bodhicaryāvatāra*, Berlin 1952-55를 참조하라. 특히 ལ་에 대해서는 pp.530b-550b를 참조.

11.9 탈격을 나타내는 기능

Jäschke 사전 ལ་ 항에 탈격의 기능을 보이는 예문이 있다. 거기서 ལ་는 명확히 탈격의 기능으로 사용되고 있다.

གནམ་ལ་ཁ་འབབ་　　“하늘에서 눈이 내린다.”

རྟག་ལ་འབབ་　　“말에서 떨어지다.”

བྲག་ལ་འབབ་　　“바위에서 뛰어내리다.”

ལུས་ལ་ཁྲག་འབྱིན་པ་　　“몸에서 피를 뽑다.”

그렇지만 번역문헌에서 ལ་의 이런 용례는 자주 나타나지는 않는다. 그래서 티벳역 *Bodhicaryāvatāra*(BCA)에서 산스크리트 탈격이 ལ་를 통해 번역되는 모든 경우가 어려움 없이 설명될 수 있다. 한편에서는 산스크리트에서 탈격의 부사적 사용은 그것이 ལ་와 적절하게 대응하는 한에서 충분하며, 다른 한편으로 몇몇 동사는 항시 처격 조사 ལ་를 요구한다. 유일한 예외는 BCA VI.7ab이다. མི་འདོད་བྱས་དང་འདོད་པ་ཡི།　གེགས་བྱས་པ་ལ་འབྱུང་གྱུར་པ། skt. *aniṣṭakaraṇājjātam iṣṭasya ca vighātanāt.* 여기서 འབྱུང་བ་는 탈격과 구문을 이루기 때문에 ལ་는 ལས་의 오류일 것이다.

ལ་의 기능이 독립된 문장에서 다의적일 수 있기 때문에 문맥에 따라 어떤 것이 타당할지가 결정되어야 한다. 티벳인 문법학자들도 다음 문장을 ལ་조사의 상이한 해석 가능성의 예로서 제시함으로써 이미 이런 사실을 보여주고 있다.

ཞིང་ལ་ཆུ་འདྲེན་ནོ་ 이 문장은 두 가지 번역이 가능하다.

(1) 물을 밭으로 끌어온다. (방향을 나타내는 처격, 티벳문법용어 གནས་གཞི་)

(2) 물을 밭에 끌어온다. (이익과 손해를나타내는 처격, 티벳문법용어 དགོས་ཆེད་)

11.10 존칭과 겸양

고전티벳어에는 상이한 사회적 위치에 따라 자신과 상대방을 부르는 평칭과 존칭, 겸칭의 세 개의 어법이 있다.

a) 평칭이란 동등한 지위를 가진 사람들 사이의 호칭이다.

b) 존칭이란 높은 지위의 사람과 말할 때나 그들에 대해 말할 때 사용된다.

c) 겸칭이란 높은 상대방과 이야기할 때 스스로를 낮추어 부르는 어법이다.

위에서 말한 어법들 간의 차이는 주로 어휘에서 나타난다. 원칙적으로 각각의 명사와 동사에는 일상적 형태와 존경을 나타내는 형태의 두 개의 상이한 형태가 있는데, 이것들은 상황에 맞게 사용되어야 한다. 1인칭 인칭대명사와 몇몇 동사 및 명사에는 추가적으로 겸양을 나타내는 형태가 있다.

예시:

평칭	존칭	겸칭	의미
ཕ་	ཡབ་		아버지
མ་	ཡུམ་		어머니
བུ་	སྲས་		아들
ལུས་	སྐུ་		몸, 신체
མགོ་	དབུ་		머리
ལག་པ་	ཕྱག་		손

평상칭	존칭	겸칭	의미
ཡིད	ཐུགས་		마음
གཏམ་	བཀའ་		말
ང་		བདག་	나
ཁྱོད་	ཁྱེད་		너
ཡིན་པ་	ལགས་པ་	ལགས་པ་	이다
ཡོད་པ་	མངའ་བ་	མཆིས་པ་	있다
འདུག་པ་	བཞུགས་པ་	གདའ་བ་	머물다
བྱེད་པ་	མཛད་པ་	བགྱིད་པ་	하다, 만들다

명사에 자체적인 존칭어가 없으면 그 단어 앞에 다른 존칭어를 놓는 방식으로 그 관계를 표시한다.

평상칭	존칭	의미
སྐྲ་	དབུ་སྐྲ་	머리털
འཁར་བ་	ཕྱག་འཁར་	지팡이
ཚེ་	སྐུ་ཚེ་	수명

동사에 자체적인 존칭형이나 겸칭이 없으면 그 단어에 부가어적 형태로 མཛད་པ་ 또는 བགྱིད་པ་를 붙인다.[3]

평상칭	존칭	의미
ཐར་བ་	ཐར་བར་མཛད་པ་	벗어나다, 해탈하다

또 다른 방식은 존칭어로부터 복합어 표현을 통해 만드는 것이다. 예를 들어 སྨྲ་བ་ "말하다"

3 이에 대해서는 16.4.a를 참조하라.

의 존칭어를 བཀའ་སྩལ་བ་ “말씀을 하시다”로 표현하는 방식이다.

마지막으로 명사 경우에서처럼 명사적인 유(類) 개념을 동사 앞에 놓는 방식도 있다. 예를 들어 བརྩེ་བ་ “좋아하다”를 ཐུགས་བརྩེ་བ་ “마음에서 좋아하다.”로 표현하는 방식이다. 선행하는 명사는 구문론적으로 관계의 목적어로, 즉 “마음과 관련하여 좋아하다.”로 해석될 수 있다.

예문:

རྒྱལ་པོ་དེ་ལ་སྲས་གསུམ་མངའོ་ “저 왕에게 세 아들이 계시다.”

རྒྱལ་པོའི་སྲས་ཡབ་དང་ཡུམ་དང་ལྷན་ཅིག་ཏུ་ཕོ་བྲང་གི་ནང་ན་བཞུགས་སོ་

“왕자께서는 아버님과 어머님과 함께 궁 안에서 지내셨다.”

존칭과 겸칭을 나타내는 동사어간 ལགས་은 존칭어로서 호격 뒤에 존칭 조사로서도 사용된다.

སྤུན་ཟླ་ལགས་ “(존경하는) 형제여!”

비슷한 방식으로 수사 གཅིག་(“하나”)이 사용된다. 그것은 약간 강한 호격적 기능을 가진다.

ཡབ་གཅིག་ “(존경하는) 아버지시여!”

ལྷ་གཅིག་ “(존경하는) 지배자여!”

어휘상 차이 외에 표현도 바꿀 수 있다. 위에서 제시한 “말하다”의 존칭이 이에 해당될 것이다. 그렇지만 이런 세련된 어법은 오늘날의 어법과 비교해서 사회적으로 상층부에 있거나 교육받은 학승에 의해서만 드물게 사용될 뿐이다.

제11과 연습문제

다음의 티벳어 문장을 번역하시오.

༡ མག་པ་བག་མ་མཛེས་པ་དང་རིན་ཆེན་མང་པོ་དང་བཅས་པ་གཡོས་པོའི་ཁྱིམ་གྱི་ནང་ན་འདུག་གོ།

༢ རྒྱ་མཚོ་ཆེན་པོ་ཆུ་བོ་རྣམས་ཀྱི་བདེར་ཡིན་པའི་ཕྱིར་ཆུ་བོ་ཐམས་ཅད་དེ་ན་འབབ་བོ།

༣ ཕྱོགས་གཡས་ན་བསྐྱུར་བས་ཕྱོགས་གཡོན་ན་གནས་པའི་དགྲ་བོ་རལ་གྲི་ཆེན་པོ་དང་ལྡན་པ་མཐོང་ངོ།

༤ བྲམ་ཟེ་དེས་བགོ་བ་དང་བཟའ་བ་མེད་པའི་བུད་མེད་ཚལ་འདི་ན་མི་མང་པོ་དང་ལྷན་ཅིག་ཏུ་འབད་པ་ཆེན་པོས་བཙལ་ཀྱང་དེ་ཞག་གསུམ་པ་འབབ་ཞིག་ན་བརྙེས་སོ།

༥ རྒྱལ་པོ་ཆེན་པོ་བཙུན་མོ་དང་བུ་མོ་མཛེས་པ་དང་བུ་ཕོ་དཔའ་བོ་རྣམས་དང་ལྡན་པས་ཡུལ་གྱི་མི་ཐམས་ཅད་ཀྱིས་རྒྱལ་པོ་དེ་སྐལ་བ་བཟང་པོའོ་ཞེས་པས་དེ་བསྟོད་དོ།

༦ འདི་ནི་དཔའ་བོའི་སྤྱོད་ཚུལ་མིན་ནོ་ཞེས་སྨྲས་པ་དང་མི་ཐམས་ཅད་ཀྱིས་བརྐུས་པ་མཆོག་གིས་སྤར་མའི་དམག་མིའི་ཁྱིམ་སྤྲངས་སོ།

༧ བཙུན་མོས་རྨི་ལམ་ན་ཕྱུག་རོན་བུ་ཕོའི་བླ་ཁྲས་བསད་པ་ཐམས་ཅད་ཀྱིས་བརྐུས་པས་དོགས་པ་ཆེན་པོ་བྱུང་ངོ།

༨ མཁས་པ་ཡོན་ཏན་ཆེན་པོ་ཟབ་པོའི་རིག་པ་ཅན་ནོར་དང་འབྲལ་ཡང་མི་དེའི་ཡོན་ཏན་རྣམས་ཤེས་པ་རྣམས་ཀྱིས་གུས་པ་ཆེན་པོས་མཆོད་དོ།

༡༠ ཡུལ་ཀུན་གྱི་མི་བཟང་པོ་རྣམས་འདུ་ཡང་ཡུལ་གཅིག་གི་མི་ངན་པ་རྣམས་ཀྱིས་དེ་རྣམས་འཇོམས་སོ།

༡༡ བླ་མ་མེད་པ་ཡི་གེ་རྣམས་མི་སློབ་བོ།

༡༢ ཤིང་མེད་པའི་ཚལ་ཡང་མེད། ཤེས་རབ་མེད་པའི་མཁས་པ་ཡང་མེད་དོ།

༡༣ རྗེའི་ཁྱིམ་གྱི་ནང་ན་ལེགས་པར་གནས་སོ།

༡༤ བསླབ་པའི་དུས་ན་ལས་གཞན་མི་བྱའོ།

༡༥ སྔོན་གྱི་དུས་ན་བཅོམ་ལྡན་འདས་རྒྱ་གར་ན་བཞུགས་སོ།

༡༦ སེམས་ཅན་གྱི་དོན་མཛད་པའི་བཅོམ་ལྡན་འདས་བསམ་གྱིས་མི་ཁྱབ་བོ།

༡༧ ཞག་གསུམ་པའི་ཉིན་གུང་ལ་བདག་གཉེན་རྣམས་དང་འགྲོགས་ཤིང་གི་དྲུང་ན་འདུག་པས་བུ་གཞོན་ནུ་ཞིག་ལ་རྒྱལ་

པོའི་ཕོ་བྲང་ག་ལ་རེད་ཅེས་སྨྲས་པ་དང་དེས་ནི་རྒྱལ་པོའི་ཕོ་བྲང་ག་ལ་ཡོད་པ་ (ག་ལ་བ་)ང་ཚོ་ལ་བསྟན་ཏོ།[4]

༡༨ བཅོམ་ལྡན་འདས་ཀྱིས་ཆོས་ཀྲུན་གཉིས་ཀྱི་མ་ཀྲན་མོའི་གཏམ་འདི་གསན་པ་དང་དེ་བཞིན་གཤེགས་པའི་ཐུགས་རྗེ་ཆེན་པོས་དེ་དག་ལ་ཐུགས་བརྩེ་བར་དགོངས་ཏེ།[5] དེ་དག་གི་སྲོག་བསྐྱབ་པའི་སླད་དུ་བཅོམ་ལྡན་འདས་ཀྱིས་ཀུན་དགའ་བོ་ལ་འདི་སྐད་ཅེས་བཀའ་སྩལ་ཏོ།།

༡༩ ཀྱེ་སྐལ་བ་ངན་པ་དཔྱལ་གྱི་ཆེད་དུ་མི་གསུམ་པོ་འདི་ཁྱོད་ཀྱིས་བསད་དོ།

༢༠ བོད་ཡུལ་གྱི་མཁས་པ་རྣམས་རྒྱ་གར་ན་བཞུགས་པའི་བཅོམ་ལྡན་འདས་དེ་བཞིན་གཤེགས་པའི་བསྟན་པའི་རིན་ཆེན་ལ་སློབ་ཞེས་བདག་གིས་ཉན་ཏོ།

༢༡ མི་བཟང་པོ་གཞན་གྱི་དོན་བྱེད་པ་ཡོན་ཏན་བསམ་གྱིས་མི་ཁྱབ་པ་དེ་འཆི་བའི་ཚེ་ན་བློ་ངན་པ་ཡོན་ཏན་མེད་པ་འབའ་ཞིག་རྣམས་ཀྱིས་དེ་ལ་སྨྲོ་བ་སྐྱེད་དོ།

༢༢ བཅོམ་ལྡན་འདས་ཀྱིས་བྲམ་ཟེ་དེའི་བསམ་པ་ཐུགས་ཀྱིས་མཁྱེན་པ་དང་དེ་ལ་ལས་མི་དགེ་རྣམས་སྤོངས་ཤིག་ཅེས་བཀའ་སྩལ་ཏོ།

༢༣ ང་ནི་ཆེ་ཆུང་གི་ཚད་ལ་མི་འདི་དང་འདྲ་ཡང་སྟོབས་ཀྱིས་མི་ཐུབ་བོ།

༢༤ ཚིག་སྔན་པ་འདི་ཉོན་ལ་དེའི་དོན་ཡིད་ལ་ཟུངས་ཤིག།[6]

༢༥ རྒྱལ་པོས་ཆོས་ཀྲུན་འདིའི་ལག་པ་གཡས་པ་དང་རྐང་པ་གཡོན་པ་ཆོད་ཅིག་ཅེས་བཀའ་སྩལ་པ་དང་ཆོས་ཀྲུན་གྱིས་ལྷ་ལགས། བདག་ནི་ཆད་པ་འདིས་ངེས་པར་འཆི་བས་རིགས་ངན་གྱིས་བདག་གི་མགོ་ཆོད་ཅིག་ཅེས་སྨྲས་པ་དང་། རྒྱལ་པོས་འོ་ན་འདི་ནི་དཔའ་བོའི་གཏམ་ཡིན་པས་མཐེ་བོ་འབའ་ཞིག་ཆོད་ཅིག་ཅེས་བཀའ་སྩལ་ཏོ།།

༢༦ ལྷད་མོ་གསར་པ་བལྟ་བ་ལ་འོངས་པའི་སྐྱེ་བོ་རྣམས་ཉིན་གུང་ལ་ཆུ་བོའི་ཕ་རོལ་ན་འདུག་པ་དང་ཟན་ཟོས་སོ།

---

4 동사어간 འགྲོགས་ 은 어떤 조사도 갖지 않고 이어지는 འདུག་ 에 덧붙여져 있다. 이렇게 병렬하는 방식에 대해서는 6.5.c를 참조하라. 괄호 안의 ག་ལ་བ་는 ག་ལ་ཡོད་པ་의 대안이다.

5 반종지형 조사 ཏེ는 동사어간 དགོངས་과 སྩལ་을 서로 연결시킨다. 이 문장에서 이 조사는 세미콜론처럼 느슨하게 이어주는 기능을 한다.

6 첫 번째 나오는 처격 조사 ལ་는 여기서 두 개의 명령형을 연결시키고 있다(14.5 참조).

제11과 단어 해설

ཀུན་དགའ་བོ་	고유명사. skt. Ānanda
བཀའ་	(존칭) 말씀
སྐལ་བ་	운명
སྐྱེད་པ་	생산하다, 산출하다, 낳다
PF བསྐྱེད་	
བསྐྱེད་	s. སྐྱེད་པ་
ཁྱབ་པ་	변재하다, 관통하다
ཁྲ་	(동물) 매
མཁའ་	하늘
མཁྱེན་པ་	(존칭) 알다
འཁུར་བ་	운반하다, 가지고 가다
PFI ཁུར་	
གུང་	중앙, 중간, 가운데
དགོངས་ཏེ་	생각하고
དགོངས་པ་	(존칭) (~를) 생각하다
མགོ་	머리
རྒྱུ་	원인
སྒྱུར་བ་	바꾸다; 변화하다
PF བསྒྱུར་	
བསྒྱུར་	s. སྒྱུར་བ་
ངེས་པར་	확실히, 틀림없이
མངའ་བ་	(존칭) 계시다
སྔ་	이전, 예전
གཅིག་ཏུ་	처음에
གཅིག་པ་	유일한(또는 གཅིག་པུ)
ཆད་པ་	처벌
ཆེ་ཆུང་	크기, 치수
ཆེད་དུ་	(소유격과 함께) ~ 때문에, ~ 위하여
ཆོས་	법(法, 특히 불교에서)
འཇུག་པ་	(ལ་와 함께) ~에 들어가다
ཉིན་	낮
ཉིན་གུང་	정오
གཉིས་སུ་	두 번째로
སྙན་པ་	조화로운, 감미로운
བརྙས་པ་	경멸, 멸시
གཏེར་	창고, 곳간
ལྟ་བ་	보다
P བལྟས་ F བལྟ་ I ལྟོས་	
ལྟད་མོ་	광경, 연극
སྟག་མོ་	암호랑이
བལྟ་	s. ལྟ་བ་

བསྟན་པ་	교설, 가르침
ཐུགས་	(존칭) 마음
ཐུགས་བརྗེ་བ་	(존칭) 연민
ཐུགས་བརྗེ་བར་	자비롭게(Adv.)
མཐེ་བོ་	엄지손가락
དེ་བཞིན(དུ)	그와 같이
དེ་བཞིན་གཤེགས་པ་	‘여래’ 붓다의 별칭; skt. *Tathāgata*
དོན་	목적, 의미, 이익
དྲུང་	인접, 임박, 근처
འདུ་བ་	모이다, 회합하다
p འདུས་	
འདུག་པ་	앉다, 머무르다
འདྲེན་པ་	끌다, 끌어당기다
P དྲངས་ F དྲང་ I དྲོངས་	
རྡེབ་པ་	내던지다, 절하다
P བརྡབས་ F བརྡབ་ I རྡོབས་	
རྡོ་	= རྡོ་བ་ (9)
ནང་	안, 내부
ནམ་མཁའ་	하늘, 허공
གནམ་	하늘, 허공
གནས་	장소
གནས་ལུགས་	구조, 배열
རྣམ་པ་	종류, 부류
སྣ་ཚོགས་	다양한
སྤྲོ་བ་	(ལ་와) ~에 대해 기뻐하다.
ཕ་རོལ་	건너편, 피안(彼岸)
ཕུག་རོན་	비둘기
ཕྱོགས་	측면, 쪽
ཕྲག་པ་	어깨
འཕོག་པ་	치다, 해치다
PFI ཕོག་	
བར་	간격, 사이
འབད་པ་	노력하다, 노고, 수고
I འབོད་	
འབའ་ཞིག་	단지, 다만, 겨우
རྨི་བ་	꿈꾸다
PI རྨིས་	
རྨི་ལམ་	꿈
སྨིན་པ་	익은, 성숙한
ཚད་	양, 치수
ཚལ་	숲, 사냥터, 정원
བཞུགས་པ་	(존칭) 앉다, 머무르다
འདི་	이것
འདི་ན་	지금, 이제
ཡབ་	(존칭) 아버지
ཡིད་	마음
ཡིད་ལ་བྱེད་པ་	작의하다, 집중하다

ཡུམ་ (존칭) 어머니

གཡས་ 오른쪽

གཡོན་ 왼쪽

གཡོས་པོ་ 시아버지, 장인

རེད་པ་ ~이다(= ཡིན་པ་)

རོལ་ 면, 측면,

ལག་པ་ 손

ལམ་ 길, 수행도

ལུགས་ 방법, 방식

ལུས་ 신체, 몸

ལོ་ཏོག་ 수확

ཤ་ 살, 육신

ས་ 흙, 땅

སེམས་ཅན་ཆེན་པོ་ 고유명사. skt. Mahāsattva

སྲས་ (존칭.) 아들

སྲོག་ 목숨

སླད་དུ་ (존칭) ~ 때문에, ~을 위하여 (소유격과 함께)

གསན་པ་ (존칭) 듣다

གསར་པ་ 새로운, 신선한

བསམ་ = བསམ་པ་(7)

བསམ་གྱིས་མི་ཁྱབ་པ་ 불가사의한 ('생각으로써 꿰뚫을 수 없는')

제12과

12.1 탈격 조사 ནས་와 ལས་

처격 조사에서처럼 티벳어는 탈격을 나타내기 위해 ནས་와 ལས་의 두 개의 격조사를 사용한다. 그것들은 두 처격 조사와 형태적으로 주목할 만큼 유사하지만 여기서는 그것들의 기원과 의미에 대해 논하지는 않을 것이다. 두 처격 조사 ནས་와 ལས་가 기능상 달리 사용되는 것처럼 두 개의 탈격 조사도 다른 기능을 가진다. 그러나 ནས་와 ལས་는 (i) 거의 비슷한 양으로 기능이 배분되어 있고, (ii) 각각에게 고유한 기능이 ན་와 ལ་의 경우에서처럼 그렇게 이질적이지 않고 탈격의 기본적 의미로 환원되며, (iii) 각자의 특별한 기능 외에 양자에 공통된 많은 기능이 있다. (ii-iii)에서 언급했던 이유 때문에 처격 조사와 유비하여 좁은 의미와 넓은 의미의 탈격 조사로 나눌 수는 없지만 ནས་에 특별한 기능을 탈격 조사 I, ལས་에 특별한 기능을 탈격 조사 II로 압축하여 설명할 것이다.

탈격의 기본적 의미는 동사의 행동이 시작되는 장소나 시간, 사람, 사태를 나타낸다고 정의할 수 있다.

12.2 탈격 조사 ནས་(탈격 I)

a) 구분적 탈격

이것은 하나의 전체로부터 나오는 하나 또는 여러 요소를 나타낸다. 이 탈격은 거의 모든 경우에 후치사 ནང་(“안, 내부”)과 함께 사용된다.

སྐྱེ་བོའི་ནང་ནས་བློ་ལྡན་རྣམས་ “사람들 중에서 사려를 가진 자”

Marcelle Lalou, *Manuel élémentaire de tibétain classique*(Paris 1950, p.17)는 བཟོ་མཁན་ལས་གཅིག་의 예문을 통해 ནང་ 없이, 또 ནས་ 대신에 ལས་를 사용하는 용례를 보여준다. 구분을 나타내는 탈격에서 ལས를 사용하는 것은 དགར་མཐུན་པ་ “같은 종류의 것의 배제”와 མི་མཐུན་དགར་བ་ “다른 종류의 것의 배제”라는 두 처격 조사에 관한 많은 티벳 문법서에 등장하는 규칙과 어긋난다.

b) 시간적 탈격

그 기능은 그때부터 동사행동이 수행되는 시점을 가리킨다.

ཞག་གསུམ(པ)ནས་འཆི་བར་འགྱུར་རོ། “3일 후에 [그는] 죽을 것이다.”[1]

시점은 일반적으로 제시될 수 있다.

ཡུན་རིང་པོ་ནས་ “오래전부터”

ཆུང་ངུ་ནས་ “아이 때부터”

ནས་ + བཟུང་སྟེ་를 사용하여 “~부터”의 의미를 표현하기도 한다(17.6 참조).

1 부차적 미래에 대해서는 16.3 참조.

དེའི་ནུབ་མོ་ནས་བཟུང་སྟེ་	"그 밤부터"

c) 양태적 탈격

이것은 어떤 동사행동이 수행되는 방식을 나타낸다. 여기서 (출발점으로서의) 탈격의 기본적 의미가 명백히 드러난다. 대부분 어떤 구체적 출발점이 기술되는 것이 아니라 탈격 속에 있는 개념이 일반적 또는 비유적 의미에서 이해될 수 있다.[2]

ཀུན་ནས་	"모든 [면]에서, 매우"
སོ་སོ་ནས་	"특별히, 개별적으로"
སྙིང་ནས་	"마음으로부터, 진실로"
རྩ(ད་)ནས་	"뿌리에서부터, 근본적으로"
འབད་ནས་	"수고스럽게"

d) 시간적 경과를 나타내는 탈격

시간이나 공간적 출발점 또는 추상적 연속개념의 출발점이나 그것의 종착점이 주어졌을 때, [출발점을 나타내기 위해] 대부분 탈격 조사 ནས་를 사용한다.[3] 이때 종착점은 བར་དུ་ ("~까지")를 통해 나타낸다.

གཅིག་ནས་བརྒྱའི་བར་དུ་	"1부터 100까지"
སྐྱེ་བ་ནས་འཆི་བའི་བར་དུ་	"출생에서 죽음까지"

---

2 매우 드문 경우에만 양태적 탈격은 ལས를 갖고 만든다. ཚད་ལས་དགོག་པ་ "양에 따른 크기"

3 티벳인 문법학자들은 이점에 대해 일치하지는 않는다.

e) 후치사, 부사와 함께 쓰이는 탈격

ནས་를 갖고 후치사의 어간으로부터 시간이나 장소 내지 양태적 의미를 갖는 일련의 후치사가 형성된다(12.2.b와 c, 12.4.k 참조).

ནང་ནས་	"안으로부터"
སྟེང་ནས་	"위로부터"
ཕྱི་ནས་	"미래로부터, 뒤로부터"
སྒོ་ནས་	"~에 의해"[4]
དེ་ནས་	"그 후에"

12.3 탈격 조사 ལས་(탈격 II)

f) 비교의 탈격

이 기능은 그것으로부터 차이가 측정되는 지점을 나타낸다.

རྟ་ལས་ཁྱི་ཆུང་བ་ཡིན་	"말보다 개가 작다."
ཁྱི་ལས་རྟ་མགྱོགས་པོར་རྒྱུག་གོ་	"개보다 말이 빨리 달린다."

비교의 탈격에서 ལས를 "~보다"로 번역할 수 있으며, 관련된 형용사나 부사의 비교급을 이룬다.[5]

이런 기계적인 번역규칙이 ལས་+형용사의 순서에서 고유한 강화형을 보여준다고 해석할 필요는 없다. 왜냐

4 여기서 སྒོ("문")의 기본의미를 넘어 의미의 확대와 전의가 보인다.

5 비교형 조사 པས에 대해서는 18.14 참조.

하면 티벳어의 관점에서 볼 때 여기서는 단지 특별한 양태적 형태가 있을 뿐이기 때문이다. 즉, 형용사와 부사는 어떤 방식으로 한정된 것이다. 영어의 비교급이나 최상급에 상응하는 형용사와 부사의 의미의 강화는 티벳어에서 "더욱"이나 "최고의"라는 의미를 가진 부사를 선치함에 의해 만들어진다.

이하의 다른 관용적 표현도 ལས་를 사용해 표현한다.

ཆོས་ལས་བཟང་པ་མེད་དོ་ "법보다 아름다운 것은 없다."

ཚལ་གྱི་ནང་ན་དགོན་པ་རྒན་པོ་གཅིག་ལས་མི་འདུག་གོ་ "숲의 안에 한 늙은 은자 이외에는 없다."

(영어의 비교급에 해당되는) 첫 번째 강조의 단계를 표현하는 부사는 ལྷག་པར་이다. (최상급에 해당되는) 두 번째 강조의 단계를 나타내는 것은 ཤིན་ཏུ་("매우"), རབ་ཏུ་("최고로"), 또는 ཧ་ཅང་("특별히")를 덧붙여 나타낸다. ཤིན་ཏུ་의 고어체인 ཏེ་པོར་는 드물게 사용된다.

g) 분리의 탈격

분리하다, 떨어지다 등의 의미를 가진 동사는 탈격과 함께 사용된다.

དགྲ་ལས་སྐྱོབ་པ་ "적으로부터 보호함"

ནད་ལས་འགྲོལ་བ་ "병으로부터 벗어남"

ཉེས་པ་ཀུན་ལས་ཐར་པ་ "모든 악행으로부터 해탈함"

ཉོན་མོངས་ཀྱི་མཚོན་ལས་འཛུར་བ་ "번뇌의 창으로부터 보호됨"

h) 동사형태의 명사와 함께 사용하는 경우

동사형태의 명사에는 다만 ལས་가 올 수 있는 반면, 동사어간에는 항시 ནས་가 뒤따른다.[6] 이 경우 ལས་는 시간적 기능을 나타내지만, 이 기능은 원래는 ནས་에 고유한 것이다(12.2.b 참조). ལས་는 선행성이나 동시성을 표현할 수 있다. 이 경우 선행하는 (과거형 혹은 현재형의) 동사어간이나 또는 어간의 시제를 구분할 수 없는 경우 문맥에 따라 과거나 현재가 결정된다.

དེ་དག་འདོང་བ་ལས་ "그들이 나아갔을 때"

---

6 14.6 참조.

(བུ་གཉིས་)རིགས་ངན་སྒྲོག་སྟེ་གསོད་པའི་གནས་སུ་ཁྲིད་པ་ལས། བཅོམ་ལྡན་འདས་རྒྱང་མ་ནས་གཤེགས་པ་རྐན་མོ་མ་སྐད་གསུམ་གྱིས་མཐོང་ངོ་།།

"망나니를 부르고 [두 아들이] 처형장으로 끌려갔을 때, 멀리서 오고 계신 세존을 엄마와 아들 세 명은 보았다."[7]

동사형태의 명사와 결합하여 ལས་ 가 원인의 의미로 사용되는 경우는 드물다.

དགྲ་བོ་འོང་བ་མཐོང་བ་ལས་མི་ཐམས་ཅད་འབྲོས་སོ་

"오고 있는 적을 보았기 때문에 (또는: 보았을 때) 모든 사람들은 도주했다."

이런 많은 구문구성에서 시간적이고 인과적 측면은 매우 밀접히 연관되어 있기에 이들 중 어느 하나로 분명히 귀속시키기는 어려울 것이다.

분명한 인과적 관계는 예를 들어 산스크리트 °*tvena* – 추상명사를 나타내는 어미 °*tva* –의 도구격)의 번역어에서 보이는데, 그 기능은 인과적 부문장을 명사적으로 표현하는 것이다. 예컨대 Bodhicaryāvatāra 6.18b를 보라.

སྡར་མའི་ཚུལ་ལས་བྱུར་པ་ཡིན། "비겁자의 행동 때문에 일어났다." (skt. *kātaratvena cāgatam*)

i) 동사와 함께 사용되는 ལས་

목적격으로 ལས་를 요구하는 일련의 동사가 있다.

ཀུན་ལས་རྒྱལ་བ་	"모든 사람에 대해 승리함"
སྡུག་བསྔལ་གྱི་རྒྱ་མཚོ་ལས་སྒྲོལ་བ་	"고통의 바다로부터 구제됨"
སྡིག་པ་ལས་འདའ་བ་	"죄로부터 넘어섬"

7 གནས་སུ는 방향을 나타내는 향격이다.

거의 모든 경우에 탈격 조사는 이 과에서 다루어진 범주에 의해 설명될 수 있다. 그때 우리는 비록 확실히 인식할 수 없다고 해도 동사의 기본의미로 소급해야 한다. 첫 번째 예문의 경우 비교의 탈격이 사용되었다. 두 번째 예의 경우 동사의 기본의미는 "~로부터 벗어나다"이며, 세 번째 예에서 동사의 기본의미는 "~로부터 넘어서다"로서, 양자 모두 분리를 나타내는 탈격이다.

12.4 ནས་와 ལས་의 공통기능

k) 장소를 지시하는 기능

장소를 나타내는 기능은 동사행동이 수행되기 시작하는 장소를 나타낸다.

བླ་མའི་ཞལ་ནས་ལེགས་བཤད་བྱུང་ངོ་	"스승의 입에서 좋은 설명이 나왔다."
ཤར་ནས་ཉི་མ་འཆར་རོ་	"동쪽에서 해가 떴다."
མི་དེ་རྟ་ལས་ལྷུང་ངོ་	"저 사람이 말에서 떨어지다."

장소의 탈격은 "잡다"는 의미를 가진 몇몇 동사에서 어디에서 대상을 잡는가를 보여준다.

ལག་པ་ནས་འཛིན་པ་	"손에서 잡다"

l) 유래, 출처를 나타내는 기능

유래를 나타내는 탈격은 그것과 지속적으로 관계 맺는 사람의 유래나 어떤 사태의 원천을 나타낸다. 이런 탈격은 대부분 직접적으로, 즉 중간에 삽입된 동사형태 없이 뒤따르는 명사와 관련된다.

བྲམ་ཟེའི་རིགས་ལས་མི་དེ་རྣམས་	"바라문 가문 출신"
བཅོམ་ལྡན་འདས་ལས་ཆོས་	"세존으로부터의 가르침(法)"
འདུལ་བ་ལས་	"율(vinaya)에서"
ལྷ་ས་ནས་མི་དེ་རྣམས་	"라사(Lhasa) 출신의 그 사람들"

m) 소재(재료)를 나타내는 탈격

소재를 나타내는 탈격은 그것으로부터 대상이 구성되거나 만들어지는 재료나 소재를 나타낸다.

པ་གུ་ནས་	"벽돌로 (만들어진)"
རི་བོང་རྭ་རྣམས་ལས་སྐས་ནི་ལེགས་པར་བྱས་པ་	"토끼뿔로 잘 만들어진 사다리"[8]

n) 이유를 나타내는 탈격

이유를 나타내는 탈격은 뒤따르는 동사행동의 이유를 보여준다.

སྐོམ་ནས་འཆི་བ་	"갈증 때문에 죽음"
བུང་བས་ནི་མེ་ཏོག་དྲི་ལས་ཤེས་སོ་	"벌은 꽃을 향기 때문에 알아차린다."

o) 수단을 나타내는 탈격

수단을 나타내는 탈격 조사는 드물게 사용된다.

དུང་ནས་བཤད་པ་	"조개껍데기를 갖고 설함"

---

8 수식어들이 수식되는 단어 སྐས་를 앞뒤로 둘러치는 형태인 zirkumposition에 대해서는 14.8.c를 참조.

반면 소유격 조사를 지배하는 후치사 སྒོ་ནས་ ("~의 도움으로, ~를 통해서")를 사용하여 (12.2.e 참조) 수단을 표현한다.

ཐབས་དུ་མའི་སྒོ་ནས་ "많은 수단을 통해서"

ལུས་ངག་ཡིད་ཀྱི་སྒོ་ནས་དགེ་བ་ལ་བརྩོན་པ་

"몸과 말과 마음을 통해서(身口意를 통해서) 선을 향해 노력함"

skt. -*dvārāt*의 번역어로서 སྒོ་ནས་는 때로 인과적 의미로 사용될 수 있다.
སྙིང་རྗེ་ཆེན་པོའི་སྒོ་ནས་ "대비 때문에" (skt. *mahākaruṇādvārāt*)

12.5 인칭대명사

티벳어 문어체는 단순한, 즉 혼합되지 않은 인칭대명사의 형태를 갖고 있다.

a) 1인칭 대명사

ང་, ངེད་, བདག་, ཁོ་བོ་, ཁོ་མོ་, ངོས་, དངོས་, རང་, ངེའུ་ཅག་, ཨུ་ཅག་, ཨུ་བུ་ཅག་, འོ་སྐོལ་

b) 2인칭 대명사

ཁྱོད་, ཁྱེད་

c) 3인칭 대명사

ཁོ་, ཁོང་, ཁོ་པ་, ཁོ་མ་

이들 중에서 가장 흔히 사용되는 것은 다음과 같다.

인칭	겸칭	평칭	존칭	복수
1.	བདག་	ང་	–	ངེད་
2.	–	ཁྱེད་	ཁྱེད་	ཁྱེད་
3.	–	ཁོ་	ཁོང་	–

(11.10에서 다룬) 겸칭과 존칭의 정의에서 제시되었듯이 1인칭에는 단지 겸칭이, 2인칭과 3인칭에는 존칭만이 있다.

ངེད་는 ཁྱེད་처럼 단수의 의미를 가질 수 있다. 이 경우 그것은 겸칭으로서 사용되는 것이다.[9] 3인칭 복수에는 어떤 고유한 형태도 없다.[10]

1인칭과 3인칭 단수에 대명사어간 ཁོ་에서 파생된 특별한 형태가 있다. 이 형태는 화자나 상대자의 성을 고려하여 만들어진 것으로 명사형 조사의 도움으로 형성된다.

인칭	남성형	여성형
1.	ཁོ་བོ་	ཁོ་མོ་
3.	ཁོ་པ་	ཁོ་མ་

나머지 드물게 사용되는 형태에는 다음과 같은 것들이 있는데, ངོས와 དངོས는 대명사어간 ངོ("얼굴, 자신")에서 만들어진 것이다. 그것들은 특히 서간문에서 보통 겸칭으로 사용된다.

རང་은 "스스로"를 뜻하며 ངརང་ "나 자신"이나 ཁྱེད་རང་ "나 자신", ཁོ་རང་의 축약형으로 사용될 수 있다.

ངེའུ་ཅག་, ཕུ་ཅག་, ཕུ་བུ་ཅག་, འོ་སྐོལ་은 복수형이며, 그것들의 단수형은 문헌에 매우 드물게만 나타난다.[11] ངེའུ་는 ང་에 다한 축소형이며, ཅག་은 인칭대명사를 나타내는 수사에 사용되는 조사이다(7.1.c. 참조).[12]

나머지 세 대명사는 대명사어간 འོ་ 또는 축소형조사 ཕུ་(བུ)로 소급된다. སྐོལ་의 유래와 의미는 불명확하다.

---

9 ངེད་와 ཁྱེད་의 경우, 이들이 ངཉིད와 ཁྱེད་ཉིད་를 다시 표현한 것이라는 가정이 맞다면, 단수적 의미가 일차적이다. ཉིད་에 대해서는 아래 단락을 참조.

10 བདག་이 명사어간 ངན་ "나쁜" (ངན་པ་ 참조)의 축소형태인 ངན་བུ་ "가치 없는 것"을 통해 다시 표현될 수 있다는 사실에 주목하라.

11 ཕུ་བུའི་ཐད་དུ་ "우리를 위해"와 비교할 것.

12 인칭형 ངེའུ་ཅག་은 비록 형태론적으로 설명하기 어렵지는 않더라도 아직 문헌상으로 충분히 확인되지는 않았다.

ཉིད་ "스스로"는 후대 문헌에서 2인칭 단수의 존칭형으로 사용된다.

인칭대명사 복수는 독립형 ངེད་와 ཁྱེད་가 사용되지 않는 한에서 7.1에서 다룬 복수조사의 도움으로 형성된다. 인칭대명사 대신에 조사 ཅག་, དག་, རྣམས་, ཚོ་가 사용될 수 있다.

ཁོང་ཅག་ 또는 ཁོང་རྣམས་	"그대들은" (존칭)
ངེད་དག་	"저희들" (겸양)
ཁྱེད་རྣམས་	"당신들은" (존칭)
ང་ཚོ་	"우리들은"

3인칭 대명사들은 빈번히 지시대명사 དེ་와 འདི་로 대체된다. 6.2 참조.

12.6 인칭대명사의 복합어 형태

거의 모든 인칭대명사에 ཉིད་("스스로")와 རང་("스스로")을 붙여 사용할 수 있다.

1. person:	ང་ཉིད་	ངེད་ཉིད་	རང་ཉིད་
2. person:	ཁྱོད་ཉིད་	ཁྱེད་ཉིད་	
3. person:	ཁོ་ཉིད་	ཁོང་ཉིད་	

1. person:	ང་རང་	ངེད་རང་	
2. person:	ཁྱོད་རང་	ཁྱེད་རང་	ཉིད་རང་
3. person:	ཁོ་རང་	ཁོང་རང་	

이를 통해 원래 "나 자신" 등으로 단순히 강조를 나타낸다. 후대 문헌에서 이런 강조된 존

칭은 단순한 존칭 대신에 널리 사용되었다.

인칭대명사는(8.3에서 보듯이) 특히 분리형 조사 ནི་와 함께 사용될 수 있고, 부사 ཁོ་ན་ "바로"[13]를 통해 강조된다.

ངནི་ "나에 대해 말하자면

ངེད་ཁོ་ན་ "바로 우리로서는"

12.7 소유대명사

티벳어에는 소유대명사가 없고, 그 대신 위에서 다룬 인칭대명사의 소유격이 사용된다.

① ངའི་ "나의 것"

② འུ་བུ་ཅག་གི་ "우리의 것"

③ ཁྱོད་ཀྱི་ "너의 것"

④ ཁྱེད་རང་གི་ "그대들의 것"

⑤ ཁོང་རྣམས་ཀྱི་ "그들의 것"

---

13 이 부사어의 대명사 어간에 주의해야 한다.

제12과 연습문제

다음의 티벳어 문장을 번역하시오.

༡ འབྲུག་ལྡིར་བའི་ཚེ་ན་ཁྱིམ་ན་འདུས་པའི་མི་རྣམས་ཀྱི་ནང་ནས་ཕ་རྒན་པོ་འབའ་ཞིག་གློག་རྣམས་ལས་འཇིགས་པ་མེད་པའོ།

༢ བྱང་ཆུབ་སེམས་དཔའ་ཆུང་ངུ་ནས་ཐུགས་རྗེ་ཆེན་པོའི་སྐད་དུ་སྐྱེ་བོ་ཐམས་ཅད་ཀྱིས་མཆོད་པ་མི་ངན་པས་བསད་པ་ལས་ཕྱོགས་ཀུན་ནས་མྱ་ངན་བྱེད་པའི་མི་རྣམས་ཉེ་བར་འོངས་སོ།

༣ མི་དེ་ནི་བྲམ་ཟེའི་རིགས་ལས་ཀྱང་ངང་ནས་གདོལ་པ་ཡིན།

༤ ཁྱེད་ནི་ངེད་དག་དང་འགྲོགས་ཀྱང་ངེད་ཀྱི་གྲོགས་པོ་མིན་ནོ།

༥ བཅོམ་ལྡན་འདས་དེ་བཞིན་གཤེགས་པས་ཉོན་མོངས་ཟད་ནས་གཅད་པའི་ཕྱིར་འབད་པ་མཆོག་གིས་བྱང་ཆུབ་ལ་བརྩོན་པར་བྱེད་པ་ལ་དཀའ་ཐུབ་གཞན་པ་ཁ་ཅིག་གིས་དེ་ལ་གད་མོ་དགད་དོ།

༦ ཉེས་པ་ཀུན་ལས་ཐར་བའི་བྲམ་ཟེས་བུ་ཞིག་གིས་བསྟན་པའི་ཤིང་གི་འོག་ན་ཡོད་པའི་བུམ་པ་གསེར་གྱིས་གང་བ་བརྐོས་པ་དང་རྙེད་པ་དེའི་ཕྱེད་ཀས་པ་གུ་ལས་བྱས་པའི་ཁྱིམ་ཉོས་སོ།

༧ རྟ་ལས་རི་དྭགས་མགྱོགས་པོར་རྒྱུག་པའམ་རི་དྭགས་ལས་རྟ་མགྱོགས་པོར་རྒྱུག་པ་ཡིན་པ། དེ་མི་ཤེས་སམ།

༨ མཁས་པ་མཁས་པའི་ནང་ན་མཛེས། བླུན་པོས་མཁས་པ་ཇི་ལྟར་གོ།
ཙན་དན་གསེར་ལས་རིན་ཆེ་བ་བླུན་པོས་སོལ་བ་བྱ་བའི་ཕྱིར་སྲེག་གོ།

༩ དངུལ་ལས་བྱུང་བའི་བདེ་བ་སྐད་ཅིག་མ་ཡིན། ཤེས་རབ་ལས་བྱུང་བའི་བདེ་བ་བརྟན་པ་ཡིན།

༡༠ ལོ་འདི་ན་གྲོང་ཁྱེར་ཆེན་པོའི་ནང་ན་གནས་པའི་ཚོང་པ་རྣམས་ཀྱིས་ཞག་དང་པོ་ནས་ཞག་ཕྱི་མའི་བར་དུ་ཁེ་སྤོགས་ཆེན་པོ་བྱས་པ་དང་སངས་རྒྱས་ཀྱི་མཆོད་རྟེན་གྱི་ཆེད་དུ་དངུལ་མང་པོ་བྱིན་ནོ།

༡༡ རྔོན་པ་དང་ཁྱི་རྣམས་ཀྱིས་བརྔོན་པའི་རི་དྭགས་རང་གི་དགྲ་ལས་འཇིགས་པ་ལས་བྲག་གི་སྟེང་ནས་མཚོའི་ནང་དུ་མཆོངས་པ་དང་འཕྱོ་བར་མ་ནུས་པའི་ཕྱིར་ཤིའོ།[14]

14 འཕྱོ་བར་는 뒤따르는 양태동사 ནུས་པ의 목적격 역할을 하는 동사형태의 명사인 འཕྱོ་བ의 향격이다. 세세한 것에 대해서는 13.5.i 참조.

༡༢ སླས་པ་ལས་གཞན་དུ[15]བྱེད་པ་མི་ངན་པ་རྣམས་ལས་གཞན་གྱིས་མི་བསྐྱོད་དོ།

༡༣ སྐྱེ་བོ་དམ་པས་རང་གི་སྐྱོན་འབའ་ཞིག་ལ་བལྟའོ། སྐྱེ་བོ་ངན་པས་གཞན་གྱི་སྐྱོན་ཙམ་འཚོལ་ལོ།

༡༤ བཅོམ་ལྡན་འདས་སྟོན་པ་གཞན་རྣམས་ལས་མངོན་པར་འཕགས་པ་ནི་རྒྱལ་རིགས་ལས་དང་རྒྱལ་པོའི་བཙུན་མོ་ལས་སྐྱེས་སོ།

༡༥ ལ་ལ་ལ་མི་དགེ་བའི་ལས་ལ་ཆགས་པ་ཡོད། དེ་རྣམས་ཀྱིས་མི་དགེ་བའི་ལས་ལས་གཞན་མི་ཤེས་སོ།

༡༦ བདག་ནི་ཚ་བ་ན་བའི་ཚེ་ནས་ལས་བྱས་པའི་ཟན་ཙམ་ཟོས་པས་ཡུན་ཐུང་བའི་བར་དུ་ནད་གསོས་སོ།

15 གཞན་དུ는 གཞན의 향격이다. 13.5.m참조.

제12과 단어 해설

དཀའ་ཐུབ་པ་	고행자	རྒྱུག་པ་	달리다
རྐོ་བ་	파다, 발굴하다	P བརྒྱུགས་ F བརྒྱུག་ I རྒྱུགས་	
P བརྐོས་ F བརྐོ་ I རྐོས་		སྒོ་	문
སྐས་	사다리	སྒྲོག་པ་	소리치다, 부르다
སྐོམ་	목마름, 갈증	སྒྲོལ་བ་	(ལས་와) 벗어나게 하다
ཁེ་	이익, 이득	PF བསྒྲོལ	
ཁེ་སྤོགས་	이익, 이득	ངག་	말
ཁོ་ན་	단지, 바로	ངང་	본성, 성격
འཁྲིད་པ་	이끌다	མངོན་པར་	명백하게(부사)
P ཁྲིད་		རྔོན་པ་	사냥하다; 사냥꾼
གང་བ་	가득 찬	PF བརྔོན་	
གོ་བ་	이해하다	བསྡལ་བ་	지친
གྲོང་ཁྱེར་	도시	ཆགས་པ་	(ལ་) ~에 대해 열망하다
གློག་	번개	མཆོང་བ་	뛰어오르다
དགོད་པ་	웃다	P མཆོངས་	
PF བགད་		འཆད་པ་	설명하다; 말하다
དགོན་པ་པ་	은자	PF བཤད་ I ཤད་	
མགྱོགས་པོ་	빠른(형용사)	འཇིགས་པ་	(도구격, ལ་, ལས་와) 두려워 하다
མགྱོགས་པོར་	빠르게(부사)		
འགྲོལ་བ་	(ལས་) ~로부터 벗어나다	ཉེ་བར་	~와 이웃하여, 가까이
P གྲོལ་		ཉོན་མོངས་	번뇌 (skt. *kleśa*)
རྒྱལ་རིགས་	끄샤뜨리야, skt. *kṣatriya*	ལྷུང་བ་	떨어지다

P ལྷུང་

སྟེང་ 윗면, 위쪽

སྟོན་པ་ 교주, 스승

བརྟན་པ་ 단단한, 굳건한

ཐབས་ 수단, 방법

ཐར་བ་ (ལས) ~로부터 해방되다, 구제되다

ཐུང་བ་ 짧은

དུ་མ་ 다수의, 무수한

དུང་ 조개, 소라

གདོལ་པ་ 가장 낮은 계급에 속한 자, skt. *caṇḍāla*.

འདའ་བ་ (ལས) ~을 넘어서다

P འདས་

འདུལ་བ་ 계율 skt. *vinaya*

ལྡིར་བ་ 울부짖다, (천둥이) 치다

PF བལྡིར་

སྡུག་བསྔལ་ 고통, 괴로움

སྡུག་པ་ 슬퍼하다, 고통

ན་བ་ 병든, 아픈

ནང་དུ་ (gen.) ~ 안으로

ནས་ 보리, 보리 낟알

ནུས་པ་ 능력이 있는, 할 수 있는

པ་གུ་ 벽돌(또는 ཕ་གུ་)

དཔོག་པ་ 측정하다, 평가하다

P དཔགས་ F དཔག་ I དཔོགས་

ཕྱོགས་ 이익

ཕྱི་ 뒤, 후

ཕྱི་མ་ 뒤에

འཕགས་པ་ 무엇보다 (ལས) 뛰어난, 고귀한

འཕྱོ་བ་ 헤엄치다, 수영하다

P འཕྱོས་

བར་དུ་ (gen.) ~ 이내에; ~까지

བུང་བ་ 벌, 꿀벌

བྱ་ 새

བྲག་ 바위

བློ་ལྡན་ 이해력이 있는, 지자

འབྲུག་ 천둥

འབྲོས་པ་ 달아나다

མེ་ཏོག་ 꽃

མྱ་ངན་ 고통

མྱ་ངན་བྱེད་པ་ 비탄하다

ཙན་དན་ 백단향 나무, skt. *candana*

རྩ་བ་ 뿌리

རྩད་ = རྩ་བ་

ཚ་བ་ 뜨거운; 열

ཚད་ 척도, 크기

ཚོང་པ་ 상인

མཚོན་ 무기

འཛུར་བ་ (ལས་) ~에게 길을 내주다

P བཟུར་ F གཟུར་ I ཟུར་

གཞན་པ་ =གཞན་, 다른

འོག་ 아래, ~의 아래에 있는

རྭ་ 뿔

རི་དྭགས་ 사슴

རི་བོང་ 토끼

ལ་ལ་ 몇몇의

ལེགས་བཤད་ 좋은 말, 격언

ལོ་ 일 년

ཤར་ 동쪽; འཆར་བ་(6)의 P

བཤད་ འཆད་པ་의 PF 및 부차적 형태

སོ་སོ་ (부사) 개별적인

སོལ་བ་ 숯

སྲེག་པ་ 태우다

P བསྲེགས་ F བསྲེག་ I སྲེགས་

ཟླུང་ s. ཟླུང་བ་

/고전 티벳어 문법/

제13과

13.1 향격(Terminativ) 조사

향격 조사의 형태는 바로 선행 단어의 종지음에 의해 결정된다.

향격 조사의 형태		예
ཏུ་	종지음이 ག, བ 또는 ད་དྲག་이 탈락된 단어 뒤에서	མིག་ཏུ་, རྒྱབ་ཏུ་, ཕ་རོལ(ད)་ཏུ་
དུ་	종지음이 ང, ད, ན, མ, ར, ལ인 단어 뒤에서	ནང་དུ་, བོད་དུ་, སྔོན་དུ་, ལམ་དུ་, གསེར་དུ་, ཚལ་དུ་
-ར་	종지음이 모음인 단어 뒤에서, 혹은 마지막 소리 འ를 대체할 경우에	འདིར་, མཐར་
རུ་	운문에서 운율을 맞추기 위해 -ར를 대신해서 쓰임	འདིར་རུ་, མཐའ་རུ་
སུ་	종지음이 ས인 단어 뒤에서	གནས་སུ་

13.2 향격 조사와 처격 조사의 관계

널리 퍼진 티벳 문법의 이해에 따르면 두 개의 처격 조사와 5종의 향격 조사는 매우 유사한 기능을 가진다.[1] 그렇지만 10과와 11과에서 설명했듯이 ན་와 ལ་ 사이에 기능상의 차이가 있으며, 또한 처격II ལ་와 향격 조사 사이에도 차이가 있다. 11과에서 나열한 처격의 기능과 용법들

1 티벳인들은 이 조사를 ལ་དོན་-조사라고 명명한다(11.2.c 참조).

에서 두 가지는 향격 조사에서 보이지 않는다. 하나는 관련된 사람을 나타내는 처격(11.4.d)이며, 다른 하나는(14.5에서처럼) 명령문에서 결합조사로서의 처격의 기능이다. 그에 반해 향격 조사들은 (아래에서 보듯이) 처격 조사에 비해 세 가지 특별한 기능을 가진다. 이에 더해 각각의 동일한 기능을 사용함에 있어 상이한 빈번함이 나타난다. 두 격조사의 중요한 유사성은 장소적, 시간적, 방향지시적 용법에 있다고 말할 수 있다.

13.3 향격 조사의 처격 기능

a) 장소를 나타내는 기능

이것은 그곳에서 동사행동이 수행되거나 명사개념이 위치한 장소를 나타낸다.

རྒྱལ་བུ་མཐོ་རིས་སུ་སྐྱེས་སོ་

"왕자는 천국(도솔천, མཐོ་རིས་)으로 [다시] 태어났다."

ཆུ་བོའི་ནང་གི་ཉ་རྣམས་ལས་རྒྱ་མཚོར་ཉ་རྣམས་མང་ངོ་

"강 속의 물고기들보다 바다에 물고기들이 [더] 많다."

b) 시간을 나타내는 기능

시간의 향격은 동사행동이 수행되는 시간을 나타낸다. 그것은 어떤 특정한 시점일 수도 있고 오랜 시간일 수도 있다.

དེ་ཡི་དུས་སུ་ (=དེའི་སུས་སུ་)	"저 때에"
ཡུན་རིང་དུ་	"오랜 시간 동안"
མཐར་	"마지막에서, 마침내"
ཉི་མ་ཤར་བར་ལྡང་བ་	"해가 뜰 때 일어남, 새벽에 일어남"

གཅིག་ཏུ་ "한 [순간]에, 갑자기"

c) 장소적, 시간적 부사 및 후치사와 함께 사용되는 기능

이미 여러 차례 언급했던 후치사 어간과 결합하여 향격 조사들은 (대부분 소유격을 지배하는) 시간적 · 공간적 의미를 가진 후치사를 만든다. 또한 상이한 명사어간으로부터 상응하는 부사들이 파생된다.[2]

ཁྱིམ་གྱི་ནང་དུ་མི་ཞིག་འདུག་གོ་ "집 안에 한 사람이 있다."

བྲམ་ཟེ་དེས་བ་ལང་དེ་ཁྱིམ་གྱི་ནང་དུ་བཏང་ངོ་ "저 바라문은 저 소를 집 안으로 몰았다."

ཟན་ཟ་བའི་སྔོན་དུ་ལག་པ་རྣམས་ཁྲུས་ཤིག་ "음식을 먹기 전에 손들을 씻어라."

13.4 여격(Dative)의 역할을 하는 기능

d) 간접목적어를 나타내는 향격

향격은 종종 운문에서 ལ་ 대신에 간접목적어를 나타내는 경우가 있다.

མང་ཚོགས་སུ་ནོར་འགྱེད་པ་ "많은 무리에게 돈을 나눠줌"

e) 이익과 손해를 나타내는 향격 조사

대응하는 처격II처럼(11.4.b 참조) 향격의 이 기능은 누구를 위해, 이익과 손해가 있는지를 보여준다. 이 기능에서 처격II가 기본적으로 향격보다 자주 쓰인다.

---

2 향격의 도움으로 만들어진 부사에 대해서는 아래 b)를 참조.

བླ་མ་རུ་ཡོན་ཏན་ཡོད་ "스승에게 덕이 있다."

f) 목적을 나타내는 향격 조사

향격의 이 기능은 어떤 목적을 위해 동사행동이 수행되거나 명사개념이 있음을 나타낸다.

ལོ་ཏོག་ཏུ་ཆུ་འདྲེན་པ་ "수확을 위해 물을 끌어들임"

ཐར་པ་འཐོབ་པ་རུ་བདག་མེད་སྒོམ་པ་[3] "해탈을 얻기 위해 무아(無我)에 대해 수습함"

이 향격의 기능은 종속절을 표현하는 데도 사용된다. 이를 위해 위의 두 번째 예문에서처럼 동사 형태의 명사 뒤에 향격을 사용할 뿐 아니라 빈번히 동사어간 뒤에 붙여 사용하기도 한다.

ཤིང་གཅད་དུ་སྟ་རེ་དགོས་སོ་ "나무를 자르기 위해 도끼가 필요하다."

g) 목적을 나타내는 기능에서 주변적 용법

연결형 조사 དང་과 처격 조사 ན་에 있어서 어떻게 그것들의 원래적인 연결적 내지 처격적 기능이 희미해지는지, 그리고 어떻게 부차적 문장구성이 이들 조사를 대체하는지를 관찰해야 한다. 따라서 예를 들면, དང་이 체언 뒤에서 단순한 결합의 의미로 약해지기 때문에 བཙུན་མོ་དང་ "왕비와"라고 하는 것으로는 충분치 않고, 의미를 명확히 하기 위해 ལྷན་ཅིག་ཏུ་를 덧붙여 བཙུན་མོ་དང་ལྷན་ཅིག་ཏུ་("왕비와 함께")라고 말하는 것이 보다 명료하다.[4]

유비적 방식으로 처격과 향격의 장소적 기능은 비록 자주 쓰이지는 않지만, 후치사를 통해 보완된다. 예를 들어 ཁྱིམ་ན/དུ་ 대신에 ཁྱིམ་གྱི་ནང་ན/དུ་로 표현하는 것이 그것이다.

3 འཐོབ་པ་는 ཐོབ་པ་의 변형이다.

4 이에 대해서 9.2.b 참조.

마찬가지로 향격은 후치사의 도움으로 보완될 수 있다. 이는 향격의 다의성 때문에 필요할 것이다. 소유격을 지배하는 5종의 중요한 후치사는 아래와 같다.

ཆེད་དུ་	"~을 위해"
དོན་དུ་	"~의 이익을 위해"
ཕྱིར་	"~을 위해, ~ 때문에"
ཕྱོགས་སུ་	"~방향으로, ~을 향해서"
སླད་དུ་(우아한 표현)	"~을 위해"

예문:

ཆོས་ཀྱི་ཕྱོགས་སུ་དཀའ་བ་སྤྱད་པ་ "법의 방향으로 고행을 행함"

བདག་གི་ཕྱིར་ (ཆེད་དུ, སླད་དུ་) ཁྱོད་འོང་བར་མི་དགོས་སོ་ "나를 위해 네가 올 필요는 없다."

གཞན་གྱི་དོན་དུ་རང་གི་དོན་ལ་བྱང་ཆུབ་སེམས་དཔའ་བག་མེད་པ་ཡིན་

"타인의 이익을 위해 자신의 이익에 대해 보살은 주의하지 않는다."

위에서 다섯 개의 명사어간 중에서(དོན་과 ཕྱི,ཕྱོགས의) 셋은 고전문헌에서 자주 사용되지만, 나머지 둘은 단지 결합형으로만 오며 따라서 언뜻 보아 잘 인식되지 않는다. ཆེད་ "크기, 의미"에는 어미 -ད의 도움으로 파생된 (형용사/동사어간ཆེ "큰, 크다") 명사가 놓여 있으며, སླད도 비슷한 방식으로 སླ로 환원시킬 수 있을 것이다. སླད, སླན,སླར와 같은 파생어에서 연역할 수 있는 སླ는 ཕྱི와 동일한 의미를 가진 것으로서 བླ་처럼 고어투의 처격어간 ལ로 소급된다. 이 처격어간 ལ는 고전어에서 처격 조사II로 기능하고 있으며, (아마 [높은 산맥으로 인도하는 길의 위로서] 처격어간 ལ "길"이란 말에 포함되어 있을 것이다.)

13.5 목적격(Accusative)의 기능을 하는 향격

h) 간접목적어를 나타내는 기능. 명사 목적어.

동사행동의 외부 대상이 명사인 경우 보통 목적격이나 처격II가 사용되지만 드물게 향격도 사용된다.

དགེ་སྦྱོར་དུ་རེ་བ་	“선정의 능숙함에 대해 바람”

때때로 향격은 보통 운문에서 하나의 모음을 줄이려고 할 경우 일반적으로 동사에서 사용되는 처격II를 대체한다.

བླ་མར་ཕྱག་འཚལ་ལོ་	“스승에게 예배함”(བླ་མ་ལ་ཕྱག་འཚལ་བ་ 대신에)
མགོན་པོ་རུ་འདུད་པ་	“보호자에게 경례함”(མགོན་པོ་ལ་ 대신에)

i) 간접목적어를 나타내는 기능. 동사 목적어.

티벳어에서는 외부 대상으로 체언뿐 아니라 동사도 사용된다. 동사형태의 목적어는 오로지 향격으로만 사용된다. 그것은 동사어간과 동사형태의 명사에서 만들어질 수 있다.

སྨྲ་བར་ནུས་སོ་	“말할 수 있다.”
ལེན་པར་ཤེས་སོ་	“취(取)하는 것을 안다, [그것을] 붙잡는다고 안다.”
བསྟན་དུ་གསོལ་	“설명해달라고 청한다.”

동사형태의 목적어는 그 자체가 다른 목적어를 가질 수 있다.

བསྟན་བཅོས་འདི་བསྟན་དུ་གསོལ་	“이 논서(skt. śāstra)를 설명해달라고 청한다.”

동사형태의 목적어의 주어가 언급된다면 그것은 논리적 주어에 상응하는 규칙에 따라 타동사에서는 도구격으로, 자동사에서는 목적격으로 온다.

ཁྱོད་ཀྱིས་བསྟན་བཅོས་འདི་བསྟན་དུ་གསོལ་	“당신이 이 논서를 설명하시기를 청합니다.”
ངས་མི་འོང་བར་མཐོང་ངོ་	“나는 사람이 오고 있음을 본다.”

여기서 티벳어의 관점에서 전체 문장이 명사화되며, 그것은 향격으로 나타난다. 그때 향격은 다른 조사들처

럼 단지 전체 향격이 지배하는 표현의 끝에 나온다. 이 규칙의 예외는 17과 강독자료에 보이는데, 거기서 སྣང་བ་ "보다"는 관사 없는 형태의 표현인 ཚ་ངེས་འདེབས་པ་ "비탄하다"를 지배하고 있다. 그러나 구문은 이에 대한 각주가 보여주듯이 다른 것을 의미할 것이다.

k) 방향을 나타내는 기능

이 기능은 동사행동이 수행되는 방향을 보여준다.[5]

རང་ཡུལ་དུ་འགྲོ་བ་ "자신의 영토(고향)로 감"

l) 동사, 형용사를 특별화시키는 것으로서 관계를 나타내는 기능

티벳어 형용사와 동사는 자주 선행하는, 그리고 조사를 갖지 않은 명사를 통해 그 의미가 특화된다고 7.6.d.1에서 설명했다. 향격은 뒤따르는 형용사와 동사의 앞에서 같은 기능을 가진다.

(1) 형용사

한 형용사를 상세히 규정하기 위해 동사가 사용될 경우 그것의 어간이나 또는 그것으로부터 파생된 동사형태의 명사 대신에 향격 조사가 온다. 이 향격의 기능은 라틴어 Supinum II에 해당한다.

སྨྲ་བར་དཀའ་བ་ "말하기 어려운"
ཐོས་པར་སྙན་པ་ "듣기에 좋은"
དཔག་ཏུ་མེད་པ་ "측정할 수 없는"

모든 이런 종류의 표현에서 동사행동은 아직 수행되어야 할 것이나 또는 비실재적인 것으

5 이런 직접적 기능의 보완에 대해서 13.3.c 참조.

로서 생각될 수 있기 때문에 강어간 동사에서는 항시 미래어간이 사용되어야만 한다. 이런 기능에서 향격은 어떤 다른 격조사로 대체될 수 없다.

(2) 동사

동사는 상대적으로 드물게만 향격과 결합된 명사를 통해 그것의 의미를 특화시킨다. 왜냐하면 이를 위해 일반적으로는 관계의 목적격이 오기 때문이다.

འོད་དུ་འཚེར་བ་	"찬란히 빛남"
ཉམས་སུ་མྱོང་བ་	"마음으로 느낌"

m) 양태적 부사의 경우에 있어 관계의 향격

아래 (1)에서 설명한 경우에서 형용사적 또는 동사형의 개념과 그것을 특화시키는 것 사이에는 매우 밀접한 관계가 있다. 두 가지 구성요소는 공간적으로도 분리되어서는 안 되는 매우 밀접한 새로운 개념을 형성한다. 이와 대조적으로 독립적인 양태를 나타내는 규정들이 있는데, 이것들은 향격의 도움으로 형성된다. 이들 규정은 명사와 형용사, 대명사와 수사, 동사형태의 명사라는 모든 형태의 체언으로부터 파생된다. 양태부사들은 비록 다른 격조사로 끝나기도 하지만, 이런 기능에서는 향격 조사에 의해 만들어진 부사가 다른 격조사에 비해 만들어지는 부사보다 수적으로 훨씬 많다. 향격이란 티벳어에서 곧 부사를 만드는 것이다.

(1) 명사에서 나온 양태적 부사

རབ་ཏུ་	"(adv.) 매우"	རབ་	"(n.) 최고"로부터
རྒྱུན་དུ་	"(adv.) 항상"	རྒྱུན་	"(n.) 흐름"으로부터

(2) 형용사에서 나온 양태적 부사

ལེགས་པར་ "좋게" ← ལེགས་པས་ "(adj.) 좋은"

སྒྲ་ཟབ་པོར་ "깊은 목소리로" ← སྒྲ་ཟབ་པོ་ "(adj.) 목소리가 깊은"

많은 형용사들이 명사형 조사를 제외한 어간에서 그에 속하는 양태동사를 이룬다.

མྱུར་དུ་ "빨리" ← མྱུར་བ་ "(adj.) 빠른"

རྟག་ཏུ་ "항상적으로" ← རྟག་པ་ "(adj.) 항상"

(3) 대명사에서 나온 양태적 부사

དེ་ལྟ་བུར་ "그와 같이" ← དེ་ལྟ་བུ་ "(pron.) 그와 같음"

འགའ་ཞིག་ཏུ་ཡང་ "어떤 것이건" ← འགའ་ཞིག་ཀྱང་ "(pron.) 누구든지 간에"

(4) 동사에서 나온 양태부사

양태부사는 동사형태의 명사 대신에 향격 조사가 결합되는 방식으로 동사로부터 파생된다. 동사형태의 명사가 항상 명사형 조사 བ་/པ་와 함께 형성되기 때문에 이에 속하는 양태부사들은 བར་/པར་로 끝난다. 초벌번역할 때에 이를 (부사적으로 이해된) 현재분사로서 표현할 수 있다. 그렇지만 대부분의 경우 양식적으로 변화를 줄 수 있을 것이다.

ཟད་པར་ "완전히, 남김없이" ← འཛད་པ་ "[완전히] 지치다"

དེའི་ཚེ་སྟག་མོས་རྒྱལ་བུའི་ཤ་ནི་ཟད་པར་ཟོས་སོ་ "그때 암호랑이는 왕자의 살을 남김없이 먹었다."

ཡུན་རིང་པོ་མ་ལོན་པར་ "긴 시간이 지나지 않아(얼마 지나지 않아)"

양태부사의 부정:

ཡོན་ཏན་ལྡན་ན་སྐྱེ་བོ་ཀུན། མ་བསྡུས་པར་ཡང་རང་ཉིད་འདུ།
"덕을 가지고 있다면 모든 사람들을 / 모으지도 않았는데 스스로 온다."

부정사+동사형태의 명사의 향격을 통해서 보통 부정된 결과문이 표현된다. 성격상 매우 긴 구문도 부사화될 수 있다. 그렇지만 향격의 많은 기능 때문에 쉽게 생겨나는 많은 오해의 위험이 있기 때문에 티벳어에서도 다음과 같이 부가적으로 구문을 만든다.

དགོད་པ་དང་བཅས་པར་ "웃으면서" (དགོད་པར་ 대신에)

n) 동사와 조동사를 결합시키는 기능

다양한 시제, 양태, 행동방식을 표현하기 위해 티벳어는 일련의 시제조동사, 양태조동사 등을 본동사 후에 사용해서 나타낸다는 티벳어 동사의 약한 활용의 가능성이 8.4에서 제시되었다. 하지만 이들 다양한 시제, 양태, 행위방식을 표현하기 위해 티벳어는 다른 언어에서처럼 일련의 시제조동사와 양태조동사 및 다른 보조동사를 사용하고 있다. 이들 조동사는 본동사 뒤에 오는데, 3종의 방식으로 본동사와 결합될 수 있다.

(1) 순수한 동사어간이 조동사에 선행하는 경우
ཟ་དགོས་སོ་ "먹을 필요가 있다."
(2) 하나의 격조사 내지 동사형 조사 등에 의해 확장된 동사어간이 조동사 앞에 온다. (14.1-6, 16을 참조)
སྟག་མོ་ལ་བསླུག་ཏུ་བཅུག་པ་དང་ "암호랑이를 유인하고자 야기한 후에"
(3) 동사형태의 명사의 향격이 조동사에 선행하는 경우
འགྲོ་བར་བྱེད་པ་ "가도록 함, 감"

앞의 (2)에서 드물게만 향격 이외의 다른 조사가 사용되기 때문에 우리는 이 연결기능을 향격의 특징이라고 말할 수 있다. 또는 다음과 같이 말할 수 있을 것이다: 조동사는 일반적으로 동사어간의 향격이나 동사형태의 명사를 지배한다.

향격의 이 같은 사용은 이미 언급한, 양태적, 목적적 기능이나 목적격으로서의 기능으로 소급된다.

o) 상태와 특성을 기술하는 격으로서의 기능

한 문장의 주어와 목적어는 형용사적 수식을 통해서, 또한 명사적 동치(apposition)를 통해 보다 상세히 규정될 수 있다. 특정한 계열의 수식어와 동치는 동사형태의 술어와 결합하여 관련되 명사형의 수식어의 상태나 특성을 묘사한다. 이들 소위 상태의 수식어 또는 상태의 동치는 향격으로 표시되며 보통 "~로서"로 번역된다.

མི་དེ་རྣམས་ཆེ་བར་སྣང་ངོ་ "저 사람들은 크게 보인다." (상태의 수식어)
སྟག་མོ་འདིས་ཟས་སུ་ཅི་ཟ་ "이 암호랑이는 음식으로서 무엇을 먹었는가?" (상태의 동치)
ཁྱིམ་ལ་དུར་ཙམ་དུ་འཛིན་པ་ "집을 무덤으로 파악함" (상태의 동치)

p) 상태의 전개 또는 행동의 결과를 나타내는 기능

사건의 전개나 행동의 결과도 마찬가지로 향격으로 온다.

མཁས་པར་འགྱུར་བ་ "현명하게 됨"
དུམ་བུར་གཅོད་པ་ "조각으로 자름"
ནོར་བུར་ཁ་བསྒྱུར་བ་ "보석으로 색을 변화시킴"

q) 연결형 조사와 처격 조사를 대체하는 기능

일련의 형용사, 부사, 동사가 연결형 조사를 지배하고 있음을 9.2에서 보았다. 연결형 조사 대신에 때때로 향격 조사가 사용될 수 있다. 그것은 주로 운문에서 이 방식으로 음절을 맞출 수 있기 때문이다. 따라서 སྙིང་རྗེ་དང་ལྡན་པ་ "비심을 수반한, 자비로운" 대신에 སྙིང་རྗེར་ལྡན་པ་가 사용될 수 있으며, 또한 ལེན་པ་དང་འདྲའོ་ 대신에 རིག་པ་བསླབ་པ་ནོར་ལ་རང་ཉིད་ལེན་པར་འདྲའོ་ 지식의 학습은 재산을 스스로 취하는 것과 같다."가 사용된다.

마찬가지로 원래 처격 조사가 사용되는 자리에 향격 조사가 사용될 수 있다. བླ་མར་ཕྱག་འཚལ་བ་ "스승에게 예배함" 대신에 བླ་མ་ལ་ཕྱག་འཚལ་བ་가 사용된다.

제13과 연습문제

다음의 티벳어 문장을 번역하시오.

༡ བྲམ་ཟེ་ཞིག་ལྷ་རྣམས་ལ་མཆོད་པ་བྱེད་པར་འདོད་པ་ལས་དངུལ་དང་བཅས་པར་རང་གི་གྲོང་ནས་ཐག་མི་རིང་བའི་གྲོང་ཁྱེར་ཆེན་པོའི་ནང་དུ་སོང་ངོ༎

༢ རྡོ་རྗེ་གླིང་ཞེས་བྱ་བའི་གྲོང་ཁྱེར་དེ་ལ་དངུལ་བདུན་གྱིས་ར་མ་ཞིག་ཉོས་པ་དང་རང་གི་གྲོང་གི་ཕྱོགས་སུ་སོང་ངོ༎

༣ རང་གི་གྲོང་དུ་ལྡོག་པའི་ལམ་གྱི་བར་ན་གནས་པའི་རྐུན་པོ་ལྔ་པོས་བྲམ་ཟེ་ར་མ་དང་ལྡན་པ་དེ་རྒྱང་མ་ནས་འོང་བར་མཐོང་ངོ༎

༤ བྲམ་ཟེ་དེས་རྐུན་པོ་རྣམས་མཐོང་བའི་སྔོན་ལ་མི་ལྔ་པོ་དེ་ནི་ལམ་དང་ཐག་མི་རིང་བའི་གསང་བའི་གནས་ན་འདུས་པ་དང་ཕན་ཚུན་ལ་འདི་སྐད་ཅེས་སྨྲས་སོ༎

༥ བྲམ་ཟེ་དེའི་ར་མ་ནི་ང་ཚོ་ལ་ཤིན་ཏུ་འདོད་པའི་ཟན་ཡིན་པས་དེ་བརྐྱེད་པའི་ཆེད་དུ་ཇི་ལྟར་བྱ་ཞེས་སྨྲས་སོ༎

༦ མི་ཞིག་གིས་སྨྲས་པ་ར་མ་བརྐུ་བ་ནི་ང་ཚོས་དེ་སྟོབས་དྲག་པོས་འཛིན་པར་མི་རུང་བའི་ཕྱིར་བྱ་བ་དེ་ནི་བྱ་བར་ཤིན་ཏུ་དཀའ་བ་ཡིན་ཅེས་སྨྲས་སོ༎

༧ དེ་ནས་མི་གཞན་གྱིས་ནི་བདག་གིས་བདེ་བླག་ཏུ་རྐྱེད་པའི་ཐབས་ཤེས་སོ། ད་ཇི་ལྟར་བདག་གིས་ཁྱེད་ཅག་ལ་སྨྲས་པ་དེ་བཞིན་དུ་བྱོས་ཤིག་ཅེས་སྨྲས་སོ༎

༨ མི་དེས་རྐུན་པོ་གཞན་རྣམས་ལ་རང་གི་གྲོས་བཤད་པ་དང་ཆོམ་རྐུན་དང་པོས་བྲམ་ཟེ་ར་མ་འཁྲིད་པའི་དྲུང་དུ་འགྲོ་བ་ལ་སྐད་ཆེན་པོས་ཀྱེ་མ་ཁྱི་འདྲེན་པའི་བྲམ་ཟེ་བདག་གིས་ནམ་ཡང་མ་མཐོང་ངོ་ཞེས་སྨྲས་སོ༎

༩ བྲམ་ཟེས་མི་དེ་ནི་བློ་རྨོངས་པ་ཡིན་ཅེས་སེམས་པ་དང་ལན་མི་འདེབས་པར་རྐུན་པོ་དེ་ལས་འདས་སོ༎

༡༠ རྐུན་པོ་གཉིས་པ་དང་འཕྲད་པ་ན་དེས་ནི་ཁྱི་འདི་རབ་ཏུ་མི་སྡུག་པ་ཡིན་ཅེས་སྨྲས་པ་དང་བྲམ་ཟེས་མི་དེས་ཀྱང་དོན་མེད་པའི་གཏམ་བྱེད་དོ་ཞེས་བསམས་སོ༎

༡༡ རྐུན་པོ་གསུམ་པ་དང་བཞི་པས་ཀྱང་དེ་བཞིན་སྨྲས་པ་དང་བྲམ་ཟེ་དེ་ལ་ཐེ་ཚོམ་ཆུང་བ་བྱུང་ངོ༎

༡༢ ར་མ་ངོས་ཀུན་ནས་བརྟགས་པ་དང་ཁྱི་ལ་ཕལ་ཆེར་མཇུག་མ་རིང་པོ་དང་རྨིག་པ་མེད༎ ར་མ་ལ་ཕལ་ཆེར་ཐང་དང་ཀོས་ཀོའི་རྭ་ཡོད་པས་དེ་ངེས་པར་ར་མ་ཡིན་ཅེས་སྙམ་དུ་བསམས་སོ༎

༡༣ ཡུན་རིང་པོ་མ་ལོན་པར་ཆོམ་རྐུན་ལྔ་པས་ར་མ་དེ་མཐོང་བའི་སྐབས་འཇིགས་པ་ཆེན་པོ་དང་བཅས་པ་བཞིན་དུ་ཀྱེ་མ་ཁྱེ་དེ་ནི་ཤིན་ཏུ་མ་རུངས་པ་ཡིན་ཅེས་སྨྲས་པ་དང་བྲོས་སོ།

༡༤ དེ་ནས་བྲམ་ཟེས་མི་ཐམས་ཅད་ཀྱིས་ཁྱེ་ཅེས་བྱས་པའི་རྒྱུང་དུ་འགྲོ་འདི་ལ་བདག་གིས་ར་མར་འཛིན་ཀྱང་དེ་ར་མ་མ་ཡིན་པར་སྣང་ངོ། ངེས་པར་གནོད་སྦྱིན་བདག་གི་མཆོད་པ་འགེགས་པར་འདོད་པ་ཞིག་གིས་བདག་གིས་ཉོས་པའི་ར་མ་ཁྱིར་སྤྲུལ་ཏོ་ཞེས་བསམས་པ་དང་ར་མ་བཏང་ངོ།

༡༥ རྐུན་པོ་རྣམས་ཀྱིས་བྲམ་ཟེས་བཏང་བའི་ར་མ་བཟུང་བ་དང་དེ་ནི་ཟས་རབ་ཏུ་ཞིམ་པོར་ཟོས་སོ།

제13과 단어 해설

ཀོས་ཀོ་ 턱

ཀྱེ་མ་ (감탄사) 오!

དཀའ་བ་ 어려운, 고행

དཀའ་བ་སྤྱོད་པ་ 고행을 하다

སྐབས་ 시간, 경우

བརྐུ་བ་ 도둑질(རྐུ་བ་의 미래형 어간에서 파생된 명사)

ཁ་ ཁ་དོག་의 축약형

ཁ་སྒྱུར་བ་ 색을 변화시키다

ཁ་དོག་ 색깔

འཁྲུད་པ་ 씻다, 목욕하다

P བཀྲུས་ F བཀྲུ་ I ཁྲིས་

གྲོང་ 마을 촌락

གྲོས་ 계획

གླིང་ 섬, 대륙

དགེ་སྦྱོར་ 선정의 능숙함

དགོས་པ་ 불가피한, 필요한

མགོན་པོ་ 보호자

འགའ་ཞིག་ 어느 누구

འགའ་ཞིག་ཀྱང་ 누구든 간에

འགེགས་པ་ 방해하다

P བཀག་ F དགག་ I ཁོག་

འགྱེད་པ་ 가르다, 나누다

P བགྱེས་ F བགྱེ་ I གྱེས་(?)

རྒྱུན་ 흐름

སྒོམ་པ་ 수습하다

P བསྒོམས་ F བསྒོམ་ I སྒོམས་

ངོས་ 측면

ལྔ་པོ་ 다섯 [명]의 집단

སྔོན་དུ་, སྔོན་ལ་ [gen.+] ~ 전에

མཆོད་པ་ 제물, 봉헌물

མཇུག་མ་ 꼬리

འཇུག་པ་ 하도록 시키다

P བཅུག་ F གཞུག་ I ཆུག་

གཏོང་བ་ 하게 하다

རྟག་པ་ 항상, 오래가는

རྟོག་པ་ [비판적으로] 검토하다

P བརྟགས་ F བརྟག་ I རྟོགས་

སྟ་རེ་ 도끼

བསྟན་བཅོས་ 논서(skt. *śāstra*)

ཐར་པ་ 해탈, 구제

ཐེ་ཚོམ་ 의심, 의혹

མཐའ་ 구경, 끝

མཐོ་བ་ 높은, 절정의

མཐོ་རིས་	천국, 도솔천
འཐོབ་པ་	=ཐོབ་པ་(8)
དུད་འགྲོ་	동물
དུད་པ་	구부러진
དུམ་བུ་	[작은] 조각
དྲག་པོ་	거친, 야생의
བདག་མེད་	무아(無我)
འདུད་པ་	~에게 인사하다, 경배하다
P བཏབ་ F གདབ་ I ཐོབ་	
འདེབས་པ་	치다, 때리다
P བཏུད་ F གདུད་ I ཐུད་	
རྡོ་རྗེ་	금강석(skt. vajra)
རྡོ་རྗེ་གླིང་	다즐링(지역 이름)
ལྡག་པ་	핥다
P བལྡགས་ F བལྡག་ I ལྡོགས་	
ལྡང་བ་	우뚝 솟다, 일어서다
P ལྡངས་과 ལངས་ I ལོངས་	
ལྡོག་པ་	돌아가다
PI ལོག་	
ནམ་	언제?
ནམ་ཡང་	언제라도 [부정사와 함께] 결코 ~이 아니다
གནོད་སྦྱིན་	야차(夜叉)
སྣང་བ་	현현하는, 나타나는

སྤུ་	털
སྤྱོད་པ་	일하다, 실행하다
སྤྲུལ་བ་	변하게 하다, 화현하다
ཕལ་ཆེར	일반적으로
ཕྱིར་	다시, 뒤로
འཕྲད་པ་	[དང་+] ~와 만나다
PFI ཕྲད་	
བྲང་	가슴
སྦྱོར་བ་	결합, 연결하다
མ་རུངས་པ་	무서운
མང་ཚོགས་	다수, 덩어리
མྱུར་བ་	빠른, 신속한
མྱོང་བ་	감수하다, 경험하다
རྨིག་པ་	발굽
རྨོངས་པ་	미혹된, 현혹된
ཚོགས་	다수, 무리
འཚེར་བ་	빛을 발하다, 반짝반짝하다
འཛད་པ་	지치다
P ཟད་	
ཞིམ་པོ་	맛 좋은
བཞི་	넷
བཞིན་དུ་	~에 따라서
འོད་	광택
ཡང་	다시

རང་ཡུལ་ 자신의 영토(고향)

རབ་ 최고

རིས་ 지역; 계급

རེ་བ་ [དང་+] ~을 바라다

ལན་ 보답, 대답

ལན་འདེབས་པ་ 갚다, 보답하다

ལེན་པ་ 잡다, 쥐다

P བླངས་ F བླང་ I ལོངས་

གསང་བ་ 숨기다, 은밀한, 비밀

제14과

14.1 동사어간과 결합한 격조사

8과부터 13과까지 다룬 도구격, 연결형, 소유격, 처격 I, 처격II, 탈격I, 탈격II, 및 향격의 8종의 격조사 중에서 탈격II ལས་를 제외한 다른 격조사는 체언뿐 아니라 동사어간과 결합될 수 있다. ལས་는 (동사형태의 명사를 포함한) 체언에만 붙여 사용된다.[1]

나머지 다른 격조사 중에서 연결형 조사는 다만 동사의 명령형 어간 다음에 올 수 있다. 그 기능은 명령문을 다른 명령문 또는 서술문과 연결시키는 것이다(9.2.d 참조).

향격 조사는 오직 현재와 미래어간에 붙여 사용된다. 동사어간+향격 조사의 결합에 있어 특이한 점은 향격 조사를 통해 결합된 뒤따르는 동사어간이 바로 향격 조사 뒤에 와야 한다는 점이다. 반면 다른 격조사에 있어서는 보통 다른 문장성분이 첨가된다.

> རྒྱལ་པོའི་དམག་མི་རྣམས་དགྲ་བོའི་དཔུང་ཆེན་པོ་མཐོང་ནས་འཇིགས་པ་ཆེན་པོས་མནན་ཏེ་ཕྱོགས་ཀུན་ཏུ་འབྲོས་སོ།[2]
>
> "왕의 군사들은 적의 대군을 본 후에, 공포에 질려 사방으로 도주했다."

---

1 운문에서 동사형태의 명사의 명사형 조사는 탈락될 수있음에 주의해야 한다.

2 མནན་ 다음의 반종지형 조사 ཏེ་는 མནན་을 이어지는 동사에 양태적으로 종속된다.

여기서 두 연관된 동사어간 མཐོང་과 འཁྲོས་는 두 개의 긴 부사적 규정에 의해 분리되고 있다.

རྒྱལ་བུས་སྟག་མོ་ལ་བལྡག་ཏུ་བཅུག་གོ་

"왕자는 암호랑이로 하여금 [피를] 핥도록 유도했다."

여기서 བལྡག་과 བཅུག་은 서로 직접 연결되어 있다.

현재어간이나 미래어간의 사용에 관해서는 문맥이 결정한다. 다만 목적격으로서의 향격은 보통 현재어간을 요구하고, 반면 미래어간은 목적적 향격 앞에 와야 한다는 점이 지적될 수 있지만 예외도 있다. 향격의 이러한 용례는 13.4.f, 13.5.h+n과 16.2, 8, 9, 11에서 찾을 수 있다.

이하에서는 다른 5종 격조사와 동사어간이 결합될 때의 기능을 검토해보자.

14.2 동사어간과 결합한 도구격 조사

동사어간 다음의 도구격 조사는 [조사와] 결합한 동사행동이 뒤따르는 동사행동의 원인임을 보여준다.

ཁྱོད་ཀྱིས་ངའི་ཁྱོ་བསད་ཀྱིས་ངའི་ཁྱོ་བྱིན་ཅིག་

"너는 나의 남편을 죽였기 때문에 나의 [새로운] 남편을 주어야 한다."

이러한 도구격의 기능은 명사에서 원인을 나타내는 도구격의 그것에 상응한다(8.2.c 참조).

14.3 동사어간과 결합한 소유격 조사

동사어간 다음의 소유격 조사는 [조사와] 결합한 동사행동이 뒤따르는 동사 행동에 대해 수식하는 관계에 있음을 나타낸다. 이런 수식하는 관계는 동사의 명사적 성격 때문에 가능하다. 종종 두 동사행동의 관계는 문맥에 따라 서로 한정하거나 상반적, 또는 부사적이거나 시간적 · 양보적 성격을 나타내기도 한다.

a) 한정적 관계

ཚིག་ཤེས་ཀྱི་དོན་མི་གོའོ་ "단어는 알지만, 그러나 의미는 모른다."

b) 대비적 관계

ཤེས་རབ་ལྡན་པས་ཉེས་པ་དག་སེལ་བར་ནུས་ཀྱི་བླུན་པོས་མིན་

"지혜를 가진 사람은 악행들을 제거할 수 있지만, 바보는 그렇지 않다."[3]

c) 부사적 관계

སྦྱིན་པ་གཏོང་གི་སེར་སྣ་མི་བྱེད་དོ་ "보시를 주면서 인색함(mātsarya)을 짓지 않았다."

ལེག་པར་སློབ་ཀྱི་ལེ་ལོ་མི་བྱེད་དོ་ "잘 배우고 게으름을 행하지 않았다."

d) 시간적 조건 관계

ཆོས་བྱ་ཡི་ཁྱིམ་མི་འདོད་ "법을 행하려고 할 때, 집을 원하지 않는다."[4]

e) 양보관계

ཡུན་རིང་བསྐོལད་ཀྱི་ཁུ་བ་མ་ཐོན་ "오랫동안 끓였지만 액이 나오지 않았다."[5]

---

3 ནུས་ 앞의 향격은 목적격이고 따라서 현재어간이 사용되어야 한다. 특히 부분장의 생략적 표현에 주의해야 한다. 이때 목적어와 원 술부는 주문장에서 보충해 이해해야 한다.

4 여기서 집은 재가적 삶을 의미한다. 문맥에서 분리된 이 문장은 다의적으로 해석 가능하다. 두 요소 사이에 대비적 또는 부사적 관계를 삽입시킴에 의해서도 적절하게 이해할 수 있을 것이다.

5 이 예문은 고티벳어에서 따왔다. 그래서 ད་དྲག་을 수반한 བསྐོལད이 사용되고 있다.

한정적 · 대비적 관계는 소유격 조사에 있어 특징적인 것이다. 부사적 관계는 동사형태의 명사의 탈격을 통해서도 나타낼 수 있다(13.5.m 참조). 시간과 조건 관계를 위해서는 (14.4 참조) 보통 처격 조사 ན་가 사용되며, 양보 관계는 (10.8 참조) 보통 양보조사로 표현된다.

소유격 조사는 현재와 과거, 미래어간 뒤에 올 수 있다.

14.4 동사어간과 결합한 처격 조사 ན་

처격 조사 ན་는 동사어간과 결합했을 때 시간적 기능과 조건적 기능의 두 기능을 가진다. 두 기능 속에서 ན་는 후치된 분리형 조사 ནི་를 통해 강조될 수 있다.

a) 시간적 기능

동사어간 다음에서 ན་는 동사행동이 뒤따르는 동사행동에 시간적으로 선행함을 나타낸다. 이 기능 속에서 ན་는 일반적으로 완결적 의미를 갖는 과거어간 뒤에 온다.

ངས་ཁྱིམ་མཚེས་ཀྱི་བ་ཡང་བརྙས་ན་དེ་སྟོར་བར་གྱུར་ཏོ་

"내가 이웃의 소를 빌린 후에 그것이 없어졌다."

བདག་གིས་བཙལ་ཀྱང་མ་རྙེད་ན་ཇི་ལྟར་བྱ་

"내가 비록 노력했지만 얻지 못했다면 어떻게 해야 하는가?"

ན་를 통해 완결된 동사행동의 선행성 외에도 동시성의 의미도 보인다. ནམ་("할 때")이 문장을 이끄는 접속사로서 사용될 수 있다.

ནམ་དུས་ལ་བབ་ན་ "올바른 때가 왔을 때"

ནམ་འགྲོ་ན་ "왔을 때"

동시성은 대부분의 경우 동사형태의 명사와 결합된(시간적인 의미를 가진) 처격I을 통해 표현된다(11.2.b 참조).

b) ན་의 조건적 기능

동사어간 다음에 ན་는 동사행동이 [조사와] 결합한 동사행동을 위한 근거 내지 조건임을 나타낸다.

> བཅོམ་ལྡན་འདས་ཀྱིས་རབ་ཏུ་འབྱུང་བར་གནང་ན་བདག་རབ་ཏུ་འབྱུང་ངོ་
>
> "세존께서 출가하도록 허락하신다면 저는 출가할 것입니다."

이러한 문장의 조건적 성격은 문장 앞에 오는 གལ་ཏེ; ཅི་སྟེ་ "만일"[6]을 통해 추가적으로 강조될 수 있다.

> །གལ་ཏེ་བདག་ལ་བསམས་པ་ཡི། །ཡོན་ཏན་ཡོད་ན་དམྱལ་མི་འགྲོ།
>
> "만일 내게 [올바른] 사유의 공덕이 있다면, 지옥으로 가지 않을 것이다."[7]

동사어간 뒤에 오는 ན་가 문장을 이끄는 གལ་ཏེ에 뒤따르는 것은 단지 운문에서만 가능하다. 왜냐하면 이것이 운률에 희생되었기 때문이다.

གལ་ཏེ་ལ་ལ་ནམ་མཁའ་ལ། །སྣ་འགའ་ཞིག་གིས་དཔག་འདོད་ཀྱང་།

ཤཱཀྱ་ཐུབ་པའི་སྐུ་ཚེའི་ཚད། །སུས་ཀྱང་བགྲང་བར་མི་ནུས་སོ།

"비록 몇몇이 허공을 어떤 방식이든 측정할 수 있다고 주장하더라도, 어느 누구도 석가모니의 수명의 길이를 측정할 수 없다."

두 번째 구절은 산문에서는 …དཔག་པར་འདོད་ན་ཡང་།로 될 것이다."

시간적 혹은 조건적 기능의 ན་를 통해 완결된 문장이 의문대명사를 포함하거나 의문문이

---

6 부문장의 접속사로서 번역된 형태의 성격에 대해서는 15.4.h 참조.

7 དམྱལ་은 དམྱལ་བར를 운율상 줄인 것이며, 'འགྲོ 도 འགྲོའོ를 줄인 것이다.

그 말에 뒤따를 때, 번역상의 관점에서 종종 특별한 유형을 보여준다.

བྲམ་ཟེ་འདིས་སྔོན་ལེགས་པ་ཅི་ཞིག་བགྱིས་ན་ཉེས་པའི་སྐྱོན་ཀུན་དང་བྲལ་

"이 바라문은 전에 어떤 좋은 일을 했기에, 모든 나쁜 잘못에서 벗어났는가?"

གྱོས་པོའི་ཁྱིམ་ན་འདུག་པའི་ཚེ་ཕ་མའི་ཁྱིམ་འདོད་ན་དེ་ཅིའི་ཕྱིར་

"장인의 집에 주(住)할 때에 부모의 집을 원하게 되는데, 그것은 무엇 때문인가?"

c) ན་ཡང་ 의 용법

많은 경우 ན에 양보형 조사 ཡང་을 붙여 양보의 의미를 나타낸다. 동사어간 뒤에 ན་ཡང་은 [조사와] 결합한 동사행동이 뒤따르는 동사행동에 대한 아직 실현되지 않은 조건임을 보여준다. 따라서 뒷문장의 동사어간은 보통 부정사와 결합된다. 그런 부정적 표현 대신에 긍정적인 표현이 올 수도 있다.

།མཁས་པ་ཡོན་ཏན་ཀུན་བསླབས་པ། །མཐར་ཕྱིན་གཅིག་གིས་འཇིག་རྟེན་གསལ།
།བློ་ངན་ཤེས་པ་མང་ན་ཡང་། །རྒྱུ་སྐར་བཞིན་དུ་གསལ་མི་ནུས།

"덕을 배우고 구극에 이른 한 현자에 의해 세상은 밝아진다. 간교하고 악한 지혜를 가진 자는 비록 많다고 해도 위성처럼 밝힐 수 없다."[8]

།བློ་གྲོས་ཆེན་པོ་རྒུད་ན་ཡང་། །ལྷག་པར་བློ་གྲོས་སྟོབས་ལྡན་འགྱུར།

"큰 이성을 가진 자는 비록 쇠퇴한다고 해도 더욱 [그의] 이성은 힘을 갖게 된다."[9]

순수한 양보문과의 차이는(10.8 참조) ན་ཡང་과의 결합 앞에서 동사행동이 단지 가정법적 성격을 나타내는 데 반해, 양보문에서는 동사행동이 불충분하지만 실현된다는 데 있다.

---

8 མཐར་ཕྱིན་은 མཐར་ཕྱིན་པ의 운률상의 압축이며, གསལ은 གསལ་ལོ의, 또 གསལ་མི་ནུས는 གསལ་བར་མི་ནུས་སོ의 압축형이다.

9 སྟོབས་ལྡན་འགྱུར는 སྟོབས་དང་ལྡན་པར་འགྱུར་རོ་ 의 운률상의 압축형이다.

བ་ལང་བཙལ་ཀྱང་མ་རྙེད་དོ་　　“소를 찾았지만 얻지 못했다.”

가정을 나타내는 양보문은 동사어간+ན་ཡང་의 결합형을 통해서뿐 아니라(16.3.g에서 보듯) འགྱུར་བ་+ཀྱང་을 갖는 부차적 원망법을 통해 표현될 수 있다.
དབྱིག་པ་ཅན་རྒྱལ་པར་གྱུར་ཀྱང་བླའོ་
“비록 dByig pa can이 (싸움에서) 이긴다고 해도 (내 혀가 뽑히는 것보다는) 나을 것이다.”
운문 문헌에서 동사어간과 양보조사 사이에 종종 처격 조사I이 탈락된다. 이는 실제적 또는 가정적 의미를 가진 양보문인가는 다만 맥락에 의존한다는 것을 의미할 것이다.
།སྲིན་བུ་དག་གིས་ཟོས་པའི་རྗེས། །ཡི་གེར་བྱུང་ཡང་ཡིག་མཁན་མིན།
“비록 [나무] 벌레들에 의해 먹힌 자취가 문자로 된다고 해도 [그들은] 문자를 아는 자는 아니다.”
ན་ཡང་에서 ན་가 운률상 탈락한 것은 음운적으로 맞지 않는 양보 조사에서 알아차릴 수 있다. 그래서 예를 들면 강독자료 2, 게송2.18c에서 ཟིན་ཀྱང་이 아니라 ཟིན་ཡང་이 사용되는 것이다. 왜냐하면 그것은 ཟིན་ན་ཡང་으로 소급하기 때문이다.

d) ན་의 부사적 기능

때때로 ན་ 앞에 오는 동사어간은 뒤따르는 동사행동이 수행되는 방식을 보여준다.

ང་ནི་མི་འགྲོ་ན་འདི་དག་གིས་ང་ཁྲིད་དོ་　　“내가 가지 않더라도 그들은 나를 끌고 갈 것이다.”

e) ན་의 도입적 성격

ན་는 그것에 선행하는 동사행동의 내용이나 대상을 소개하는 기능을 한다.

བདག་གིས་གཏམ་དུ་ཐོས་ན་ཕུག་རོན་ནི་བུ་པོའི་བླ་ཡིན་
“나는 구전전승 속에서 비둘기가 아들의 상징이라고 들었다.”

이 기능은 처격 조사I ན་의 양태적 측면에 기인한다.

14.5 동사어간과 결합된 처격 조사 ལ་

동사어간과 결합해서 ལ་는 계사의 기능을 한다. ལ་에 선행하는 동사어간은 후행하는 동사어간에 병치된 것이다. 이 경우 동사는 보통 특성을 나타낸다.

།སྡུག་བསྔལ་ཆེ་ལ་བྱང་ཆུབ་མེད། “고통은 크고 깨달음은 없다.”

།གཞན་ནས་འོངས་པའང་མ་ཡིན་ལ། །གནས་པ་མ་ཡིན་འགྲོ་མ་ཡིན།

“다른 곳으로부터 온 것도 아니고, 머무는 것도 아니고 간 것도 아니다.”

ལ་에 있어 특히 주의할 점은 연결형 조사처럼 명령형 어간과 서로 연결된다는 점이다.

འཇིགས་པ་བོར་ལ་ཚུར་ཤོག “두려움을 던져 버리고, 이곳으로 와라.”

때로 명령문이 뒤따를 때 ལ་ 앞에 명령형으로 해석될 수 있는 현재어간이 오기도 한다.
འཛིན་ལ … སྨྲོས་ཤིག “지니고 … 말하라!”

14.6 동사어간과 결합한 탈격 조사 ནས་

동사어간 뒤에서 ནས་는 [조사와] 결합한 동사행동이 후행하는 뒤따르는 동사행동에 시간적으로 선행함을 나타낸다. ནས་는 보통 과거형 어간 뒤에 오지만, 가끔 현재형 어간 뒤에 오기도 한다. 이때 ནས་는 단지 시제적 기능으로 사용된다. ན་처럼 ནས་는 후치된 분리형 조사 ནི་를 통해 강조될 수 있다. ནས་의 시간적 기능에 대해서는 12.2.b 참조.

དེའི་ཚེ་རྒྱལ་བུས་ཤིང་གི་ཚལ་བ་རྣོན་པོས་ལུས་ལ་ཁྲག་ཕྱུང་ནས། སྟག་མོ་ལ་བལྡག་ཏུ་བཅུག་པ་དང་། ཁ་ཡང་ཕྱེས་ནས་ལུས་ཀྱི་ཤ་མ་ལུས་པར་ཟོས་སོ།།

“그때 왕자는 나무의 뾰족한 조각을 가지고 몸에서 피를 뺀 후에, 암호랑이로 하여

금 [피를] 핥도록 유도했다. [그 호랑이는] 입을 다시 벌린 후에 신체의 살을 남김없이 먹었다."

위의 예문이 보여주듯이 ནས་는 완결된 기간을 여러 방식으로, 즉 시간적 접속사를 갖고 인도하는 부문장을 통해서나 또는 이어지는 문장부분에 부속시킴을 통해 표현한다. 후자의 경우 시간적 부사와 함께 사용되어야 한다.

14.7 동사어간 뒤에서 격조사가 생략된 경우

독립적 주문장의 병렬 시 서술문의 종지형조사는 단지 마지막 서술어 다음에 온다는 것을 6.5에서 지적했다. 만일 일련의 병렬된 문장들이 하나의 격조사를 통해 다른 서술어에 종속될 때, 격조사는 유비적으로 다만 병렬된 문장 중 마지막 문장 뒤에서만 붙인다. 다른 서술어는 어간만으로 표시된다.

བདག་ནམ་ཁུང་ནས་ཕྱིར་འབྱུང་བའི་ཚེ་ན་བདེ། སླར་འཇུག་པའི་ཚེ་སྡུག་བསྔལ་ན། ཅིའི་ཕྱིར་དེ་ལྟར་གྱུར།

"내가 구멍으로부터 다시 빠져나왔을 때 행복했고, 다시금 빠졌을 때 고통스럽다면 무엇 때문에(왜) 그같이 되었는가?"

14.8 복합 수식어의 구성과 번역

수식어와 동치어는 종종 한 단어로 이루어진다.

མི་ཆེན་པོ་ 또는 ཆེན་པོའི་མི་ "위대한 사람"

བཅོམ་ལྡན་འདས་དེ་བཞིན་གཤེགས་པ་ "세존[이며], 여래"

지금까지 상술한 일련의 상세한 규정을 통해 수식어[10]가 상당히 길게 확장된다. 이것은 특히 후대 인도시학에서 영향받은 문헌에서 사용되고 있다. 이런 긴 수식어는 원칙적으로 비록 문법적으로 어떤 새로운 것도 제공하지는 않지만, 문장 분석 시 큰 어려움을 준다.

따라서 번역할 때 다음과 같은 힌트가 유용할 것이다.

a) 분석

긴 수식어의 번역에서 이 수식문을 구성하는 여러 문장성분의 관계에 주의하여 수식문이 끝나는 곳을 잘 파악하여 이를 수식하는 문장의 동격이나 수식관계로 해석해야 한다.

བྱང་ཆུབ་སེམས་དཔའ་ ... བསྟན་བཅོས་དུ་མ་རྣམས་ལ་ཀུན་ནས་འདྲིས་པས་རྣམ་པར་དག་པའི་བློ་དང་ལྡན་པ་

"보살 … 무수한 문헌에 대한 완전한 지식을 통해 청정한 인식을 가진"

b) 관계문적 번역(인도–유럽어의 경우)

긴 수식어는 유럽어의 경우 관계문으로 번역된다. 그 관계문 속으로 종종 다른 관계문이 삽입되기도 한다. 아름답지 않은 구문을 피하기 위해 형용사가 명사화되고 등치문으로 번역되기도 한다. 위 문장의 경우 다음과 같이 번역할 수 있다.

"무수한 문헌에 대한 완전한 지식을 통해 청정한 인식을 가진 자인 보살"[11]

다른 경우에는 구문을 약간 변화시키거나 또는 적절한 구두점을 통해 이해에 도움을 줄 수 있다.

동사형태의 형용사를 관계문으로 번역할 때에 동사의 구조가 문장구성에 표준이 된다는 점에 주의해야 한다.

---

10 등치문이다. 즉, 동일한 격에 명사형태를 덧붙이는 것은 대부분 한정된 범위에서이다. 그밖의 경우에는 후치된 방식이 의미에 맞게 이를 나타낸다.

11 이는 단지 명사화를 위한 예문으로서 보아야 하지 좋은 문장의 모델로서 보아서는 안 된다.

བླུན་པོ་འཇུག་པའི་ལམ་	“바보가 들어가는 길”
མཁས་པ་འགྲོ་བའི་ལམ་	“현자가 걷는 길“
མི་མེད་པའི་ཁྱིམ་	“사람이 없는 집”
འོག་ན་གཏེར་ཡོད་པའི་ཤིང་	“아래에 보물이 있는 나무”

위의 문장을 유럽어로 번역하기 위해서는 여러 격과 전치사가 사용되겠지만 티벳어에서는 단지 소유격 조사를 통해 이 관계를 표현하고 있다. 수식어는 위의 경우에서 수식되는 말 뒤에 올 수도 있다.

17.2에서 보게되듯이 티벳어에도 관계대명사의 도움으로 형성된 관계문이 알려져 있다. 그렇지만 수식적 표현방식은 빈번히 사용되며 티벳어의 특성으로 적합할 것이다.

c) 수식어를 앞뒤로 수반한 문장의 도치(Zirkumposition)

여러 구성요소로 구성된 수식어는 본 단어의 앞과 뒤에 올 수 있을 뿐 아니라, 어떤 경우에는 본 단어를 둘러싸고 수식할 수도 있다.

རུས་པ་དང་ཁྲག་འབབ་ཞིག་གིས་ས་བཙོག་བཙོག་པ་

“피와 뼈에 의해 의해 더럽혀진 땅”

རི་བོང་རྭ་རྣམས་ལས་སྐས་ནི་ལེགས་པར་བྱས་པ་

“토끼뿔들로 잘 만들어진 사다리” (직역: “토끼뿔들로 이루어진, 잘 만들어진 사다리”)

이 경우 본 단어는 보통 후치된 수식어와 밀접한 관계에 있다. 일반적 구문으로 바꾼다면 다음과 같이 될 것이다.

རུས་པ་དང་ཁྲག་འབབ་ཞིག་གིས་མཙོག་བཙོག་པའི་ས་

རི་བོང་རྭ་རྣམས་ལས་ལེགས་པར་བྱས་པའི་སྐས་

d) 병렬된 수식어

병렬 수식어에는 그들 중 마지막 수식어가 격조사를 취한다는 규정이 있다.

긴 수식어를 가진 문장의 예로서, 위에서 설명한 힌트를 보여주기 위해 강독자료 4의 앞부분을 제시한다(A: 수식어, BW: 수식되는 단어, APP: 동치어).

> ཡོ་བྱད་ཡོངས་སུ་རྫོགས་པས་རབ་ཏུ་དགའ་བའི་སྐྱེ་བོ་རྣམས་ཀྱིས་དགའ་བར་གྱུར་པ་(A11)རྣམ་པ་སྣ་ཚོགས་པའི་སྐྱེད་མོས་ཚལ་རྣམས་ཀྱིས་མཐའ་ཀུན་ནས་ཁྱབ་པའི་(A12)འཛོག་པོའི་བྲག་ཅེས་བྱ་བའི་རྒྱལ་པོའི་ཁབ་ན(BW1)། བསྟན་བཅོས་དུ་མ་རྣམས་ལ་ཀུན་ནས་འདྲིས་པས་རྣམ་པར་དག་པའི་བློ(A21)། དམ་པ་མ་ཡིན་པའི་སྐྱེ་བོ་དང་འབྲེལ་བ་ལ་རྒྱབ་ཏུ་ཕྱོགས་པ(A22)། སྐྱེ་བོ་བཟང་པོ་དང་འབྲེལ་བ་ལ་མངོན་པར་དགའ་བ(A23)། དུལ་བད་དང་དེས་པ་དང་བཟོད་པས་རྣམ་པར་བརྒྱན་པ(A24)། འཇིག་རྟེན་ཐམས་ཅད་ཀྱི་གཉེན་དང་འདྲ་བའི་(A25)དེད་དཔོན(BW2) ལེགས་འགྲོ་ཞེས་བྱ་བའི་བྱང་ཆུབ་སེམས་དཔའ་(App.)བྱུང་བར་གྱུར་ཏོ།།

이 문장은 다음과 같이 번역될 수 있다.

> "생활필수품을 갖추었기 때문에 매우 즐겁고(A_{11}), 다양한 공원들에 의해 [그] 끝이 통해 있는(A_{12}) 탁실라라고 불리는 왕도에서(BW_1) 많은 논서들에 대해 숙지하고 있기 때문에 매우 청정한 생각[12]을 갖고 있으며(A_{21}), 진실하지 않은 사람과 연결되는 것을 회피하며(A_{22}), 좋은 사람과 연결되는 것을 즐거워하며(A_{23}), 율과 겸손함과 인욕을 통해 장엄되어 있으며(A_{24}), 모든 세상사람들의 친구와 같은(A_{25}) 상인(BW_2) ལེགས་འགྲོ(Udaya)라고 하는 보살이 살았다."[13]

A_{11}과 A_{12}는 첫 번째 수식되는 단어인 BW_1을 수식하고 있다. A_{21}- A_{25}는 두 번째 수식되는 단어인 BW_2를 수식하는 다섯 단어이다. BW_1은 복합적으로 구성되었다. 중심단어인 རྒྱལ་པོའི

---

12 བློ는 བློ་དང་ལྡན་པ를 뜻한다.

13 གྱུར་ཏེ가 여기서 문장을 끝내기 위해 གྱུར་ཏོ로 변형되었다.

ཁབ་("왕궁")은 수식어 འཇོག་པོའི་ཐག་ཅེས་བྱ་བ་ ("탁실라라고 불리는"[14])에 의해 확장되었다. 그렇지만 이 수식어가 A_{11}과 A_{12}와 함께 하나의 단계를 이루는 것이 아니라 그것이 수식하는 중심단어와 함께 하나의 새로운 단위로 용해된다는 것을 A_{12} 뒤에 의미에 맞게 단지 BW_1에 관계하지 이어지는 འཇོག་པོའི་ཐག་에 관련되지 않는 수식격이 온다는 사실에서 알 수 있다.

A_{11}-A_{12}, A_{21}-A_{22}는 명사 개념과 관련된 두 번째 등급의 수식어를 포함한다.

14 위에서 동격으로 번역되었다.

제14과 독해문제

14과부터 18과까지의 연습문제에서는 붓다가 전생에서 Mahāsattva 왕자였을 때 굶주린 암호랑이에게 자신을 제공했던 이야기가 실려 있다. 이것은 인도에서 찬술된 잘 알려진 붓다의 전생담이며, 여러 차례 문학적으로 각색되었고 여러 언어로 번역되었다. 이하의 판본은 445년 한역된 賢愚經에 기초하여 9세기에 티벳어로 번역된 경장에 속한 མཛངས་བླུན་에서 인용한 것이다.

མཛངས་བླུན་의 티벳어 텍스트는 Isaac Jacob SCHMIDT에 의해 འཛངས་བླུན་ *oder Der Weise und der Thor*란 제목으로 독일어 번역과 함께 St. Petersburg(1843)에서 출판되었다. 그의 판본을 보완하는 중요한 자료로서 Anton SCHIEFNER가 St. Peterburg(1852)에서 발간한 *Erzählungen und Berichtungen zu Schmidt's Ausgabe des Dsanglun*이 있다. 아래 텍스트는 이들 두 저작에 의거하면서 때로 Lhasa 판본을 활용했다.

추가: 이제부터 단어 해설은 책 말미에 있는 색인을 참조할 것.

སེམས་ཅན་ཆེན་པོས་སྟག་མོ་ལ་ལུས་བྱིན་པའི་ལེའུ

།།འདི་སྐད་བདག་གིས་ཐོས་པ་དུས་གཅིག་ན། བཅོམ་ལྡན་འདས་མཉན་དུ་ཡོད་པ་ན་རྒྱལ་བུ་རྒྱལ་བུ་བྱེད་ཀྱི་ཚལ་མགོན་མེད་ཟས་སྦྱིན་གྱི་ཀུན་དགའ་ར་བ་ན་བཞུགས་སོ། དེའི་ཚེ་བཅོམ་ལྡན་འདས་བསོད་སྙོམས་ཀྱི་དུས་ལ་བབ་ནས། ཞམ་ཐབས་དང་ཆོས་གོས་བགོས་ནས་ལྷུང་བཟེད་བསྣམས་ཏེ། ཀུན་དགའ་བོ་དང་བསོད་སྙོམས་ལ་གཤེགས་སོ། །དེའི་ཚེ་ན་གྲོང་ཁྱེར་དེ་ན་རྒན་མོ་ཞིག་ལ་བུ་རྟག་ཏུ་རྐུབ་གཉིས་ཤིག་ཡོད་དེ། ནོར་བདག་གིས་ཟིན་ནས་ཞལ་ཆེ་པའི་མདུན་དུ་ཁྲིད་དེ། ཁྲིམས་དང་སྦྱར་ནས་བསད་པ་ལ་ཐུག་ནས། རིགས་ངན་སྲོག་སྟེ་གསོད་པའི་གནས་སུ་ཁྲིད་པ་ལས། བཅོམ་ལྡན་འདས་རྒྱང་མ་ནས་གཤེགས་པ་རྒན་མོ་མ་སྨད་གསུམ་གྱིས་མཐོང་ནས། སངས་རྒྱས་གཤེགས་པའི་ཕྱོགས་སུ་ཕྱགས་འཚལ་ནས།ལྷའི་ནང་ན་གཙོ་བོ་ཐུགས་བརྩེ་བར་དགོངས་ཏེ། བདག་གི་བུ་འགུམ་པ་ལ་ཐུག་པ་འདིའི་སྐྱབས་མཛད་དུ་གསོལ་ཞེས་སྨྲས་པ་དང་། བཅོམ་ལྡན་འདས་ཀྱིས་གསན་ནས། དེ་བཞིན་གཤེགས་པའི་ཐུགས་རྗེ་ཆེན་པོས་དེ་དག་ལ་བརྩེ་བར་དགོངས་ཏེ། དེ་དག་གི་སྲོག་བསྐྱབ་པའི་སླད་དུ་བཅོམ་ལྡན་འདས་ཀྱིས་ཀུན་དགའ་བོ་ལ་དཀའ་སྩལ་ཏེ། རྒྱལ་པོ་ལ་གསོལ་བ་འདེབས་སུ་བཏང་བ་དང་།རྒྱལ་པོས་ཀྱང་བཅོམ་ལྡན་འདས་ཀྱི་བཀའ་བཞིན་དུ་དེ་དག་བཏང་ངོ་། །དེ་དག་བཅོམ་ལྡན་འདས་ཀྱི་བཀའ་དྲིན་དྲན་ཞིང་རབ་ཏུ་དགའ་བ་སྐྱེས་ནས། བཅོམ་ལྡན་འདས་གང་ན་བ་དེར་སོང་སྟེ་ཕྱིན་པ་དང་། ཞབས་ལ་སྤྱི་བོས་ཕྱག་འཚལ་ནས་ཐལ་མོ་སྦྱར་ཏེ་བཅོམ་ལྡན་འདས་ལ་འདི་སྐད་ཅེས་གསོལ་ཏོ།།

제14과 연습문제 해설

위에서 반종지형 조사 ཏེ་가 아홉 차례, 그리고 병렬조사 ཞིང་ 이 한 번 사용되고 있다. 이들 두 조사에 대해서는 다음 장에서 상세히 설명할 것이다. 이들 연결사들은 가능한 한 적절한 구성을 통해 설명될 것이다. 숫자는 행수를 나타낸다.

2 ཐོས་པ་는 관계의 목적격으로서(7.6.d.2 참조) 엄격히 말해 이야기의 끝에 오는 ཞེས་ཐོས་སོ་와 연결될 것이지만, 여기서는 탈락되었다.

2f མགོན་མེད་ཟས་སྦྱིན་གྱི་ཀུན་དགའ་ར་བ་ 는 བཅོམ་ལྡན་འདས་མཉན་དུ་ཡོད་པ་ན་རྒྱལ་བུ་རྒྱལ་བུ་བྱེད་ཀྱི་ཚལ་ 과 동격이다.

4 བསྣམས་ཏེ་는 བསྣམས་ནས་ 처럼 번역될 수 있다.

5 ཡོད་དེ་ 는 ཡོད་དོ་ 처럼 번역될 수 있다.

5f ཁྲིམས་དང་སྦྱར་ནས་ 는 양태적으로 번역될 수 있다. “법률과 일치하게”

6 རིགས་ངན་སྒྲོག་སྟེ་ “망나니를 부른 후에”

8 བརྩེ་བར་དགོངས་ཏེ་ 는 양태적으로 번역될 수 있다. “불쌍하게 생각하시면서”

འགུམ་པ་ལ་ཐུག་པ་는 བདག་གི་བུ་를 수식하는 말이다. Lhasa판은 དགུམ་པ་ལ་ཐུག་པ་로 읽는데, 이 역시 의미는 통한다.

་སྐྱབས་མཛད་པ་ 구제를 일으키다, 구제하다.

9 དགོངས་ཏེ་는 8줄에서와 같이 번역될 수 있다.

སྩལ་ཏེ་ 는 སྩལ་ནས་ 처럼 본역될 수 있다.

10 གསོལ་བ་འདེབས་སུ་ 13.4.f와 비교.

རྒྱལ་པོས་ཀྱང་ “왕도”

11 ཟན་ཞིང་ 은 ཟན་ནས་ 처럼 번역될 수 있다.

རབ་ཏུ་དགའ་བ་ “그에게 있어”를 보충해서 읽을 것

12 སོང་སྟེ་는 སོང་ནས་처럼 번역될 수 있다.

12 སྦྱར་ཏེ་는 སྦྱར་ sbyar ba dang ldan par처럼 번역될 수 있다. 13.5.m.4 참조.

제14과 단어 해설

문법을 설명한 부분에서 새롭게 등장한 단어들만 나열했다.

སྐར་མ་ 별, 위성

སྐོལ་བ་ 끓다

PF བསྐོལ་ P (vorkl.) བསྐོལད་

ཁ་ 입

ཁབ་ 궁전, 저택

ཁུ་བ་ 육수, 체액

ཁུང་ 구멍, 동굴

ཁྱིམ་མཚེས་ 이웃

ཁྱོ་ 남편

ཁྲག་ 피

གལ་ཏེ་ 만약에

གྱོས་པོ་ 시아버지, 장인

དགའ་བ་ 기쁜; 즐거운; 기쁨

བགྱིད་པ་ (경어) 행하시다;

P བགྱིས་ F བགྱི་ I གྱིས་

རྒུད་པ་ 쇠퇴하다, 쇠약해지다 (특히 나이가 들어서)

རྒྱབ་ 등

རྒྱབ་ཏུ་ཕྱོགས་པ་ 뒤돌아보다

རྒྱལ་ཁབ་ 왕궁

རྒྱུ་སྐར་ 백도(白道), 달의 궤도

རྒྱུ་བ་ 가다, 돌아다니다

བརྒྱན་པ་ 장식하다, 꾸미다

ཅི་སྟེ་ 만약에

འཇིག་རྟེན་ 세계, 세간(世間)

འཇིག་པ་ 파괴하다

P ཞིག་, བཞིག་

འཇུག་པ་ eintreren

PI ཞུགས་

འཇོག་པོའི་བྲག་ 도시명, skt. *Takṣaśilā*

བརྙ་བ་ 누구에게 (ལ) 빌리다

P བརྙས་

གཏམ་ 단어, 말

མཐའ་ 끝, 한계

མཐར་ཕྱིན་པ་ 궁극에 도달한(skt. *pāramitā*)

འཐོན་པ་ 나오다, 나타나다, 떠나다

PI ཐོན་

དེ་ལྟར་ 그렇게

དེད་དཔོན་ 무역상, 대상(隊商)

དེས་པ་ 미세한, 가벼운, 온화한; 신중

함(skt. *sūrata*)

འདྲིས་པ་ 익숙한, 친숙한

P འདྲིས་

སྡུག་བསྔལ་བ་ 고통받는, 괴로워하는

གནོན་པ་ 극복하다, 제압하다

PF མནན་

རྣམ་པར་ 완전히, 충분히

རྣོན་པོ་ 날카로운, 예리한

ཕྱོགས་པ་ 돌리다, 뒤집다

འདོར་བ་ 버리다, 포기하다

PI དོར་

འབྱིན་པ་ 주다, 일으키다

P ཕྱུང་ F དབྱུང་ I ཕྱུང་, ཕྱུངས་

འབྱེད་པ་ öffnen

P ཕྱེས་ F དབྱེ་ I ཕྱེས་

འབྲེལ་བ་ 연결하다

དམྱལ་བ་ 지옥

བཙོག་པ་ unrein, beschmutzt (sein)

བཙོག་བཙོག་པ་ 아주 오염된

རྫོགས་པ་ 완벽한; 충만, 완성

བཟོད་པ་ 인내, 인욕

ཡོ་བྱད་ 생활도구

ཡོངས་སུ་ 전적으로, 완전히

རབ་ཏུ་འབྱུང་བ་ 출가하다

ལུས་པ་ 남은, 나머지의

ལེ་ལོ་ 게으름, 나태

སེར་སྣང་ 인색

སེལ་བ་ 제거하다, 떼어놓다

PF བསལ་ I སོལ་

제15과

15.1 반(半)종지형 조사

반종지형 조사의 형태는 선행하는 종지음에 따른다.

ཏེ་	ན, ར, ལ, ས 뒤에서
སྟེ་	ག, ང, བ, མ, འ, 모음 뒤에서
དེ་	ད 뒤에서

마지막 경우에 동일한 형태의 지시대명사와 혼동할 수 있음에 주의해야 한다.

반종지형 조사는 넓은 영역에서 사용되며 동명사형 종지형 조사 사이의 중간적 위치에 의해 특징지어진다. 이 조사는 기본적으로 모든 단어 뒤나 심지어 조사 뒤에도 올 수 있다. 이 점에서 반종지형 조사는 격조사[1] 내지 병렬 조사와 구분되는데(15.5-7 참조), 후자는 단지 한정된 정도에서 체언과 동사와 결합된다. 반종지형 조사는 두 문장성분을 연결시켜 주는 기능을 하는데, 그 연결은 병렬조사와 격조사처럼 그다지 강하지 않지만 그렇다고 종지형 조사처럼 두 문장성분이 무관한 것도 아님을 보여준다. 이런 특성은 기본적으로 그것의 적용범위의 일부에만 타당할 것이다. 개별적으로는 매우 강한 분리의 기능에서부터 밀접한 기능에 이르기

1 격조사 앞에는 단지 어간이나 격조사만이 올 수 있다.

까지 이 조사의 적용범위는 매우 넓다.

15.2 반종지형 조사의 동사적 사용

a) 시제적 기능

동사어간 뒤에서 반종지형 조사는 [조사와] 결합된 동사행동이 뒤따르는 동사행동에 시간적으로 선행함을 나타낸다.

དེ་དག་རྒྱལ་པོའི་རྐང་པ་ལ་མགོ་བོས་ཕྱག་འཚལ་ཏེ་ཕྱོགས་གཅིག་ཏུ་འཁོད་དོ་
"그들은 왕의 발에 머리를 갖고 존경을 한 후에 한쪽에 앉았다."

티벳인 문법학자들은 부문장이 새로운 논리적 주어를 갖는 경우를 상정하고 있다. 이는 대부분 앞 문장의 직접목적어이다.

ས་བོན་བཏབ་སྟེ་སྐྱེས་ "종자를 뿌린 후에 [그것들이] 생겨났다."[2]

b) 인과적 기능

동사어간 뒤에서 반종지형은 이 동사의 행동이 뒤따르는 동사행동의 원인임을 나타낸다.

འོག་ན་བུ་མཆིས་པར་མ་ཚོར་ཏེ་བུ་གུམ་མོ་ "아래에 아들이 있음을 지각하지 못했기에 아들이 죽었다."

2 ས་བོན་도 엄밀히 말해 두 서술어에 대한 양태적 목적격이다.

c) 대비적 기능

대비되는 동사행동을 서로 연결한다.

ཁྱོད་ཕྱོགས་གཅིག་མཐོང་སྟེ་གཉིས་མི་མཐོང་ “너는 한 면을 보지만, 두 면을 보지 않는다.”[3]

ཁྱིམ་བདག་གིས་མཐོང་བར་བྱིན་ཏེ། ཁས་ནི་མ་བཏང་ངོ་།

“집주인이 보도록 [그것을] 주었지만, 입으로 [소리치면서] 끌고 가지는 않았다.”

d) 양태적 기능

동사어간 뒤에서 반종지형 조사는 [조사와] 결합된 동사행동이 그것의 수행하는 방식에 따라 상세히 규정됨을 나타낸다.

གླང་དེ་ཁྲིད་དེ་ཁྱིམ་བདག་དེའི་ཁྱིམ་དུ་སོང་ངོ་ “저 소를 끌면서 가장은 그의 집으로 갔다.”

이런 기능은 현재분사의 번역에 자주 사용된다.

“저 소를 끌면서”

몇몇 표현에 있어 반종지형 조사의 앞에 오는 동사어간은 뒤따르는 동사행동의 내용을 가리키기도 한다.

བསྲུངས་ཏེ་ཅི་རུང་ “보호해서 무슨 소용이 있겠는가?”

e) 병렬시키는 기능

반종지형 조사는 이어지는 두 문장 사이에서 느슨한 병렬관계를 보여주는 기능을 한다. 이 결합의 방식은 일종의 세미콜론(;)으로 이해될 수 있다. 내용적 관련성을 적절한 병렬적 결합을 통해 보다 명백하게 만들 수도 있다. 이런 유형의 반종지형에서 반종지형 조사는 명사적 서술어 다음에도 온다. 이때 종지형 조사처럼 반종지형 조사는 명사적 계사의 형태로 오게 된다.

---

3 ཁྱོད་는 ཁྱོད་ཀྱིས་의 운율상의 생략형이다.

བྲམ་ཟེ་དེའི་ཆུང་མ་ལ་བུ་ཕོ་ནི་མེད་ཀྱི། བུ་མོ་བདུན་ཡོད་དེ། རབ་ཏུ་དབུལ་ཕོངས་སོ།།

"저 바라문의 부인에게 아들은 없고 딸은 일곱이 있는데, 매우 가난했다."

དེ་བས་ན་བདག་འོངས་པ་ཙམ་ན་སྟེ། དེ་སྐད་སྨྲ་ཞིང་ …

"그래서 나는 단지 왔었다." 이렇게 그가 말했다.[4]

།ཕན་པར་སྨྲ་བ་དཀོན་པ་སྟེ། དེ་དག་ལས་ཀྱང་ཉན་པ་དཀོན། །སྨན་པ་མཁས་པ་རྙེད་དཀའ་སྟེ། དེ་ཡི་ཚིག་བཞིན་བྱེད་པ་ཙང།།

"도움이 되게 말하는 사람은 드물고, 그들보다 듣는 사람은 더욱 드물다; 유능한 의사는 얻기 힘들고, 그의 말대로 행하는 자는 더 적다."[5]

f) 반종형 조사의 종지적 기능

몇몇 경우에 반종지형 다음에 어떤 문장도 나오지 않을 수도 있다. 이때 그것은 순수한 종지적 기능을 한다. 운문문장에서 많은 예들이 나오는데, 특히 내용적으로 독립된 게송이 반종지형 조사를 통해 연결될 경우 그러하다.[6]

རྒྱལ་པོ་ཆོས་དང་ལྡན་པ་ཡི། གྲགས་པ་འཇིག་རྟེན་གསུམ་གང་སྟེ།
སུམ་ཅུ་གསུམ་གྱི་གནས་རྣམས་ན། ལྷ་ཡི་དབང་པོ་དགར་འགྱུར་ཏེ།

"법을 지니고 다스리는 왕의 명성은 삼계에 가득하다.
33[천]의 영역에서 신들의 지배자는 [그것에 대해] 기뻐한다."

---

4 ཞིང에 대해서는 15.5-7 참조.

5 དཀོན은 དཀོན་ནོ་가 운율상 탈락한 것이다. 마찬가지로 རྙེད་는 རྙེད་པར་의 생략형이다. བཞིན་은 བཞིན་དུ; ཙང 은 ཙང་ངོ་의 탈락형이다.

6 강독자료 4의 제25송은 반종지형 조사를 통해 종결된다. 이어지는 게송이 내용적으로 관련이 있다. 따라서 티벳어의 관점에서 여기에 병렬시키는 기능이 놓여 있는 것이다. 산스크리트문에서 두 게송은 의심할 여지없이 독립된 문장들이다.

15.3 반종지형 조사의 비동사적 사용

g) 도입적 기능

반종지형 조사의 특별한 기능은 이를 통해 선행하는 문장이나 [그 문장에] 포함된 특정 개념에 대한 이유, 설명, 정의, 비교 등이 이 조사에 뒤따른다는 것을 표시하는 데 있다.

이 경우 반종지형 조사는(8.3에서 보듯이) 가장 먼저 분리형 조사 ནི་와 비교될 수 있다. 병렬적 기능(위의 e)와 마찬가지로 세미콜론이나 콜론으로 번역할 수 있다. 접속사를 이용한 번역은 내용상 관련이 있을 때 적용된다.

(1) 후치된 수식어를 표시하는 기능

ཡུལ་དེ་ན་བྲམ་ཟེ་དབྱིག་པ་ཅན་ཞེས་བྱ་བ་འདུག་སྟེ། རབ་ཏུ་དབུལ་འཕོངས་པ། བཟའ་བ་དང་བགོ་བ་མེད་པ་ཞིག་གོ།

"저 나라에 དབྱིག་པ་ཅན་이라고 하는 바라문이 있었다. [그는] 매우 가난하고 먹을 것과 입을 것이 없었다."

(2) 후치된 이유를 보여주는 기능

མི་བཟང་པོ་སྟེ། རྟག་ཏུ་གཞན་གྱི་དོན་སྒྲུབ་པའི་ཕྱིར་རོ།

"[그는] 좋은 사람이었다. 왜냐하면 항시 타인의 이익을 성취시키려고 했기 때문이다."

(3) 후치된 설명이나 서술을 보여주는 기능

འདི་སྐད་རྗེས་སུ་ཐོས་ཏེ། …"다음과 같이 전승되었다."

이 문장은 빈번히 불교 이야기에서 도입부에 나온다. 후속 문장은 이 경우 전체 이야기일 것이다.

(4) 후치된 정의를 보여주는 기능

སངས་རྒྱས་ཏེ། མ་རིག་པའི་གཉིད་སངས་པ་དང་ཤེས་བྱ་ལ་བློ་གྲོས་རྒྱས་པའོ།།

"སངས་རྒྱས་"란 무명의 잠으로부터 깨어났고, 인식대상에 대해 이해가 넓은 것이다."

(5) 후치된 비교를 보여주는 기능

།དཔལ་ལྡན་བསྟོད་པ་གསལ་བ་སྙིག་རྣམས་ཀྱིས། དེ་ལ་སྤྱོད་ཡུལ་དུ་ནི་འོངས་བྱས་ནས།

།སྙིང་པོ་བཟུང་ནས་ཕྱིས་ནི་འདོར་འགྱུར་ཏེ། སྨིན་པའི་ཨ་མྲ་འབྲས་བུའི་རྩུས་པ་ལྟར།

"길상하고 밝은 명성을 가진 분은 매력을 통해 그를 자신의 행동영역으로 오게 한 후에, [그는] 핵심(재물)을 잡은 후에 다시 버리게 된다. 마치 익은 망고의 열매의 씨방처럼."

15.4 특별한 용법

h) 부사를 만드는 기능

반종지형의 도움으로 대명사, 형용사, 부사들로부터 접속사와 부사가 파생된다. 예시된 번역이 보여주듯이 이 경우 문장성분의 축약과 관련이 있다. 그리고 축약된 문장에서 반조지형 조사는 위에서 설명한 기능의 하나로, 주로 도입적 기능이 사용된다.

གལ་ཏེ་ "만일"

གལ་은 의문사와 관계사의 어간인 ག་에 처격ལ་를 붙인 ག་ལ་의 축약형이다.

ཅི་སྟེ་ 또는 ཇི་སྟེ་ "만일~할 경우"

འོན་ཏེ་ "이제 그러면"

འོན་은 지시대명사 어간 འོ་에 처격 ན་를 붙인 འོ་ན་의 축약형이다. 이 접속사의 완전한 형태는 འོ་ན་སྟེ་일 것이다.

ད་སྟེ་ "이제"

འདི་ལྟ་སྟེ་ "이같이, 즉"

དེ་བཞིན་ཏེ་ "그와 같이"

i) 격조사 다음에 오는 기능

앞 절에서 반종지형 조사가 격조사 대신으로 등장하는 경우들을 보았다. 서술문과 의문문의 종지형 조사처럼 반종지형 조사도 완전한 형태의 격조사 뒤에 올 수 있다. 그 예는 반종지형 조사의 특별한 기능 때문에 매우 드물다.

ཁྱོད་ལ་གུས་པ་ལས་སྟེ་ལམ་གཞན་མེད་དོ་ [7] "너에게 존경하는 것 이외의 다른 길은 없다."

ལྷ་རྣམས་སྟེང་ན་སྟེ། ཀླུ་རྣམས་འོག་ཏུ་སྟེ་ "신들은 하늘에, 용들은 아래에"

15.5 병렬조사

병렬조사의 형태는 선행하는 종지음에 따라 변한다.

---

7 여기서 Jñāśrīmitra의 *Vṛttamālāstutti*, 79d의 티벳 텍스트는 온전히 전승되지 않았다. ལས་སྟེ་ 대신에 ལས་ཏེ་로 읽어야 한다.

ཅིང་	ག, ད, བ 뒤에서, 탈락된 ད་དྲག་ 뒤에서
ཞིང་	ང, ན, མ, འ, ར, ལ, 모음 뒤에서
ཤིང་	ས 뒤에서

병렬조사는 기본적으로 동사의 현재, 과거, 미래어간 뒤에 온다. 그것은 선행하는 동사어간과 뒤따르는 동사어간을 결합시키는데, 이때 후행의 동사는 종종 명사형 조사 པ་를 통해 명사화된다. 즉, 동사형태의 명사나 동사형태의 형용사의 형태로 온다. 병렬조사를 통해 형성된 결합은 반종지형 조사를 통해 만들어진 결합보다 훨씬 긴밀하다. 많은 경우 두 개의 동등한 부분의 계사적 연결관계("and")가 표현되지만, 의미있는 번역을 위해서는 시제적 · 양태적 종속관계를 보여주는 것으로 번역하는 것이 좋을 때도 있다. 그 경우 종속관계는 병렬조사의 기능에서보다 동사행동이 논리적으로 수식하는 말에서 더 잘 나타난다.

15.6 병렬하는 기능

a) 독립적 문장의 병렬

예외적 경우에 병렬조사는 두 개의 서술어뿐 아니라 반종지형 조사처럼 상이한 주어를 가진 독립된 두 문장을 연결시킨다.

རྒྱ་མཚོ་ཆུ་ཡིས་མི་ངོམས་ཤིང་། རྒྱལ་པོའི་བང་མཛོད་ནོར་གྱིས་མིན།

"바다는 물에 질리지 않고, 왕의 방은 보석에 [질리지] 않는다."

이런 기능에서 병렬조사는 세미콜론이나 결합이나 대비적 관계를 나타내는 접속사를 갖고 번역한다.

b) 독립적 술어의 병렬

보통 병렬조사는 두 술어를 주어와 병렬시킨다. 이 경우 병렬 접속사를 갖고 번역한다.

ཆུང་མ་དེ་རབ་ཏུ་མི་སྡུག་ཅིང་མིག་གཉིས་ཀྱིང་མི་མཐོང་སྟེ།

"저 부인은 매우 아름답지 않고 또 두 눈도 보지 못한다."

བྲམ་ཟེ་དེ་ཕྱུག་ཅིང་བདེ་སྐྱིད་པར་གྱུར་ཏོ། "저 바라문은 부유하고 기쁘게 되었다."

마지막 예문에서 뒤따르는 동사어간이 동사형태의 형용사의 형태로 등장한다.

c) 유사한 의미를 갖는 동사어간의 병렬

병렬조사의 특별한 기능은 비슷한 의미를 가진 동사어간을 연결시키는 것이다.

ཁྲོ་ཞིང་གཏུམ་མོ་ཞིག་སྟེ། "화를 [잘] 내고 [불같이] 뜨거운 부인이다."

དེ་བཞིན་གཤེགས་པ་ཤིང་དྲུང་ན་དབང་པོ་ཀུན་ཞི་ཞིང་བདེ་བར་བཞུགས་པར་མཐོང་ངོ།[8]

"나무 근처에서 감각기관이 적정하고, 기쁘게 앉아 있는 여래를 보았다."

첫 번째 문장의 경우에 두 동사어간은 གཏུམ་("뜨겁다") 뒤에서 형용사를 만드는 명사형 조사 མོ་를 통해 형용사로 변화된다. 두 번째 예문의 경우에 དབང་པོ་ཀུན་ཞི་ཞིང་བདེ་བར་ 는 향격 속에 있는 명사형 조사를 통해 부사화된다. 병렬조사를 통해 병렬된 동사어간은 ཞི་와 བདེ་이다.

---

8 원래 ཤིང་གི་དྲུང་ན་를 기대할 것이다.

15.7 종속시키는 기능

d) 시간적 종속관계

종종 병렬된 동사행동의 의미는 시간적인 연속을 함축한다.

དེ་ལྟར་སྨྲ་ཞིང་ … བཟང་མོའི་ཁྱིམ་དུ་ཞུགས་སོ།

"그같이 말한 후에, 아름다운 여인의 집으로 들어갔다."

티벳어의 이해방식에 따르면 이때의 기능은 동시성을 나타낸다(སྨྲ་는 현재어간). 반면에 논리적 맥락에[9] 따르면 뒤따르는 과정이 앞의 행위에 비해 시간적으로 뒤에 있다.

e) 양태적 종속

종종 선행하는 동사행동이 후속하는 동사행동을 상세히 규정한다. 이 경우 부사적으로 표현하면 좋을 것이다.

ཆོས་ལུགས་མི་འགལ་ཞིང་འཇིག་རྟེན་བྱ་བ་ཀུན་ནས་ལེགས་པར་སྒྲུབ་པ་

"법의 체계를 어기지 않으면서 세간의 일을 모든 면에서 잘 성취함"

f) 동사와 조동사 사이의 병렬조사

티벳어에는 동사들이 양태적 동사나 조동사와 결합되는 일련의 부차적 문장구성법이 있다(제16과 참조). 보통 그 경우에 동사어간이나 주동사의 동사형태의 명사 대신에 향격 조사가 온다. 그렇지만 때때로 병렬조사가 동사와 조동사를 연결시키는 기능을 하기도 한다.

མཆོད་པ་བགྱིད་ཅིང་མཆིས་སོ་ "존경을 하고 있다."[10]

---

9 강독자료 4, 게송 9 뒤의 산문 참조.

15.8 조동사를 위한 결합조사

보조동사를 위한 결합조사의 형태는 선행하는 종지음에 따라 다음과 같이 변한다.

ཀྱིན་	ད, བ, ས 뒤에서, 탈락된 ད་དྲག་ 뒤에서
གྱིན་	ག, ང, འ, 모음 뒤에서
གྱིན་	ན, མ, ར, ལ 뒤에서

산디 규칙이 단지 부분적으로만 소유격 조사와 일치한다는 것에 주의하라!

이 조사의 기능은 본질적으로 주동사와 조동사를 결합시키는 것이다.

ཡོང་གིན་འདུག་ "오고 있다."

일반적으로 조동사 འདུག་པ་, ཡིན་པ་, ཡོད་པ་, རེད་པ་가 결합조사에 뒤따른다. 결합조사는 15세기 (Mi-la ras-pa에서처럼) 이미 초기에 나타나지만 고전문헌에서는 매우 드물게 등장한다.

15.9 격조사와 동명사형 조사들의 유래

많은 티벳어 조사들의 유래는 Walter Simon의 작업 덕분에 해명되었다. 여기서는 단지 격조사와 본 서에서 다룬 몇 가지 조사들에 대한 연구성과의 주요 특징들만이 언급될 것이다. 이때에 이를 완전히 설명하기 위해 몇 가지 가정을 해야 할 것이다.

소유격 조사는 오래된 지시대명사 어간으로 소급되는데, 이것은 서부 티벳어 འི་(또한 ཨི་ཡོ་) "이것"에서 입증되고 있다. Simon은 그 기본형을 *འཡི라고 추정하는데, 거기서부터 위의 5종의

10 또 다른 예시는 16.5 참조. 축자적 번역이 암시하듯이 이 유형은 양태적 종속의 특별한 형태로 이해할 수 있다.

형태가 음성학적 관점에서 발전되었을 것이다. 기본형은 아직도 충분히 해명되지는 않았다.

처격 조사 ན་는 장소를 나타내는 오래된 어간 내지 "안, 속"의 의미를 가진 후치사이다. 그것으로부터 어미 –ང의 도움으로 명사어간 ནང་이 파생된다.

또 다른 처격 조사 ལ་는 장소를 나타내는 오래된 어간 내지 "최고의 것, 위에 있는"의 의미를 가진 후치사이다. 그것은 아마도 ལ་ "길"(산위로 통하는 길의 가장 높은 지점?)이란 단어에서 독립적인 체언으로 형성되었을 것이다. 확실한 것은 그것에서 བླ་ "위의 것, 높은 것"와 ཕྱི་ "무엇인가에서 발견되는 것, 외적인 것"가 파생되었다(13.4.g 참조).

세 개의 다른 조사들은 바로 위에서 다룬 것에서부터 -ས를 덧붙임에 의해 만들어진다. 이것이 도구격(=소유격+ས)이며, 탈격I(ན+ས)이며, 탈격II(ལ+ས)이다. Simon에 따르면 이 –ས는 축약된 ས་ 또는 སོ་ "장소"이다. 두 처격 조사의 설명에는 아직 해결되지 않은 의미론적 어려움이 남아 있다.

향격 조사 ཏུ་, དུ་, -ར་, རུ་, སུ་의 기본형은 장소를 나타내는 어간 དུ་ "근처"(또는 Simon에 따르면 원래는 "기초, 근거")에서 추상화된 것이다. 이것은 ནང་과 유비하여 དུ་+-ང의 구성부분으로 분해될 수 있다. 어간 དུ་ "근처"는 위에서 제시한 것처럼 다양한 형태들로 분화된다.

연결 조사 དང་은 Simon에 의해 복수조사 내지 집합조사 དག་이 처격 조사 ན་와 융합한 결과로서 분석되었다. 이 해석은 음운론적 관점에서 일련의 유사한 결합을 통해 지지되지만, 의미론적 측면에서는 아직도 완전히 문제를 해결한 것은 아니다.

세 개의 반종지형 조사는 སྟེ་를 기본형으로 가진다. 여기서 오래된 장소를 나타내는 어간 내지 "위의 것, 윗면"의 의미를 가진 후치사가 문제된다. 이는 어미 –ང의 도움으로 파생된 형태인 སྟེང་ "위의 것, 표면"에서 보인다. 의미론적 측면에 대해서는 སྟེང་དུ་ "그 외에"와 비교하라.

병렬조사 ཅིང་, ཞིང་, ཤིང་은 Simon에 의해 དང་과 유비적으로 ཅིག་+ན་ 등으로 분석되었다. 그는 이를 "~과 한 부분으로, ~과 동시에"로 번역하고 있다.

조동사를 위한 결합조사 ཀྱིན་, གྱིན་, གྱིན་은 소유격 조사가 처격 조사 ན་와 결합한 것이다. 상이한 산디는 잠정적으로 해명되고 있지 않다.

제15과 연습문제

བཅོམ་ལྡན་འདས་ཀྱི་བཀའ་དྲིན་ཆེན་པོས་བདག་ཅག་གི་ཚེ་སྲོག་ལྷག་མ་ཙམ་ཞིག་ལུས་པར་གྱུར་ན། ལྷའི་གཙོ་བོ་ཐུགས་བརྩེ་བར་དགོངས་ཏེ། བདག་ཅག་ཆོས་ལ་རབ་ཏུ་འབྱུང་བར་ཅི་གནང་ཞེས་གསོལ་པ་དང་། བཅོམ་ལྡན་འདས་ཀྱིས་ལེགས་པར་འོངས་སོ་ཞེས་བཀའ་སྩལ་པས། སྐྲ་དང་ཁ་སྤུ་རང་བྱི་སྟེ། གོས་ཀྱང་ངུར་སྨྲིག་ཏུ་གྱུར་ཏོ། །དེ་དག་ཤིན་ཏུ་དད་པའི་སེམས་བརྟན་པར་གྱུར་ནས། བཅོམ་ལྡན་འདས་ཀྱིས་ཅི་རིགས་པར་ཆོས་བསྟན་པས་རྡུལ་དང་དྲི་མ་ཟད་དེ། དགྲ་བཅོམ་པར་གྱུར་ཏོ། །དེའི་མ་རྒན་མོ་དེ་ཡང་ཆོས་ཐོས་པས་[ལན་གཅིག][11]ཕྱིར་མི་ལྡོག་པར་གྱུར་ཏོ། །དེའི་ཚེ་ཀུན་དགའ་བོས་དེ་ལྟ་བུའི་དངོས་པོ་ངོ་མཚར་ཆེ་བ་དག་མཐོང་ནས། དེ་བཞིན་གཤེགས་པ་ནི་ཡོན་ཏན་དེ་སྙེད་ཅིག་མངའ་ཞེས་བསྔགས་ཏེ། ཡང་འདི་སྙམ་དུ་རྒན་མོ་མ་སྨད་གསུམ་པོ་འདིས་སྔོན་ལེགས་པ་ཅི་ཞིག་བགྱིས་ན། ད་ལྟར་བཅོམ་ལྡན་འདས་དང་ཕྲད་དེ། ཉེས་པ་ཆེན་པོ་ལས་ཀྱང་ཐར་ལ། མྱ་ངན་ལས་འདས་པའི་བདེ་བ་ཐོབ་ནས་ལུས་བཅིག་གིས་ཕན་པ་དང་། བདེ་བའི་དོན་ཐོབ་པ་ལེགས་སོ་སྙམ་དུ་བསམ་པ་དང་། བཅོམ་ལྡན་འདས་ཀྱིས་མཁྱེན་ནས་ཀུན་དགའ་བོ་ལ་འདི་སྐད་ཅེས་བཀའ་སྩལ་ཏོ། །མ་སྨད་གསུམ་པོ་འདི་ནི་ངས་ད་ལྟར་འདི་འབའ་ཞིག་གི་དུས་སུ་གསོས་པར་མ་ཟད་ཀྱི། སྔོན་འདས་པའི་དུས་ན་ཡང་ངའི་བཀའ་དྲིན་གྱིས་གསོས་སོ་། །མ་སྨད་གསུམ་པོ་འདི་དག་ཇི་ལྟར་གསོས་པ་བཅོམ་ལྡན་འདས་ཀྱིས་བསྟན་དུ་གསོལ། བཅོམ་ལྡན་འདས་ཀྱིས་ཀུན་དགའ་བོ་ལ་བཀའ་སྩལ་པ།

(*[ལན་གཅིག་]은 원래 티벳 목판본에서 나온 것이지만 한문 원전에 따라 생략되어야 할 것이다.)

11 목판본으로 전해졌지만 괄호 속의 문장은 한역어에 따라 삭제되어야 할 것이다(그 단어는 skt. *anāgāmin*에 대응).

제15과 연습문제 해설

1 ཚེ་སྲོག་는 뒤따르는 ལྷག་མ་의 양태적 목적격이지만, 여기서는 소유격으로 번역될 수 있다.

1 ལྷའི་གཙོ་བོ་ 7.2.b 참조.

2 དགོངས་ཏེ་는 ཅི་གནང་을 양태적으로 규정한다. ཅི་གནང་는 의문문이다(6.6 참조).

3 རང་을 부사적으로 해석함. "그것 자체로"

3f དད་པའི་སེམས་은 བརྟན་པ་의 양태적 목적격이다. དེ་དག་은 두 서술어 སྐྱུར་ནས་와 སྐྱུར་རོ་의 논리상의 주어이다. 두 번째 서술어인 སྐྱུར་རོ་는 시간-원인적 성격을 가진 종속절(བཅོམ་ལྡན་འདས་ཀྱི་ … ཟད་དེ་)에 의해 수식된다. 그것의 주어는 རྒྱལ་དང་དྲི་མ་

6 ངོ་མཚར་ཆེ་བ་는 형용사 "매우 놀라운"이다.

6 དེ་སྙེད་ཅིག་ 여기서는 집합적 기능 중에서 부정조사이다. 6.1 참조.

7ff འདི་སྙམ་དུ་ … སྙམ་དུ་བསམས་པ་དང་은 직접어법의 형태로 제공된 정보를 가진 구문으로 되어 있다.

7 བགྱིས་ན་ 이것에 대해서는 14.4를 참조하라.

8 ཕན་པ་དང་། བདེ་བའི་དོན་ "유용하고 즐거운 것, 유용하고 즐거운 목표" –7번째 줄의 ཕོད་དེ་은 번역에서 마지막이다. ཐར་ལ་와 ཐོབ་ནས་는 8번째 줄 ཐོབ་པ་에 종속된다. – 이 문장은 한역본을 잘못 번역한 것이다.

10 ད་ལྟར་འདི་འབབ་ཞིག་གི་དུས་སུ་ "바로 현재의 때에, 즉, 바로 지금"
ད་ལྟར་는 여기서 명사형 조사없이 명사화된 부사이다.

11 མ་སྨད་ … གསོལ་པ་는 བསྟན་དུ་의 목적어이다.

제15과 단어 해설

ཀུན་ནས་སྐྱིད་པ་	모든 곳에서 행복한
ཁོ་ན་	단지, 오직
ཁྲོ་བ་	화난, 분노
འཁོད་པ་	앉다, 정착하다
མགོ་བོ་	= མགོ་(11)
འགལ་བ་	~과 (ལས་ 또는 དང་) 반대되다, 충돌하다
རྒྱས་པ་	넓은, 커다란(རྒྱ་བ་의 P)
སྒེག་པ་	매력, 애교, 매력 있는,
ངོམ་པ་	(도구격과) ~에 만족한,
P ངོམས་	
ཆོས་ལུགས་	종교, 신앙
མཆི་བ་	(존칭어) 가시다, 오시다.
P མཆིས་	
མཆིས་པ་	(존칭어) 계시다
རྗེས་	발자국, 흔적
རྗེས་སུ་	~을 따라서
རྗེས་སུ་ཐོས་པ་	듣다. 전승되다
ཉུང་བ་	적은, 작은
དེ་བས་ན་	그 때문에
བདེ་སྐྱིད་པ་	행운의, 운 좋은
འདི་ལྟར་	이렇게
འདེབས་པ་	(씨앗 등을) 뿌리다
འདོར་བ་	내던지다, 버리다
PI དོར་	
དཔལ་	아름다움, 장엄함
དཔལ་ལྡན་	훌륭한, 장엄한
སྤྱོད་ཡུལ་	지역, 영토
ཕན་པ་	유용한, 유익한
ཕོངས་པ་	= འཕོངས་པ་(10)
ཕྱིས་	뒤에, 후에
ཕྱུག་པ་	풍부한, 부유한
བང་མཛོད་	창고, 보고(寶庫)
བྱ་བ་	일, 업무
དབང་པོ་	감관, 지배자
དབུལ་(འ)ཕོངས་པ་	가난한, 가여운
དབྱིག་པ་	막대기
དབྱིག་པ་ཅན་	막대기를 가진(skt. *daṇḍin*)
ཚོར་བ་	느끼다, 감수하다
འཚང་བ་	제정신으로 돌아오다
P སངས་	
མཛོད་	창고, 보고(寶庫)
ཞི་བ་	적정(寂靜)한, 조용한
བཞིན་	~과 같이

ཡོང་བ་	오다
རྡུས་པ་	핵심
ཤེས་བྱ་	알아야 할 것
ས་བོན་	씨앗, 종자
སངས་པ་	깨달은
ཨ་མྲ་	망고열매(skt. *amra*, *āmra*)

제16과

16.0 티벳어에서 동사와 동사의 결합[1]

티벳어에는 표현의 가능성을 확대시키는 일련의 동사와 동사의 결합형이 보인다. 이 표현 가능성은 원래 동사의 네 어간형태에서 인지되었거나 또는 네 어간의 기능을 분명히 이끌어 내는 것이다. 이를 위해 많은 수의 조동사와 양태동사가 기여하는데, 그것들의 작용방식은 아래에서 발췌하는 식으로 언급될 것이다. 이들 구문구성은 규칙적이지 않으며, 시대와 저자에 따라 유연하고 가변적으로 사용된다.[2] 따라서 이하에서는 그 성격을 주로 예시적 방식으로 제시할 것이다.

16.1 ཡིན་པ་

ཡིན་པ་(존칭 및 겸칭: ལགས་པ་)는 항시 동사형태의 체언과 결합하며 이때 이 동사형태의 체언은 구문적으로 술어적 명사로 간주된다. 반면 ཡིན་은 계사로 기능한다. ཡིན་པ་의 기본의미는

1 이 설명과 관련하여 Claus Oetke, *Die aus dem chinesischen übersetzten tibetischen Versionen des Suvarṇaprabhāasūtra*, Wiesbaden 1977, p.366ff에 나오는 <조동사와 양태동사>항을 참조할 것. 거기서 འགྱུར་བ་, བྱེད་པ་, ཡིན་པ་의 기본기능이 잘 연구되어 있으며, 그것으로부터 많은 결합형이 확실히 설명될 수 있다.

2 여기서 다루지 않은 조동사와 양태동사들은 보통 사전에 잘 나와 있으며, 예문을 통해 그 사용례가 분명히 나타난다.

선행하는 동사어간을 통해 표현된 개념에 귀속된다. ཡིན་པ་ 와의 결합은 아래 세 기능에서 사용된다.

a) 부차적으로 현재와 과거 표현

ཡིན་པ་ 를 통해 동사의 현재, 과거가 부차적으로, 즉 다른 방식으로 표현될 수 있다. 시점이나 행동유형은 주동사의 어간이나 문맥에서 나온다. 존칭이나 겸칭을 갖지 않은 동사의 경우 ལགས་པ་ 를 갖고 존칭이나 겸칭을 만든다.

གནས་པ་མ་ཡིན་འགྲོ་མ་ཡིན། "머무는 것도 아니고 가는 것도 아니다."[3]

སེམས་ཅན་ཐམས་ཅད་ཀྱིས་ཕྱག་བགྱིས་པ་ལགས་སོ་

"일체(一切) 중생(衆生)이 귀경을 하고 있었다."[4]

b) 진행형(지속성)

ཡིན་པ་를 부가함에 의해 동사행동이 마치 수행되고 있는 것으로 특징지어진다. 영어의 진행형을 참조하라.

འདུག་པ་ཡིན་ "들어오고 있다."

c) 일반적으로 타당한 사태의 기술

지속적인 동사적인 과정 없이도 ཡིན་པ་ 를 통해 일반적으로 타당한 사태가 표현된다.

ཆགས་བྲལ་གཏམ་གྱི་ཆུས་ཆགས་པའི་མེ་ནི་ཞི་བར་བྱེད་པ་ཡིན་

3 འགྲོ་는 འགྲོ་བ의 운율상의 축약형이다.

4 역주: 다른 결합의 가능성에 대해서는 16.5의 འདུག་པ་의 구문을 보라.

"애욕(愛慾)이 없는 말의 물은 애욕의 불을 적정(寂靜)하게 한다."[5]

ཡོད་པ་མ་ཡིན་(= ཡོད་པ་མིན་) "존재하지 않는다."

이 기능에서 서술어는 과거형을 사용할 수 있다. 그때 과거어간의 동사형태의 체언이 만들어진다.

།གསེར་གྱི་སྦྲམ་བུ་མིན་པ་ཇི་སྲིད་མེ་ཡིས་ནི། །རབ་ཏུ་གདུང་བྱས་་སྲིད་……།

།དྲི་མ་ཅན་ཉིད་ངེས་པར་ཀུན་ནས་འོངས་པ་ཡིན།

"정련되지 않은 금을 불을 통해 달구는 한, 오염물은 확실히 사라지게 된다."[6]

특별한 표현으로서 ཡོད་པ་མ་ཡིན་ 또는 이것의 축약형으로서 ཡོད་པ་མིན་ "없다"을 기억해야 한다.

བདག་གི་བཱ་རཱ་ཎ་སཱིར་འོངས་པ་ལ་དགོས་པ་གཞན་ཡོད་པ་མིན་ཏེ།

"내가 바라나시로 온 것에는 다른 목적이 없다."

16.2 ཡོད་པ་

ཡོད་པ་ "있다"(존칭: མངའ་བ་; 겸칭: མཆིས་པ་)는 보조동사로서 다음의 두 가지 기능을 위해 사용된다.

a) 현재 진행형(지속성)

ཡོད་པ་를 통해 지속성이 표현된다. 이때 보통 주동사의 동사어간에 조동사를 위한 결합조

5 བྱེད་པ་에 대해서는 16.4 참조.

6 གདུང་བྱས་는 운율적으로 གདུང་བར་བྱས་པ་를 줄인 것이다.

사가 붙는다. 이것은 현대 티벳어에서 잘 사용되는 구문이다.

བུ་ཡོང་གིན་ཡོད་དེ་	"아들이 오고 있다."

주동사의 동사어간에 병렬조사가 올 수도 있다.

མཆོད་པ་བགྱིད་ཅིང་མཆིས་སོ་	"존경하면서 있다"[7]

b) 미래어간의 동사형태의 체언에서 계사 기능

술어명사가 동사형태의 체언으로 구성되었다면 ཡོད་는 자주 계사와 유시한 기능으로 사용된다. 동사형태의 체언은 여기서 향격과 결합한다.

སྟོབས་ལྡན་དགྲ་བོས་ཅི་བྱར་ཡོད།	"(강력한) 힘을 가진 적이 무엇을 하겠는가?"[8]
སྡུག་པ་མཐོང་བར་ཡོད་མི་འགྱུར།	"사랑스러운 것을 보지 않게 되다."[9]

16.3 འགྱུར་བ་

འགྱུར་བ་는 조동사로서 동사형태의 체언의 향격을 지배한다. 이때 사태의 전개 결과 내지 행동의 결과의 향격이 표시되는데(13.5.p 참조), 왜냐하면 འགྱུར་བ་는 기본적으로 주동사를 통해 표시된 동사행동이 이루어지거나 나타남을 표현하기 때문이다. 일반적으로 འགྱུར་བ་는 현재어간이나 과거어간 뒤에 오지만, 미래어간 뒤에 오는 경우도 드물게 보인다. 결합형을 분석할 때에(현재와 미래어간 འགྱུར་와 과거와 명령어간 གྱུར་의) 두 어간형의 동사 འགྱུར་བ་가 모든 어

---

7 다른 결합 가능성에 대해서는 16.5에 있는 འདོད་པ་ 구문 참조.

8 བྱར་는 여기서 운율적으로 བྱ་བར་를 축약한 것이다.

9 ཡོད་པ་를 འགྱུར་བ་를 통해 확장시키는 것에 대해서는 16.3 참조.

간에서 사용될 수 있음에 주의해야 한다.

다음과 같은 표현이 འགྱུར་བ་와 결합해 자주 사용된다.

a) 보편적인 현재

동사의 현재어간과 결합해 འགྱུར་བ་의 현재어간은 종종 (이차적으로) 일반적으로 보편타당한 사태를 나타낸다.[10]

བདག་ཉིད་ཆེན་པོ་ལ་སྐྱེ་བོ་རྣམས་ཀྱིས་སྐྱོན་འཚོལ་བར་འགྱུར་རོ་
"위대한 인간에게서 사람들은 잘못을 찾는다."

b) 단순미래

འགྱུར་ 형태는 동사의 현재어간과 결합해 단순미래를 나타낸다.

རྙེད་པར་འགྱུར་རོ་	"얻게 될 것이다."
དེ་ལྟ་བུའི་གནོད་པ་མེད་པར་འགྱུར་རོ་	"그러한 손상이 없게 될 것이다."

འགྱུར་བ་를 갖고 표현한 미래는 의미상 독일어의 "werden"과 상응한다. 즉, 그것은 동사행동의 상태로 들어감을 보여준다.

순수한 미래는 미래어간의 필연적 의미를 갖지 않는다. 문맥에 따라 a)와 b)인지를 결정해야 한다.

c) 필연적 미래

동사의 미래어간과 결합해 어간 འགྱུར་는 미래를 나타내는 반면 주동사의 미래어간은 순수

10 "동사의 현재어간"이란 표현은 이하에서 이것에 의해 만들어진 동사형태의 체언의 향격을 가리키고 있다.

한 필연적 성격을 가진다. 양자의 결합의 결과가 필연적 미래이다.

གྲོང་ཁྱེར་དེ་དག་དང་ཡུལ་འཁོར་དེ་དག་ཀྱང་ཀུན་ཏུ་བསྲུང་བར་འགྱུར་རོ་

"저 도시들과 저 지방들은 역시 보호되어야만 할 것이다."

d) 미래완료

동사의 과거어간과 결합해 어간 འགྱུར་는 미래를 나타내지만 이 경우 과거어간의 성격에 부합되게 완결된 미래를 나타낸다.

གསེར་གྱི་ཁ་དོག་ལྟ་བུའི་སྣང་བ་འབྱུང་བར་འགྱུར་ཞིང་སྣང་བ་དེས་བདག་ཅག་གི་ཁང་པ་རྣམས་ཀྱང་སྣང་བར་བྱིས་པར་འགྱུར་རོ་

"금빛과도 같은 광명이 생겨나게 되고, 이 광명을 통해 우리들의 집들도 밝게 빛나야 할 것이다."

e) 과거완료

동사의 과거어간과 결합해 과거어간 གྱུར་는 과거에 이미 완결된 과거를 나타낸다. 이것은 시점이 과거이고 그 속에서 동사행동의 완료성이나 선행성이 강조될 때 사용된다.

བ་ལང་སྟོར་བར་གྱུར་ཏོ་	"소가 사라지게 되었다."
ཁྱེའུ་དེ་སྲོག་དང་བྲལ་བར་གྱུར་ར་ཏོ་	"저 소년은 목숨과 분리되게 되었다."

f) 부차적 명령법

동사의 현재어간과 결합해 འགྱུར་བ་의 명령법 གྱུར་ཅིག་은 부차적 명령형을 이룬다. 이것은 명령뿐 아니라 원망적 의미를 가진다.[11]

རྒྱལ་བར་གྱུར་ཅིག་ "승리하라!"

རྒྱལ་པོ་ཆོས་བཞིན་དུ་བྱེད་གྱུར་ཅིག་ "왕이 법에 맞게 행하시기를!"[12]

이 기능 속에서 འགྱུར་བ་의 원 의미는 완전히 없어지지는 않았다고 해도 희미해졌다.

g) 가정문

འགྱུར་བ་와 결합함에 의해 다양한 문장구문에서 가정적 성격이 표시된다. 보통 이때 과거어간 གྱུར་가 과거어간에 의해 만들어진 동사형태의 체언의 향격 다음에 온다. 이 경우 현재형이나 미래형은 드물다. 이런 구문은 조건적 · 양보적인 기간을 나타내는 경우에 특히 자주 쓰인다. 심층구조에서 보면 འགྱུར་བ་는 다만 조건의 일어남을 강조하는 것이다.

དེ་ཉིད་གལ་ཏེ་ཉམས་གྱུར་ན་ "만일 바로 그가 다친다면"

… དབྱིག་པ་ཅན་རྒྱལ་བར་གྱུར་ཀྱང་བླའོ་ "비록 dBig pa can이 승리하게 된다고 하더라도 좋다."

།འབྱོར་པ་ཐོབ་པར་གྱུར་ན་ཡང་། །བསོད་ནམས་མེད་ན་ག་ལ་རྟག།

"재산을 획득하게 된다고 해도, 공덕이 없다면 어떻게 영원하겠는가?"

h) 산스크리트 수동태의 번역

번역문헌의 특색으로서 종종 산스크리트 수동문이 འགྱུར་བ་를 통해 번역된다.

མཐོང་མི་འགྱུར་[13] skt. *na īkṣyate* "보이지 않게 된다"

སྤོང་བར་འགྱུར་ skt. *prahīyate* "단절되다, 제거되다"

---

11 부차적 명령법은 산스크리트 명령법과 원망법을 표시한 것이다.

12 이는 རྒྱལ་པོ་ཆོས་བཞིན་དུ་བྱེད་པར་གྱུར་ཅིག་ 을 운율상 줄인 것이다.

13 이것은 མཐོང་བར་མི་འགྱུར་རོ་ 를 줄인 말이다.

티벳어의 관점에서 당연히 어떤 성의 변화도 일어나지 않는다. 다만 འགྱུར་བ་를 통해 동사행동의 이루어짐이 특히 강조될 뿐이다. 동사형태는 비인칭적으로 번역되어야 하며, 티벳어의 구문론적 기능에 따라 a)에서 g)까지의 범주의 하나에 배당될 수 있다. 산스크리트 수동태가 이같이 번역될 경우 이는 많은 경우 번역상에 따르는 기계적 과정일 것이다.

16.4 བྱེད་པ་와 그 상응형태(존칭 མཛད་པ་, 겸칭 བགྱིད་པ་)

འགྱུར་བ་를 빼면 두 번째로 빈번히 사용되는 조동사가 བྱེད་པ་ "만들다, 하다"이다.[14] 이 조동사는 두 개의 보조적 기능에서 사용되는 것보다 단순하게 취급되어야만 한다. 이를 위해 일반형태인 བྱེད་པ་의 어간 외에 그것을 대체하는 존칭과 겸칭을 기억해야 한다.

평칭	존칭	겸칭	
བྱེད་	མཛད་	བགྱིད་	현재
བྱས་	མཛད་	བགྱིས་	과거
བྱ་	མཛད་	བགྱི་	미래
བྱོས་	མཛོད་	གྱིས་	명령

བྱེད་པ་와 그 상응어들은 항시 동사형태의 체언의 향격과 결합되어 있다. 현재어간의 동사형태의 체언을 요구하는 명령형 어간에 이르기까지 주동사와 조동사의 어간 사이에 문법적 일치가 나타난다.

14 Oetke(1973, p.384)에 의하면 བྱེད་པ་를 가진 동사복합어는 주어에서 [표현된 것을] 원인으로 하는 과정이나 행동의 관념을 표현한다.

a) བྱེད་པ་ 의 부차적 기능

བྱེད་པ་의 다양한 어간들은 모든 종류의 동사형, 즉 수동태, 명령태, 자동사, 타동사, 사역형 등과 결합되지만 이를 통해 의미가 반드시 변화되지는 않는다.

།ངན་པས་ཕལ་ཆེར་རང་གི་སྐྱོན། །གང་ཡིན་གཞན་ལ་འགོད་པར་བྱེད།

"나쁜 자는 주로 자신의 잘못, 그것을 타인에게 넘기게 한다."[15]

ཕྱག་བཙལ་བར་བྱས་ཏེ་ "예경을 하고 난 후"

བསྟན་པར་བགྱི་ "보여주게 할 것이다."[16]

རྒྱལ་པོ་ཆེན་པོས་འདི་ལྟར་མཁྱེན་པར་མཛོད་ཅིག་ "위대한 왕이 다음과 같이 아시기를"[17]

བྱེད་པ་ 및 그것의 대응어의 도움으로 동사형의 부차적 서술은 다양한 이유를 가질 수 있다. 고전 번역문헌에서 게송의 시구를 채우는 역할을 하는 것은 종종 운율이다. 동사는 자주 명사적으로도 동사적으로도 사용되는데, 이들 [용례의] 동사적 의미가 들어가야 할 자리를 표시할 때 བྱེད་པ་가 사용된다. 이 부차적 서술방식은 자체적으로 존칭이나 겸칭을 갖지 않는 그런 동사들의 존칭과 겸칭을 만들기 위해서 선택된다. 마찬가지로 만일 주동사가 그러한 류의 등급을 갖지 않을 경우 보완을 통해서 시제나 양태가 정확히 표현될 수 있다.

བྱེད་པ་에 선행하는 향격은 주동사가 그런 종류의 등급을 갖지 않은 경우 양태적이거나 목적격으로 해석될 수 있다.

བརྒྱན་པར་བྱེད་པ་ "장식하면서 행한다." 또는 "장식을 한다."

15 གང་ཡིན་은 གང་ཡིན་པ་의 줄임이고, བྱེད་는 བྱེད་དོ་의 줄임이다.

16 1인칭을 쓴 것은 겸칭 때문이다.

17 문자적으로 "이와 같이"

b) 사역의 기능

산스크리트에서의 고전 번역문헌에서 བྱེད་པ་는 사역형을 만들기 위해 사용된다.[18]

ཞི་བ་	"적정하다"
ཞི་བར་བྱེད་པ་	"적정하게 하다"
ཐར་བ་	"해탈하다, 벗어나다"
ཐར་བར་བྱེད་པ་	"해탈하게 만들다"[19]

བྱེད་པ་ 가 부차적 또는 사역을 만드는 것으로서 사용되었는가의 여부는 단지 문맥에 따른다.

16.5 འདུག་པ་ 와 གནས་པ་

두 조동사 འདུག་པ་ "있다, 앉아 있다"(존칭 བཞུགས་པ་, 겸칭 གདའ་བ་)와 གནས་པ་ "주하다, 있다"는(지속이나) 진행형을 나타내기 위해 사용된다.[20] 보통 འདུག་པ་와 གནས་པ་는 병렬조사를 통해 주동사와 결합된다. 때로 복합구문이 나타나기도 한다.

ངུ་ཞིང་འདུག་	"울고 있다."
མངོན་པར་བསྟོད་ཅིང་བཞུགས་སོ་	"칭찬하고 있었다."
ཞུགས་ཤིང་གནས་སོ་	"들어오고 있었다."

마지막 두 예문에서 시제는 주동사의 과거형어간으로 표시되고 있다. 그 대신에 부차적 표현으로 འགྱུར་བ가 사용될 수도 있다.

---

18 원래 사역형을 만드는 동사는 འཇུག་པ이다. 16.11 참조.

19 여기서 བྱེད་པ 앞에 향격은 사역기능을 갖는다.

20 이들 네 동사에는 어간의 등급이 없다.

སེམས་ཤིང་འདུག་པར་གྱུར་ཏོ་　　"생각하고 있었다."

산스크리트 원문의 복합적 구문 때문에 번역문의 경우 상이한 표현들이 나오기도 한다.

བདག་ཅག་གི་བདག་མོ་གཟུགས་ཀྱི་ཡོན་ཏན་ཐོས་པ་སྐལ་བ་ཆེན་པོ་ལ་ཤིན་ཏུ་ཕྲད་པར་འདོད་བཞིན་པས་གནས་པ་སྟེ།

"신체의 덕이 잘 알려진 우리들의 여주인은 위대한 운명을 가진 사람에 대해 매우 만나고자 하는 소원에 따르면서 (따르고) 있다."

འདོད་བཞིན་པ་는 འདོད་པ་의 진행형이다(16.7 참조). 도구격은 여기서 양태적으로 풀이될 수 있다.

회화체에서의 현재 진행형에서 조동사를 위한 결합조사가 사용된다.

མཐོང་གིན་འདུག་　　"보고 있다."

드물게 나오는 구문들은 다음과 같다.

1) 동사어간 + འདུག་
2) 동사형태의 체언의 향격 + འདུག་
3) 동사어간의 소유격 + འདུག་
4) 동사어간의 탈격 I + འདུག་
5) 동사어간 + 반종지형 조사 + འདུག་

16.6 སོད་པ་(강조)

སོད་པ་는 ཡིན་པ་와 ཡོད་པ་의 강조형이며, 따라서 어떤 것이 실제 그러하거나 그렇게 있음을 나타낸다. 일차적으로 그것은 조동사로서 동사의 강조형을 만들기 위해 사용되고, 특히 양보적 의미로 སོད་ཀྱི, སོད་ཀྱང་의 형으로 끝난다. 이때 སོད་는 직접 동사어간에 뒤따른다.

ལས་དག་ཡིན་སོད་　　"업이다."

དེ་དག་ཐམས་ཅད་གྲོང་གཅིག་གནས་མོད་ཀྱི། དེ་དག་ཕན་ཚུན་རྣམ་པར་མི་ཤེས་སོ།
"그들 모두는 한 마을에 거주했지만, 그들은 서로서로 알지 못한다."[21]

16.7 བཞིན་(지속)

བཞིན་(성격, 본성)을 통해 동사로부터 진행형이 만들어진다. བཞིན་은 동사어간에 뒤따른다.

འདོད་བཞིན་པ་ "소원의 성질을 가진 사람, 소망자"[22]

이것은 종종 부사적으로 사용된다.

ཁྲི་ལ་བཞུགས་བཞིན་དུ་ "왕좌에 앉아 있듯이"
མི་ཤེས་བཞིན་དུ་ཤེས་སོ་ "알지 못하는 것처럼 [하지만] 안다."

16.8 ཚར་, ཟིན་(부차적 완료) "끝나게 되다"

འཚར་བ་의 과거형어간인 ཚར་와 ཟིན་པ་의 과거형어간인 ཟིན་은 부차적 과거를 만들기 위해 사용된다. 자체적으로 과거어간이 없는 동사들에 있어 이들은 동사행동의 완결성을 분명히 한다. 자체적으로 과거어간을 가진 동사의 경우 이들은 행동이 끝났음을 강조한다. 과거에 있는 이야기 차원에서 이들 형태는 과거완료로 해석될 수 있다.

ཚར་는 동사형태 체언의 향격 위에 오며, 반면 ཟིན་은 주로 단순한 어간 뒤에 오지만 가끔 어

21 གྲོང་གཅིག་은 གྲོང་གཅིག་ན་의, 또 དེ་དག་은 དེ་དག་གིས་의 운율상의 축약이다.
22 이에 대해 16.5의 마지막 예문과 비교하라.

간의 향격 뒤에 오기도 한다.

ཡོངས་སུ་རྫོགས་པར་ཚར་ཏེ་	"완전히 완성되었다."
བདག་གི་ལུས་འདི་བྱིན་ཟིན་བྱིས་	"자신의 이 몸을 주었기 때문에"
ཕྲུ་གུ་སྐྱེས་སུ་ཟིན་ཀྱང་	"비록 아이가 [이미] 태어났었지만"

산스크리트 과거분사형은 종종 ཟིན་과 결합되어 번역된다.

ཐོབ་ཟིན་	skt. *prāpta*	"획득된"
བསལ་ཟིན་	skt. *vinodita*	"제거된"
བྱིན་ཟིན་	skt. *datta*	"제공된, 준"

འགྲུབ་པ་ "성립되다"와 རྫོགས་པ་ "완성하다, 채우다"는 그것들의 의미에 따라 부차적 과거를 만들기 위한 조동사로 사용될 수 있다. 과거어간 བྱུང་, མྱོང་, སོང་("생겨난", "경험된", "간")은 전적으로 회화체에서 이런 기능을 담당한다.

16.9 འགྲོ་, འོང་, ཡོང་(부차적 미래)

어간 འགྲོ་, འོང་, ཡོང་은 부차적 미래를 만드는 데 쓰인다. 이들은 (미래형) 동사형태의 체언의 향격 뒤에 오며, 때로 (미래형) 동사어간의 향격 뒤에 오기도 한다.

གཏམ་བྱར་འགྲོའོ་	"말을 하게 될 것이다."
དེ་ལྟ་བུར་འགྱུར་བར་འོང་	"그같이 되게 될 것이다.."
གསད་དུ་འོང་གིས་	"살해되게 될 것이다."[23]
བསླབ་པ་བསྲུང་བར་ཡོང་མི་ནུས་	"학문을 보호할 수 없을 것이다."

세 번째 예문에서 보듯이 미래는 잠재적 성격을 가질 수 있다. 아래 문장과 비교하라.

---

23 도구격을 미래를 표시하는 도구격의 기능에 대해서 18.16 참조.

གས་པར་འགྱུར་དུ་འོང་ "쪼개지게 될 것이다."

16.10 ཤོག་(부차적 명령) 존칭 གཤེགས་པ་ 의 명령형 어간

명령형 어간 ཤོག་은 존칭 གཤེགས་པ་ "오다"에 속하지만, 티벳인들에 의해 관습적으로 동사 འོང་བ་ "오다, 가다"에 귀속되었다. 이 조동사의 도움으로 모든 동사로부터 부차적 명령형이 만들어질 수 있다. 이때 ཤོག་은 현재어간이나 (드물지만) 과거어간에서 형성된 동사형태의 체언에 뒤따른다. 명령형 조사는 ཤོག་ 다음에는 대부분 탈락된다.

མེ་ཏོག་འཐེན་པར་ཤོག་ "꽃을 던져라."

ཤོག་과 함께 만들어진 부차적 명령형은 단순 명령법보다 명령적 성격은 강하지만, 원망적 성격은 약하다. ཤོག་을 갖고 번역된 산스크리트 원문 중에서 단지 20~25%에서만 원망(願望, Optativ)의 성격을 갖고 있다는 사실에서도 이를 알 수 있다.

16.11 འཇུག་པ་(사역형) བཅུག་ / གཞུག་ / ཆུག་

동사 འཇུག་པ་ "들어가게 하다"(བཅུག/ གཞུག/ ཆུག་)의 도움으로 이론적으로 모든 동사에서 사역형을 만들 수 있다. འཇུག་པ་는 동사 현재어간의 향격을 지배한다.

བྱེད་དུ་འཇུག་ན་ "만일 만들게 했다면"
བྱེད་དུ་བཅུག་ན་ "만들게 했었다면"
བྱེད་དུ་གཞུག་པར་བྱ་བ་ "만들게 해야 할 일", skt. *kāráyitavya*
བྱེད་དུ་ཆུག་ "만들게 하라."

16.12 དགོས་པ་와 རྒྱུ་(부차적 필연성)

དགོས་པ་ "필요하다"와 རྒྱུ་ "이유, 원인"는 부차적 필연성을 만드는 데 쓰인다. 이들 결합형의 필연적 성격은 བྱེད་པ་의 미래어간과 결합하는 형태보다(16.4 참조) 더 명백하고 분명한 필연성을 나타낸다. 왜냐하면 후자는 필연적 성격뿐 아니라 미래나 원망, 권장의 성격을 가질 수 있기 때문이다. དགོས་པ་ 와 རྒྱུ་는 동사어간만을 지배한다.

གཅིག་པུ་འགྲོ་དགོས་ན་ "만일 홀로 가야 한다면"

ངའི་དྲུང་དུ་འོང་རྒྱུ་ཡིན་པ་ "나의 곁으로 와야 할 이유인 것"

16.13 ཐུབ་པ་, ནུས་པ་

ཐུབ་པ་와 ནུས་པ་는 "할 수 있다"는 의미를 지닌 양태적 조동사이다. 이들은 동사형태의 체언의 향격이나 또는(드물지만) 어간에 붙여 사용한다. 고전 문어체에서는 주로 ནུས་པ་가 많이 나온다.

བཟོད་པར་མི་ནུས་སོ་ "참을 수 없다."

16.14 སྣང་བ་

སྣང་བ་ "나타나다, 보이다"는 동사형태의 체언의 향격 뒤에서 강한 서술적 계사로서 사용된다.

།སྙིང་མས་འབད་དེ་བསགས་པ་ཡི། །སྙིང་རྗེ་གཞན་དག་སྤྱོད་པར་སྣང་།

"꿀벌이 노력해서 모은 꿀을 타인들이 사용하는 것으로 보인다."

16.15 སེམས་པ་

སེམས་པ་의 현재어간 སེམས་과 미래어간 བསམ་은 마찬가지로 주관적 색조의 서술형 계사로서 "~이라는 생각이다" 등의 의미로 쓰인다. སེམས་པ་도 동사형태의 체언의 향격을 지배한다.

མཚོད་ … བདག་ཉིད་གཙང་བ་འདྲ་བར་སེམས། "저 호수는 깨끗한 본성과 비슷하다고 생각한다."[24]

16.16 འདོད་པ་ (Desiderativ)

의욕법은 འདོད་པ་ "원하다"로 만든다. 이것은 어간만이나 또는 동사형태의 체언의 향격 뒤에 온다.

གྲོས་པོའི་ཁྱིམ་དུ་འགྲོ་ (བར་)འདོད་པ་ཡིན་ "장인의 집으로 가고 싶다."

24 이것과 skt. *manye*를 비교하라. གཙང་བ་는 གཙང་བ་དང་을 운율적으로 줄인 것이다.

제16과 연습문제

སྔོན་འདས་པའི་དུས་བསྐལ་པ་གྲངས་མེད་པའི་སྔ་རོལ་ན། འཛམ་བུ་གླིང་འདི་ན་རྒྱལ་པོ་ཤིང་རྟ་ཆེན་པོ་ཞེས་བྱ་བ་ཞིག་ཡོད་དེ། རྒྱལ་ཕྲན་ལྔ་སྟོང་སྐྱོང་ལ་དབང་བྱེད་དོ། །རྒྱལ་པོ་དེ་ལ་སྲས་གསུམ་མངའ་སྟེ། རབ་ནི་སྒྲ་ཆེན་པོ་ཞེས་བྱའོ། །འབྲིང་པོ་ནི་ལྷ་ཆེན་པོ་ཞེས་བྱའོ། །ཐ་ཆུང་ནི་སེམས་ཅན་ཆེན་ཞེས་བྱ་སྟེ། སྲས་ཐ་ཆུང་དེ་ཆུང་ངུ་ནས་བྱམས་པ་དང་སྙིང་རྗེར་ལྡན་ཏེ། ཐམས་ཅད་ལ་བུ་གཅིག་པ་དང་འདྲ་རའོ། དེའི་ཚེ་རྒྱལ་པོ་དེ་བློན་པོ་དང་བཅས། བཙུན་མོ་དང་སྲས་སུ་བཅས་ཏེ། ཕྱི་རོལ་ཏུ་འཆག་ཅིང་རྡོང་བ་ལས། ཙུང་ཟད་ཅིག་ངལ་བསོ་བའི་བར་དུ་སྲས་གསུམ་པོ་ཚལ་གྱི་ནང་དུ་རྡོང་རྡོང་བ་ལས། སྟག་མོ་ཞིག་བུ་བྱུང་ནས་ཞག་དུ་མ་ལོན་པ་བཀྲེས་ཤིང་སྐོམ་པས་ཉེན་ཏེ། ཕྱིར་ཡང་བུ་ཟ་ལ་ཐུག་པ་ཞིག་མཐོང་ནས། རྒྱལ་བུ་ཐ་ཆུང་གིས་ཕུ་བོ་གཉིས་ལ་སྨྲས་པ། སྟག་མོ་འདི་ནི་ཤིན་ཏུ་སྡུག་བསྔལ་གྱིས་གཟིར་ཏེ། ཉམ་ཆུང་ལ་རིད་པས་ཤི་ལ་ཐུག་པ་འདི་ལྟ་བུ་བུ་བྱུང་མ་ཐག་པ་ཡང་ཟ་རུ་འདོད་དོ་ཞེས་སྨྲས་པ་དང་། ཕུ་བོ་གཉིས་ཀྱིས་ཁྱོད་ཟེར་བ་བདེན་ནོ་ཞེས་ཟེར་རོ། ནུ་བོས་ཕུ་བོ་གཉིས་ལ་སྨྲས་པ། སྟག་མོ་འདིས་ཟས་སུ་ཅི་ཟ་ཞེས་དྲིས་ན། ཕུ་བོ་གཉིས་ཀྱིས་སྨྲས་པ། འདི་བསད་མ་ཐག་པའི་ཤ་རློན་པ་དང་། ཁྲག་དྲོན་མོས་དེའི་ཡིད་ཡིད་ཚིམ་པར་འགྱུར་རོ་ཞེས་སྨྲས་སོ། ཡང་སྨྲས་པ་གང་སུ་ཡང་རུང་སྟེ། དེ་ལྟ་བུའི་དངོས་པོས་འདིའི་སྲོག་བསྐྱབས་ཏེ། མི་ཉམས་པར་བྱེད་ནུས་པ་ཡོད་དམ། ཕུ་བོ་གཉིས་ཀྱིས་སྨྲས་པ། དེ་ནི་ཤིན་ཏུ་ཡང་དཀའ་བས་མེད་དོ། །དེ་ནས་རྒྱལ་བུ་ཐ་ཆུང་དེས་ཡིད་ལ་འདི་སྐད་དུ་བསམས་སོ། བདག་ཡུན་རིང་པོ་ནས་འཁོར་བ་ན་འཁོར་ཞིང་། ལུས་དང་སྲོག་གྲངས་མེད་པ་ཞིག་ཆུད་གསན་ཏེ། བར་འགའ་ནི་འདོད་ཆགས་ཀྱི་ཕྱིར། བར་འགའ་ནི་ཞེ་སྡང་གི་ཕྱིར། བར་འགའ་ནི་གཏི་མུག་གི་ཕྱིར་ལུས་བཏང་ཡང་ཆོས་ཀྱི་ཕྱིར་བསོད་ནམས་ཀྱི་ཞིང་དང་ལན་འགའ་ཡང་མ་ཕྲད་པའི་ལུས་འདི་ཅི་རུང་སྙམ་བསམས་ནས།གསུམ་ཀར་འགྲོགས་ཏེ་སོང་བ་དང་། རིང་པོར་མ་ཕྱིན་པར་ཕུ་བོ་གཉིས་ལ་འདི་སྐད་ཅེས་སྨྲས་སོ། །མཆེད་དག་གཉིས་སྔར་གཤེགས་ཤིག་དང་། བདག་དོན་ཞིག་གཉེར་ཏེ། ཕྱིད་བཞིན་བར་མཆིའོ་ཞེས་སྨྲས་སོ། ལམ་དེ་ཉིད་དུ་ཞུགས་ཏེ་སྟག་མོའི་ཚང་གང་ན་ཡོད་པར་མྱུར་དུ་སོང་ནས། སྟག་མོའི་དྲུང་དུ་ཉལ་བ་དང་། སྟག་མོ་ཁ་ཐམས་པས་ཟ་མ་ནུས་སོ། དེའི་ཚེ་རྒྱལ་བུས་ཤིང་གི་ཚལ་བ་རྣོན་པོས་ལུས་ལ་ཁྲག་ཕྱུང་ནས། སྟག་མོ་ལ་ལྡག་ཏུ་བཅུག་པ་དང་། ཁ་ཡང་ཕྱེས་ནས་ལུ་ཀྱི་ཤ་མ་ལུས་པར་ཟོས་སོ།།

제16과 연습문제 해설

4 སྲས་སུ་བཙས་ཏེ་ 이것은 13.5.q와 비교할 것.

ཕྱི་རོལ་ཏུ་ "바깥에"(궁전의)

5 ཅུང་ཟད་ཅིག་ 부정조사의 기능에 대해서는 6.1 참조.

སྟག་མོ་ཞིག་ (수식되는 말과 뒤따르는 수식어 사이에서) 부정조사의 위치가 특이한데, 이것은 7줄에서 다시 한 번 반복되고 있다.

5f བུ་བྱུང་ནས་ཞག་དུ་མ་ལོན་པ་ སྟག་མོ་ཞིག་의 수식어. "새끼를 낳은 후 여러 날이 지나간"

རོང་རོང་བ་ལས་ "[그들이] 큰 걸음으로 {숲으로} 갔을 때" 단어어간의 반복에 대해서는 17.10.a 참조.

7 སྟག་མོ་འདི་ནི་ 관계를 나타내는 목적어(7.6.d.2)

7 འདི་ལྟ་བུ་ 행위자를 나타내는 도구격을 기대한다.

བུ་བྱུང་མ་ཐག་པ་ཡང་ཟ་의 목적어

8 ཟེར་བ་ 동사 བདེན་པ་에 대한 차별시키는 관계의 목적어

9 འདི་ 관계의 목적어(7.6.d.2)

10 གང་སུ་ཡང་རུང་སྟེ་ … ཡོད་དམ་ 동사형으로 표현된 의문문의 주어이다. 도입적 성격을 가진 반종지형 조사는 후치된 수식어를 보여준다. 이에 대해서는 15.3.g.1 참조. 축자 번역: "그가 누구라고 하더라도 … 있는가?

བསྐྱབས་ཏེ་མི་ཉམས་པར་བྱེད་ 를 양태적 용법

11 མི་ཉམས་པར་ 다치지 않게

ཡང་ 점증하는 기능을 나타낸다. 10.7과 비교.

13 གྲངས་མེད་པ་ཞིག་ 부정조사의 기능에 대해서는 6.1 참조. 여기서 구문론적으로 하나의 절이 만들어질 수 있다. ཕོད་པའི་에 이르기까지 이어지는 글은 ལུས་의 수식어이다.

14 ལུས་བཏང་ཡང་ 구문론적으로 ཕོད་པའི་에 관계된다. "비록 내가 그것을 버렸다고 해도 (~과

결코 만나지 못한 이 몸은)”

17 གསུམ་ཀར “세 개씩”

20 གང་ན་ཡོད་པར་　གང་ན་བར་의 온전한 형태(5.6.a 참조)

21 ལུས་ལ་ “몸에”. 여기서 보통 탈격이 기대되고 있다(11.9 참조).

제16과 단어 해설

ཀུན་ནས་འོང་བ་ 도처에서 오다

སྐལ་བ་ཆེན་པོ་ 위대한 운명

ཁང་བ་ 집

ཁྱེའུ་ 소년

ཁྲི་ 왕좌, 왕위

འཁོར་ 원환

དགོས་པ་ 목적, 필요

འགས་པ་ P གས་ 갈라지다, 분열하다

འགོད་པ་ 설립하다, 고정하다, 귀속시키다

P བཀོད་ F དགོད་ I ཁོད་

ངུ་བ་ P ངུས་ 울다

མངོན་པར་སྟོད་པ་ (드러내어) 칭찬하다

གཅིག་པུ་ 단일한, 단독의

མཆོད་པ་བྱེད་པ་ 공경하다

ཇི་སྲིད་ 어느 만큼

གཏམ་བྱེད་པ་ 말하다

རྟག་པ་ 항구성, 영원함

སྟོབས་ལྡན་ 힘 있는, 강력한

དེ་ཉིད་ 바로 그것

དེ་ལྟ་བུར་ = དེ་ལྟར་ (14)

དེ་སྲིད་ 그런 한(ཇི་སྲིད་ 와 함께 관계절을 만듦)

དྲི་མ་ཅན་ཉིད་ 때를 지닌, 오염

གདུང་བ་ 흥분하다

གདུང་བ་བྱེད་པ་ 흥분하게 하다

བདག་མོ་ 여주인

རྣམ་པར་ཤེས་པ་ 인식, 인지하는

སྣང་བ་ 나타나다; 현현

སྣང་བ་བྱེད་པ་ 밝게 하다, 비추다

སྤྱོད་པ་ 누리다, 향유하다

ཕྱག་བྱེད་པ་ 존경하다, 공경하다

བཱ་རཱ་ཎ་སཱི་ 바라나시(도시명), skt. *Vārāṇasi*

བླ་བ་ 더 나은, 더 좋은

སྦྲང་མ་ 꿀벌

སྦྲང་རྩི་ 꿀

སྦྲམ་བུ་ གསེར་སྦྲམ་ "정제된 금"과 གསེར་གྱི་སྦྲམ་བུ་མིན་པ་"정제되지 않은 금"에서

མེ་ 불

ཚི་ 수액, 즙, 육수

རྫོགས་པ་ 충족된, 완성된

བཟོད་པ་ 참다

ཡུལ་འཁོར་ 지역, 지방

ཡོང་བ་ 오다

སོག(ས)་པ་ 모으다, 축적하다

P བསགས་ F བསག་ I སོག(ས)་

བསོད་ནམས་ 공덕, 이익(skt. *puṇya*)

제17과

17.1 의문대명사

티벳어에는 세 종류의 의문대명사가 있다:

གང་	"누구?", "무엇?", "어느 것?" (གང་은 생물과 무생물에 모두 사용)
	ཕྱོགས་གང་ནས་འོངས་ "어느 지역에서 왔는가?"
སུ་	"누구?" (སུ་는 오직 생물에만 사용)
	མི་དེ་སུ་ཡིན་ "그 사람은 어디에 있는가?"
ཅི་ (ཇི་)	"무엇?" (ཅི་와 ཇི་는 오직 무생물에만 사용)
	ཁྱོད་ཅི་ལ་འོངས་ "너는 무엇을 위해서 왔는가?"

གང་은 의문사 어간 ག་에서 파생되었는데, 이 어간은 더 이상 독립적인 의문대명사로 사용되지는 않지만 아직도 ག་རེ་ "어디에", "어떻게", ག་ལ་ "어디에" 등 수많은 결합형태로 남아 있다. 이 파생형은 이미 여러 차례 언급된 명사를 만드는 어미 -ང을 이용하고 있다. ཅི의 부차적 형태인 ཇི는(예를 들어 ཇི་ལྟར་ … དེ་ལྟར་ "그와 같이 … 저와 같이") 원래 지시대명사를 받는 선행사로만 사용되어야 하지만 문헌 속에서 이 구별은 자주 무시되었다.

의문대명사를 가진 문장 속에서 의문형 조사의 탈락과 의문형 조사로서 ཅི의 사용에 대해서는 6.6 참조.

17.2 관계대명사

티벳어에는 관계대명사가 원래 존재하지 않는다. 부사적 성격을 가진 관계문은 보통 ཇི་를 갖고 만든다. 이때 ཇི་는 종종 부주의하게 ཅི་로 쓰이기도 한다.

ཇི་སྲིད་རྔ་ལ་དབྱུག་གུས་མ་བསྣུན་པ་དེ་སྲིད་གཞན་དང་ཁྱད་ཅི་ཡོད་
"북에 북채를 갖고 치지 않는 한, 그런 한 다른 것과 어떤 차이가 있겠는가?"

우리는 문장구성과 단어의 위치 등에 대해 주의해야 한다. 관계문의 서술어는 동사형태의 체언으로 나타나며, 이것에 대해 후치된 지시대명사는 수식 관계에 있다. 이로부터 항시 모든 관계문을 주문장 앞에 세우는 문장론이 나타나게 된다.

관계문은 보통 앞문장의 앞에 오지만 다음과 같이 그 문장의 술어에까지 밀려질 수 있다.

རྔ་ལ་དབྱུག་གུས་ཇི་སྲིད་མབསྣུན་པ་...

운문에서 관계문은 종종 생략된다. 앞의 예문에서 나오는 ཇི་སྲིད་는 원문에서는 생략되고 있다. 강독자료 II, 1장 제6송 참조.

관계문 대신에 지시문이 생략되기도 한다.

མ་དེས་མཐུ་ཅི་ཡོད་པས་བུ་ལ་དྲངས་སོ་ "저 어머니는 있는 힘을 다해 아들에게 다가갔다."

엄격한 문법규칙을 적용한다면 아마 ཡོད་པས་ 대신에 ཡོད་པ་དེས་가 와야 할 것이다. 가능한 한 산스크리트 관계문의 정확한 번역을 위해 고전 티벳어 번역문헌에서는 위의 모범에 따라 무수한 관계문 구문이 발견된다. 이때 많은 경우 의문대명사 གང་이 관계대명사로서 사용되지만, སུ་가 사용되기도 한다.

གང་ན་བཟའ་བཏུང་ཡོད་དེར་རྒྱུག། “음식과 마실 것이 있는 그곳으로 달려갔다.”[1]

གང་དག་སྨན་འདོད་པ་ལ་ལྟོས་ཤིག།། “약을 구하는 사람을 보아라.”[2]

이 문장은 관계문으로도 만들 수 있다.

སུ་མི་འདི་གསོད་པ་དེ་ལ་ … སྦྱིན་ནོ་ “이 사람을 죽이는 그에게 … 주겠다.”

티벳어의 관점에서 이런 모든 경우에 당연히 두 분리된 문장을 가진 관계구문은 없고, 단지 명사적 개념이 명사화된 의문문으로 이루어지는 단문의 특별한 경우인 것이다.

17.3 부정(不定)대명사

티벳어에는 여러 부정대명사가 있다. 그들 중 일부는 확장된 의문대명사로 구성되어 있다. 부정대명사는 다음과 같이 만든다.

a) 부정조사

གང་ཞིག་ “어느 누구, 어떤 것”

སུ་ཞིག་ “어느 누구”

ཅི་ཞིག་ “어떤 것”

b) 양보조사(རུང་བ་와 같이 또는 없이 사용)

གང་ཡང་ “어느 누구라 해도, 무엇이라고 해도”

---

1 གང་ན་བཟའ་བ་དང་བཏུང་བ་ཡོད་པ་དེར་རྒྱུག་གོ་의 운율상의 축약형이다.

2 གང་དག་(གིས་)སྨན་འདོད་པ་(དེ་དག་)ལ་ལྟོས་ཤིག་의 축약형이다.

སུ་ཡང་ “어느 누구라 해도”

ཅི་ཡང་ “무엇이라고 해도”

이 세 종류는 རུང་བ་(“적절한, 적합한”)와 함께 사용되기도 한다.

གང་ཡང་རུང་བ་ “누가 / 무엇이 그것에 적합하다고 해도”

부정조사는 반드시 의문대명사에 뒤따를 필요는 없고 동사적 술어 다음에 올 수 있다.

དེས་དངོས་པོ་གང་མཐོང་ཡང་ “그가 어떤 물건을 보았던 간에”

격조사는 규칙적으로 대명사의 어간과 양보조사 사이에서 사용된다.

གང་ལ་ཡང་ “누구에게 있어서도”

གང་དུའང་ “어디로 [가든] 간에”

c) 동사형태의 형용사 ཡིན་པ་와 ཡོད་པ་와 함께

གང་ཡིན་པ་ “무엇이든 간에” (존칭형: གང་ལགས་པ་)

ཅི་ཡོད་པ་ “무엇이 있든 간에”

མཐུ་ཅི་ཡོད་པ་ “어떤 능력(힘)이 있든 간에”

d) 의문대명사 자체

의문대명사의 반복이나 다양한 의문대명사의 결합, 그리고 의문대명사와 부정대명사의 결합을 통해서 합성된 부정대명사가 형성된다. 이들 형태의 확정되지 않은 성격은 쉽게 인식될 수 있기 때문에 여기서는 단지 몇 개의 예만을 제시하겠다.

གང་སུ་, གང་སུ་ཡང་, གང་ལ་ལ་ཞིག་, གང་ལ་ལ་དག་, སུ་གང་

모두 "누구/무엇이든 간에"를 의미한다.

위의 범주에 속하지 않는 그 이상의 부정대명사는 다음과 같다.

ཁ་ཅིག་	"몇몇"
འགའ་ཞིག་	"어느 누구"
ལ་ལ་	"어떤 이들, 몇몇"
ག་གེ་མོ་	"이런 저런 이들"
ཆེ་གེ་མོ་	"이런 저런 이들"

부정조사의 두음이 보여주듯이 ཁ་ཅིག་에서 자음 종지음 ཁ་가 탈락되었다. 아마 ཁ་가 ཁག་("부분, 단편")으로 소급될 것이다.

འགའ་ཞིག་에서 접두사 འ를 둘러싸고 확장된 의문형 어간 ག་가 숨어 있다. 이미 자체적으로 不定의 의미를 갖고 있는 이 파생된 어간은 ཞིག་ 이외에도 ཡང་이나 ཤས་와 함께 사용되어 부정대명사를 만든다.

ལ་ལ་ 가 (형태상 가장 단순한 설명이긴 하지만) 처격 조사인 ལ་의 반복인지는 아직 증명되거나 부정되지 않고 있다.

ག་གེ་མོ་는 의문대명사의 강의형인(이에 대해서는 17.7 참조) གང་གེ་མོ་의 연음형태이다. (그 어원은 확실치 않다. 아마 གག་གེ་མོ에서 시작해야 할지도 모르겠다.)

ཆེ་གེ་མོ་는 *ཆིག་གེ་མོ་를 거쳐 부정조사의 어간 내지 거기서 파생된 수사 གཅིག་("하나")으로 환원된다.

17.4 재귀대명사

고전 티벳어에는 "스스로, 자체"라는 의미를 가진 བདག་, ཉིད་, རང་이라는 세 개의 명사어간/대명사어간이 있다. 그것들은 단독적으로나 또는 인칭대명사와 결합하여(12.5 참조) 재귀대명사로 사용된다.

བདག་	또는	ང་རང་	"나 자신"
ཉིད་	또는	ཁྱོད་རང་	"너 자신"
རང་	또는	ཁོ་རང་	"그 자신"

그렇지만 이들 형태는 동일한 사람이 행위자이고 대상일 때에는 사용되지 않는다. 이 경우에는 대상은 달리 표현되어야 한다. 여기에는 항시 특정한 대상이 제시되어야 하는데, 거기에 동사행동이 관련되어 있다.

རང་གི་ལུས་ཡོངས་སུ་གཏོང་བ་ "자신의 몸을 포기한(희생한)"

17.5 상호교대적 대명사

상호교대적 관계는 གཅིག་("하나") 또는 ཕན་ཚུན་("서로")의 사용을 통해 표현된다.

གཅིག་གིས་གཅིག་ལ་སྨྲས་སོ་ "한 사람이 다른 사람에게 말했다."

དེ་དག་གིས་ཕན་ཚུན་རྣམ་པར་མི་ཤེས་སོ་ "그들은 서로 알지 못한다."

17.6 후치사와 부사적 어간들

이미 상설한 격조사 외에도 소위 후치사의 많은 것들이 부사적 문장성분을 구성하는 데 기여한다. 그것들은 한편으로는 이미 단순한 격조사들이 충족시켰던 동일한 기능으로 사용되지만, 다른 한편으로는 그런 격조사들에 의해 표현될 수 없는 공간적 · 시간적 · 양태적 규정들을 표현하고 있다. 이것들은 독일어에서 주로 전치사에 의해 표현된다.

ཁྱིམ་ན་	"집에서"(격조사)
ཁྱིམ་གྱི་ནང་ན་	"집 안에서, 집에서"(후치사)
ཁྱིམ་གྱི་སྟེང་ནས་	"집의 위에서부터"[3]

마지막 예문의 후치사를 위한 적절한 격조사가 보이지 않는다. 이들 후치사는 하나의 명사어간으로 이루어져 있는데, 거기에 격조사가 부가된 것이다. 격으로서 도구격, 처격 조사I, II, 탈격 조사I과 향격 조사가 온다. 후치사와 선행하는 단어 사이에 보통 소유격 조사가 온다. 다만 예외적 경우에만 후치사는 목적격이나 연결격 조사(soziativ)를 지배한다. 후치사들의 근거를 이루는 명사어간들은 많은 경우에 ནང("내적인 것") 또는སྔ་("이전의 것")과 같이 추상적인 시공개념을 표시하는 것이다. 다른 후치사들은 예를 들어 རྒྱབ་("등", རྒྱབ་ཏུ་ "뒤로") 또는 སྒོ་("문", སྒོ་ནས་ "~에 의해")처럼 구체적 의미를 지닌 체언에서부터 파생되었다.

이하에서는 중요한 후치사 어간들과 그것들의 파생어들을 도식으로 제시하겠다.

3 마지막 예문의 후치사에 대응하는 어떠한 격조사도 없다.

어간	의미	파생된 후치사	
དཀྱིལ་	중간	དཀྱིལ་དུ་(ན་)	~의 중간으로
རྐྱེན་	원인, 조건	རྐྱེན་གྱིས་	~에 의해
ཁ་	밖, 표면	ཁ་ན་, ཁ་ལ་, ཁ་རུ་, ཁར་	위에
		ཁ་ནས་	위에서부터, ~로부터
ཁོང་	안	ཁོང་དུ་(ན་)	안으로
		ཁོང་ནས་	안으로부터
ཁོངས་	중간, 중점	ཁོངས་སུ་	안으로, ~동안
གན་	근처	གན་དུ་	~의 근처로
གོང་	위, 앞	གོང་དུ་, གོང་ན་, གོང་ལ་	위로, 위에
		གོང་ནས་	위에서부터
འགྲམ་	측면, 옆	འགྲམ་དུ་	옆에
རྒྱབ་	등, 뒤	རྒྱབ་ཏུ་, རྒྱབ་ན་, རྒྱབ་ལ་	뒤로, 뒤에
		རྒྱབ་ནས་	뒤로부터
སྒོ་	문	སྒོ་ནས་	~에 의해
སྔ་, སྔུན་, སྔོན་	이전, 과거	སྔ་ན་, སྔུན་ལ་, སྔོན་དུ་(ལ་)	이전에
		སྔར་	이전에
ཆེད་	의미	ཆེད་དུ་	~을 위해
མཇུག་	뒤, 아래, 끝	མཇུག་ཏུ་(ལ་)	뒤에
རྗེས་	흔적, 자취	རྗེས་སུ་	~따라서, ~후에
སྟེང་	위	སྟེང་དུ་, སྟེང་ན་, སྟེང་ལ་	위로, 위에
		སྟེང་ནས་	위에서부터
ཐད་	전방, 앞	ཐད་དུ་	~에 마주하여, 대항하여
ཐོག་	꼭대기, 지붕	ཐོག་ཏུ་, ཐོག་ན་	위로, 위에
		ཐོག་ནས་	위로부터
དོན་	목적, 이익	དོན་དུ་	~을 위해서
དྲུང་	근처	དྲུང་དུ་, དྲུང་ན་, དྲུང་ལ་	~근처에
		དྲུང་ནས་	~근처로부터
མདུན་	앞	མདུན་དུ་(ན་, ལ་)	~앞에, 앞으로
		མདུན་ནས་	앞에서부터

어간	의미	파생된 후치사	
ནང་	안	ནང་དུ་(ན་, ལ་)	~안으로, 안에
		ནང་ནས་	~안으로부터
ཕྱི་	뒤	ཕྱི་ན་	~뒤에
		ཕྱི་ལ་, ཕྱིར་	~을 위해서
ཕྱོགས་	방향, 측면	ཕྱོགས་སུ་	~를 향해서
བར་	사이	བར་དུ་, བར་ན་, བར་ལ་	~사이에, ~까지
		བར་ནས་	~사이로 부터
འོག་	아래, 낮은 쪽	འོག་ཏུ་, འོག་ན་, འོག་ལ་	~아래로, 아래에
		འོག་ནས་	~아래로부터
སླད་	뒤	སླད་དུ་	~후에, ~을 위해서
གསེབ་	간격	གསེབ་ཏུ་(ན་, ལ་)	~사이에
		གསེབ་ནས་	~사이로부터

드문 경우에 사용되는 후치사 내지 부사들이 아래와 같이 보충적으로 제시될 수 있다.

ཁ་ཐོག(ཐོད་)ལ་	~위에
ཁ་དྲང་ན་	~앞에, ~반대편에
དགང་(དགེང་, སྒེང་)ལ་	~위에, ~안에
འགབ་ལ་	~뒤에, ~후에
རྒྱང་རིང་ན་	~부터(དང་) 떨어진
ཉེ་བར་	~의 근처에(དང་)
རྗེང་དུ་(ན་, ལ་)	~뒤에
ལྟག་ན་	~위에
ལྟང་(ལྟེང་)དུ་	~를 통해
ཐ་མ་ལ་	~뒤에
ཐག་ཉེ་བར་	~의 근처에(དང་)

ཐག་རིང་བར་	~에서(དང་, ལས་) 멀리 떨어진
ཐད་ཀར་	~부터 곧바로, 쭉
ཐད་དྲང་ན་	~에 직면하여
ཐོག་ཐག་ཏུ་	~동안
ཐོག་མར་	~앞에
མཐར་	~끝에
ལྡན་དུ་	~근처에
ཕ་རོལ་ན་	~건너편에
ཕྲག་	= བར་
(འ)ཕྲལ་ལ་	바로 그 즈음에(직전에, 직후에)
(འ)ཕྲེད་དུ་	~을 통과해서
བླ་ན་	~위에
དབང་གིས་	~의 결과로
ཙ་ན་	(목적격) ~할 때
རྩར་	근처로
ཚུ་རོལ་ན་	이쪽에서
ཚུན་ལ་	~안에(시간적으로)
བཟུང་སྟེ་ … བར་དུ་	(ནས་, 소유격) ~까지
(ག)ཤམ་དུ་	~아래에
ལྷན་ཅིག་ཏུ་	~과 함께(དང་)

위에서 나열된 후치사 중 많은 것들이 독립적인 부사로서 사용될 수 있다. 이런 용례는 대부분 후치사를 규정하는 개념이 맥락상 알려져 있을 경우에 해당된다.

ངའི་གྲོགས་པོ་རྒྱལ་པོའི་ཕོ་བྲང་དུ་ཞུགས་སོ། །ཡུན་རིང་པོ་མ་ལོན་པར་ནང་ནས་འོངས་སོ། །

"나의 친구는 왕궁으로 들어갔다. 오래 지나지 않아 [그는] 안에서 나왔다."

이하의 후치사 어간과 부사어간들은 특히 주의할 필요가 있다. 왜냐하면 그것들은 한편으로는 일차적 파생어들과 주목할 만한 일치점을 보여주며, 또한 다른 한편으로는 이차적 파생어들의 형성을 위한 풍부한 가능성을 보여주기 때문이다.

어간	n-파생형	r-파생형	s-파생형
ཕ་	ཕན་	ཕར་	ཕས་
저 너머	~까지	거기로, 그곳으로	반대편에서
ཚུ་	ཚུན་	ཚུར་	[*ཚུས་]
여기	~이내에	이쪽으로	[확인되지 않음]
མ་	མན་	མར་	མས་
아래, 바닥	~아래에	아래로	~아래에
ཡ་	ཡན་	ཡར་	ཡས་
위, 천장	~위에	위로	~위에, ~없이[4]
ཕྱི་	ཕྱིན་	ཕྱིར་	ཕྱིས་
바깥, 뒤	밖에, 나중에	뒤로, 다시	뒤에, 나중에
*སྙི་ [추정]	སྙིན་	སྙིར་	སྙིས་
뒤, 배후	나중에	뒤로, 다시	산물

이 세 가지 파생형은 의심할 여지없이 어간의 활용된 형태, 즉 처격 I, 향격, 도구격을 보여준다. n-파생형에서[5] 처격 조사 n의 모음은 탈락하고 남아 있는 자음이 어간에 융합되었다. 주목할 것은 이들 세 가지 일차적 파생형이 모두 독립된 어간으로 파악된다는 점이다. 다시 말해서 이들은 자체적으로 격조사를 취할 수 있는 것이다.

4 མཐའ་ཡས་ "무한한", "끝없는", བསམ་ཡས་ "부사의한" 참조.

5 모든 n-파상형은 부사형 조사 ཆད་와 결합된다.

이들 여섯 개의 어간의 무수한 이차적 파생형과 결합형 중에서 단지 몇 개만을 들자면

མ་	དམའ་བ་ "낮다", དམན་པ་ "낮은", སྨད་ "아래의 것"
	སྨད་པ་ "꾸짖다"(낮게 취급하다)
ཡ་	གྱེན་ "앞으로", གཡས་ "오른쪽", མན་ཡན་ "상하"
པ་–ཚུ་	པན་ཚུན་ "서로서로"
ཕྱི་	འཕྱི་བ་ "늦게 오다"

17.7 축소형 조사

축소형 조사는 བུ་ 또는 གུ་, ངུ་, བུ་, རུ་, ལུ་, -འུ་의 변형태로 사용되는데, 단어를 만들 때 빈번히 사용된다. 그것은 བུ་ "아들, 아이"라는 단어로부터 파생되었으며 원래는 단지 생물에게, 또 이런 형태로만 사용되었다.

རྒྱལ་པོ་	"왕"	རྒྱལ་བུ་	"왕자"
སྐྱེས་པ་	"태어난"	སྐྱེས་བུ་	"생물, 중생"
གླང་	"소"	གླང་བུ་	"송아지"

그렇지만 이 조사는 이제 모든 종류의 단어들 속에서 원 의미를 약화시킬 때 사용되며, 이 때 그것은 첫째, 축소적 성격을 가진다. 다시 말해 원 의미를 구체적이고 전의된 의미에서 축소하는 형태로 묘사된다(위의 첫 번째와 세 번때 예문을 참조하라). 또한 둘째, 그것은 원 개념에 대한 느슨하고 매우 일반적인 관련성을 표현할 수 있다(두 번째 예문 참조). 아래 a)에서 기술된 기능은 분명히 두드러진다.

원 의미를 བུ་를 통해 약화시킴으로써 일련의 다른 조사들에 있어서처럼 음운론적 변형이 일어날 수 있다. 이런 변형은 주로 선행하는 종지음에 대한 동화현상에 의거하고 있다. 이들 변화는 다음과 같은 규칙 속에서 요약될 수 있다.

a) བུ་는 모든 종지음(Auslaut) 뒤에 올 수 있다.

b) ཕུ་는 단지 몇몇 단어에서만 (བུ་)를 대신해 사용된다.

가장 중요한 용례: གཅིག་ "하나" གཅིག་པུ་ "홀로, 단독"

c) -འུ་는 모음 종지음 뒤에서 발견된다. 이때 모음 종지음 a 또는 o는 항상 e로 변한다. 나머지 세 모음은 변하지 않는다.

སྟ	"도끼"	སྟེའུ་	"손도끼"
མི་	"사람"	མིའུ་	"난쟁이"
ནུ་བོ་	"젖먹이"[6]	ནུའུ་	"동생"
རྩེ་	"선두, 꼭대기"	རྩེའུ་	"가시"
ཁྱོ་	"남자"	ཁྱེའུ་	"소년"

때로 불규칙한 형태가 어간모음 i와 함께 변형을 일으킨다. བྱ་ "새" བྱེའུ་ 또는 བྱིའུ་ "작은 새". བུ་에서 འུ་로 전음하는 것은 조사의 첫음인 입술음 བ 발음을 통해 촉진되었다(4.1 참조).

d) 종지음 ག, ང, ན, ར, ལ 뒤에서는 བུ་의 두음이 동화되기도 한다.

དབྱུག་	"막대기"	དབྱུག་གུ་	"작은 막대기"
ཆུང་བ་	"작은"	ཆུང་ངུ་	"매우 작은"
གཞོན་པ་	"젊은"	གཞོན་ནུ་	"어린이"
གཟེར་	"못"	གཟེར་རུ་	"작은 못"

6 이 단어는 ནུ་བ་ "빨다"에서 왔다. 여기서 ནུ་མ་ "젖"이 파생되었다.

ནལ་	"근친상간, 간음"	ནལ་ལུ་	"사생아"
རིལ་བ་	"둥근 형태"	རིལ་བུ་	"작은 공"[7]

e) [བུ་ 두음의] 동화가 일어난 후에, 때때로 종지음 ག, ར, ལ가 탈락된다. 예를 들면: དབྱུ་གུ(← དབྱུག་གུ"몽둥이"), གཟེ་རུ(← གཟེར་རུ"작은 못"), ནེ་ལུ་(← ནལ་ལུ"사생아")

f) གུ་는 때때로 ག 이외의 다른 종지음 뒤에서 특히 모음 뒤에서 사용된다(유비적 형성).

བོང་གུ་ 외에 བོང་བུ་ "당나귀"

བུ་གུ་	"아들 녀석, 아이"	←	བུ་	"아들"
གྲི་གུ་	"작은 칼"	←	གྲི་	"칼"

매우 특별한 방식으로 부정조사와 명령형 조사의 축소형 조사가 (ཅིག་གུ, ཞིག་གུ་ 형태로) 사용된다. 그것은 Walter Simon이 수집한 예문에서 (*Bulletin of the School of African Studies* X, 1940-42, p.960, note 3) 항시 의문문의 끝에서 한정된 형태로 다음과 같이 온다.

a) 명사 술어 뒤에서(… སུ་ཞིག་གུ་)
b) 종지형 조사 없이 동사 술어 뒤에서(ཅི་ … ཡིན་ཞིག་གུ་)[8]
c) 종지형 조사를가진 동사 술어 뒤에서(… ཡོད་དམ་ཞིག་གུ་)

7 이 형태는 단지 이론적 형태일 뿐이다.

8 *Saptakumārikāvadāna*, 제103게송(Geshe Lobsang Dargyay에서는 제102게송): ནམ་ཞིག་དེ་ལྟར་འགྱུར་ཞིག་གུ་ "언제 (우리에게) 그것이 그와 같이 될 것인가?"

17.8 부사형 조사

조사 ཆད་의 역할은 앞에서 다룬 n-파생어가 부사를 만드는 기능을 하는 것과 일치한다.

ཕན་ཆད་ "저 너머에, 피안(彼岸)에"

ཚུན་ཆད་ "~ 이내에"

མན་ཆད་ "~ 아래에, ~ 이전에"

ཡན་ཆད "~ 위에"

ཕྱིན་ཆད་ "~ 후에, ~ 뒤에"

སླན་ཆད་ "~ 후에, ~ 뒤에"

ཆད་ 대신에 종종 ཆོད་ 혹은 ཅད་가 쓰인다.[9] ཆད་로 만든 부사들은 후치사로도 사용될 수 있다. 그것들은 항시 목적어 뒤에 오지, 소유격 뒤에는 오지 않는다.

ཅད་ 형태는 부사 ཐམས་ཅད་ "모두"에서 규칙적으로 보인다. 이것의 부사적 특성은 그것이 종종 복수조사 뒤에 온다는 사실을 통해 확연히 나타난다.

དེ་དག་ཐམས་ཅད་ "그들 모두"

부사조사 ཟད་는 예를 들면 ཅུང་ཟད་ "조금"와 ཕ་ཟད་ "계속해서, 거리"(= ཕན་ཆད་)에서 보인다.

17.9 강화형 조사(Intensiv)

조사 འི་에 의해 고전티벳어에서 강의의 의미를 지닌 형용사와 부사가 만들어진다. 이 조사

---

9 가끔 ཡང་ཆད་의 부차형으로 ཡང་བཅད་라는 형태로 བཅད་가 나오기도 한다.

는 종지형 조사 འོ་ 와 비슷한 방식으로, 즉 종지 자음을 반복하는 방식으로 단어의 어간에 온다. 모음의 종지음 뒤에서 འེ་는 사용되지 않는다.

ལྷོན་ནེ	"완전하게 긴장이 풀린"	←	ལྷོད་པ་	"긴장 풀린"
ཐལ་ལེ་	"곧바로, 똑바로"	←	ཐལ་བ་	"횡단하다, 여행하다"

강화형은 보통 간소화된 글자형, 즉 첨전자와 종지음이 생략된 형태를 보여주는데, 이것은 상대적으로 후대에 이 규칙이 티벳 구어에서 문어로 들어왔음을 보여준다.

ས་ལེ་	"강렬하게 빛나는"	←	གསལ་བ་	"빛나는"[10]

대부분의 경우에 강의형에 명사형 조사가 덧붙여진다.

ག་གེ་མོ་	"바로 그 사람"	←	གང་	"누구?"
ཆེ་གེ་མོ་	"바로 그 사람"	←	ཅིག་	"어떤 [사람]"[11]
ངན་ནེ་བ་	"악인, 악당"	←	ངན་པ་	"나쁜"

형용사적인 강의형태는 명사적으로 사용될 수 있거나 명사형 조사를통해 명사화될 수 있다. 왜냐하면 티벳어에는 형용사와 명사 사이에 어떤 근본적인 차이도 없기 때문이다. 가장 잘 알려진 예는 རྟོག་པ་ "검사하다"에서 나온 རྟོག་གེ་བ་ "정확한 사변, 특히 근본적인 조사, 논리"일 것이다.

10 ས་ལེ་སྦྲམ་ "빛나는 금" 속에서

11 유래에 대해서는 17.3.d 참조.

17.10 또 다른 형태의 강화형

비교적 후대에 기원한 강화형 조사를 사용하는 것 이외에 강화형을 만드는 몇 가지 형태론적인 방법이 있다.

a) 반복

ཐིབ་ཐིབ་ "매우 어두운" ← ཐིབས་པོ་ "어두운"

བ་ལང་ཞིང་ཐོག་ཏུ་སོང་སོང་བ་ལས་ "숫소가 밭을 왔다 갔다 하는 동안"

반복은 강의의 의미를 가질 뿐 아니라, 불확정적이고 상호적이며, 축소하고 배분하는 특성도 갖고 있다(18.9 참조).

b) 모음변화를 수반한 반복

ལྷབ་ལྷིབ་ "(유난히) 말도 안 되는 이야기" ← ལྷིབ་པ་ "불명료한"

c) 강화형 조사의 삽입을 통한 반복

이런 반복 형태는 운문에서 유래했다.

རྨ་བྱ་ … ལྡབ(ས)་སེ་ལྡན་ "공작새가 앞뒤로 펄럭이며 난다."

d) 모음변화와 이중적 강화형 조사를 수반한 반복

ཐར་རེ་ཐོར་རེ་(또한 ཐ་རེ་ཐོ་རེ་와 ཐ(ར)་ར་ཐོ(ར)་རེ་로도 쓰임) "완전히 흩어진"

←འཐོར་པ་ "흩어진"

위에서 기술한 형태는 강화형을 b)에서 기술한 형태이며, 따라서 이중으로 강화형을 사용한 것이다.

일반적으로 이해될 수 있는 “강화형의 형성”이란 상위개념 아래 취급된 이들 네 개의 단어를 만드는 방식은 매우 미세한 기본개념의 색조를 표시하고 있는데, 이것들은 몇 개의 구문론적 범주에 의거해서 파악될 수 있는 것이 아니다. 여기서는 단지 그런 현상을 보여주는 것으로 충분할 것이다.

제17과 연습문제

ཕུ་བོ་གཉིས་ཀྱིས་བསྡད་ནས། རིང་ཞིག་ཏུ་མ་འོངས་པས། ཕྱིར་རྗེས་བཞིན་དུ་ཚོལ་དུ་དོང་བ་ལས། སྤུར་སྦྲས་པའི་ཚུལ་བརྟགས་ནས་གདོན་མི་ཟ་བར་སྟག་མོ་ལྟོགས་པ་སྟོད་དུ་སོང་ངོ་སྙམ་བསམས་ནས་དེར་ཕྱིན་ཏེ་བལྟས་པ་ན། ནུ་བོ་ཐ་ཆུང་སྟག་གིས་ཟོས་ཏེ། ཤ་དང་ཁྲག་གིས་ཀུན་ཏུ་བསྒོས་ནས། རྩིག་རྩིག་ལྟར་འདུག་པར་མཐོང་ནས། ལུས་ས་ལ་བརྡབས་ཏེ་བརྒྱལ་ལོ། རིང་ཞིག་ལོན་པ་དང་། དབུགས་ཕྱིར་ཕྱུང་ནས་ཆོ་ངེས་བཏབ་སྟེ་ས་ལ་འགྲེ་ཞིང་འཁམས་པར་གྱུར་ཏོ། དེའི་ཚེ་ན་བཙུན་མོ་ཡུམ་མནལ་བའི་རྨི་ལམ་ན་ཕུག་རོན་གསུམ་ཞིག་ཀུན་ཏུ་འཕུར་ར་ཞིང་རྩེ་བ་ལས། ནང་གི་ཆུང་ངུ་གཅིག་ཁྲས་ཁྱེར་བ་སྙམ་རྨིས་མ་ཐག་ཏུ་སད་ནས། སྐྲག་དངངས་ཏེ་རྒྱལ་པོ་ལ་བསྙད་དོ། །བདག་གིས་གཏམ་དུ་ཐོས་ན། ཕུག་རོན་ནི་བུ་པོའི་བླ་སྟེ། ཕུག་རོན་ནང་གི་ཆུང་ངུ་ཁྲས་ཁྱེར་བ་ལས། བདག་གི་བུ་ནང་གི་སྡུག་པ་ལ་བཀྲ་མི་ཤིས་ངེས་ཀྱིས་ཞེས་དེ་མ་ཐག་ཏུ་ཀུན་ཏུ་ཚོལ་བ་བཏང་བ་ལས། རིང་པོ་མ་ལོན་པར་རྒྱལ་བུ་གཉིས་ནི་འོངས་ཀྱི། བུ་ནང་གི་སྡུག་པ་མ་ཉེས་སམ་ག་རེ་ཞེས་དྲིས་ན། ཕུ་བོ་གཉིས་སྐད་ཀྱིས་བརྣངས་ཏེ། རིང་ཞིག་ཏུ་དབུགས་ཀྱང་མ་ཕྱིན། སྨྲ་ཡང་མ་ནུས་ནས། དེའི་འོག་ཏུ་དབུགས་ཕྱིན་པ་དང་། སྟག་གིས་ཟོས་སོ་ཞེས་སྨྲས་སོ། ལྷ་མོས་དེ་སྐད་སྨྲས་པ་ཐོས་ནས་འཁམས་ཏེ་ས་ལ་འགྱེལ་ནས་རིང་ཞིག་ལོན་པ་དང་། དབུགས་ཕྱིན་ཏེ་བུ་གཉིས་དང་ཕོ་བྲང་གི་སླས་སུ་བཅས་ཏེ་མྱུར་བར་རྒྱལ་བུ་གང་དུ་ཚེ་འཕོས་པའི་གནས་སུ་སོང་ངོ་། དེའི་ཚེ་སྟག་མོས་རྒྱལ་བུའི་ཤ་ནི་ཟད་པར་ཟོས་ཟིན་གྱི། རུས་པ་དང་ཁྲག་འབའ་ཞིག་གིས་ས་རྩིག་རྩིག་ལྟར་འདུག་པ་མཐོང་ནས་བཙུན་མོས་ནི་མགོ་ནས་བཟུང་། རྒྱལ་པོས་ནི་ལག་པ་ནས་བཟུང་སྟེ། ཆོ་ངེས་བཏབ་ནས་ངུས་པ་དང་། དེར་ཡང་འཁམས་ནས་རིང་ཞིག་ལོན་པ་དང་ཕྱིར་སངས་སོ། །རྒྱལ་བུ་སེམས་ཅན་ཆེན་པོ་དེ་དེར་ཚེ་འཕོས་ནས།དགའ་ལྡན་ལྷའི་གནས་སུ་སྐྱེས་སོ། །དེ་ཅིའི་ཕྱིར་བདག་ཅི་སྤྱད་པས་འདིར་སྐྱེས་སྙམ་བསམས་ཏེ། ལྷའི་མིག་གིས་རྒྱུད་ལྔ་ཀུན་ཏུ་བལྟས་ན། བདག་ཚེ་འཕོས་པའི་རུས་བུ་ཚལ་ན་འདུག་པ་ལ་ཕ་མས་བསྐོར་ཏེ། ཤིན་ཏུ་ཡིད་ལ་གཅགས་པས། མྱ་ངན་གྱི་ཟུག་རྔུས་སྡུག་བསྔལ་ཞིང་ཆོ་ངེས་འདེབས་པ་མཐོང་ནས། ལྷས་བསམས་པ། བདག་གི་ཕ་མ་འདི་ལྟར་མི་དགའ་བའི་རྐྱེན་གྱིས་གལ་ཏེ་ན་ལུས་དང་སྲོག་གི་བར་ཆད་དུ་འགྱུར་གྱིས། དེ་ལ་སྤྲོ་བ་བསྐྱེད་ཅིང་གཏམ་བྱར་འགྲོའོ་སྙམ་བསམས་ནས། ནམ་མཁའ་ལས་བབས་ཏེ་སྟེང་གི་ནམ་མཁའ་ལས་ཚིག་སྙན་པ་རྣམ་པ་སྣ་ཚོགས་ཀྱིས་ཕ་མ་གཉིས་་ལ་སྤྲོ་བ་བསྐྱེད་དོ། །

제17과 연습문제 해설

1 སྔར་སྨྲས་པའི་ཚུལ་ "이전에 [어린 동생에 의해] 설해진 말의 방식"

3 ཟོས་ཏེ 14째 줄에 나오듯이 암호랑이는 Mahāsattva 왕자를 이때에 아직 완전히 먹어 치우지 못했다.

3 སྙག་གིས་ … འདུག་པར་는 모두 ནུ་བོ་ཐ་ཆུང་에 대한 세 개의 수식어이다. 여기서 향격 འདུག་པར་는 어떤 기능을 하는가?

5 ཡུམ་ བཙུན་མོ་의 동격이다.

5 གསུམ་ཞིག་ 집합적 기능을 가진 부정관사. 6.1을 보라.

ནང་གི་ 한정적 성질을 가진 소유격. 10.2.h "내적인, 즉 거기에 속하는 작은 [비둘기]". 의역하면 "그들 중에서 가장 작은, 어린"

(ཕུག་རོན་) … ཁྱེར་བ་ 구문적으로 སྙམ་རྨིས་의 목적어.

སྙམ་རྨི་བ་ "생각하면서 꿈꾸는" 꿈에서 생각하다.

6 སྐྲག་དངངས་ཏེ་ "매우 두려워하며"

ཐོས་ན་ 14.4.e를 보라.

7 ནང་གི་ཆུང་ངུ་ ཕུག་རོན་의 동격

ནང་གི་སྡུག་པ་ བདག་གི་བུ་ 의 동격

7 ངེས་ཀྱིས་ "확실히". 도구격 조사는 미래를 나타낸다(18.16 참조).

8 བཏང་ 여기서 = བཅུག་ "하게끔 하다"

8 མ་ཉེས་སམ་ག་རེ་ 이중 의문. 6.6 참조.

9 …ཕྱིན། …ནུས་ནས། 14.7 참조.

12 རུས་པ་ …འདུག་པ་ (ས་에 대해) 도치된 수식어. 14.8.c 참조.

13 …བཟུང་ …བཟུང་སྟེ། 14.7 참조.

15 དེ་ཅིའི་ཕྱིར་ "그것은 무엇 때문인가?"라는 독립된 의문문.

19f ཚལ་ན་འདུག་པ་와 ཆོ་ངེས་འདེབས་པ་는 서로 결합하지 않고 མཐོང་ནས་의 목적어인 རུས་བུ་를 뒤에서 수식하고 있다. 이때 두 번째 수식어는 여러 긴 문장성분에 의해 상세히 규정되고 있다. "그때 그는 죽은 자로서의 자신의 뼈가 숲에 놓여 있고, 그것을 부모가 안고 극심한 비탄에 빠져 슬퍼하는 것을 보았다." 이런 해석은 그렇지 않을 경우 해석하기 곤란한 འདུག་པ་를 해명해주며, 향격 없는 동사목적어를 མཐོང་ནས་를 위해 취해야만 하는 어려움을 피하게 한다. 이에 대해 13.5.i 참조. 내가 검토한 바로는 목판본에는 모두 조사가 없다. 이 어려운 구문은 아마도 그 한문원전을 고려해서 정확히 번역되어야 할 것이다.

20f ལུས་དང་སྲོག་གི་བར་ཆད་དུ་འགྱུར་བ་ "몸과 생명의 위험에 떨어지다."

21 བྱུར་ = བྱ་བར་

འགྲོའོ་ 16.9 참조 22.

22 སྙིང་གི་ནམ་མཁའ་ལས་ Mahāsattva는 아직 지상에 떨어지지 않았다.

제17과 단어 해설

ཁྱད་	차이, 우수, 수승
དངོས་པོ་	물건, 사물
རྔ་	북
བཏུང་བ་	음료수
རྟོག་གེ་(བ་)	반성, 사변
སྟ་	도끼
ཐལ་བ་	횡단하다
ཐིབས་པོ་	어두운
ལྷིབ་པ་	불명확한
ཉལ་	근친상간, 간통
ནུ་བོ་	동생
སྣུན་པ་	두들기다, 때리다.
PF བསྣུན་	
ཕ་ཟད་	계속해서, 더
ཕྲུ་གུ་	아들녀석, 어린 아들
བོང་བུ་(གུ་)	당나귀
དབྱུག་(པ་)	나무 막대기
དབྱུག་གུ་	작은 막대
རྨ་བྱ་	공작새
གཟེར་	못
རིལ་བ་	둥근 형태
ལྷབ་པ་	팔락이다, 날다
ལྷོད་པ་	긴장 풀린, 느슨한

/고전 티벳어 문법/

제18과

18.1 기수

티벳어의 산수체계는 10진법에 의거해 있다. 그것들을 다루기 위해서는 1~10까지의 숫자 및 10단위의 배수에 대한 이해 외에 10단위나 더 높은 단위의 숫자의 형성을 위한 몇 가지 규칙을 알아야 한다. 먼저 아래 도표를 보라.

수	티벳 숫자	티벳어 명칭	부차형[1]	축약형[2]
1	༡	གཅིག་	ཆིག་	
2	༢	གཉིས་	ཉི་	ཉེར་
3	༣	གསུམ་	སུམ་	སོ་
4	༤	བཞི་		ཞེ་
5	༥	ལྔ་		ང་
6	༦	དྲུག་		རེ་
7	༧	བདུན་		དོན་
8	༨	བརྒྱད་		གྱ་
9	༩	དགུ་		གོ་
10	༡༠	བཅུ་	ཅུ་,བཅོ་,ཕྲུ་	

1 부차형 ཆིག་에 대해서는ཆིག་ཤད་ "하나의 마침표" 및 * ཆིག་གེ་མོ་ 참조(17.3.d 참조).

2 축약형은 단지 (10에서 90까지) 10의 배수에서 사용된다. 모든 축약형이 독립적인 단어라는 점에 주의하라.

1자리수의 축약형의 파생은 아래 세 가지 규정에 따른다.

(a) 첨전자와 첨관자는 탈락한다. དྲུག་에서 기본자도 탈락한다.

(b) 모음 a는 변화하지 않고, i는 e로, u는 e/o로 변화한다.

(c) 자음으로 끝나는 종지음은 (གསུམ་, དྲུག་, བརྒྱད་의) 세 경우에 탈락하며, 한 경우에 (གཉིས་) 변화가 일어나며, 다만 한 경우에 (བདུན་) 자음은 변하지 않고 남아 있다.

11-19까지의 숫자는 10을 1자리의 숫자와 더해서[3] 만든다. 이때 10은 맨 앞에 온다.[4]

བཅུ་གཅིག་	11	༡༡	བཅུ་དྲུག་	16	༡༦
བཅུ་གཉིས་	12	༡༢	བཅུ་བདུན་	17	༡༧
བཅུ་གསུམ་	13	༡༣	བཅུ་བརྒྱད་	18	༡༨
བཅུ་བཞི་	14	༡༤	བཅུ་དགུ་	19	༡༩
བཅོ་ལྔ་	15	༡༥			

10의 배수인 20, 30, … 90의 숫자는 1자리수를 10과 곱해서 만든다.[5] 이때 1자리는 첫 번째 위치에 온다.

ཉི་ཤུ་	20	༢༠	དྲུག་ཅུ་	60	༦༠
སུམ་ཅུ་	30	༣༠	བདུན་ཅུ་	70	༧༠
བཞི་བཅུ་	40	༤༠	བརྒྱད་ཅུ་	80	༨༠
ལྔ་བཅུ་	50	༥༠	དགུ་ཅུ་	90	༩༠

여기서 2, 3, 10의 부차적 형태가 사용된다. 10을 ཅུ་, བཅུ་, ཤུ་의 세 가지 상이한 형태로 사용하는 것은 아래 규칙에 따른다.

(a) 1자리에서 종지음으로 자음이 올 때 ཅུ་가 온다.

(b) ཉི(ས)་에서 탈락된 –ས 다음에 ཤུ་가 온다.[6]

---

3 བཅུ་གཅིག་ : 10과 1로서 우리식으로 "십일"

4 བཅོ་가 두 개의 숫자 ལྔ་와 བརྒྱད་ 앞에서 'བཅོ로 바뀐 것에 주의하라.

5 ཉི་ཤུ་ "이십"

(c) 모음 다음에 བཅུ가 온다.[7]

21~99까지의 숫자는 덧셈 조사 རྩ་를 다음과 같이 1자리수와 결합시킨다.

ཉི་ཤུ་རྩ་གཅིག་	21	༢༡	སུམ་ཅུ་རྩ་གཉིས་	32	༣༢
ཉི་ཤུ་རྩ་གཉིས་	22	༢༢	དགུ་བཅུ་རྩ་བརྒྱད་	98	༩༨
སུམ་ཅུ་རྩ་གཅིག་	31	༣༡	དགུ་བཅུ་རྩ་དགུ་	99	༩༩

회화체에서, 30부터는 각각의 10의 배수의 축약형이 རྩ་ 대신에 온다.

སུམ་ཅུ་སོ་གཅིག་	31	༣༡
བཞི་བཅུ་ཞེ་གཉིས་	42	༤༢
དགུ་བཅུ་གོ་དགུ་	99	༩༩

티벳 목판본에서 페이지를 표시할 때에 일반적으로 10의 배수의 압축형이 덧셈 조사 없이 후치된 1자리수와 결합된다.

ཉེར་དགུ་ 29　　རེ་གཅིག་ 61　　གྱ་ལྔ་ 85

10의 승(乘)수, 즉 10의 제곱, 세제곱 등은 다음과 같다.

བརྒྱ་	100	འབུམ་	100.000
སྟོང་	1.000	ས་ཡ་	1.000.000
ཁྲི་	10.000	བྱེ་བ་	10.000.000

더 큰 10의 승수에 대해서는 9세기에 편찬된 산스크리트-티벳어 단어집인 *Mahāvyutpatti*의 CCXLIX에 10의 59제곱까지 나열되어 있다.

6 이에 대해 ཅིག་, ཅིང་, ཅེ་가 종지음ས་ 다음에서 ཤིག་, ཤིང་, ཤེ་로 넘어가는 것과 비교하라.

7 첨전자의 발음에 대해서는 4.1.d 참조.

18.2 100부터 10의 승수의 배수

100부터 10의 승수의 배수는 한문에서와 같이 만든다. 이때 2와 3은 부차적 형태인 ཉི, སུམ་ 이 사용된다.

ཉི་བརྒྱ་	200	བཞི་སྟོང་	4,000	དྲུག་ཁྲི་	60,000

때로 상용구나 운문에서는 10의 승수와 [곱셈으로 묶이는] 1자리 수가 후치되기도 한다.

འཇིག་རྟེན་སྟོང་གསུམ་ 삼천 세계

동일한 조건 하에서 빈번히 높은 10의 승수가 등장하기도 한다.

བརྒྱ་སྟོང་ 백천(=10만) འབུམ་의 시적인 표현

18.3 집합조사 ཕྲག་

후치된 ཕྲག་과 함께 사용될 때 그 기수는 명사화된 집합개념으로 된다.

བརྒྱ་ཕྲག་ "100개"

따라서 그 뒤에 오는 숫자는 항시 앞의 숫자의 수식으로서 이해되어야 하며, 그럼으로써 곱하는 수로서 기능한다. 보통 그러한 곱하는 수가 ཕྲག་에 뒤따른다.

བརྒྱ་ཕྲག་བཅུ་གཉིས་	"12x100"
བརྒྱ་ཕྲག་སྟོང་པོ་དག་	"백x천", 즉 "십만"[8]
བརྒྱ་ཡི་ཕྲག། སྟོང་ཕྲག་དྲུག་ཅུ་རྩ་བརྒྱད་	"백x천x68"[9]

8 པོ་는 집합명사이다. 이에 대해서는 5.6.0 참조.

9 금광명경(*Suvarṇaprabhāsottamasūtra*)에 대한 Johannes Nobel의 티벳역(Leiden 1944, p. 128.27).

마지막에 언급한 것과 같은 복잡한 형태는 다만 운문 문헌에서만 나온다. 금광명경의 티벳역[10]에서 나오는 아래 경우를 비교하라.

།བསྐལ་པ་དག་ནི་བྱེ་བ་བརྒྱ་སྟོང་ཕྲག། །དགུ་བཅུ་རྩ་དགུར་འཁོར་ལོས་སྒྱུར་རྒྱལ་གྱུར།
།བསྐལ་པ་བརྒྱ་སྟོང་དུ་མ་མང་པོར་ཡང་། །ངས་ནི་ཁམས་ཀྱི་རྒྱལ་པོ་མྱོང་བར་གྱུར།

"99x100x1,000x일천만[11] 겁 동안 나는 세상의 지배자였다.
무수한 많은 백천 겁 동안 나는 [삼]계의 왕으로서 경험했다."

18.4 집합조사 ཀ་와 པོ་

명사형 조사 ཀ་(산디에 대해서 5.5 참조)와 པོ་는 숫자와 결합해서 집합 개념을 만든다. 하지만 ཕྲག་과 결합한 형태와 대조적으로 그 [조사] 뒤에 계속 숫자가 오지 않는다.

གཉིས་ཀ་ 또는 གཉིས་པོ་	"그 두 개의 그룹"
མི་ལྔ་པོ་	"다섯 사람의 집단"

18.5 형용사 ཐམ་པ་

10~100까지의 숫자 뒤에 완전함을 나타내기 위해 형용사 ཐམ་པ་ "완전히"가 온다.

བརྒྱ་ཐམ་པ་	"온전한 백"
ཉི་ཤུ་ཐམ་པ་	"온전한 20 (더도 덜도 아닌)"

때로 ཐམ་པ་ 대신에 덧셈 조사 རྩ་가 위의 기능을 한다.

10 Nobel 1944, p. 119,11-14(XIII, Vers 30).
11 즉, 99조 겁이다. 역자는 수를 잘못 헤아렸다.

18.6 100 이상의 복합 숫자

1자리의 숫자는 덧셈 조사 རྩ་를 통해 큰 숫자와 결합될 수 있다.

ཉི་ཤུ་རྩ་གཅིག་ "21"

큰 10의 배수는 덧셈 조사 རྩ་를 통해 작은 숫자와 결합될 수 있다. 그때 그것은 두 번 등장해서는 안 되지만 대신 두 번째는 དང་을 통해서는 나타날 수 있다. 자주 결합[을 표시하는 조사] 없이 나열되었다.

ལྔ་བརྒྱ་རྩ་དྲུག་ཅུ་ "560"
དྲུག་བརྒྱ་དང་ལྔ་བཅུ་རྩ་བཞི་ "654"
སུམ་ཁྲི་ཉིས་སྟོང་ "32,000"

18.7 ཕྱེད་의 사용

기수를 만들 때에 ཕྱེད་ "반"은 특별한 기능을 한다. 연결조사 དང་과 1자리수를 수반하여 ཕྱེད་는 뒤따르는 수에서 숫자의 단위의 반이 부족함을 나타낸다.

ཕྱེད་དང་གསུམ་ "반과 3=2,5"

위의 예처럼 더 이상의 단어가 없다면 자연수가 숫자의 단위를 이룬다. 그렇지만 다른 큰 숫자의 단위도 사용될 수 있다.

བརྒྱ་ཕྲག་ཕྱེད་དང་བཅུ་གསུམ་ "100x12,5=1,250"[12]

18.8 서수

서수는 명사형 조사 པ་를 대응하는 기수에 덧붙임에 의해 만들어진다. 이때 པ་는 산디 규칙에 따르지 않는다(5.6.f 참조).

기수 གཅིག་만이 불규칙하게 만들어진다. དང་པོ་ "첫 번째"

གཅིག་	"하나"	དང་པོ་	"첫 번째"
གཉིས་	"둘"	གཉིས་པ་	"두 번째"
གསུམ་	"셋"	གསུམ་པ་	"세 번째"
བཞི་	"넷"	བཞི་པ་	"네 번째"
བཅུ་	"열"	བཅུ་པ་	"열 번째"
བཅུ་གཅིག་	"열하나"	བཅུ་གཅིག་པ་	"열한 번째"
ཉི་ཤུ་རྩ་གཅིག་	"스물하나"	ཉི་ཤུ་རྩ་གཅིག་པ་	"스물한 번째"

18.9 배분적인 표현

숫자의 배분적인 표현은 기수를 반복함에 의해 표현된다.

དྲུག་དྲུག་ "각각의 6"

10을 넘는 숫자에서는 단지 마지막 부문만이 중복된다.

སུམ་ཅུ་རྩ་གཉིས་གཉིས་ "각각의 32"

12 이것은 산크리트 *ardhatrayodaśaśata*에 해당된다.

18.10 기수의 부사

수사에서 만드는 부사는 대부분 수사에 향격을 붙여 만든다.

དང་པོར་	"첫 번째로"
གཉིས་པར་	"두 번째로"

특히 두 가지의 나열에 있어서는 종종 기수에 향격을 붙여 사용한다.

གཅིག་ཏུ་	"첫 번째는"
གཉིས་སུ་	"두 번째는"

마지막 예문의 경우에 때로 향격 외에도 처격 조사 ན་가 붙기도 한다.

གཅིག་ཏུ་ན་ … གཉིས་སུ་ན་ …	"첫 번째는 … 두 번째는"

18.11 배수적 부사

배수적 부사들은 보통 ལན་ "~번, ~배" 또는 드물지만 ཐེངས་ "~번, ~배"[13]란 단어에 기수를 붙여 만든다.

ལན་གཅིག་	"한 번"	ལན་གཉིས་	"두 배, 두 번"

13 ལན་이나 ཐེངས་보다 드물게 쓰이는 비슷한 말이 ཚར་ 또는 ཚེར་이다.

18.12 분수

몇 분의 1 등의 분수는 ཆ་ "부분"를 기수에 붙여 만든다. 기수는 변하지 않거나, 또는 더 많은 경우이지만, 소유격 조사를 취할 수 있다.

བརྒྱ་ཆ་/ བརྒྱའི་ཆ་ "100분의 1"

몇 분의 2 등의 분수는 배수를 나타내는 후치된 기수를 통해 나타낸다.

(ག)སུམ་ཆ་ "3분의 1" (ག)སུམ་ཆ་གཉིས་ "3분의 2"

"반"은 특별히 ཕྱེད་ཀ་라는 형태로 표시되는데(18.7 참조), 이 단어는 동사 འབྱེད་པ་"나누다"에서 파생된 것이다.

18.13 기수의 위치

수식어적으로 사용된 기수는 항시 수식하는 말 뒤에, 특히 다른 모든 수식어 뒤에 온다.

ཁྱོད་ནི་འདི་གཉིས་དོར་ནས་ "네가 이들 양자를 버린 후에"

집합 조사 པོ་가 기수 뒤에 온다면 지시대명사는 그다음에 온다.
ནུ་མ་གཉིས་པོ་དེ་ཡང་བུད་མེད་དེ་ལ་བྱིན་ནས་ "그 두 젖가슴을 그 부인에게 준 후에"

복합된 표현에서 기수는 (소유격 조사 없이) 선치될 수 있다.

བདུན་ཞག་ "7일, 즉 일주일"[14]
གསུམ་ཟུར་ "세 개의 각, 즉 삼각"

숫자 གསུམ་ "3"과 དགུ་ "9"는 복합된 표현에서 다수성을 나타낸다.

སྣ་གསུམ་ "세 종류, 즉 다수의"
མི་དགུ་ "9인, 즉 모든 사람"

18.14 비교급조사 པས་

명사형 조사 པ་/བ་의 도구격 པས་/བས་는 탈격 조사 ལ་와 비슷한 방식으로(12.3.f 참조) 비교급으로 사용된다.

རྟ་བས་ཁྱི་ཆུང་བ་ཡིན་ "말보다 개는 작다."
ཁོ་ཁྱོད་པས་ཆེ་བ་ཡིན་ "그는 너보다 크다."

18.15 두 격조사의 연속

이미 여러 개소에서 서로 다른 두 개의 격조사가 연달아 나오는 경우를 설명했다. 거의 모든 가능한 방식으로 결합형이 만들어질 수 있는[15] 이런 널리 퍼진 현상은 격조사가 그 기능들 때문에 새로운 독립적인 단어를 만들 수 있다는 사실에 의거하고 있다. [격조사들에 의해 만들어진] 이들 새 단어들에 구문론적 필요에 따라 하나의 새로운 조사가 온다. 그러한 표현을 올바로 번역하기 위해서 상응하는 두 격조사의 정확한 기능들을 본 서에서 제시된 범주에 따라 규정하는 것으로 보통 충분할 것이다. 다음과 같이 몇 가지 예시를 들 수 있다.

---

14 이것은 축약된 소유의 의미로 풀이될 수 있다. 즉, "7일을 가진".

15 Palmyi Cordier, *Cours de Tibétain classique*, Hanoi 1907/8, p.25.

གཡས་སུའི་འགྲོ་　　“오른편에 [있는] 사람”

བདག་གིས་ཀྱི་བསྔོད་　　“내가 [행한] 칭찬”

མཚོ་རུ་ཡི་ཉ་མང་　　“호수에 [사는] 많은 물고기”

མཐར་གྱིས་　　“마침내” (마지막에 [있는] 방식으로)

།རང་གི་རྙེད་པ་བླང་བྱ་ཞིང་། །གཞན་གྱི་ལ་ནི་འདོད་མི་བསྐྱེད།

།དགེ་སློང་གཞན་གྱི་འདོད་བྱེད་པ། །ཏིང་འཛིན་ཐོབ་པར་མི་འགྱུར་རོ།

“자신의 획득을 취해야만 하고 타인의 것에 대해서는 욕구를 일으켜서는 안 된다. 타인의 소유에 대해 욕구를 일으키는 비구는 삼매를 얻지 못할 것이다.”

대부분의 예문은 여기서 일종의 생략법이 나옴을 보여준다. 보충되어야 할 개념은 རྙེད་པ་에서처럼 문맥에서 끄집어낼 수 있다.

18.16 소유격과 도구격 조사의 미래를 만드는 기능

소유격과 도구격 조사는 종종 (의욕적 내지 필연적 뉘앙스를 지닌) 단순 미래를 만들기 위해 사용된다. 이들 조사들은 보통 상응하는 동사의 미래어간 다음에 온다. 두 조사는 그것들의 분사적 용법과 대조적으로(14.2+3 참조) 이 경우에는 절대적 종지형으로 사용되고 있음을 강조해야 할 것이다.

།སེམས་ཅན་མི་བསྲུན་ནམ་མཁའ་བཞིན། དེ་དག་གཞོམ་གྱིས་ …

“허공처럼 [많은], 올바르지 않은 그들 중생들을 제압해야만 한다.”

བདག་གི་སེམས་ནི་ཕྱིར་བཟློག་བྱའོ།　　“나의 마음을 다시 되돌려야만 한다.”

…དེ་དག་ཐམས་ཅད་ངས་ཁྱོད་ལ་སྦྱིན་གྱི་　　“그것 모두를 나는 너에게 줄 것이다.”

이에 대해 Helmut Hoffmann의 논문 "Über ein wenig beachtliches Hilfswort zur Bezeichnung der Zukunft im Tibetischen"(*Corolla Linguistica, Festschrift Ferdinand Sommer*, Wiesbaden 1955, pp.73-79)에 제시된 일련의 전거들의 정리를 보라.

18.17 부사적 앞부분을 가진 동사복합어

산스크리트로부터의 번역문헌에서 두드러진 특징으로서 일련의 부사를 수반한 동사어간의 빈번한 사용이 보인다. 이들 부사들은 특히 ཀུན་ཏུ་, ཀུན་ནས་, ངེས་པར་, མངོན་པར་, མཆོག་ཏུ་, རྗེས་སུ་, ཉེ་བར་, རྣམ་པར་, ཡང་དག་པར་, ཡོངས་སུ་, རབ་ཏུ་, ལེགས་པར་, ཤིན་ཏུ་, སོ་སོར་, ལྷག་པར་ 등이다. 이들 부사는 대응하는 산스크리트 동사가 하나 또는 여러 동사접두어와 동사가 합성되었음을 보여준다. 티벳어에서 그런 부사-동사의 결합형이 나올 때 두 가지 기본적 경우를 구별해야 한다.

(a) 산스크리트 동사복합어의 의미는 티벳어에서는 다소 티벳어 동사어간을 통해 표현되며, 부사는 단지 장식하는 의미를 가진다.

> རབ་ཏུ་གྲགས་པ་ "매우 유명한", skt. *prasiddha*

여기에서 접두사에 포함된 뉘앙스가 원래 단어의 의미로부터 벗어나있지만, 기본적으로 왜곡된 것은 아니다.

(b) 동사복합어의 의미는 부사와 동사로부터 부가적으로 합성된 것이다.

> རྗེས་སུ་བྱེད་པ་ "모방하다", skt. *anu-kṛ*
>
> རྗེས་སུ་གདུང་བ་ "따라 괴롭히다, 후회하다", skt. *anu-tap*[16]

마지막 경우에서 보듯이 개별 번역자의 기계적 수행방식에 의거해서 동사복합어의 정확한 의미는 더 이상 티벳어만으로는 전달될 수 없고 산스크리트를 다시 고려함에 의해서 전달될 수 있는 것이다. 티벳어 표현의 단어의 직역은 원래의 의미를 이해될 수 없게 하거나 또는 반대로 오해시킬 수도 있을 것이다. 이하 몇몇 예문이 이를 잘 보여줄 것이다.

རབ་ཏུ་བྱེད་པ[17]	"매우 잘 만들다", skt. *prakaraṇa* "논서, 작품, 장"
སོ་སོར་མཉན་པ་	"개별적으로 듣다", skt. *prati-√śru* "대답하다"
ངེས་པར་འཇུག་པ་	"확실히 들어가다", skt. *nir-√viś* 또는 *niṣ-√kram* "(무대에서) 내려가다"[18]

인도 시문학의 번역에서 등장하는 이들 표현을 번역할 때 따라서 맥락에 맞는 의미를 화고하기 위해 산스크리트-티벳어 색인에 의거해서 대응하는 정확한 산스크리트 단어를 밝혀내려고 노력해야 한다. 본 서 말미의 단어집에 이를 수록하였으며, 부분적으로는 두 개의 부사와 결합된[19] 이들 동사복합어 각각을 독립적인 단어로서 취급했다. 왜냐하면 이것이 동사복합어의 성격에 부합하며, 또한 이것이 단순히 티벳어 동사어간의 의미변용일 뿐이라고 하는 인상을 피하고자 하기 때문이다.[20]

---

16 이 단어는 산스크리트 *anu-√tap* "후회하다" 및 *anu-tāpa* "후회"의 티벳역이다. 또는 그 대신에 티벳어의 관점에서 보다 간편한 번역어인 རྗེས་སུ་འགྱོད་པ་ 나 འགྱོད་པ་를 사용하기도 한다.

17 때로 사용되는 རབ་ཏུ་འབྱེད་པ "잘 분해함"은 티벳어 표현을 약간 변화시킴에 의해 티벳인들에게 보다 잘 이해시키려는 시도일 것이다.

18 이런 매우 정교한 인도희곡문학에서의 niṣ-kram의 번역어는 Candragomim의 희곡 *Lokānanda*의 번역에서 발견된다. Hahn, *Candragomins Lokānandanāṭa. Nach dem tibetischen Tanjur herausgegeben und übersetzt.* Wiesbaden 1974 (Asiatische Forschungen 39) 참조. Harṣadeva의 희곡 *Nāgānanda*의 티벳역에서 *niṣkrānta*에 대응하는 단어는 항시 song bar gyur te (/to)이다.

19 ཀུན་ནས་ཉེ་བར་འོང་བ་ 또는 ངེས་པར་ཀུན་ནས་འོང་བ་ 와 비교하라.

20 원래 산스크리트에서 만들어진 형태 중의 어느 것이 축어역으로서 티벳어 단어로 들어갔는지의 문제는 명확히 단언될 수 없을 것이다. 그것 중 많은 것들에게 아마도 chu skyes "물에서 태어난 것, skt. *jalaja*, 즉 "연꽃" 또는 རྟ་བདུན "일곱 말[이 이끄는 것], skt. *saptāśva*, 즉 "태양" 또는 རྣམ་རྟོག་ "분별, skt. *vikalpa*" 등의 단어가 해당될 것이다. 그 외에도 그 단어를 만든 사람에게만 의미가 분명한 말들이 있다. 이를 풀이하기 위해서는 많은 경험과 때로는 행운도 필

이런 동사복합어의 구사에서 그렇다면 무엇을 번역해야 하는가 하는 근본적인 질문이 당연히 제기된다. (a) [더 이상 드러나지 않은] 원래 산스크리트의 의미인가, 또는 (b) 이들 원전으로부터 그렇게 이해했던 번역자의 텍스트인가 아니면 (c) 오늘날 교육받은 티벳인들이 이해하는 식으로 주어진 텍스트인가? 번역할 때 각자가 가진 목표에 따라 이 세 가지 가능성이 정당화될 수 있을 것이다. 다만 이 작업에서 일관성을 유지할 필요가 있으며 임의적으로 우왕좌왕해서는 안 된다.[21]

요할 것이다. 여기서는 다만 རྩོད་ཐབས་ལྡན་པ་ "논란을 수반한 것, 즉 난장이로서의 비슈누의 화현"을 제시하겠다. 이는 skt. *vikramin*의 티벳역으로서 Nāgārjuna *Prajñāśataka*, 6송에 나온 것이다.

21 첫 번째 길은 보통 소위 "Urtext"에 가능한 한 접근하려고 하는, 문헌학적으로 훈련된 인도학도들에 의해 선택된다. 세 번째 길의 예로 Lobsang Dargay의 *Die Legende von den sieben Prinzessinnen*(*Saptakum ārika-Avadāna*)라는 번역인데, 그것은 티벳역에 의거해 Guhyadatta의 운문작품은을 번역하고 주석한 것으로 Wiener Studien zur Tibetologie und Buddhismuskunde 2로 1978년 출판되었다.

제18과 연습문제

པ་མ་གཉིས་ཀྱིས་ནམ་མཁའ་ལ་བལྟས་ནས། ལྷ་ཁྱོད་སུ་ཞིག་ལགས་པ་བདག་ལ་སྨོས་ཤིག་ཅེས་སྨྲས་པ་དང་། ལྷས་སྨྲས་པ་བདག་ནི་རྒྱལ་བུ་སེམས་ཅན་ཆེན་པོ་ཞེས་བྱ་བ་ཡིན་ཏེ། བདག་གིས་ལུས་ཀྱིས་སྟག་མོ་ལྟོགས་པ་བསྐྱོད་པས་དགའ་ལྡན་གྱི་ལྷའི་གནས་སུ་སྐྱེས་སོ། རྒྱལ་པོ་ཆེན་པོ་འདི་ལྟར་མཁྱེན་པར་མཛོད་ཅིག། ཇི་ཙམ་དུ་སྲིད་པ་དང་བཅས་པའི་ཆོས་ནི་མཐར་འཇིག་པར་འོང་ངོ་། །སྐྱེ་བ་ཡོད་ན་ངེས་པར་འཇིག་གོ། སྡིག་པ་བྱས་ན་སེམས་ཅན་དམྱལ་བར་ལྟུང་ངོ། དགེ་བ་བྱས་ན་མཐོ་རིས་སུ་སྐྱེས་ཏེ། སྐྱེ་བ་དང་འཇིག་པ་ནི་ཀུན་ལ་སྲིད་ན། ཅིའི་སླད་དུ་བདག་འབའ་ཞིག་གི་ཕྱིར་མྱ་ངན་གྱི་རྒྱ་མཚོར་ལྟུང་བ་མི་ཆོར། དགེ་བའི་ཕྱོགས་ལ་བརྩོན་འགྲུས་མཛོད་ཅིག་ཅེས་པ་དང་། དེའི་ཕ་མས་སྨྲས་པ། ཁྱོད་ནི་སྙིང་རྗེ་ཆེན་པོས་སྟག་མོ་བསྐྱོད་དེ། ཐམས་ཅད་ལ་སྙིང་བརྩེ་བ་ཡིན་ན། བདག་ཅག་བཏང་སྟེ། ཚེའི་དུས་བྱས་པས། ངང་ནི་ཁྱོད་དྲན་པའི་ཕྱིར་ཤ་ཡང་དུམ་བུ་དུམ་བུར་བཅད་པ་ཙམ་དུ་སྡུག་བསྔལ་གྱིས་གདུངས་ན། སྙིང་རྗེ་ཆེན་པོ་སྤྱོད་པ་ཁྱོད་འདི་ལྟར་བྱ་བར་རིགས་སམ། དེ་ནས་ཡང་ལྷ་དེས་ཚིག་སྙན་པ་རྣམ་པ་སྣ་ཚོགས་ཀྱི་སྒོ་ནས་བཞམས་ཏེ། སྤྲོ་བ་བསྐྱེད་པས་དེའི་ཕ་མ་ཡང་སྤྲོ་བ་ཅུང་ཟད་སྐྱེས་ནས། རིན་པོ་ཆེ་སྣ་བདུན་གྱི་སྒྲོམ་བྱས་ཏེ། རུས་བུ་དེའི་ནང་དུ་བཅུག་ནས་སྦས་པའི་སྟེང་དུ་མཆོད་རྟེན་བྱས་སོ། །ལྷ་ཡང་ཕྱིར་གནས་སུ་སོང་ངོ་། །རྒྱལ་པོ་དང་འཁོར་མང་པོ་རྣམས་ཀྱང་ཕྱིར་པོ་བྲང་དུ་སོང་ངོ་། །བཅོམ་ལྡན་འདས་ཀྱིས་ཀུན་དགའ་བོ་ལ་བཀའ་སྩལ་པ། ཁྱོད་ཀྱི་ཡིད་ལ་ཅི་སྙམ་དུ་སེམས། དེའི་ཚེ་དེའི་དུས་ན་རྒྱལ་པོ་ཤིང་རྟ་ཆེན་པོ་སུ་ཡིན་སྙམ་དུ་སེམས་ན། དེ་ནི་ད་ལྟར་ངའི་ཡབ་རྒྱལ་པོ་ཟས་གཙང་མ་ཡིན་ནོ། །དེའི་ཚེ་དེའི་དུས་ན་རྒྱལ་པོ་དེའི་བཙུན་མོ་དེ་ནི་ད་ལྟར་ངའི་ཡུམ་སྒྱུ་མ་ལྷ་མཛེས་ཡིན་ནོ། །དེའི་དུས་ན་སྲས་རབ་སྒྲ་ཆེན་པོ་དེ་ནི་བྱམས་པ་ཡིན་ནོ། །སྲས་འབྲིང་པོ་ལྷ་ཆེན་པོ་དེ་ནི་བ་སུ་མི་ཏྲ་ཡིན་ནོ། །དེའི་ཚེ་དེའི་དུས་ན་རྒྱལ་བུ་ཐ་ཆུང་སེམས་ཅན་ཆེན་པོ་ནི་གཞན་དུ་མ་སེམས་ཤིག། ད་ལྟར་ང་ཡིན་ནོ། །དེའི་ཚེ་དེའི་དུས་ན་སྟག་ཕྲུག་ནི་མི་འདི་གཉིས་ཡིན་ཏེ། ངས་སྔོན་ཡང་ཡུན་རིང་པོ་ནས་བགེགས་ལས་ཐར་བར་བྱས་ནས་སྲོག་བསྐྱབས་ནས་བདེ་བར་བྱས་སོ། །ད་མངོན་པར་སངས་རྒྱས་ནས་ཀྱང་བགེགས་ལས་ཐར་བར་མཛད་ནས། འཁོར་བའི་སྡུག་བསྔལ་ཆེན་པོ་ལས་ཡོངས་སུ་གྲོལ་ལོ། །དེའི་ཚེ་ན་ཀུན་དགའ་བོ་དང་འཁོར་མང་པོ་ཐམས་ཅད་བཅོམ་ལྡན་འདས་ཀྱིས་གསུངས་པ་ལ་ཡི་རང་སྟེ་མངོན་པར་བསྟོད་དོ།

།སེམས་ཅན་ཆེན་པོས་སྟག་མོ་ལ་ལུས་བྱིན་པའི་ལེའུ་སྟེ་གཉིས་པའོ། །

제18과 연습문제 해설

3f ཇི་ཙམ་དུ་ … འོང་ངོ་ (드문 경우지만) 후치된 관계문

སྲིད་པ་དང་བཅས་པའི་ཆོས་ “有를 수반한 법”

འོང་ངོ་ 16.9 참조

5 མི་ཚོར་ ཚོར་는 의욕을 나타내는 미래어간이다.

6 ཅེས་པ་དང་ 5.6.a 참조

6 ཁྱོད་ནི་ … ཡིན་ན་ 는 བདག་ཅག་에서 རིགས་སམ་까지 전체 문장구성에 조건적으로 종속되고 있다. བདག་ཅག་ … གདུངས་ཏེ་은 서술어 … འདི་ལྟར་བྱ་བར་에 관련된다.

8 ཁྱོད་འདི་ལྟར་བྱ་བར་རིགས་སམ་ 왜 여기서 미래어간이 사용되었는가?

ཡང་ “다시” 이에 대해 Mahāsattva 이야기의 단락, 특히 17과 연습문제의 마지막 문장을 참조

9f ཡང་ 여기서 전접어식으로 사용

རིན་པོ་ཆེ་སྣ་བདུན་གྱི་སྒྲོམ་ 소유격의 용법은 무엇인가? 7종 보석에 관해서 단어집 참조

10 གནས་ 여기서 དགའ་ལྡན་གྱི་ལྷའི་གནས་를 나타낸다.

13 ཡིན་ནོ་ 여기서와 이어지는 문장에서 원래 종지문의 종지형 조사의 지시적 성격이 분명히 드러난다.

16 སྔོན་ཡང་ “이전에서도 또한”

제18과 새 단어

ཏིང་འཛིན་ 운율상 ཏིང་ངེ་འཛིན་의 축약형. "삼매"(ཏིང་ངེ་는 གཏིང་의 강조형이다)

འདོད་པ་ 원하다

ཟློག་པ་ 되돌리다, 역전시키다

PF བཟློག་

བསྙུན་པ་ = སྙུན་པ་ 부드러운

제19과

19.1 티벳 동사의 어간형의 형태론 개관[1]

티벳어 동사와 그 형태론적 가능성 및 네 어간형의 기능의 일반적인 성격은 이미 8.4와 9.1에서 다루었다. 이제 여기서는 티벳 동사어간의 변화를 지배하는 법칙성에 대한 가능한 한 실용적인[2] 개관이 제시될 것이다. 이런 법칙성의 정확한 이해는 밀접한 관계를 가진 어간을 빨리 정확하게 귀속시키는 데 유용할 뿐 아니라 오류가 있거나 희귀한 형태를 개선할 수 있는 안목을 열어준다.

네 어간형의 형성과 더불어 티벳 동사의 형태론적 가능성이 소진되지 않았다. 많은 경우에 (사역형, 중립적이거나 수동형 등) 일련의 동사형태의 파생어와 체언형태의 파생어들이 존재한다. 이런 친족관계를 일찍 주목하는 것이 중요하고 필수적이긴 하지만 그것을 서술하는 것은 자료의 부족 때문에 개론서의 범위를 넘어선다. 티벳 동사의 형태론과 관련된 문제점들에 대해서는 이미 (매우 모순된 해석을 가진) 많은 연구들이 있다. 이를 위한 서지학적 정보로는 Robert Schafer 등에 의해 편집된 *Bibliography of Sino-Tibetan Languages*, (vol.1.2, Wiesbaden, 1957, 1963)을 보라.

---

1 이하 상세한 강의를 위해 W. South Cobin, "Notes on Tibetan Verbal Morphology", *T'oung Pao*, vol. LXII, pp. 45-70를 보기를 권한다.

2 여기서 "실용적"이란 "기술적"이란 의미이다. 부분적으로 매우 난해하고 지금까지 명백히 해명되지 않은 변형의 설명에 대해서는 본 서에서는 상론하지 않을 것이다.

어간형의 분석에서 이를 형태를 아래 네 가지 구성요소로 나누고 그것들의 변화를 따로 관찰하는 것이 좋다.

첨전자(D) – 기본자(B) – 모음(V) – 첨후자(A)

티벳어 동사형은 최대 첨전자, 첨관자, 기본자, 첨족자, 모음, 제1첨후자, 제2첨후자라는 7개의 구성부분을 가질 수 있다. 그것들 중에서 첨족자는 항시 그리고 첨관자는 (아래에서 보듯이) 하나의 경우를 제외하면 항시 변하지 않으며, 첨후자의 변화는 요약해서 다루어진다. 그래서 단지 네 개의 위에서 언급한 구성부분만이 어간의 등급으로서 의미가 있다.

예

		P	B	V	A
གཏོང་	*gtong*	g	T	o	ng
འཁྲོལ	*'khrol*	'	Kh(r)[3]	o	l
འབིགས་	*'bigs*	'	B	i	(g)s
བྱེད་	*byed*	-	B(y)	e	d
སྨྲ་	*smra*	-	(s)M(r)	a	-
བསྒྲགས་	*bsgrags*	b	(s)G(r)	a	(g)s

아래에서 다루어진 모든 변화는 단지 가능한 유형만을 서술한 것이다. 어떤 경우에도 그 변화는 같은 첨전자와 기본자, 모음이나 첨후자를 갖는 동사에 있어 의무적인 것이 아니다.

3 괄호 안의 문자는 여기서 고려되지 않는다.

19.2 첨후자의 변화

종지음의 변화는 다섯 개의 그룹으로 분류된다.

a) □*s* □ □ □

(선행하는 자음 뒤에서) 현재형에 있는 -*s*는 다른 세 어간형에서 탈락한다.

현재	과거	미래	명령
འདེབས *'debs*	བཏབ་ *btab*	གདབ་ *gdab*	ཐོབ་ *thob*
འགེངས་ *'gengs*	བཀང་ *bkang*	དགང་ *dgang*	ཁོང་ *khong*

b) □*s* □*s* □ □*s*

(선행하는 자음 뒤에서) 현재형에 있는 -s는 미래어간에서 탈락한다.

སྙེགས་ *snyegs*	བསྙེགས་ *bsnyegs*	བསྙེག་ *bsnyeg*	སྙེགས་ *snyegs*
འབིགས་ *'bigs*	ཕིགས་ *phigs*	དབིག་ *dbig*	ཕིགས་ *phigs*

c) □*d* □*s* □ □*s*

현재형에 있는 -*d*는 과거어간과 명령어간에서 -*s*로 넘어가며, 미래어간에서는 탈락한다.

མཉེད་ *mnyed*	མཉེས་ *mnyes*	མཉེ་ *mnye*	མཉེས་ *mnyes*
བྱེད་ *byed*	བྱས་ *byas*	བྱ་ *bya*	བྱོས་ *byos*

d) □ □*s* □ □*s*

과거어간과 명령어간은 현재어간에 -*s*를 더한다. 현재어간에서 종지음 -*n*은 이 경우 나머지 어간에서 -*ng*으로 된다.

སྨྲ་	*smra*	སྨྲས་	*smras*	སྨྲ་	*smra*	སྨྲོས་	*smros*
སྒྲུབ་	*sgrub*	བསྒྲུབས་	*bsgrubs*	བསྒྲུབ་	*bsgrub*	སྒྲུབས་	*sgrubs*
ལེན་	*len*	བླངས་	*blangs*	བླང་	*blang*	ལོངས་	*longs*

e) □ □ □ □*s*

명령어간만이 다른 어간들에 비해 -*s*를 더한다.[4] 현재어간에서 종지음 -*n*은 이 경우 나머지 어간에서 -*ng*로 된다.

འཛིན་	*dzin*	བཟུང་	*bzung*	གཟུང་	*gzung*	ཟུངས་	*zungs*
འབྱིན་	*'byin*	ཕྱུང་	*phyung*	དབྱུང་	*dbyung*	ཕྱུངས་	*phyungs*

고어체에는 몇 개의 종지음의 변형태가 있다.

f) □ □*d* □ □*d*

과거어간과 명령어간은 -*n*, -*r*, -*l*로 끝나는 현재어간에 -*d*(ད་དྲག)를 붙인다.

རྟེན་	*rten*	བརྟེནད་	*brtend*	བརྟེན་	*brten*	རྟེནད་	*rtend*
སྐྱུར་	*skyur*	བསྐྱུརད་	*bskyurd*	བསྐྱུར་	*bskyur*	སྐྱུརད་	*skyurd*
སེལ་	*sel*	བསལད་	*bsald*	བསལ་	*bsal*	སོལད་	*sold*

후대에 탈락한 ད་དྲག་은 후행하는 종지형 조사나 병렬조사의 시작음의 영향을 통해 계속 작동하는 것으로서 나타난다(6.4 및 15.5 참조).

4 이 유형에는 단지 몇 개의 동사만이 속한다.

19.3 어간 모음의 변화(모음교체)

어간의 등급에서 모두 (즉, 변형을 포함하거나 포함함이 없이) 어간모음을 위한 10종 모음 계열이 나타난다.

a)	a	a	a	a	f)	e	e	e	e
b)	*a*	*a*	*a*	*o*	g)	*e*	*e*	*e*	*o*
c)	i	i	i	i	h)	*e*	*a*	*a*	*o*
d)	*i*	*u*	*u*	*u*	i)	o	o	o	o
e)	u	u	u	u	k)	*o*	*a*	*a*	*o*

현재어간의 5종의 가능한 모음 중에서 어떤 것도 변하지 않고 있을 수 있다.[5] u는 항시 변하지 않는다. 현재어간에 있는 a, i, o를 위해서는 하나의 모음변화계열이 있고, 하나의 e를 위해서는 두 개의 모음변화계열이 있다. i를 위한 모음변화계열은 다만 19.2.e에서 다룬 몇몇 경우에만 등장한다.

예

a)	འཕྲད་	*'phrad*	ཕྲད་	*phrad*	ཕྲད་	*phrad*	ཕྲད་	*phrad*
b)	ལྟ་	*lta*	བལྟས་	*bltas*	བལྟ་	*blta*	ལྟོས་	*ltos*
c)	སྒྲིབ་	*sgrib*	བསྒྲིབས་	*bsgribs*	བསྒྲིབ་	*bsgrib*	སྒྲིབས་	*sgribs*
d)	འཛིན་	*'dzin*	བཟུང་	*bzung*	གཟུང་	*gzung*	ཟུངས་	*zungs*
e)	སྒྲུབ་	*sgrub*	བསྒྲུབས་	*bsgrubs*	བསྒྲུབ་	*bsgrub*	སྒྲུབས་	*sgrubs*
f)	མཉེད་	*mnyed*	མཉེས་	*mnyes*	མཉེ་	*mnye*	མཉེས་	*mnyes*
g)	རྟེན་	*rten*	བརྟེན་	*brten*	བརྟེན་	*brten*	རྟོན་	*rton*

5 즉, 동사어간의 특별한 변형이 일어나는 경우에 변화.

h)	བྱེད་	*byed*	བྱས་	*byas*	བྱ་	*bya*	བྱོས་	*byos*
i)	འགྲོལ་	*'grol*	བཀྲོལ་	*bkrol*	དགྲོལ་	*dgrol*	ཁྲོལ་	*khrol*
j)	སྒྲོག་	*sgrog*	བསྒྲགས་	*bsgrags*	བསྒྲག་	*bsgrag*	སྒྲོགས་	*sgrogs*

19.4 첨전자의 변화

동사에서 첨전자의 변화는 다섯 개의 주 그룹으로 나누어진다.

a) *P*□ *P*□ *P*□ □ (P는 첨전자)

현재어간의 첨전자는 과거어간과 미래어간에서 보존되며 명령어간에서 탈락된다.[6]

བགྱིད་	*bgyid*	བགྱིས་	*bgyis*	བགྱི་	*bgyi*	གྱིས་	*gyis*
མཉན་	*mnyan*	མཉན་	*mnyan*	མཉན་	*mnyan*	ཉོན་	*nyon*
འཕེན་	*'phen*	འཕངས་	*'phangs*	འཕང་	*'phang*	ཕོངས་	*phongs*

b) *P*□ □ *P*□ □

현재어간의 첨전자는 과거어간과 명령어간에서 탈락되며, 미래어간에서 보존되거나 다른 첨전자로 넘어간다.

འགྱུར་	*'gyur*	གྱུར་	*gyur*	འགྱུར་	*'gyur*	གྱུར་	*gyur*
འབིགས་	*'bigs*	ཕིགས་	*phigs*	དབིག་	*dbig*	ཕིགས[7]	*phigs*

6 첨전자 ག, ད에서 이 규칙의 예는 드물다.

7 역사적으로 보면 이 예는 아마 e)그룹에 속할 것이다. 왜냐하면 과거어간은 아마도 고형 **b-bigs*의 혼합의 산물일 것이기 때문이다.

이 그룹에 다음과 같은 예외경우가 보이는데, 그것은 어떤 직접적인 유사성도 없다.

སྦྱིན་ *sbyin* བྱིན་ *byin* སྦྱིན་ *sbyin* བྱིན་ *byin*

따라서 여기서는 첨관자가 이 그룹의 첨전자처럼 변화한다.

c) *P*□ □ □ □

현재어간의 첨전자는 다른 세 어간에서 탈락된다.

འཕྲད་	*'phrad*	ཕྲད་	*phrad*	ཕྲད་	*phrad*	ཕྲད་	*phrad*
འབོད་	*'bod*	བོས་	*bos*	བོད་	*bod*	བོས་	*bos*

d) *(P)*□ *b*□ *b*□ *(P)*□

이 그룹은 과거어간과 미래어간이 첨전자 *b*–를 갖는 것으로 특징지어진다. 이 첨전자는 기본자 *n* 앞에서 *m*–으로 변한다. (단지 두 단어가 이에 해당된다.) 현재어간과 명령어간에서 하나의 첨전자가 올 수도 있고 탈락될 수도 있다. 하지만 첨전자 없는 현재어간과 첨전자가 있는 명령어간의 결합은 가능하지 않다.

ལྟ་	*lta*	བལྟས་	*bltas*	བལྟ་	*blta*	ལྟོས་	*ltos*
འཆའ་	*'cha'*	བཅས་	*bcas*	བཅའ་	*bca'*	ཆོས་	*chos*
གནོན་	*gnon*	མནན་	*mnan*	མནན་	*mnan*	ནོན་	*non*
དགོད་	*dgod*	བགད་	*bgad*	བགད་	*bgad*	དགོད་	*dgod*

e) *P*□ *b*□ *g/d*□ □

이 그룹은 과거어간이 첨전자 *b*–를, 미래어간이 첨전자 *g*–(또는 연구개음의 기본자 앞에서 *d*–)를 갖는 것으로 특징지어진다. 현재어간의 첨전자로서 보통 '–가 나타나지만, 일련의 동사에 있어서는 첨전자 *g*–가 대신하기도 한다. 명령어간에는 항시 첨전자가 없다.

གཏོང་	*gtong*	བཏང་	*btang*	གཏང་	*gtang*	ཐོང་	*thong*
འཇུག་	*'jug*	བཅུག་	*bcug*	གཞུག་	*gzhug*	ཆུག་	*chug*
འགོད་	*'god*	བཀོད་	*bkod*	དགོད་	*dgod*	ཁོད་	*khod*

f) □ b/m[8]□ □ □

ཀླུབས་	*klubs*	བཀླུབས་	*bklubs*	ཀླུབས་	*klubs*	ཀླུབས་	*klubs*

이 유형은 ཀླུབས་; སྐྲུར་, སྡངས་; སྡམ་, ནོད་의 매우 드물게 나오고 따라서 불확실한 다섯 개의 동사어간에 의해 알려진 것이다.

19.5 기본자의 변화

기본자에서 대부분의 가장 복잡한 변화가 일어난다. 그렇지만 변화는 28개의 기본자[9] 중에서 티벳 동사의 기본자로서 기능할 수 있는 13개로 한정된다. 그것들은 다음과 같다.

ཅ, ཏ, ཙ–ཁ, ཆ, ཐ, པ, ཚ–ག, ཇ, ད, བ, ཛ

이하 나머지 15개의 글자는 대응하는 동사에서 어간의 등급이 일어나는 한, 변화하지 않는다.

8 기본자 *n* 앞에서.

9 ཝ, ཨ는 30개의 기본자에서 탈락된다.

ག, བ-ང, ཉ, ན, མ-ཞ, ཟ, འ-ཡ, ར, ལ-ཤ, ས, ཧ

변화할 수 있는 13개의 글자에서 -이것들 모두는 어간등급에서 변하지 않고 유지될 수 있는데- 20개의 매우 상이한 방식으로 배열된 변형태가 나타나는데, 이것들은 8개의 주그룹으로 나누어질 수 있다.

기본자는 그룹 a)에서 무성파열음(Tenuis)이며, 그룹 b)-d)에서는 유성파열음이고, 그룹 e)-h)에서는 폐쇄음(Media)이다.[10]

A 기본자로서의 무성파열음

a) 이 그룹은 다음과 같은 자음계열을 포함하고 있다.

현재	과거	미래	명령	현재	과거	미래	명령
ཅ	ཅ	ཅ	ཆ	*c*	*c*	*c*	*ch*
ཏ	ཏ	ཏ	ཐ	*t*	*t*	*t*	*th*
ཙ	ཙ	ཙ	ཚ	*ts*	*ts*	*ts*	*tsh*[11]

현재어간의 무성파열음은 명령어간에서만 유성파열음에 의해 대체된다.

གཅོད་	*gcod*	བཅད་	*bcad*	གཅད་	*gcad*	ཆོད་	*chod*
གཏོང་	*gtong*	བཏང་	*btang*	གཏང་	*gtang*	ཐོང་	*thong*
གཙུག་	*gtsug*	བཙུགས་	*btsugs*	གཙུག་	*gtsug*	ཚུགས་	*tshugs*

이 그룹에 속한 몇 동사들은[12] 항시 (*g*□ *b*□ *g*□ □)의 첨전자 유형 e)와 겹친다.[13]

10 음역의 의미에서가 아닌, 자역의 의미에서이다.

11 위에서 제시한 예에 의거하는 이 설명은 티벳 문법학자들에서 유래하기 때문에 불확실하다.

12 *gcod pa, gtong ba, gtum pa, gtog pa, gtor ba, gtsug pa, gtsur ba.*

13 유비적 사고가 요구되는 자음계열 ག ག ག ཁ 및 བ བ བ ཕ의 전거는 찾을 수 없다.

B 기본자로서의 유성파열음

현재어간의 기본자로서 유성파열음은 첨전자 '- (འ་ཆུང་)를 가질 때에만 변형된다.

b) 이 그룹은 기본자 *ph*를 갖는 세 단어를 포괄하고 있다.

ཕ	ཕ	བ	ཕ	*ph*	*ph*	*b*	*ph*

현재어간의 *ph*는 미래어간에서 b로 대체된다.

འཕྲལ་	*'phral*	ཕྲལ་	*phral*	དབྲལ་	*dbral*	ཕྲལ་	*phral*
འཕྲི་	*'phri*	ཕྲིས་	*phris*	དབྲི་	*dbri*	ཕྲིས་	*phris*
འཕྲོག་	*'phrog*	ཕྲོགས་	*phrogs*	དབྲོག་	*dbrog*	ཕྲོགས་	*phrogs*

유럽어와 티벳어 동사표에서 몇몇 어간형의 계열은 이 그룹에 속한 두 개의 자음계열의 배치를 암시하고 있다.

ཁ	ཁ	ཀ	ཁ	*kh*	*kh*	*k*	*kh*
ཐ	ཐ	ཏ	ཐ	*th*	*th*	*t*	*th*

모든 경우에 이 [그룹의] 변형[그룹]은 더 그렇게 생겨난 자음계열이 잘 확인되는 그룹의 하나에 속하는 방식으로 [기본자의 변화가] 나타난다. 그래서 Jäschke와 Lalou는 འཁྲིད་의 과거어간으로 ཁྲིད་를, 미래어간으로 (Jäschke는 약간 유보적으로 의문부호로 표기하지만) བཀྲི་를 제시하는 반면, 이들 어간형은 티벳인 문법학자 gSer Tog에 있어서는 다음과 같다:

འཁྲིད་ *'khrid* ཁྲིད་ *khrid* ཁྲིད་ *khrid* ཁྲིད་ *khrid*

그럼으로써 이들 변화는 (19.4.c에서 보듯이) 널리 알려진 유형을 따르는 것이다. 역으로 티벳인 문법학자에 의해 설명된 འཁྲུད་ - འཁྲུད་ - བཀྲུ་ - ཁྲུས་ 계열 대신에 Jäschke에서 보다 잘 전거를 확인할 수 있는 과거어간 བཀྲུས་를 발견하게 된다. 이는 기본자 계열에서 아래의 그룹 c)에 속하는 것이다.

c) 이 그룹은 아래 5개의 자음을 포괄하고 있다.

ཁ	ཀ	ཀ	ཁ	*kh*	*k*	*k*	*kh*
ཆ	ཅ	ཅ	ཆ	*ch*	*c*	*c*	*ch*
ཐ	ཏ	ཏ	ཐ	*th*	*t*	*t*	*th*
ཚ	ཙ	ཙ	ཚ	*tsh*	*ts*	*ts*	*tsh*
ཚ	ས	ས	ཚ	*tsh*	*s*	*s*	*tsh*

처음 네 개의 계열에서 현재어간의 유성파열음은 명령어간에서 유지되며, 과거어간과 미래어간에서는 무성파열음으로 대체된다. 넷째 계열의 치음의 파찰음은 몇몇 드문 경우 치음의 마찰음으로 대체된다(5째 계열).

འཁྲུད་	*'khrud*	བཀྲུས་	*bkrus*	བཀྲུ་	*bkru*	ཁྲུད་	*khrud*
འཆའ་	*'cha'*	བཅས་	*bcas*	བཅའ་	*bca'*	ཆོས་	*chos*
འཐུང་	*'thung*	བཏུངས་	*btungs*	བཏུང་	*btung*	ཐུངས་	*thungs*
འཚག་	*'tshag*	བཙགས་	*btsags*	བཙག་	*btsag*	ཚོགས་	*tshogs*
འཚབ་	*'tshab*	བསབས་	*bsabs*	བསབ་	*bsab*	ཚོབ་	*tshob*

이런 유형의 많은 동사들은 항시 첨전자 계열 d)와 겹친다. 19.4.b 참조.

위의 계열에서 양순음의 계열이 없다는 점이 주목된다. 이는 기본자 *p*가 어간등급 내에서 결코 변화할 수 없으며 또한 (기본자로서 *ph* 또는 *b*에 있어서) 변화의 결과일 수 없기 때문일 것이다. 이에 대해서는 고립된 그룹 (b)와 (e)를 보라.
마찬가지로 비록 아래의 기본자 계열이 치음의 파찰음의 두 번째 계열과 유비하여 기대될 수 있는 것처럼 보일지라도, 이런 계열을 지닌 어떤 동사도 설증될 수 없다.

ཆ	ཤ	ཤ	ཆ	ch	sh	sh	ch

(d) 이 그룹에 약 10개의 동사가 속한다. 이들 동사의 기본자는 *ch* 또는 *tsh*이다. 두 개의 자음계열은 다음과 같다.

ཆ	ཤ	ཤ	ཤ	*ch*	*sh*	*sh*	*sh*
ཚ	ས	ས	ས	*tsh*	*s*	*s*	*s*

현재어간의 *ch* 또는 *tsh*는 나머지 세 형태에서 동질군의 마찰음으로 대체된다.

འཆད་	*'chad*	བཤད་	*bshad*	བཤད་	*bshad*	ཤོད་	*shod*
འཚོ་	*'tsho*	བསོས་	*bsos*	གསོ་	*gso*	སོས་	*sos*

이 그룹에 속한 몇몇 동사에 있어 현재어간과 동일한 미래어간이 설해졌다.

འཆར་	*'char*	ཤར་	*shar*	འཆར་	*'char*	ཤར་	*shar*

그렇지만 문제되는 동사들은 형태의 존속성에서 이하의 두 계열을 가진 (d)의 하위그룹으로 배치될 수 있기에는 아직 충분히 확인되지 못했다.

ཆ	ཤ	ཆ	ཤ	*ch*	*sh*	*ch*	*sh*
ཚ	ས	ཚ	ས	*tsh*	*s*	*tsh*	*s*

C 기본자로서의 폐쇄음

현재어간의 기본자로서 폐쇄음은 첨전자 '–를 가질 때, 어간등급에 변형이 일어난다.

(e) 이 그룹에 기본자 *b*를 가진 일련의 동사들이 속한다. 자음계열은 다음과 같다.

བ	ཕ	བ	ཕ	*b*	*ph*	*b*	*ph*

기본자는 미래어간에서 유지된다. 첨전자는 '–에서 *d*–로 교체된다. 과거어간과 미래어간에서 첨전자는 첨전자를 갖지 않는 *ph*로 변한다.

འབིགས་	*'bigs*	ཕིགས་	*phigs*	དབིག་	*dbig*	ཕིགས་	*phigs*

과거어간 *phigs*이 고형 **b-phigs*으로 소급된다고 추정할 만한 충분한 이유가 있다. (이 단어는 원형 **b-bigs*의 규칙적인 이화작용일 것이다.) 그럼으로써 그룹 (e)는 아래 그룹 (f)의 현대적인 예외일 것이다.[14]

(f) 이 그룹은 아래 두 개의 자음계열로 이루어져 있는데, 여기에는 많은 자료가 있다.

ག	ཀ	ག	ཁ	*g*	*k*	*g*	*kh*
ད	ཏ	ད	ཐ	*d*	*t*	*d*	*th*

현재어간의 폐쇄음은 미래어간에서 보존되지만, 그때 첨전자는 아래에서 보듯이 교체된다. 과거어간에서 폐쇄음은 무성 폐쇄음으로, 명령어간에서는 유성폐쇄음으로 변한다.

이 그룹은 항시 첨전자 계열 e)와 겹친다.

འགོད་	*'god*	བཀོད་	*bkod*	དགོད་	*dgod*	ཁོད་	*khod*
འདུལ་	*'dul*	བཏུལ་	*btul*	གདུལ་	*gdul*	ཐུལ་	*thul*

*b*를 위해서뿐 아니라 *j*와 *dz*를 위해서도 특별한 계열이 존재한다(다음에 있는 그룹 (g-h) 참조).

(g) 이 그룹에 기본자 *j*와 *dz*를 가진 어간등급을 하는 대부분의 동사들이 속한다. 이 계열

14 19.4.b의 주석과 비교하라.

은 다음과 같다.

ཇ	ཅ	ཞ	ཆ	*j*	*c*	*zh*	*ch*
ཛ	ཙ	ཟ	ཚ	*dz*	*ts*	*z*	*tsh*

동질군의 마찰음이 등장하는 미래어간에 이르기까지 변형은 그룹 (f)의 그것에 대응한다.

འཇོམས་	*'joms*	བཅོམ་	*bcom*	གཞོམ་	*gzhom*	ཆོམས་	*choms*
འཛུམ་	*'dzum*	བཙུམ་	*btsum*	གཟུམ་	*gzum*	ཚུམས་	*tshums*

여기서 "비규칙적인" 미래어간은 추측컨대 오래된 "규칙적인" 형태들, 즉 *gj–* 또는 *gdz–*로 소급될 것이다. 이것은 음조상의 이유 때문에 단순화되었다.

(h) 현재어간에서 기본자 *j*, *dz*를 가진 동사들 중 몇몇은 다음 도표에 따라 보다 단순한 변형을 보여준다.

ཇ	ཞ	ཞ	ཞ	*j*	*zh*	*zh*	*zh*
ཛ	ཟ	ཟ	ཟ	*dz*	*z*	*z*	*z*

현재어간의 폐쇄음은 따라서 모든 나머지 어간들 속에서 동질군의 마찰음으로 대체된다.

འཇོག་	*'jog*	བཞག་	*bzhag*	གཞག་	*gzhag*	ཞོག་	*zhog*
འཛིན་	*'dzin*	བཟུང་	*bzung*	གཟུང་	*gzung*	ཟུངས་	*zungs*

이에 대해 상응하는 유성 폐쇄음에 있어 그룹 (d)에서 유비적인 단순화와 비교하라.

19.6 예외 경우

기본자의 변화가 이들 8종 그룹의 어디에도 속하지 않는 동사들의 수는 많지 않다. 여기서 서술했던 것보다 보다 정확하고 완전한 서술은 이런 예외들을 취해서 (위에서 부분적으로만 해석했던) 그것들에 대한 일반적인 변화법칙을 조사해야만 가능할 것이다. 이런 예외 경우 중의 몇몇은 다음과 같다.

세 개의 동사 중에서 첫 번째는 언뜻 매우 불규칙적인 기본자의 변형을 보여준다.

a)	ལྟུང་	*ltung*	ལྷུང་	*lhung*	ལྷུང་	*lhung*	ལྷུང་	*lhung*
b)	ལྡུག་	*ldug*	བླུགས་	*blugs*	བླུག་	*blug*	བླུགས་	*blugs*
c)	ལྡུད་	*ldud*	བླུད་	*blud*	བླུད་	*blud*	བླུད་	*blud*

티벳어의 파악에 따르면 현재어간은 ལྷུང་, བླུག, བླུད་ 이지만, 반면 위에서 나열한 어간들은 독립적인 동사들을 나타내야 한다.[15]

d)	འཇལ་	*'jal*	བཅལ་	*bcal*	གཞལ་	*gzhal*	འཇོལ་	*'jol*

우리는 그룹 (g)에 따라 명령어간 *ཆོལ་을 기대한다.

e)	འཇིབ་	*'jib*	བཞིབས་	*bzhibs*	བཞིབ་[16]	*bzhib*	འཇིབ་	*'jib*
f)	འཇོ་	*'jo*	བཞོ་	*bzho*	བཞོ་	*bzho*	འཇོ་	*‘jo*

15 아래 B)와 c)의 변형태는 Walter Simon에게 두음에서의 Metathese이론의 중요한 근거이다.

16 གཞིབ་도 쓰인다.

제19과 티벳어 동사의 어간형에 대한 일람표

1 첨전자 계열

a) P	P	P	-
b) P_1	-	P_2	-
c) P	-	-	-
d) -/P	b	b	-/P
e) P	b	g/d	-
f) -	b/m	-	-

2 기본자 계열

a) c	c	c	ch
t	t	t	th
ts	ts	ts	tsh
b) ph	ph	b	ph
c) kh	k	k	kh
ch	c	c	ch
th	t	t	th
tsh	ts	ts	tsh
tsh	s	s	tsh
d) ch	sh	ch	sh
tsh	s	tsh	s
ch	sh	sh	sh
tsh	s	s	s

e) b	ph	b	ph
f) g	k	g	kh
d	t	d	th
g) j	c	zh	ch
dz	ts	z	tsh
h) j	zh	zh	zh
dz	z	z	z

3 모음 계열

a) a	a	a	a
b) a	a	a	o
c) i	i	i	i
d) i	u	u	u
e) u	u	u	u
f) e	e	e	e
g) e	e	e	o
h) e	a	a	o
i) o	o	o	o
k) o	a	a	o

4 후음 계열

a) s	-	-	-
b) s	s	-	s
c) d	s	-	s
d) -	s	-	s

e) - - - s

f) - d - d

f)의 경우는 새 철자법에는 없다. 그러나 산디규칙의 형태로 작용한다.

제20과

20.1 티벳 운율학 입문[1]

모든 종류의 텍스트 장르에서 시는 매우 빈번하게 사용되고 있기 때문에 티벳 운학의 근본규칙을 아는 것은 반드시 필요할 것이다. 이를 통해 난해한 개소의 해석이 용이해질 뿐 아니라 이 규칙들은 텍스트의 오류나 전승상의 오류를 보여주는 척도 역할을 한다.

20.2 시구의 구성

산스크리트와 한문불전으로부터 번역한 문헌에는 4행의 시구가 압도적이다. 보통 모든 4행 시구는 동일한 음절수를 갖고 있다. 그렇게 구축된 시구 중에 7음절로 이루어진 것이 가장 빈번히 나온다. 그것은 불교 경전과 전설, 학문적 문헌과 서사시 및 문학 장르에서 동일하게 사용된 티벳어 게송(또는 티벳의 *Śloka*)을 대표한다. 본 서의 강독자료 속에 포함된 Sa-skya Paṇḍita의 격언모음집의 앞 3장과 두 개의 본생담(*Jātaka*, 강독자료 III + IV)에서의 게송의 많은 부분이 [이 형식의] 게송으로 작성되었다. 이런 평균 유형을 넘어서거나 모자라는 게송은 예외적인 것이다. 6행 시구는 일반적으로 원래 게송이 보통보다 광범위할 경우 사용된다.

1 이는 Sa-skya Paṇḍita의 격언시를 읽기 이전에 이해해야 한다.

번역문헌에서 경직된 도식에 비해 토착시의 시구형태는 기본적으로 매우 자유롭다. 정확한 4행 외에 끊임없이 변화하는 음운수를 가진 게송을 발견하곤 하는데, 그 속에서 절음의 수가 고정되지 않았다. 다른 경우에는 예를 들어 3-2-2 … -2; 3-2-2- … -2와 같이 분명한 규칙적인 도식이 발전되었다. 이들 도식은 내용적이고 문법적인 게송의 편성을 분석함에 의해 나온다. 일반적으로 구속력이 있는 규칙들은 이 경우 내세울 수 없다. 특히 다양한 예문들은 Mi-la ras-pa의 전기와 게송에서 뽑은 것이다.

20.3 운율의 구성

가장 일목요연한 시구의 구성은 번역문헌에서 발견된다. 여기서 음절의 숫자가 몇 가지 예외를 빼고 시구마다 일정하지 않다는 규칙이 있다. 그것은 7음절에서 21음절까지 유동적이다.[2]

이들 게송은 항시 한 개의 음절로 이루어진 단어로 게송이 끝나며, 이와 더불어 두 개의 음절로 이루어진 압운이 3개에서 10개까지 다양한 수로 배치된다. 압운 내에서 항시 첫 번째 음절이 운율상 강하며, 두 번째 음절은 운율상 약하다. 따라서 이런 압운을 "강약 압운(Trochee)" 라고 명명할 수 있다. 그것들은 티벳 게송의 기본입자이다.

티벳의 토착문헌에서는 짝수의 시구도 사용하는데, 특히 두 방식으로 생겨날 수 있는 8음절을 선호한다.

a) 운율적으로 약한 첫음절을 홀수의 시구 앞에 놓음에 의해

བདག་བློ་ཡི་པད་མོ་ཁ་ཕྱེ་སྟེ། *bdag bló yi pád mo khá phye sté* |

"나의 지혜의 연꽃이 열렸다."

2 간헐적으로만 나타나는 긴 운율은 최대 21음절을 가진 시구에서와 같은 규칙에 따른다.

b) Daktylus 유형의 세 음절의 압운을 사용함에 의해 (´- - -)

འཁོར་བ་ལ་ཕྱི་ཕྱག་འཚལ་བ་ཡིན། *'khór ba la phyí phyag 'tshál ba yín* |

"윤회에 대해서 작별인사하다."

20.4 강약압운(Trochee)의 구성

티벳 운율학의 기본입자로서 강약압운을 사용하는 것은 주로 단어어간-조사 형태로 나오는 티벳 단어의 구조로부터 설명된다. 그러므로 빈번하게 나오는 의미를 강화시키고 음조를 강화시키는 음조 + 의미를 약화시키고 음조를 약화시키는 음절의 연속을 절대적 기준으로 삼아왔다. 일련의 단어들이 두 개의 단어어간으로 이루어져 있거나 그것을 포함하며, 문법 규칙들이 자주 수사조사와 격조사의 두 조사들의 연속적 등장을 요구한다는 것에 의거해서 언제나 단어어간-조사의 연속을 갖고 작업할 수 없기 때문에 단어어간-단어어간 및 조사-조사의 연속이 또한 허용된다. 이 경우에 첫 음절이 위치를 강화시킨다는 규칙이 유효하다. 이는 순전한 강약압운의 주도권 때문에 운율적으로 강한 단어어간의 첫 모음이 뒤따르는 단어어간에 대해 (운율적인) 우세함을 가지거나 또는 하나의 조사가 뒤따르는 조사에 대해 운율적으로 주도적이라는 것을 의미한다.

강약압운을 통해 게송은 보통 그것을 이루는 음절이 문법적 또는 구문론적 단위라는 방식으로 내용적으로 나누어진다. 강약압운을 넘어 간섭하는 것은 단지 단어들이나 두 모음 이상을 가진 문법적 형태들에 있어서만 허용된다.

རིན་པོ་ཆེ་ལྔ་ *rín po ché lnga* "다섯 보석"

또 그것은 실제적으로 결코 여러 차례 직렬적으로 나오지 않는다.

རིན་པོ་ཆེ་ལྔ་རྣམས་ཀྱིས་ *rín po ché lnga rnáms kyis*

비록 이 구절이 단지 인정된 결과만을 포함하지만 강약압운의 연속 속에서 그것은 교란하거나 오도할 수 있다. 왜냐하면 그것은 두 개의 강약약절(Daktilen)으로 쪼개는 것을 제안하기 때문이다. 즉, *rín po che lngá rnams kyis*.

어떤 텍스트의 통계적 평가에서 연구된 압운의 단지 0.5% 이하의 부분에 도달했던 조사-단어어간의 순서는 단지 예외적 경우일 뿐이며, 고립적으로만 허용된다. 이런 압운을 선행하는 압운과 내용적이고 문법적으로 연결하는 것이 항시 특별히 중요하다.

ཤིང་རྟ་ལ་གནས	*shíng rta lá gnas*	"마차에서 머물"
སྲིད་གསུམ་ལ་ཕན་	*sríd gsum lá phan*	"三有에 도움되다"

커다란 네 음절의 범위는 어느 정도 그런 순서의 엄격함을 약화시켜준다.

조사 외에도 일련의 독립적인 단어들이 운율적으로 약한 것으로 통용된다. 여기에 오로지 수식하는 말에 후치되어 사용되는 단어들이 문제된다. 이에 다음과 같은 단어들이 속한다.

a) 비교하는 단어, 예컨대 ལྟར་, འདྲ་, མཚུངས་, བཞིན་
b) 소유를 나타내는 형용사, 예컨대 བཅས་, ལྡན་, འཁོར་, འབྲེལ་ 및 그것들을 부정하는 འབྲལ་, མེད་와 같은 단어
c) 대명사, 예컨대 ཀུན་, ཅི་, དེ་, འདི་, སུ་
d) 후치사, 예컨대 ཕྱིར་, སླད་
e) 부사, 예컨대 ཅེས་, ཉིད་, ཙམ་
f) 보조동사와 양태동사, 예컨대 དགོས་, འགྱུར་, འབྱུང་

그것의 운율상의 약함은 그것이 강약압운의 약음부에 있을 때, 조사처럼 드물게만 단어어

간에 선행하기 때문에 전적으로 서로서로 또는 하나의 조사에 뒤따라야 한다는 사실에서도 나타난다. 마지막으로 언급했던 순서의 운율적인 결합의 특성(Valency)은 조사-조사의 순서의 특성(즉, 앞의 조사가 더 강조된다는 사실)과 비교될 수 있다.

각각 양보형 조사와 의문문의 종지형 조사, 평서문의 종지형 조사의 모음 형태인 འང་, འམ་, འོ་'는 보통 음절을 형성하지 않는 것으로서 통용된다. 그것들은 대부분 음절을 분리하는 구두점 (ཚེག་) 없이 선행하는 음절과 결합된다.

ཐོབ་པའང་གང་ན་ *thób pa'ang gáng na*

두 개의 종지형조사들은 필요한 경우 [분리된] 음절로 사용될 수 있다. 그것들은 그때 대부분 ཚེག་을 통해 선행하는 음절과 분리된다.

རྟགས་ཀྱིས་བརྗོད་པ་འོ། *rtágs kyis brjód pa 'ó* |

20.5 강약압운의 순서를 만들기 위한 보조수단

티벳어에서 단어의 위치는 자유롭지 않기 때문에 일관된 강약압운의 순서를 목표로 하기 위해서는 추가적인 보조수단들이 필요하다. 이 목적을 위해 주로 아래의 네 가지 기법이 사용된다.

a) 음절의 축출

(1) 명사형 조사

ཡིན་ཕྱིར་ཆུ་བོ་ཐམས་ཅད་འབབ། *yín [pa'i] phyir chú bo tháms cad 'báb* |

(2) 수사 조사

ཉི་མའི་འོད་ཟེར་ཤར་བ་ན། *nyí ma'i 'ód zer [rnams] shár ba ná* |

(3) 격조사

གླང་ཆེན་སྤྱི་བོར་མྱུར་དུ་འགེམས། *gláng chen [gyi] spyí bor myúr du 'géms* |

(4) 동명형 조사

གཅིག་པུ་ཡིན་ཡང་ཀུན་ལས་རྒྱལ། *gcíg pu yín [na] yang kún las rgyál* |

(5) 종지형 조사

གཅིག་པུ་ཡིན་ཡང་ཀུན་ལས་རྒྱལ། *gcíg pu yín yang kún las rgyál* [lo] |

본래적인 단어부분이나 문장구성부분들은 축소형 조사와 강화형 조사 내지 관계문에서 관계대명사와 지시대명사처럼 축출될 수 있다.[3]

ཕུན་ཚོགས་ ← ཕུན་སུམ་ཚོགས་པ་

ཏིང་འཛིན་ ← ཏིང་ངེ་འཛིན་

b) 축약

མྱང་འདས་는 མྱ་ངན(ལས་)འདས་(པ་)의 축약형이다.

ཡིག་མཁན་은 ཡི་གེ་མཁན་의 축약형이다.

원래 근원적으로 리듬상으로 조건 지어진 많은 축약형은 단어를 만드는 것으로 기능한다.

3 이에 대해서는 강독자료 II, 1장 26송의 설명을 참조.

티벳어 단어를 정밀히 감별한다면 수백 개의 축약형이 출현될 것이다. 여기서 취급된 운율 법칙은 단어형성의 법칙과 매우 밀접한 관계를 갖고 있다.

c) 연장

(1) 소유격 조사의 모음형[4] –འི་ → ཡི་

ལྷ་ཡི་(두 음절) ← ལྷའི་

(2) 도구격의 모음형 –འིས་ → ཡིས་

ལྷ་ཡིས་(두 음절) ← ལྷས་ [고형: ལྷའིས]

(3) 향격의 모음형 –ར་ → རུ་

མེད་པ་རུ་(세 음절) ← མེད་པར་(두 모음)

d) 삽입

(1) 분리조사 ནི་

བློ་ཡིས་ནི་ ← བློས་

(2) 복수조사 དག་

ཁྱོད་ཀྱི་སྐུ་དག་ ← ཁྱོད་ཀྱི་སྐུ་

(3) 처격 조사 ན་(도구격과 향격 뒤에서)

བྱས་པས་ན་ ← བྱས་པས་

---

4 이중모음은 운율에 따라 일음절이나 2음절로 읽을 수 있다. 예를 들면 강독자료 IV. 9c ཟེའུ་འབྲུ་(1음절)과 강독자료 II, 3장 30d ཟེའུས་(2음절).

ཇི་ལྟར་ན་ ← ཇི་ལྟར་

(4) 향격 조사 སུ་(탈격 조사 ནས་ 뒤에서)

བྱས་ནས་སུ་ ← བྱས་ནས་

두 개의 자유로운 음절이 སྒོས་ 대신에 སྒོ་ཡིས་ནི་를 쓰는 방식에 따라 ཀྱང་ནི་, དག་ནི་의 도움으로 또는 비슷한 방식으로 보충될 수 있다(위의 d) (1) 참조).

a)-d)에서 기술한 모든 보조수단들은 자주 다양한 결합형으로 쓰인다.

20.6 쉼(일시 정지)

시구의 끝은 문법적, 구문론적 내지 내용적 단락과 함께 반드시는 아니지만 수축될 수 있다. 시구가 그 속에서 명확히 구분원리로서 사용되는 게송 외에도 많은 음절로 구성된 단어가 시구의 끝을 넘어 다음의 시구에 이르기까지 이어지는 것들이 있다. 규칙적인 음절의 수는 내용과 구문구성에 대해 여기서 강한 구분원리로서 나타난다.

티벳 번역문헌에서의 운율학에 대한 상세한 서술은 Michael Hahn의 *Jñānaśrīmitras Vṛttamālāstuti*(Wiesbaden 1971, pp. 50-65)에서 찾을 수 있다.

강독자료 I

가장 dByig pa can의 이야기

이 이야기는 악한 의향 없이 일련의 심각한 악행을 저질렀지만 현명한 왕 mDzes pa(skt. Ādarśamukha)의 재판 덕분에 무죄 방면된 가장 dByig pa can의 이야기이다. 인도 문학에서 이것은 근본설일체유부의 율장뿐 아니라 팔리 본생담(Jātaka, No.257)에도 포함되어 있다. 이 설화는 Haribhaṭṭa의 Jātakamāla의 30번째 이야기에서 예술적으로 각색되었다.[1] 본 서의 판본은 14과 이하에서 다룬 굶주린 암호랑이와 같이 མཛངས་བླུན་에서 취했다. 그것은 위에서 언급한 버전에 솔로몬왕과 같은 판결을 더한 것이다.

།།ཁྱིམ་བདག་དབྱིག་པ་ཅན་གྱི་ལེའུ།།

།འདི་སྐད་བདག་གིས་ཐོས་པ་དུས་གཅིག་ན།[2] བཅོམ་ལྡན་འདས་མཉན་ཡོད་ན་རྒྱལ་བུ་རྒྱལ་བྱེད་ཀྱི་ཚལ་མགོན་མེད་ཟས་སྦྱིན་གྱི་ཀུན་དགའ་ར་བ་ན་བཞུགས་སོ།། དེའི་ཚེ་ཡུལ་དེ་ན་བྲམ་ཟེ་ཕྱིན་ཏེ་ལོ་ཤུ་ཤ་ཞེས་བྱ་བ་ཞིག་ཡོད་དེ། བྲམ་ཟེ་དེའི་ཆུང་མ་དེ་རབ་ཏུ་མི་སྡུག་ཅིང་མིག་གཉིས་ཀྱང་མི་མཐོང་སྟེ། མི་མཐོང་བ་དེ་ལ་བུ་ཕོ་ནི་མེད་ཀྱི། བུ་མོ་བདུན་ཡོད་དེ། རབ་ཏུ་དབུལ་ཕོངས་སོ། བྲམ་ཟེ་དེའི་བུ་མོ་དེ་དག་ཀྱང་སོ་སོར་བག་མར་བཏང་སྟེ། ཕྱིས་མག་པ་དག་འདུས་ནས།[3] བྲམ་ཟེ་དེའི་ཆུང་མ་ཡང་ཁྲོ་ཞིང་གཏུམ་མོ་ཞིག་སྟེ།[4] བུ་མོ་དང་། མག་པ་དག་འོང་བ་ལ་ཁྲོས་ནས་བུ་མོ་དག་ཀྱང་ཕྱིར་མ་ལ་གཤེའོ། །དེའི་ཚེ་ན་ཞིང་དག་

---

1 Jātakamāla에 대해서는 강독자료 III+IV의 해설을 보라.

2 도입문에 대해서 14과 연습문제 앞부분 참조.

3 འདུས་ནས་: "모이다"

ཀྱང་བཛ་རན་ནས། ཁྱིམ་མཆེས་ལ་བ་ལང་ཞིག་བརྙས་ཏེ། ཞིང་ཐོག་ཏུ་སོང་སོང་བ་ལས།[5] ལེགས་པར་མ་བསྲུངས་པས་སྟོར་ཏོ། །དེའི་ཚེ་ན་ཕྱིན་ཏེ་ལོ་ཤུ་ཤས་འདི་སྙམ་དུ་བསམས་སོ། བདག་གིས་སྔོན་ཉེས་པ་ཅི་ཞིག་བྱས་ན། ཁྱིམ་དུ་འོངས་ན་ནི། ཆུང་མས་རྟག་ཏུ་སྤྱོ་ཞིང་བུ་མོ་བདུན་དང་། མག་པ་རྣམས་ཀྱིས་འདུག་ཏུ་མི་སྟེར།[6] ད་ཁྱིམ་མཆེས་ཀྱི་བ་ལང་བརྙས་ན་ནི། སྟེར་བར་གྱུར་ཏེ། བདག་གིས་བཙལ་ཀྱང་མ་རྙེད་ན། ཇི་ལྟར་བྱ་སྙམ་མྱ་ངན་གྱིས་ཡི་མུག་སྟེ་[7]འདུག་པ་ལས། རྒྱང་མ་ནས་དེ་བཞིན་གཤེགས་པ་ཤིང་དྲུང་ན་དབང་པོ་ཀུན་ཞི་ཞིང་[8]བདེ་བར་བཞུགས་པར་མཐོང་ངོ་། །བྲམ་ཟེ་དེས་འཁར་བ་ལ་སྐྱིམ་ཚུགས་སུ་བཅས་ཏེ། རྒྱང་ཚད་ཀྱི་བར་དུ་[9]བརྟགས་ནས་ཡང་འདི་སྙམ་དུ་བསམས་སོ། དགེ་སློང་གོ་ཏ་མ་ནི་རབ་ཏུ་བདེ་སྐྱིད་དོ། །དེ་ལ་ཆུང་མས་སྤྱོ་བ་ཡང་མེད། བུ་མོ་ངན་པ་དང་། མག་པས་གཙེ་བ་ཡང་མེད། ཞིང་བཛ་རན་ཏེ་གླང་བརྐུ་ཡང་མི་དགོས་ཏེ་མྱ་ངན་[10]མེད་དོ་སྙམ་བསམས་ནས། བཅོམ་ལྡན་འདས་ཀྱིས་དེའི་བསམ་པ་ཐུགས་ཀྱིས་མཁྱེན་ནས། དེ་ལ་འདི་སྐད་ཅེས་བཀའ་སྩལ་ཏོ། །ཁྱོད་ཀྱི་བསམ་པ་བཞིན་ཏེ། ང་ལ་ཡང་དག་པར་ཉེས་པའི་སྐྱོན་གང་ཡང་མེད། ཆུང་མ་ངན་པ་ཡང་མེད་ན། གཤེ་ཞིང་སྤྱོ་བ་ལྟ་ཅི་སྨོས། བུ་མོ་བདུན་གྱི་འཚེ་བ་ཡང་མེད། མག་པ་ཁྱིམ་དུ་འདུ་བ་ཡང་མེད། ཞིང་བཛ་རན་པ་དང་། གླང་སྟོར་བའི་མྱ་ངན་བྱེད་པ་ཡང་མེད་དོ། །ཁྱོད་རབ་ཏུ་འབྱུང་བར་དགའམ་ཞེས་བཀའ་སྩལ་པ་དང་། བྲམ་ཟེས་བཅོམ་ལྡན་འདས་ལ་འདི་སྐད་ཅེས་གསོལ་ཏོ། །བདག་ད་ལྟར་ཁྱིམ་ལ་དུར་ཙམ་དུ་འཛིན་ཏེ། ཆུང་མ་དང་། བུ་མོ་ལ་དགྲ་ཙམ་དུ་སེམས་སོ། །བཅོམ་ལྡན་འདས་ཀྱིས་རབ་ཏུ་འབྱུང་བར་གནང་ན་བདག་རབ་ཏུ་འབྱུང་ངོ་ཞེས་གསོལ་པ་དང་། བཅོམ་ལྡན་འདས་ཀྱིས་ལེགས་པར་འོངས་སོ་ཞེས་བཀའ་སྩལ་པས། སྐྲ་དང་ཁ་སྤུ་རང་བྱི་སྟེ་དགེ་སློང་དུ་གྱུར་ཏོ། །དེ་ནས་བཅོམ་ལྡན་འདས་ཀྱིས་ཅི་རིགས་པར་ཆོས་བསྟན་ནས། དེ་སྟེད་དུ་དྲི་མ་ཀུན་ཟད་དེ་དགྲ་བཅོམ་པར་གྱུར་ཏོ། །དེ་ནས་ཀུན་དགའ་བོས་བཅོམ་ལྡན་འདས་ལ་གསོལ་པ། ལེགས་སོ། །བཅོམ་ལྡན་འདས་སེམས་ཅན་གྱི་དོན་མཛད་པ་བསམ་གྱིས་མི་ཁྱབ་བོ། །བྲམ་ཟེ་འདིས་སྔོན་ལེགས་པ་ཅི་ཞིག་བགྱིས་ན། ཉེས་པའི་སྐྱོན་ཀུན་དང་བྲལ་ཏེ། རས་དཀར་པོ་གཙང་མ་ལ་ཚོན་ཞེན་སླ་བ་ལྟར་[11]དགེ་བ་ལ་[12]ཕན་པའི་དོན་ཐོབ་པར་གྱུར། བཅོམ་ལྡན་འདས་ཀྱིས་ཀུན་དགའ་བོ་ལ་བཀའ་སྩལ་པ། བྲམ་ཟེ་འདི་ད་ལྟར་འབའ་ཞིག་[13]ངས་ཕན་བཏགས་ཏེ་བདེ་བར་བྱས་པར་མ་ཟད་ཀྱི།[14] སྔོན་འདས་པའི་དུས་ན་ཡང་ཉེས་པ་ཀུན་ལས་ཐར་ཞིང་བདེ་བར་བྱས་སོ། །ཀུན་དགའ་བོས་གསོལ་པ། འོངས་པའི་དུས་ན་བྲམ་ཟེ་འདི་ཇི་ལྟར་བདེ་བར་མཛད་པ་རྒྱས་པར་བསྟན་དུ་གསོལ། བཅོམ་ལྡན་འདས་ཀྱིས་བཀའ་སྩལ་པ། ཁྱོད་ཤིན་ཏུ་ལེགས་པར་ཉོན་ལ་ཡིད་ལ་ཟུངས་ཤིག་དང་། ཁྱོད་ལ་བསྟན་པར་བྱའོ། །ཀུན་དགའ་བོས་གསོལ་པ། དེ་བཞིན་དུ་

---

4 ཁྲོ་ཞིང་གཏུམ་མོ་ཞིག་སྟེ་ 반종지형 조사는 여기서 원인적 의미로 번역될 수 있다.

5 སོང་སོང་བ་ལས་: "이리저리 움직였을 때"

6 འདུག་ཏུ་མི་སྟེར་: "머물 수 없게"

7 ཡི་མུག་སྟེ་: 양태적으로 번역.

8 ཞི་ཞིང་: 무엇과 ཞི་가 연결되는가?

9 རྒྱང་ཚད་ཀྱི་བར་དུ་: 오랜 시간이 지나 (한문역에 따라)

10 མྱ་ངན་: 여기서 གླང་སྟོར་བའི་མྱ་ངན་ 를 기대한다. 아래 줄과 비교

11 རས་དཀར་པོ་གཙང་མ་ལ་ཚོན་ཞེན་སླ་བ་ལྟར་: 희고 깨끗한 면화수건에 색이 묻는 것처럼 빨리

12 དགེ་བ་ལ་: "선에 대해"

13 ད་ལྟར་འབའ་ཞིག་: "지금"

14 མ་ཟད་ཀྱི། ... ཡང་: "~뿐 아니라"

ཐོས་པར་འཚལ་ལོ་ཞེས་གསོལ་པ་དང་། བཅོམ་ལྡན་འདས་ཀྱིས་ཀུན་དགའ་བོ་ལ་འདི་སྐད་ཅེས་བཀའ་སྩལ་ཏོ། །སྔོན་འདས་པའི་བསྐལ་པ་གྲངས་མེད་ཚད་མེད་པའི་ཕ་རོལ་ན་རྒྱལ་པོ་མཛེས་པ[15]ཞེས་བྱ་བ་ཞིག་བྱུང་སྟེ། ཆོས་བཞིན་དུ་སྲིད་འཚོའོ། །དེའི་ཚེ་ཡུལ་དེ་ན་བྲམ་ཟེ་དབྱིག་པ་ཅན་ཞེས་བྱ་བ་ཞིག་འདུག་སྟེ། རབ་ཏུ་དབུལ་ཕོངས་པ། བཟའ་བ་དང་བགོ་བ་མེད་པ་ཞིག་གོ། །དེས་ཁྱིམ་བདག་ཅིག་ལ་གླང་ཞིག་བརྙས་ཏེ། ཉིན་པར་སྤྱད་ནས་གླང་དེ་ཁྲིད་དེ་ཁྱིམ་བདག་དེའི་ཁྱིམ་དུ་སོང་བ་དང་། དེ་ན་ཁྱིམ་བདག་ནི་ཟན་ཟ་སྟེ། དབྱིག་པ་ཅན་གྱིས་གླང་དེ་ཁྱིམ་གྱི་ནང་དུ་བཏང་བ་དང་། གླང་སྒོ་གཞན་ཞིག་ཏུ་སོང་ནས་སྟོར་ཏོ།[16] །ཁྱིམ་བདག་དེ་ཟན་ཟོས་ནས་ལངས་པ་དང་། དེ་ན་གླང་མ་མཐོང་ནས་དེས་དབྱིག་པ་ཅན་ལ་གླང་ག་རེ་ཞེས་བྱས་པ་དང་། དེས་སྨྲས་པ། ཁྱོད་ཀྱི་ཁྱིམ་གྱི་ནང་དུ་བཏང་ངོ་། །ཁྱོད་ཀྱིས་ངའི་གླང་བོར་གྱིས། གླང་སླར་བྱིན་ཅིག་ཅེས་སྨྲས་པ་དང་། དེས་སྨྲས་པ། ངས་མ་བོར་རོ། །དེ་ནས་དེ་གཉིས་འགྲོགས་ཏེ་རྒྱལ་པོའི་ཐད་དུ་འདོང་དང་།[17] དེས་འུ་བུ་ཅག་གི་རིགས་པ་དང་མི་རིགས་པ་རྟོག་པར་འགྱུར་རོ་ཞེས་སྨྲས་ནས་དེ་གཉིས་དོང་བ་དང་། མི་གཞན་ཞིག་གི་རྟ་རྒོད་མ་ཞིག་བྲོས་ནས། དེས་དབྱིག་པ་ཅན་ལ་སྨྲས་པ། རྟ་རྒོད་མ་མ་བཏང་ཞེས་སྨྲས་ནས། དེས་རྡོ་ཞིག་བླངས་ཏེ་འཕངས་པ་དང་། རྟའི་རྐང་པ་ལ་ཕོག་ནས་རྐང་པ་ཆག་གོ། །དེས་སྨྲས་པ། ཁྱོད་ཀྱིས་ངའི་རྟ་བསད་ཀྱིས། ངའི་རྟ་བྱིན་ཅིག། ཅིའི་ཕྱིར་རྟ་སྦྱིན། དེས་སྨྲས་པ། ཚུར་ཤོག་རྒྱལ་པོའི་དྲུང་དུ་འདོང་དང་། དེས་འུ་བུ་ཅག་གི་ཞལ་ཆེ་གཅོད་དུ་འོང་ངོ་[18]ཞེས་སྨྲས་ནས་དེ་དག་དེར་སོང་བ་དང་། དབྱིག་པ་ཅན་དེ་འབྲོས་པར་བརྩམས་ཏེ། དེས་རྩིག་པ་ཞིག་གི་སྟེང་དུ་མཆོངས་པ་དང་། དེའི་དྲུང་ན་ཐ་གག་པ་ཞིག་ཐགས་འཐག་ཅིང་འདུག་པ་དེའི་སྟེང་དུ་ལྷུང་ནས་ཐ་གག་པ་དེ་ཚེ་འཕོས་པ་དང་། ཐ་གག་པའི་ཆུང་མས་དབྱིག་པ་ཅན་དེ་བཟུང་ནས། ཁྱོད་ཀྱིས་ངའི་ཁྱོ་བསད་ཀྱིས། ངའི་ཁྱོ་བྱིན་ཅིག་ཅེས་སྨྲས་པ་དང་། ངས་ཁྱོད་ཀྱི་ཁྱོ་ཅི་ལྟར་སྦྱིན་ཞེས་སྨྲས་ནས། ཚུར་ཤོག་རྒྱལ་པོའི་དྲུང་དུ་འདོང་དང་། དེས་འུ་བུ་ཅག་གི་ཞལ་ཆེ་གཅོད་དོ་ཞེས་དེ་དག་དོང་བ་ལས། ལམ་གྱི་བར་དེ་ན་[19]ཆུ་བོ་གཏིང་ཟབ་པ་ཞིག་ཡོད་དེ། ཆུ་དེའི་ནང་ནས་ཚུར་ཤིང་མཁན་ཞིག་སྟེའུ་ཁ་ནས་ཁྱེར་ཏེ་འོང་ངོ་། །དེ་ལ་དབྱིག་པ་ཅན་གྱིས་ཆུའི་གཏིང་ཅི་ཙམ་ཞེས་དྲིས་པ་དང་། ཆུ་གཏིང་ཟབ་པོ་ཞེས་སྨྲས་པ་དང་། སྟེའུ་ཆུར་ལྷུང་སྟེ། སྟེའུ་དེ་མ་རྙེད་པ་དང་། དེས་དབྱིག་པ་ཅན་བཟུང་ནས། ཁྱོད་ཀྱིས་ངའི་སྟེའུ་ཆུར་བསྐྱུར་རོ། །དེས་སྨྲས་པ། ངས་མ་བསྐྱུར་རོ། །ཚུར་ཤོག་རྒྱལ་པོའི་དྲུང་དུ་འདོང་དང་། དེས་འུ་བུ་ཅག་གི་ཞལ་ཆེ་གཅོད་དོ་ཞེས་སྨྲས་ནས་དོང་ངོ་། །དེ་ལུས་ངལ་ནས་ཆང་ཚོང་གི་ཁྱིམ་དུ་སོང་སྟེ་ཆང་བསླངས་ནས། ཆང་ཚོང་མ་དེ་ལ་བུ་ཕོ་ཞིག་བཙས་ཏེ། བུ་གོས་ཀྱིས་གཡོགས་ཏེ་བསྙལ་པ་ལས། དབྱིག་པ་ཅན་དེའི་སྟེང་དུ་འདུག་པ་དང་། ཁྱེའུ་དེ་སྲོག་དང་བྲལ་བར་གྱུར་ཏོ། །དེས་ཀྱང་དབྱིག་པ་ཅན་དེ་བཟུང་སྟེ། ཁྱོད་ཀྱིས་ངའི་བུ་བསད་ཀྱིས། ངའི་བུ་བྱིན་ཅིག། དེས་སྨྲས་པ། ངས་ནི་མ་བསད་ན། ཁྱོད་ཀྱི་བུ་ངས་ཇི་ལྟར་སྦྱིན། དེས་ཚུར་ཤོག་རྒྱལ་པོའི་དྲུང་དུ་འདོང་དང་། དེས་འུ་བུ་ཅག་གི་ཞལ་ཆེ་གཅོད་དོ་ཞེས་སྨྲས་ནས་དེ་དག་དོང་བ་ལས། གནས་གཞན་ཞིག་ན་ཤིང་ཤ་ཀོ་ཏ་ཀ་ལ་བྱ་རོག་ཅིག་འདུག་པ་དེས་དབྱིག་པ་ཅན་དེ་མཐོང་ནས་གར་འགྲོ་ཞེས་སྨྲས་པ་དང་། ང་ནི་མི་འགྲོ་ན། འདི་དག་གིས་ང་ཁྲིད་དོ། །གང་དུ་ཁྲིད། རྒྱལ་པོའི་དྲུང་དུའོ། །འོ་ན་

---

15 མཛེས་པ་: 이 왕의이름은 다른 전거에 서 보이듯이 Skt. *Ādarśamukha* “거울의얼굴”이다. 이 이야기의 한역 전거에서 이름은 잘못 음사되었거나 또는 Skt. **aprati(ma)mukha* “비교할 수 없이 [아름다운] 얼굴을 가진”으로 환원된다.

16 གླང་སྒོ་གཞན་ཞིག་ཏུ་སོང་ནས་སྟོར་ཏོ/གྲོ་བ는 여기서 “나감”의 뜻으로 사용되었다.

17 འགྲོགས་ཏེ་རྒྱལ་པོའི་ཐད་དུ་འདོང་དང་། : “벗하면서 왕애개로 간 후에”

18 ཞལ་ཆེ་གཅོད་དུ་འོང་ངོ་ : 부차적 미래이다. 16.9 참조.

19 ལམ་གྱི་བར་དེ་ན་ : “ 길 중간에”

ཕོ་བོའི་ཁྲིན་ཞིག་ཀྱང་རྒྱལ་པོ་ལ་ཕྱོས་ཤིག། གནས་འདི་ཞེས་བགྱི་བ་ན།[20] ཤིང་ཤ་ཀོ་ཏ་ཀ་དེ་ལ་བྱ་རོག་ཅིག་འདུག་པ།[21] བདག་ཤིང་གཞན་གྱི་ཁ་ན་འདུག་པའི་ཚེ་སྐད་མི་སྙན་ལ། ཤིང་འདིའི་ཁར་འོངས་ན་སྐད་ངོ་མཚར་དུ་སྙན་ན། དེ་ཅིའི་ཕྱིར་ཞེས་དེ་སྐད་མཆིའོ་ཞེས་སྨྲོས་ཤིག། དེ་ནས་ཡང་གནས་གཞན་ཞིག་ན་སྦྲུལ་ཞིག་གིས་མཐོང་ནས། སྔ་མ་བཞིན་དུ་བདག་གི་ཁྲིན་ཡང་ཞུས་ཤིག། བདག་ནམ་ཕུང་ནས་ཕྱིར་འབྱུང་བའི་ཚེ་ནི་བདེ། སྐྱར་འཇུག་པའི་ཚེ་སྡུག་བསྔལ་ན། ཅིའི་ཕྱིར་དེ་ལྟར་གྱུར་ཅེས་ཞུས་ཤིག། དེ་དག་དོང་བ་ལས་གནས་གཞན་ཞིག་ན་ན་ཆུང་གཞོན་ནུ་ཞིག་གིས་མཐོང་ནས། སྔ་མ་བཞིན་དུ་ཕོ་མོའི་ཁྲིན་ཡང་ཞུས་ཤིག། ནམ་ཕོ་མོའི་ཕ་མའི་ཁྱིམ་ན་འདུག་པའི་ཚེ་ན་ཕྱོས་པོའི་ཁྱིམ་འདོད། ཕྱོས་པོའི་ཁྱིམ་ན་འདུག་པའི་ཚེ་ཕ་མའི་ཁྱིམ་འདོད་ན། དེ་ཅིའི་ཕྱིར་ཡིན་པ་ཞུས་ཤིག་ཅེས་སྨྲས་ནས། དེ་དག་དོང་བ་ལས། རྒྱལ་པོའི་དྲུང་དུ་ཕྱིན་པ་དང་། དེ་དག་རྒྱལ་པོའི་རྐང་པ་ལ་མགོ་བོས་ཕྱག་འཚལ་ཏེ་ཕྱོགས་གཅིག་ཏུ་འཁོད་དོ། །དེ་ནས་རྒྱལ་པོས་དེ་དག་ལ་ཁྱོད་ཅི་ལ་འོངས་ཞེས་དྲིས་པ་དང་། དེ་དག་གིས་དབྱིག་པ་ཅན་དང་ཁྱིམ་བདག་རྩོད་པ་དེ་དག་ཐམས་ཅད་སྨྲས་སོ། །རྒྱལ་པོས་དབྱིག་པ་ཅན་ལ་སྨྲས་པ། ཁྱོད་ཀྱིས་གླང་བརྙས་སམ། བརྙས་སོ། །འོ་ན་ཕྱིར་བྱིན་ནམ། ཁྱིམ་བདག་གིས་མཐོང་བར་བྱིན་ཏེ། ཁས་ནི་མ་བཏང་ངོ་། །རྒྱལ་པོས་སྨྲས་པ། དབྱིག་པ་ཅན་འདིས་གླང་ཕྱིར་བྱིན་ཏེ་མ་སྨྲས་པས་ན། ལྕེ་ཆོད་ཅིག། ཁྱིམ་བདག་ཀྱང་གླང་འོངས་པར་མཐོང་ལ་མ་བཏགས་པས་ན། མིག་ཕྱུངས་ཤིག་ཅེས་བཅད་དོ། །ཁྱིམ་བདག་གིས་སྨྲས་པ། དབྱིག་པ་ཅན་གྱིས་གཅིག་ཏུ་ན་བདག་གི་གླང་བརྫོགས། གཉིས་སུ་ན་བདག་གི་མིག་ཕྱུང་བ་བས། དབྱིག་པ་ཅན་རྒྱལ་བར་གྱུར་ཀྱང་བླའོ།[22] །མི་གཅིག་གིས་སྨྲས་པ། དབྱིག་པ་ཅན་གྱིས་བདག་གི་རྟ་རྐང་མ་བཀུམ་མོ་ཞེས་སྨྲས་པ་དང་། རྒྱལ་པོས་དབྱིག་པ་ཅན་ལ་ཁྱོད་ཀྱིས་རྟ་ཇི་ལྟར་བསད་ཅེས་དྲིས་ན། བདག་ལམ་དུ་ཞུགས་ཏེ། མཆི་མཆི་བ་ལས། མི་འདིས་རྟ་མ་བཏང་ཞིག་ཅེས་མཆིས་ནས། བདག་གིས་རྡོ་ཞིག་བླངས་ཏེ་འཕངས་པས་རྟ་གུམ་མོ། །རྒྱལ་པོས་སྨྲས་པ། རྟ་བདག་གིས་རྟ་མ་བཏང་ཞིག་ཅེས་སྨྲས་པས། རྟ་བདག་ནི་ལྕེ་ཆོད་ཅིག། དབྱིག་པ་ཅན་ནི་རྡོ་འཕངས་པས་ལག་པ་ཆོད་ཅིག། མི་དེས་སྨྲས་པ། གཅིག་ཏུ་ན་བདག་གི་རྟ་བསད། གཉིས་སུ་ན་བདག་གི་ལྕེ་བཅད་པ་བས་དབྱིག་པ་ཅན་རྒྱལ་བར་གྱུར་ཀྱང་བླའོ། །ཤིང་མཁན་གྱིས་སྨྲས་པ། དབྱིག་པ་ཅན་གྱིས་བདག་ལ་ཆུའི་གཏིང་ཅི་ཙམ་དུ་ཟབ་ཅེས་དྲིས་པས། ཁ་ནས་སྟེའུ་བོགས་པ་ཆུར་ལྷུང་ངོ་ཞེས་གསོལ་པ་དང་། རྒྱལ་པོས་སྨྲས་པ། རྫས་ཅི་འཁྱེར་ཡང་ཕྲག་པ་ལ་བཀུར་བར་རིགས་ཀྱི་ཁ་ནས་ཁྱེར་བས་ཤིང་མཁན་གྱི་མདུན་སོ་གཉིས་ཆོག་ཅིག། དབྱིག་པ་ཅན་ནི་ཆུ་གཏིང་ཟབ་བམ་ཞེས་དྲིས་པས་ལྕེ་ཆོད་ཅིག། །ཤིང་མཁན་གྱིས་སྨྲས་པ། གཅིག་ཏུ་ན་བདག་གི་སྟེའུ་སྟོར། གཉིས་སུ་ན་བདག་གི་སོ་བཅག་པ་བས་དབྱིག་པ་ཅན་རྒྱལ་བར་གྱུར་ཀྱང་བླའོ། །ཆང་ཚོང་མས་སྨྲས་པ། དབྱིག་པ་ཅན་གྱིས་བདག་གི་བུ་བསད་དོ། །དབྱིག་པ་ཅན་གྱིས་སྨྲས་པ། བདག་ངལ་བས་ཆང་སྙོང་དུ[23]མཆིས་པས་སྟན་ལ་མ་བལྟས་པར་སྟན་ལ་འདུག་པས། འོག་ན་བུ་མཆིས་པར་མ་ཚོར་ཏེ་བུ་གུམ་མོ། །རྒྱལ་པོས་སྨྲས་པ། ཆང་ཚོང་མ་ཁྱོད་བུ་གོར་བསྐྱལ་ལ་གོས་ཀྱིས་མི་མངོན་པར་གཡོགས་པས་ཉེས་སོ། །དབྱིག་པ་ཅན་ཁྱོད་སྟན་ལ་མི་རྟོག་པར་འདུག་པ་ཡང[24]ཉེས་ཀྱིས། དབྱིག་པ་ཅན་ཁྱོད་ཁྱོར་ཕྱོས་ལ་བུ་ཡོད་པར་ཕྱོས་

20 གནས་འདི་ཞེས་བགྱི་བ་ན་: 이 장소라고 할 것이라면

21 བྱ་རོག་ཅིག་འདུག་པ་: 이 양태를 나타내는 목적어는 ཞེས་དེ་སྐད་མཆིའོ་ 를 통해 취해졌다.

22 དབྱིག་པ་ཅན་རྒྱལ་བར་གྱུར་ཀྱང་བླའོ་: “비록 *dByig pa can*이 승리자가 된다고 해도 좋다.”

23 སྙོང་དུ་는 བསྙོང་དུ་=བསྙང་དུ་ 의 부정확한 표현이다.

24 འདུག་པ་ཡང་은 논리적 주어로 해석되어야만 한다. 앞의 འདུག་པས་ཀྱང་ 과 유비하여 생각하여야 한다.

ཞིག་ཅེས་སྨྲས་སོ། །ཚང་ཚོང་མས་སྨྲས་པ། གཅིག་ཏུ་ན་བདག་གི་བུ་བསད། གཉིས་སུ་ན་བདག་གི་ཁྱོར་བྱས་པ་བས་དབྱིག་པ་ཅན་རྒྱལ་བར་གྱུར་ཀྱང་བླའོ། །ཐ་ག་པའི་ཆུང་མས་སྨྲས་པ། དབྱིག་པ་ཅན་གྱིས་བདག་གི་ཁྱོ་བཀུམ་མོ། །དབྱིག་པ་ཅན་གྱིས་སྨྲས་པ། བདག་ལ་དགྲ་མང་བས་འཇིགས་ཏེ་རྩིག་པ་ལས་བཀྱལ་ནས་བྲོས་པ་ལས། ཐག་ན་མི་ཡོད་པ་མ་མཐོང་སྟེ་ཀུམ་མོ། །རྒྱལ་པོས་སྨྲས་པ། སོང་ལ་འདི་ཉིད་ཁྱོད་ཀྱི་ཁྱོར་གྱིས་ཤིག །དེས་སྨྲས་པ། གཅིག་ཏུ་ན་བདག་གི་ཁྱོ་བསད། གཉིས་སུ་ན་འདི་བདག་གི་ཁྱོར་བྱས་པ་བས་དབྱིག་པ་ཅན་རྒྱལ་བར་གྱུར་ཀྱང་བླའོ། །དེ་དག་[25]སོ་སོ་ནས་ཞལ་ཆེ་བཅད་དེ། དབྱིག་པ་ཅན་ལ་ཡུས་བྱིན་ནས་ཉེས་པ་ཀུན་ལས་ཐར་ཏོ། །རྒྱལ་པོ་དེ་ལ་ཡང་[26]བུད་མེད་གཉིས་ཤིག་བུ་གཅིག་ལ་བརྩོད་དེ། རྒྱལ་པོ་བློ་མཁས་པས་བརྟགས་ནས་བུད་མེད་གཉིས་ལ་འདི་སྐད་ཅེས་སྨྲས་སོ། །ཁྱོད་གཉིས་ཀྱིས་བུའི་ལག་པ་རེ་རེ་ནས་བཟུང་སྟེ་དྲོངས་ལ་གང་གིས་ཐོབ་པ་བུ་ཁྱེར་ཅིག་ཅེས་བསྒོ་བ་དང་། བུའི་མ་མ་ཡིན་པ་དེས་ནི་བུ་ལ་སྙིང་རྗེ་མེད་པས་སྡུད་ཀྱིས་མི་དོགས་ཏེ་མཐུ་ཅི་ཡོད་པས་དྲངས་སོ། །བུའི་མ་གང་ཡིན་པ་དེས་ནི་བུ་ལ་བྱམས་པས་སྡུད་ཀྱིས་དོགས་ཏེ་སྟོབས་ཀྱིས་ཐུབ་ཀྱང་དྲག་ཏུ་མི་འདྲེན་ནོ། །རྒྱལ་པོས་ཀུན་རྟོགས་ནས་དྲག་ཏུ་དྲངས་པ་དེ་ལ་འདི་ནི་ཁྱོད་ཀྱི་བུ་མ་ཡིན་ཏེ། བུད་མེད་གཅིག་ཤོས་ཀྱི་བུ་ཡིན་པས་ན། དྲང་པོར་སྨྲོས་ཤིག་ཅེས་བྱས་པ་དང་། དལ་གྱིས་འདྲེན་པའི་བུ་ཡིན་པར་གྱུར་ཏེ་བུ་ཁྱེར་ཏོ། །དེ་ནས་ཡང་མི་གཉིས་ཤིག་རས་ཡུག་གཅིག་ལ་བརྩོད་དོ། །རྒྱལ་པོའི་དྲུང་དུ་འོངས་པ་ལས་རྒྱལ་པོས་བརྟགས་ནས་ཞལ་ཆེ་གོང་མ་བཞིན་དུ་བཅད་དོ། །དེ་ནས་དབྱིག་པ་ཅན་གྱིས་རྒྱལ་པོ་ལ་འདི་སྐད་ཅེས་གསོལ་ཏོ། །འདི་དག་གིས་བདག་བཟུང་སྟེ་ཁྲིད་ཅིང་མཆི་བ་ན། སྤྲུལ་ཞིག་འཕྲིན་དུ་འདི་སྐད་ཅེས་མཆིའོ། །བདག་ཁུང་བུ་ནས་ཕྱིར་འབྱུང་བའི་ཚེ་ནི་བདེ། སྐྱར་འཛུག་པའི་ཚེ་ནི་སྡུག་བསྔལ་ན། ཅིའི་ཕྱིར་དེ་ལྟར་གྱུར་པ་ཞུས་ཤིག་ཅེས་མཆིའོ། །རྒྱལ་པོས་སྨྲས་པ། སྤྲུལ་དེ་ལ་ཁྱོད་ཀྱིས་འདི་སྐད་ཅེས་གྱིས་ཤིག །ཁྱོད་མི་ཁྲོ་ཞིང་བཀྲེས་པས་ཁུང་ནས་འབྱུང་བའི་ཚེ་ནི་བདེའོ། །ཕྱིར་བྱུང་ནས་ཁ་ཟས་མང་དུ་ཟོས་ལ་བྱ་རྣམས་ཀྱིས་བཙེས་པས་ཁྱོད་ཁྲོས་ཏེ་སྦོམ་པོར་གྱུར་པས་སྐྱར་འཛུག་པའི་ཚེ་ཁུང་བུ་ལ་ཐོགས་ནས་སྡུག་བསྔལ་ལོ་ཞེས་གྱིས་ཤིག །ཁྱོད་ཀྱིས་ད་སྟེ་ཁ་ཟས་ཀྱི་ཚོད་ཤེས་ལ་མི་ཁྲོ་ན། ཇི་ལྟར་ཕྱིར་འབྱུང་བ་དང་འདྲ་བར་བདེ་བར་འཛུག་གོ་ཞེས་སྨྲོས་ཤིག །དེ་ནས་ན་ཆུང་མ་གཞོན་ནུའི་ཕྲིན་སྨྲས་པ་དང་། རྒྱལ་པོས་སྨྲས་པ། ན་ཆུང་མ་གཞོན་ནུ་དེ་ལ་ཁྱོད་ཀྱི་ཕ་མའི་ཁྱིམ་ན་མཛའ་བོ་ཞིག་འདུག་སྟེ། ནམ་གྱོས་པོའི་ཁྱིམ་ན་འདུག་པའི་ཚེ་ན་མཛའ་བོ་ལ་ཆགས་པས་ཕ་མའི་ཁྱིམ་དུ་འགྲོ་འདོད།[27] ནམ་ཕ་མའི་ཁྱིམ་ན་འདུག་པའི་ཚེ་ན་མཛའ་བོ་ལ་སྐྱོ་སྟེ་ཁྱོ་ལ་ཆགས་པས་གྱོས་པོའི་ཁྱིམ་དུ་འགྲོ་འདོད་པ་ཡིན་གྱིས། གནས་གཅིག་སྤྱོངས་ལ་གཅིག་[28]ལེགས་པར་ཟུངས་ཤིག་དང་། དེ་ལྟ་བུའི་གནོད་པ་མེད་པར་འགྱུར་རོ་ཞེས་སྨྲོས་ཤིག །གནས་གཞན་ཞིག་ན་ཤིང་ཤ་ཀོ་ཏ་ཀ་ལ་བྱ་རོག་ཅིག་འདུག་པའི་ཕྲིན་སྨྲས་པ་དང་། རྒྱལ་པོས་སྨྲས་པ། ཤིང་དེའི་འོག་ན་གསེར་ཡོད་པས་ཁྱོད་ཀྱི་སྐད་སྙན་པ་ཡིན་ནོ། །ཤིང་གཞན་གྱི་དྲུང་ན་གསེར་མེད་པས་སྐད་མི་སྙན་ནོ་ཞེས་གྱིས་ཤིག །རྒྱལ་པོས་དབྱིག་པ་ཅན་ལ་སྨྲས་པ། ཁྱོད་ལ་ཉེས་པ་མང་དུ་བྱུང་ཡང་ངས་བཏང་ངོ་། །ཁྱོད་ནི་དབུལ་པོངས་ཀྱིས། ཤིང་གི་འོག་ན་གསེར་གྱི་གཏེར་ཡོད་པ་རྐོས་ལ་ཁྱེར་ཅིག །དབྱིག་པ་ཅན་གྱིས་རྒྱལ་པོས་བསྒོ་བ་བཞིན་དུ་སོ་སོའི་ཕྲིན་ཡང་བསྒོ་ནས་ཤིང་དྲུང་ནས་གསེར་ཡང་བརྐོས་ཏེ་ཁྱེར་ཏོ། །དེ་ཕྱིན་ཆད་སོ་ཆོས་ཚུགས་ནས་ཅིས་ཀྱང་མི་བྲེལ་ཏེ་ཚེ་གཅིག་ཏུ[29]

25 དེ་དག་: 양태적 목적어
26 རྒྱལ་པོ་དེ་ལ་ཡང་: "바로 이 왕에게 있어"
27 འགྲོ་འདོད་는 여기서 འགྲོ་བར་འདོད་의 축약형이다.
28 གཅིག་ … གཅིག་: "전자에게 … 후자에게"

ཕྱུག་ཅིང་བདེ་སྐྱིད་པར་གྱུར་ཏོ།། ཀུན་དགའ་བོ། དེའི་ཚེ་དེའི་དུས་ན་རྒྱལ་པོ་མཛེས་པ་དེ་ལ་[30]གཞན་དུ་མ་སེམས་ཤིག། དེ་ནི་ད་ལྟར་ངཡིན་ནོ། །དེའི་ཚེ་དེའི་དུས་ན་བྲམ་ཟེ་དབྱིག་པ་ཅན་དེ་ནི་བྲམ་ཟེ་སྦྱིན་ཏེ་ལོ་ཤུ་ཤ་ཡིན་ནོ། །ངས་སྔོན་ཡང་སྡུག་བསྔལ་ཐམས་ཅད་ལས་ཐར་བར་བྱས་ཏེ་རིན་པོ་ཆེ་བྱིན་ནས་བདེ་སྐྱིད་པར་བྱས་སོ། །ད་མངོན་པར་སངས་རྒྱས་ནས་ཀྱང་སྡུག་བསྔལ་ལས་ཐར་བར་བྱས་ཏེ་ཟད་མི་ཤེས་པའི་ཆོས་རིན་པོ་ཆེའི་གཏེར་[31]བྱིན་ནོ། བཅོམ་ལྡན་འདས་ཀྱིས་དེ་སྐད་ཅེས་བཀའ་སྩལ་ནས། ཚེ་དང་ལྡན་པ་ཀུན་དགའ་བོ་དང་འཁོར་མང་པོ་བཅོམ་ལྡན་འདས་ཀྱིས་གསུངས་པ་ལ་རྗེས་སུ་ཡི་རང་ནས་མངོན་པར་དགའོ།།

།ཁྱིམ་བདག་དབྱིག་པ་ཅན་ཞེས་བྱ་བའི་ལེའུ་སྟེ་སུམ་ཅུ་དགུ་པའོ།།

29 ཚེ་གཅིག་ཏུ་: "어떤 때에"

30 རྒྱལ་པོ་མཛེས་པ་དེ་ལ་: "저 *mDzes pa* 왕과 관련하여"

31 རིན་པོ་ཆེའི་གཏེར་는 ཆོས་와 동격이다.

/고전 티벳어 문법/

강독자료 II

Sa-skya Paṇḍita의 격언

그의 방대한 지식으로 인해 Sa-skya[1] Paṇḍita라는 애칭으로 불렸던 사캬파의 법주 Kun-dga' rgyal mtshan(1181-1252)가 편찬한 격언집 *Subhāsitaratnanidhi*("선설의 보고")는 편찬된 이래 티벳에서 지속적으로 애호되었다. 인도의 *Nīti*[2] 문헌을 모범으로 해서 작성된 457 게송에서 인생의 예지를 위한 이해하기 쉬운 규칙들이 서술되고 있다. 7음절의 4구로 이루어진 하나의 게송은 보통 전반부에서는 인간의 행동을 위한 일반적인 말이나 격언을 담고 있으며, 후반부에서는 구체적 예를 통해 예시되고 있다. 이때에 종종 인도적인 소재가 사용되기도 한다.

격언은 아주 초기에 주석되었으며 몽골어로도 번역되었다. 만족스러운 최초의 유럽어 번역은 James E. Bosson의 *A Treasury of Aphoristic Jewels*(Hague 1969)이다. Bosson은 티벳어뿐 아니라 몽고어 텍스트도 편집해서 번역했으며, 문헌사적 서문과 참고문헌 외에도 필요한 언어적·질료적 해설을 덧붙였기 때문에 나는 여기서 초보자에게 불가피한 해설에만 국한할 것이다. 격언의 강독 전에 티벳 운율학과 함께 다룬 제20과가 이해되어야 할 것이다.

여기서 제시된 격언집의 선정은 원래의 텍스트에 속하지 않는 도입구 외에도 저자가 격언들을 주제에 따라 분류한 9장 중에서 첫 세 장을 포함한 것이다.

---

1 *Sa-skya*는 티벳의 유명한 사찰 이름이다.

2 skt. *nīti*는 "올바른 행동", "삶의 지혜", "정치술"을 의미한다.

작품의 제목에 대해서:

산스크리트의 전문가인 Sa-skya Paṇḍita는 그의 작품의 산스크리트명을 *Subhāsitaratnanidhi*로 제시했다. *Subhāsita*란 "아름다운, 좋은 말"이며, *ratnanidhi*는 "보석의 창고"를 뜻하지만 "바다"를 의미하기도 한다. *Subhāsitaratnanidhi*의 정확한 번역은 "선설의 바다"이다. 티벳어 제목은 རིན་པོ་ཆེའི་གཏེར་를 ལེགས་པར་བཤད་པ་ 와 동격으로 풀이하는 한, 이와 정확히 일치하지는 않는다. 왜냐하면 소유격 조사가 없기 때문이다. 따라서 이를 직역하면 "선설인 바다"가 될 것이다.

རྒྱ་གར་སྐད་དུ། སུ་བྷཱ་ཥི་ཏ་ར་ཏྣ་ནི་དྷི་ནཱ་མ་ཤཱ་སྟྲ།
བོད་སྐད་དུ། ལེགས་པར་བཤད་པ་རིན་པོ་ཆེའི་གཏེར་ཞེས་བྱ་བའི་བསྟན་བཅོས།
འཕགས་པ་འཇམ་དཔལ་གཞོན་ནུར་གྱུར་པ་ལ་གུས་པས་ཕྱག་འཚལ་ལོ།

།ལྷ་ཡི་མཆོག་དང་ཀླུ་དབང་གྲུབ་པ་རིག་འཛིན་གཙོ།
།དྲང་སྲོང་རྒྱས་པ་གྲོག་མཁར་བ་དང་རྐང་མིག་སོགས།[3]
།ཀུན་ནས་དགའ་བའི་གཙུག་གི་ནོར་བུས་ཞབས་[4]མཆོད་པ།
།འགྲོ་བའི་གཙོ་བོ་ཀུན་མཁྱེན་དེ་ལ་བདག་ཕྱག་འཚལ། ༡ །
།རིགས་པས་དཔྱད་ན་[5]ཆོས་ལུགས་མི་འགལ་ཞིང་།
།འཇིག་རྟེན་བྱ་བ་ཀུན་ནས་ལེགས་བསྒྲུབ་པ།
།དམ་པ་རྣམས་ཀྱི་སྤྱོད་ཚུལ་ཇི་འདྲ་ཞིག།
།བཤད་པ་འདི་ནི་ལེགས་བཤད་རིན་ཆེན་གཏེར། ༢ །

---

3 སོགས་ 다음에 도구격이 탈락되었다. 모든 신들과 성자들에 의해 존경받는 분과 일체지자란 붓다(또는 문수보살)를 가리킨다.

4 두 부분으로 이루어진 어구 འགྲོ་བའི་གཙོ་བོ་ཀུན་མཁྱེན་는 ཞབས་མཆོད་པ་ 에 대한 후치된 동격문으로 해석될 수 있다. 왜냐하면 그렇지 않은 경우 མཆོད་པ་ 다음에 소유격 조사가 요구될 것이다.

5 རིགས་པས་དཔྱད་ན་ "만일 우리가 바르게 검사한다면"

1장

།མཁས་པ་ཡོན་ཏན་མཛོད་འཛིན་པ། །དེ་དག་ལེགས་བཤད་རིན་ཆེན་སྡུད།

།རྒྱ་མཚོ་ཆེན་པོ་ཆུ་ཡི་གཏེར། །ཡིན་ཕྱིར་[6]ཆུ་བོ་ཐམས་ཅད་འབབ། ༡ །

།སྐྱེ་བོ་ཡོན་ཏན་ཡོད་མེད་པའི།[7] །བླང་དོར་[8]བློ་གྲོས་ལྡན་པ་མཁས།

།རྟུལ་དང་འདྲེས་པའི་ལྕགས་ཕྱེ་རྣམས། །ཁབ་ལེན་རྡོ་ཡིས་ལེན་པར་ཤེས། ༢ །

།ལེགས་བཤད་[9]མཁས་པའི་བློ་གྲོས་ཀྱིས། །གོ་ཡི་བླུན་པོས་དེ་ལྟ་མིན།[10]

།ཉི་མའི་འོད་ཟེར་ཤར་བ་ན། །འབྱུང་པོའི་བྱ་རྣམས་ལོང་བར་འགྱུར། ༣ །

།ཤེས་རབ་ལྡན་པས་ཉེས་པ་དག །སེལ་བར་ནུས་ཀྱི་བླུན་པོས་མིན།[11]

།ནམ་མཁའ་ལྡིང་གིས་དུག་ཅན་སྦྲུལ། གསད་པར་ནུས་ཀྱི་ཁྭ་ཏས་མིན། ༤ །[12]

།བློ་གྲོས་ཆེན་པོ་རྒུད་ན་ཡང་། །ལྷག་པར་བློ་གྲོས་སྤོབས་ལྡན་འགྱུར།

།རི་དགས་རྒྱལ་པོ་བཀྲེས་པ་ན། །གླང་ཆེན་སྤྱི་བོ་མྱུར་དུ་འགེམས། ༥ །

།མཁས་པ་བརྟུད་ཅིང་མ་དྲིས་པ།[13] །དེ་ཡི་བར་དུ་གཏིང་མི་དཔོགས།[14]

།རྫ་ལ་དབྱུག་གུས་མ་བསྣུན་པ།[15] །དེ་སྲིད་གཞན་དང་ཁྱད་ཅི་ཡོད། ༦ །

།རིག་པ་ནང་པར་འཆི་ཡང་བསླབ།[16] །ཚེ་འདིར་མཁས་པ་མ་གྱུར་ཀྱང་།

།སྐྱེ་བ་ཕྱི་མར་[17]བཅོལ་བ་ཡི། །ནོར་ལ་རང་ཉིད་ལེན་པར་འ[18]དྲ། ༧ །

---

6 ཡིན་ཕྱིར་는 ཡིན་པའི་ཕྱིར་의 축약형이다.

7 ཡོད་མེད་པའི་ 는 ཡོད་པའམ་མེད་པའི་ 의 축약형이다.

8 བླང་དོར་는 བླང་བའམ་དོར་བའི་ 의 축약형이다.

9 ལེགས་བཤད་ 는 གོ་ཡི་의 목적어이다.

10 བླུན་པོས་དེ་ལྟ་མིན་ 는 བླུན་པོས་ལེགས་བཤད་གོ་བ་མིན་ 의 축약 표현이다.

11 བླུན་པོས་མིན་ 3b와 비교할 것.

12 ཁྭ་ཏས་མིན་ 3b 및 4b와 비교할 것.

13 게송 앞에 의미상 ཅི་ཡི་བར་དུ་가 보충되어야 한다.

14 གཏིང་ 앞에 의미상 དེ་ཡི་를 보충해야 한다.

15 앞에 의미상 ཇི་སྲིད་를 보충해야 한다.

16 བསླབ་ 필연적 의미를 지닌 미래어간

17 སྐྱེ་བ་ཕྱི་མར་ 도움이나 손해를 나타내는 향격

18 여기서 향격은 운율상 དང་ 대신에 쓰였다.

།ཡོན་ཏན་ལྡན་ན་སྐྱེ་བོ་ཀུན། །མ་བསྡུས་པར་ཡང་རང་ཉིད་འདུ།

།དྲི་ལྡན་མེ་ཏོག་[19]རྒྱང་རིང་ཡང་། །བུང་བ་སྤྲིན་གྱི་ཚོགས་བཞིན་འཁོར། ༨ །

།མཁས་པ་ཡོན་ཏན་ཀུན་བསླབས་པ། །མཐར་ཕྱིན་གཅིག་གིས་འཇིག་རྟེན་གསལ།[20]

།བློ་ངན་ཤེས་པ་[21]མང་ན་ཡང་། །རྒྱུ་སྐར་བཞིན་དུ་གསལ་མི་ནུས། ༩ །

།མཁས་པ་ཡོན་ཏན་དཔག་མེད་ཀྱང་། །གཞན་གྱི་ཡོན་ཏན་ཆུང་ངུ་འང་ལེན།

།དེ་ལྟར་རྒྱུན་དུ་སྤྱོད་པ་ཡིས། །མྱུར་དུ་ཐམས་ཅད་མཁྱེན་པར་འགྱུར། ༡༠ །

།མཁས་པ་ཤེས་རབ་ཀྱིས་བསྲུངས་ན། །དགྲ་བོ་མང་ཡང་ག་ལ་ཚུགས།

།འཕགས་རྒྱལ་གྱི་ནི་བྲམ་ཟེའི་བུ། །གཅིག་པུས་དགྲ་བོའི་ཚོགས་ཀུན་བཅོམ། ༡༡ །[22]

།བློ་ཆུང་གྲོས་ཉེས་འཁྲུགས་པའི་ཚེ།[23] །བློ་ལྡན་ཐབས་ཀྱིས་བདེ་བར་གསོ།

།ཆུ་ཀླུང་རྙོག་པས་ཆུང་གསན་པ། །ཆུ་དྭངས་ནོར་བུས་དང་བར་བྱེད། ༡༢ །

།མཁས་པ་ཇི་ལྟར་ཐབས་བརྟགས་ཀྱང་།[24] །བླུན་པོ་འཇུག་པའི་ལམ་མི་འགྲོ།

།ཆར་འདོད་བྱེའུ་སྐོམ་ན་ཡང་། །ས་ལ་འབབ་པའི་ཆུ་མི་འཐུང་། ༡༣ །

།ཤེས་རབ་ལྡན་པ་མགོ་བསྐོར་ཀྱང་། །བྱ་བའི་ཆ[25]ལ་རྨོངས་མི་འགྱུར།

།སྲོག་ཆགས་གྲོག་མ་མིག་མེད་ཀྱང་། །མིག་ལྡན་གཞན་ལས་ལྷག་པར་མགྱོགས། ༡༤ །[26]

།བློ་གྲོས་ལྡན་པ་གཉིས་བགྲོས་ན། །བློ་གྲོས་ལེགས་པ་གཞན་འབྱུང་སྲིད།

།ཡུང་བ་དང་ནི་ཚ་ལ་ལས། །ཁ་དོག་གཞན་ཞིག་སྐྱེ་བར་འགྱུར། ༡༥ །

།ཁོང་མཛངས་བསོད་ནམས་བསགས་པའི་མི། །གཅིག་པུ་ཡིན་ཡང་ཀུན་ལས་རྒྱལ།

---

19 མེ་ཏོག་은 འཁོར་에 대한 논리적 목적어이다.

20 མཁས་པ་ ... གཅིག་གིས་ 는 གསལ་과 함께 འཇིག་རྟེན་을 수식한다.

21 བློ་ངན་ཤེས་པ་ "악한 마음으로 아는"

22 사팬의 제자인 Dmar-ston의 *Subhāsitaratnanidhi*에 대한 주석은 이에 대해 아래 얘기를 설명한다. 한 가난한 바라문 소년이 가벼운 사람들을 속여 부와 권력을 얻었다. 그는 다시 속임수를 통해 모든 그의 적들을 제압하고 그의 적의 왕관을 탈취했다. 앞으로 문헌적 배경을 설명할 때 이 주석(Delhi 1968, Lhasa 1982, Gangtok 1983)을 이용할 것이다.

23 གྲོས་ཉེས་འཁྲུགས་པ་: 나쁜 조언에 현혹되어

24 ཇི་ལྟར་ ... ཀྱང་: 비록 그와 같다고 해도

25 བྱ་བའི་ཆ: 해야 할 것의 부분

26 특히 빨리 달리는 개미가 있는 장소는 불분명하며, 주석에도 언급되어 있지 않다.

།རི་དགས་རྒྱལ་པོ་སེང་གེ་དང་། །འཁོར་ལོས་སྒྱུར་ལ་གྲོགས་མི་དགོས། ༡༦ །

།ཐབས་ལ་མཁས་ན་ཆེན་པོ་ཡང་། །བྲན་དུ་བཀོལ་བ་ག་ལ་དཀའ།

།མཁའ་ལྡིང་མཐུ་རྩལ་ཆེ་ན་ཡང་། །གོས་སེར་ཅན་གྱི་བཞོན་པར་གྱུར། ༡༧ །[27]

།འཇིག་རྟེན་འདི་དང་ཕ་རོལ་གྱི། །བདེ་བ་བསྒྲུབ་པ་ཤེས་རབ་ཡིན།

།རྒྱལ་བུ་ཟླ་བའི་ཤེས་རབ་ཀྱིས། །བྲན་བཟངས་འདི་དང་ཕྱི་མར་བསྒྲུབས། ༡༨ །[28]

།དཔའ་ཞིང་མཐུ་རྩལ་ཆེ་ན་ཡང་། །མཁས་པ་མིན་པས་དཔལ་མི་ཐོབ།

།འབྱོར་པ་ཐོབ་པར་གྱུར་ན་ཡང་། །བསོད་ནམས་མེད་ན་ག་ལ་རྟག། ༡༩ །

།ཡོན་ཏན་སྐྱོན་གཉིས་སུས་ཀྱང་གསལ། །འདྲེས་པ་འབྱེད་ཤེས་མཁས་པ་ཡིན།

།བ་ལས་འོ་མ་ཀུན་གྱིས་ལོང་། །ཆུ་ལས་འོ་མ་ངང་པས་ཕྱེད། ༢༠ །[29]

།སྨྲས་ཤིང་བསླབ་པར་གྱུར་པ་ན། །དུད་འགྲོ་ལ་ཡང་གོ་བ་སྐྱེ།

།མ་བསླབ་གཞན་གྱིས་མ་སྨྲས་པར། །བསམ་པ་ཤེས་ན་མཁས་པ་ཡིན། ༢༡ །

།བློ་དང་ལྡན་ན་མ་སྨྲས་ཀྱང་། །རྣམ་འགྱུར་ཉིད་ལས་བསམ་པ་གོ།

།བལ་པོས་[30]སེའུ་མ་ཟོས་ཀྱང་། །ཁ་དོག་ཉིད་ལས་བྲོ་བ་ཤེས། ༢༢ །

།མཁས་པ་རང་གི་ཡུལ་བས་ཀྱང་། །ཡུལ་ཁམས་གཞན་ན་མཆོད་པ་ཐོབ།

།ནོར་བུ་གཞན་དུ་ཟྲིན་པ་ཙམ། །རྒྱ་མཚོའི་གླིང་དུ་ག་ལ་ཟྲིན། ༢༣ །

།མཁས་པ་སློབ་པའི་དུས་ན་སྡུག། །བདེ་བར་སྡོད་ལ་མཁས་མི་སྲིད།[31]

།བདེ་བ་ཆུང་ལ་ཆགས་པ་དེས། །ཆེན་པོའི་བདེ་བ་ཐོབ་མི་སྲིད། ༢༤ །

།བློ་དང་ལྡན་ན་ཉམ་ཆུང་ཡང་། །སྟོབས་ལྡན་དགྲ་བོས་ཅི་བྱར་ཡོད།

---

27 주석은 비슈누가 책략을 통해 어떻게 가루다를 그의 주도적 동물로 만들었는지를 설명한다.

28 *Sa-skya* Paṇḍita는 붓다의 전생에서의 Sutasoma 왕자(Candra "달"이라고도 불림)와 인간을 잡아먹는 Kalmāṣapāda (Saudāsa라고도 불림)의 유명한 이야기를 암시하고 있다. 후자는 악마에게 100명의 왕자를 공양하기로 맹세했지만, Sutasoma 왕자의 유덕함에 대한 존경심에서 그의 생각을 버린다. 이 전설은 여러 이본으로 전승되고 있다.

29 고대 인도의 관념에 따르면 (거위의 일종인) *Haṃsa*는 우유와 물의 혼합물에서 우유를 뽑아낸다.

30 이에 대해 변형적 표현인 བལ་པོའི་ 가전승되고 있지만, 내가 아는 한 의미 있게 번역될 수 없다. 왜냐하면 후반부 게송이 བློ་དང་ལྡན་པ་ 를 가진 대응하는 주어를 제시해야만 하기 때문이다.

31 མཁས་མི་སྲིད་ 는 མཁས་པར་མི་སྲིད་དོ་ 의 축약형이다. "현명하게 될 수 없다."

།རི་དགས་རྒྱལ་པོ་སྟོབས་ལྡན་ཡང་། །རི་བོང་བློ་དང་ལྡན་པས་བསད། ༢༥ །[32]
།སེམས་ཅན་གཞན་དང་རྗེས་མཐུན་པའི། །སྤྱོད་པ་ཤེས་ན་མཁས་པ་ཡིན།
།དུད་འགྲོ་ཡིན་ཡང་རིགས་མཐུན་རྣམས། །ཁྱུ་གཅིག་ཏུ་ནི་མི་གནས་སམ། ༢༦ །
།ངེས་པར་འབྱུང་བའི་བྱ་བ་འགའ། །མ་གྲུབ་པ་ན་དཔྱོད་པའི་ཚེ།
།མཁས་རློངས་གཉིས་ཀྱི་ཁྱད་པར་ཤེས། །གྲུབ་ནས་དཔྱོད་པ་བླུན་པོའི་ཚུལ། ༢༧ །
།མཁས་པ་རྣམས་ཀྱིས་དཔྱད་པ་ཡི། །ཤེས་བྱ་ཤེས་ན་མཁས་པར་བགྲང་།
།བ་ལང་རྐན་གཞོན་དཔྱོད་པ་ལ། །བླུན་པོ་མཁས་ཀྱང་ཡོན་ཏན་མེད། ༢༨ །[33]
།རྒྱ་མཚོ་ཆུ་ཡིས་མི་ངོམས་ཤིང་། །རྒྱལ་པོའི་བང་མཛོད་ནོར་གྱིས་མིན།[34]
།འདོད་ཡོན་སྤྱད་པས་མི་ངོམས་ཏེ། །མཁས་པ་ལེགས་བཤད་ཀྱིས་མི་ངོམས། ༢༩ །
།ལེགས་བཤད་བྱིས་པ་དག་ལས་ཀྱང་། །མཁས་པ་རྣམས་ནི་ཡོངས་སུ་ལེན།
།དྲི་ཞིམ་བྱུང་ན་རི་དགས་ཀྱི། །ལྟེ་བ་ལས་ཀྱང་གླ་རྩི་ལེན། ༣༠ །

།།ལེགས་པར་བཤད་པ་རིན་པོ་ཆེའི་གཏེར་ལས་མཁས་པ་བརྟག་པ་སྟེ་རབ་ཏུ་བྱེད་པ་དང་པོའོ ༎ ༎

2장

།ཏག་ཏུ་དམ་པའི་ཡོན་ཏན་རྣམས།[35] །སྐྱེ་བོ་དམ་པ་[36]ལྷག་པར་སྒྲོགས།
།མ་ལ་ཡ་ཡི་ཙནྡན་དྲི། །རླུང་གིས་ཕྱོགས་བཅུར་རྒྱས་པར་བྱེད། ༡ །
།དམ་པ་དཔོན་དུ་བསྐོས་གྱུར་ན། །དོན་གྲུབ་པ་དང་བདེ་སྐྱིད་འཐོབ།
།ནོར་བུ་རྒྱལ་མཚན་རྩེར་མཆོད་ན། །ཡུལ་ཕྱོགས་དགེ་ཞེས་མཁས་རྣམས་སྒྲོགས། ༢ །

---

32 주석은 이에 대해 유명한 인도의 토끼 동화를 설명한다. 토끼는 사자로 하여금 우물 속의 영상을 적대자로 공격하게끔 해서 사자를 죽인다.

33 게송 9와 비교. 현명하게 되기 위해서는 단순한 지식만으로는 충분치 않다.

34 ནོར་གྱིས་མིན་: 축약표현에 대해서는 I.3b, 4b, 4d 참조.

35 རྣམས་ 뒤에 어떤 조사가 생략되었는가?

36 སྐྱེ་བོ་དམ་པ་은 목적어이다.

།རྒྱལ་ངན་གཞན་གྱིས་གཅེས་པ་ན། །ལྷག་པར་ཆོས་རྒྱལ་དྲན་པར་འགྱུར།

།རིམས་ཀྱིས་བཏབ་པའི་སེམས་ཅན་རྣམས། །གངས་ཆུ་འབབ་ཞིག་ཡིད་ལ་བྱེད། ༣ །

།སྡིག་སྤྱོད་རྒྱལ་པོས་གཅེས་པ་ལ། །མི་དབང་ཆོས་སྤྱོད་ལྷག་པར་སྐྱོང་།

།འབྱུང་པོའི་གདོན་གྱིས་བཏབ་པ་ལ། །གསང་སྔགས་གྲུབ་པས་རྗེས་སུ་འཛིན། ༤ །

།དམ་པ་[37]སྡིག་པ་ཆུང་ཡང་སྤོང་། །དམན་རྣམས་ཆེན་པོའང་དེ་ལྟ་མིན།

།ཞོ་ལ་རྡུལ་ཕྲན་འབྱར་བ་སེལ། །ཆང་ལ་ཕབས་ཀྱང་ལྷག་པར་འདེབས། ༥ །

།སྐྱེ་བོ་དམ་པ་རྒྱུད་འགྱུར་ཀྱང་། །སྤྱོད་པའི་ཁྱད་པར་ལྷག་པར་མཛེས།

།མེ་ནི་ཐུབ་ཏུ་ཁ་བསྟན་ཀྱང་། །མེ་ལྕེ་གྱེན་དུ་འབར་བར་མཐོང་། ༦ །

།དམ་པ་རྒྱང་ན་གནས་ན་ཡང་། །འཁོར་འདབ་ཕན་པས་རིང་ནས་སྐྱོང་།

།མཁའ་ལ་སྤྲིན་ཆེན་འཁྲིགས་པ་ཡིས། །ས་ཡི་ལོ་ཏོག་ཁྱད་པར་འཕེལ། ༧ །

།གསོན་ཚེ་སྨན་གྲགས་དགའ་བའི་རྒྱུ། །འཇིག་རྟེན་གཞན་དུ་བསོད་ནམས་དགའ།

།དེ་གཉིས་མེད་པའི་ནོར་ཙམ་གྱིས། །མཁས་རྣམས་དགའ་བ་སྐྱེད་མི་བྱེད། ༨ །

།ཕྱི་རྗེས་རིང་དུ་བལྟ་བ་དང་། །བག་ཡོད་པ་ལ་བཟོད་སྲན་ཆེ།

།བརྩོན་འགྲུས་ཆེ་ཞིང་བརྟན་ལ་གྲིམས།[38] །བྲན་གཡོག་ཡིན་ཡང་དཔོན་དུ་འགྱུར། ༩ །

།སྦྱིན་ལ་རྟག་ཏུ་སེམས་སྤྲོ་བ། །དེ་ཡི་གྲགས་པ་རླུང་བཞིན་ལྡང་།

།ཕོངས་པ་སློང་བ་འདུ་བ་བཞིན། །འབུལ་བར་འདོད་རྣམས་དེ་བས་མང་། ༡༠ །[39]

།བྱིན་ནས་སླར་ཡང་མི་ལེན་ལ། །དམན་པའི་བརྙས་པ་དང་དུ་ལེན།

།ཕན་པ་ཆུང་ངུའང་མི་བརྗེད་པ། །བདག་ཉིད་ཆེན་པོའི་ཆེ་རྟགས་ཡིན། ༡༡ །

།དམ་པའི་ཡོན་ཏན་སྦས་གྱུར་ཀྱང་། །འཇིག་རྟེན་ཀུན་ལ་ཁྱད་པར་གསལ།

།སྣ་མའི་མེ་ཏོག་ལེགས་བཀབ་ཀྱང་། །དྲི་ཞིམ་ཀུན་ཏུ་ཁྱབ་པར་འགྱུར། ༡༢ །

---

37 དམ་པ་ 뒤에 기대되는 도구격 조사는 두 번 나오는 단어를 한 번만 오사함에 의해 탈락되었다.

38 앞의 세 구문은 논리적 주어의 부가어를 갖고 있다.

39 분명하지 않은 게송의 후반부는 다음과 같이 번역될 수 있을 것이다: "가난한 자가 일어나서 모이는 것처럼 주고자 하는 자들이 그들보다 많다." 게송의 전반부와의 관련성은 불확실하다.

།རྒྱལ་པོ་རང་ཡུལ་ཆེ་བ་ཙམ། །དམ་པ་གང་དུ་ཕྱིན་པར་བཀུར།

།མི་རྟོག་ཕལ་ཆེར་ཉིན་རེའི་རྒྱན། །གཙུག་གི་ནོར་བུ་གང་དུའང་མཆོད། ༡༣ །

།ལྗོན་ཤིང་དུལ་བ་འབྲས་བུ་མང་། །རྨ་བྱ་དུལ་བ་མཇུག་སྒྲོ་བཟང་།

།རྟ་མཆོག་དུལ་བ་འགྲོ་མགྱོགས་ཏེ། །དམ་པ་དུལ་བ་[40]མཁས་པའི་རྟགས། ༡༤ །

།དམ་པ་རྣམས་དང་ཕལ་པ་ལ། །བྱས་པ་མཉམ་ཡང་དྲིན་མི་འདྲ།

།ཞིང་ལ་ས་བོན་ཁྱད་མེད་ཀྱང་། །ལོ་ཏོག་ཁྱད་པར་དཔག་ཏུ་མེད། ༡༥ །

།བདག་ཉིད་ཆེ་ལ་ཕན་བཏགས་ན། །ཅུང་ཟད་ཙམ་ཡང་འབྲས་བུ་འབྱིན།

།སྐྱུ་རུ་ར་གཅིག་བྱིན་པ་ལས། །ཆོས་རྒྱལ་བུ་དང་མཉམ་ལ་ལྟོས། ༡༦ །[41]

།བཟང་པོའི་ཆོ་རིགས་སྤྱོད་པས་བཟུང་། །སྤྱོད་པ་ཉམས་ན་རིགས་དོན་མེད།

།ཙནྡན་དྲི་བཟང་སྐྱེ་བོ་དགའ།[42] །དེ་བསྲེགས་སོལ་བ་སུ་ཞིག་ལེན། ༡༧ །[43]

།ཆེན་པོ་རེ་ཞིག་རྒུད་གྱུར་ཀྱང་། །དེ་ལ་གདུང་བ་བསྐྱེད་མི་དགོས།

།ཟླ་བ་རེ་ཞིག་གཟས་ཟིན་ཡང་། །དེ་མ་ཐག་ཏུ་གྲོལ་བར་འགྱུར། ༡༨ །

།ཆེན་པོས་དགྲ་ལ་བྱམས་བྱས་ན། །དགྲ་ཉིད་དེ་ཡི་དབང་དུ་འགྱུར།

།མང་པས་བཀུར་བས་ཀུན་བསྐྱངས་པས། །ཀུན་གྱིས་རྒྱལ་པོར་དབང་བསྐུར་རོ། ༡༩ །

།དམ་པ་ཇི་ལྟར་རྒུད་གྱུར་ཀྱང་། །སྡིག་དང་འདྲེས་པའི་ཟས་མི་ཟ།

།སེང་གེ་བཀྲེས་ཀྱང་མི་གཙང་བའི། །ངན་སྐྱུགས་ཟ་བར་མི་བྱེད་དོ། ༢༠ །

།དམ་པ[ཇི་ལྟར]སྲོག་ལ་བབས་ན་ཡང་།[44] །རང་བཞིན་བཟང་པོ་ག་ལ་འདོར།

---

40 དུལ་བ་를 དུལ་ན་처럼 번역하라.

41 주석문헌의 설명에 따르면 한 사람이 법칙에 충실한 왕을 시험하기 위해 그의 아들을 납치해서 살해한 것처럼 가장했다. 왕과 대화하면서 그는 언젠가 숲속에서 왕에게 Amalaka 과일을 주어 그의 굶주림을 해소시켜준 적이 있다고 상기시켰다. 그렇지만 왕이 어떤 보답을 하지 않았기 때문에 그는 왕자를 죽인 것이다. 이에 왕은 죄책감에서 그에게 보답하기 위해 그의 왕국의 절반을 주었고, 그 후 왕자는 건강하게 다시 돌려보내졌다. 따라서 게송의 후반부는 다음과 같이 번역되어야 할 것이다: 보라! 그에게 하나의 Amalaka 과일이 제공되었기 때문에 이 법칙을 아는 왕은 [이를] 그의 아들의 [생명]과 같은 것으로서 간주했다.

42 བཟང་ 뒤에 기대되는 조사 ལ་는 운율상 탈락되었다.

43 인도인의 관념에 따르면 달은 월식이 될 때 악마 *Rāhu*에게 잡아먹힌다.

44 이 게송은 두 음절이 많다. 부사어 ཇི་ལྟར་를 빼는 것이 나을 것이다.

།ས་ལེ་སྦྲམ་ནི་བསྲེགས་བཅད་ཀྱང་། །དེ་ཡི་ཁ་དོག་ཉམས་མི་འགྱུར། ༢༡ །

།སྐྱེས་མཆོག་རྣམས་ལ་དམན་པ་རྣམས། །ཁྲོ་ཡང་ལན་དུ་ག་ལ་ཁྲོ།

།ཅེ་སྤྱང་དྲེགས་པའི་སྐད་འབྱིན་ཡང་། །རི་དགས་རྒྱལ་པོ་སྙིང་རྗེ་སྐྱེ། ༢༢ །[45]

།བདག་ཉིད་ཆེ་ལ་སྐྱེ་བོ་རྣམས། །སྐྱོན་ཆོལ་འགྱུར་གྱི་[46]དམན་ལ་མིན།

།འཕན་ཟེལ་རིན་ཆེན་ལ་ལྟ་ཡི། །འགལ་དུམ་ལ་ནི་སུ་ཞིག་དགོད། ༢༣ །

།བསྟོད་པས་དགའ་བར་མི་འགྱུར་ལ། །སྨད་པས་མི་དགར་[47]མི་འགྱུར་ཞིང་།

།རང་གི་ཡོན་ཏན་ལེགས་གནས་པ། །སྐྱེ་བོ་དམ་པའི་མཚན་ཉིད་ཡིན། ༢༤ །

།སྡིག་པ་དང་ནི་མཐུ་རྩལ་ལས། །བྱུང་བའི་ལོངས་སྤྱོད་ལོངས་སྤྱོད་མིན།[48]

།ཁྲི་དང་ཁྲི་ལ་འགྲངས་ན་ཡང་། །ངོ་ཚ་བོར་བའི་རྣམ་ཐར་ཡིན། ༢༥ །[49]

།འཁོར་ལ་ཕུན་སུམ་ཚོགས་གྱུར་ན། རྗེ་དཔོན་ཉིད་ཀྱི་ཆེ་བ་ཡིན།

།ཏ་ལ་རྒྱན་དུ་བྱས་པ་དེ། །བདག་པོ་ཉིད་ལ་མི་མཛེས་སམ། ༢༦ །

།ཇི་ལྟ་ཇི་ལྟར་རྗེ་དཔོན་གྱིས། །འཁོར་ལ་དྲིན་གྱིས་བསྐྱངས་གྱུར་པ།

།དེ་ལྟ་དེ་ལྟར་འཁོར་གཡོག་རྣམས། །རྗེ་དཔོན་ཉིད་ཀྱི་བྱ་བ་སྒྲུབ། ༢༧ །

།བདག་ཉིད་ཆེན་པོ་གནས་པའི་སར། །མཁས་པ་[50]གཞན་དག་སུ་ཡིས་རྩི།

།མཁའ་ལ་ཉི་མ་ཤར་བ་ན། །རྒྱུ་སྐར་མང་ཡང་མཐོང་མི་འགྱུར། ༢༨ །

༎ལེགས་པར་བཤད་པ་རིན་པོ་ཆེའི་གཏེར་ལས་ཡ་རབས་བརྟག་པ་སྟེ་རབ་ཏུ་བྱེད་པ་གཉིས་པའོ༎

3장

།སྐྱེ་བོ་ངན་པ་འབྱོར་ཐོབ་ཀྱང་། །ལྷག་པར་སྤྱོད་པ་ངན་པར་འགྱུར།

---

45 རི་དགས་རྒྱལ་པོ་ 뒤에서 ལ་가 탈락되었다.

46 여기서 소유격 조사의 사용에 대해서 14.3.b 참조.

47 དགར་는 운율상 དགའ་བར་를 나타낸다.

48 첫 번째 ལོངས་སྤྱོད་는 주어이며, ལོངས་སྤྱོད་མིན་ 은 술어이다.

49 `རྣམ་ཐར་란 표현은 원래 "완전한 해탈, 전기"를 의미하지만 이 맥락에서는 다르다.

50 མཁས་པ་: 단지 지성을 가진 자가 의미되고 있다.

།འབབ་ཆུ་ཇི་ལྟར་བཟློག་གྱུར་ཀྱང་། །ཐུར་དུ་འབབ་པ་ཁོ་ནར་འདོད། ༡ །
།དམན་ལ་སྤྱོད་པ་བཟང་བྱུང་ཡང་། །དེ་ནི་བཙོས་མའི་རྣམ་ཐར་ཡིན།[51]
།ཤེལ་ལ་ནོར་བུར་ཁ་བསྒྱུར་ཡང་།[52] །ཆུ་དང་འཕྲད་ན་རང་མདོག་སྟོན། ༢ །
།བླུན་པོས་བྱ་བ་ལེགས་གྲུབ་ཀྱང་། །སྙེས་དབང་ཡིན་གྱི་བསྒྲུབས་པས་མིན།
།སྲིན་བུའི་ཁ་ཆུ་དར་སྐུད་དུ། །འགྲོ་བ་མཁས་ནས་བྱུང་བ་མིན། ༣ །[53]
།ཆེན་པོས་འབད་ནས་བསྒྲུབས་པའི་གྲོས། །ངན་པས་སྐད་ཅིག་གཅིག་ལ་འཇོམས།
།ཞིང་པས་ལོ་ཟླར་འབད་པའི་ཞིང་།[54] །སེར་བས་སྐད་ཅིག་རྡུལ་དུ་རློག། ༤ །
།ངན་པས་ཕལ་ཆེར་རང་གི་སྐྱོན། །གང་ཡིན་གཞན་ལ་འགོད་པར་བྱེད།
།ཁྭ་ཏས་མི་གཙང་ཟོས་པའི་མཆུ། །ས་གཙང་གཞན་ལ་འབད་ནས་འཕྱིད། ༥ །
།བླུན་པོ་བྱ་བ་ལ་སྦྱར་ན།[55] །དོན་ཉམས་དེ་ཡང་ཉམས་པར་འགྱུར།
།ཕ་སྐྱེས་རྒྱལ་པོར་བསྐོས་པ་ཡིས། །འཁོར་ཕྱུག་རང་ཡང་བསད་ཅེས་གྲགས། ༦ །[56]
།རྨོངས་པ་བདེ་བ་འདོད་བཞིན་དུ། །བྱ་བ་ཕྱུག་བསྡུལ་[57]འབའ་ཞིག་སྒྲུབ།
།གདོན་གྱིས་བཏབ་པའི་སྐྱེ་བོ་འགའ། །ཕྱུག་བསྡུལ་སྤྲང་ཕྱིར་ལྟེབ་པ་མཐོང་། ༧ །
།བློ་ངན་དྲང་པོ་ལ་ལས་རང་། །བརླག་འགྱུར་ལ་ལས་གཞན་ལ་གནོད།
།ནགས་ཀྱི་ཤིང་དྲང་རྩད་ནས་གཅོད། །མདའ་ཡི་དྲང་པོས་[58]ཕ་རོལ་གསོད། ༨ །
།རྟག་ཏུ་གཞན་དོན་མི་སེམས་པ། །དེ་ཡི་སྤྱོད་པ་ཕྱུགས་དང་མཚུངས།
།བཟའ་བཏུང་འབའ་ཞིག་དུད་འགྲོས་ཀྱང་། །བསྒྲུབ་པར་ནུས་པ་མ་ཡིན་ནམ། ༩ །

---

51 여기서도 རྣམ་ཐར་가 사용되고 있는 것은 낯설다.

52 직역: “유리에 보석으로 색을 변화시킨다 해도”

53 འགྲོ་བ་는 주어이며, མཁས་ནས་བྱུང་བ་མིན་ 은 술어이다.

54 ལོ་ཟླར་ “연월”은 ‘매우 오랫동안’을 의미한다.

55 བླུན་པོ་는 སྦྱར་ན་에 대한 직접목적어이다.

56 Sa-skya Paṇḍita는 여기서 힌두교도뿐 아니라 불교도에게 친숙한 물감통에 빠진 재칼의 이야기를 암시하고 있다. 푸른 색깔 때문에 재칼은 다른 동물로부터 특별한 존재로 간주되고 동물의 왕으로 되었다. 그의 친척에 의해 울부짖도록 유도되어, 그는 야수들에 의해 재칼로서의 정체가 발각되어 죽임을 당한다.

57 ཕྱུག་བསྡུལ་은 운율상(བྱ་བ་의 수식어인) ཕྱུག་བསྡུལ་བ་를 나타낸다.

58 번역: “곧은 화살로”

།ཕན་དང་མི་ཕན་མི་དཔྱོད་ཅིང་། །བློ་དང་ཐོས་པ་མི་སྒྲུབ་པར།
།ལྟོ་འགྲངས་འབའ་ཞིག་དོན་གཉེར་བ། །སྤུ་མེད་པ་ཡི་ཕག་པ་ཡིན། ༡༠ །
།བླུན་པོའི་དབུས་ན་དགའ་ཞིང་རྩེ། །མཁས་པའི་མདུན་སར་ཞུམ་ཞིང་འཛུར།
།ནོག་དང་རྐོག་ཤལ་མེད་ན་ཡང་། །ཡ་སོ་ཅན་གྱི་བ་ལང་ཡིན། ༡༡ །
།གང་ན་བཟའ་བཏུང་ཡོད་དེར་རྒྱུག །དགོས་པའི་བྱ་བ་བཙོལ་ཡང་འབྲོས།
།གཏམ་དང་བཞད་གད་ཤེས་ན་ཡང་། །མཇུག་མ་མེད་པའི་ཕྱི་རྒན་ཡིན། ༡༢ །
།མིག་རྗེས་རྒྱ་ཡིས་དགང་སླ་སྟེ། །མཛོད་ཆུང་ནོར་གྱིས་དགང་བར་སླ།
།ཞིང་ཆུང་ས་བོན་གདབ་སླ་སྟེ། །བློ་ཆུང་རིག་པས་མགུ་བར་སླ། ༡༣ །
།དྲེགས་བཅས་བླུན་པོ་ཁས་ལེན་ཅན། །ཆེན་པོ་ཡིན་ཡང་ཉམས་པར་འགྱུར།
།གོམ་པ་གང་གི་ས་བྱིན་པས[59] །སྟོབས་ལྡན་གྱིས་ནི་ས་གསུམ་ཤོར། ༡༤ །[60]
།བློ་ཆུང་སེམས་ལ་ཁོན་འཛིན་ཅན། །གནོད་པ་བས་ཀྱང་རྣམ་འགྱུར་སྨྲ།
།ཕྱི་ངན་དགྲ་བོ་མཐོང་བ་ན། །སྐྱུགས་པའི་ཐོག་མར་ཀུ་ཅོ་འདོན། ༡༥ །
།བླུན་པོས་སོགས་པའི་སྡུག་སྡུལ་ཉིད། །མྱོང་གི་སྤྱོད་པའི་བདེ་མི་མྱོང་།
།ཡང་ཡང་མྱུལ་ཞིང་ལྟ་བ་ཡི། །འཇུངས་པའི་ནོར་ནི་བྱི་བ་འདྲ། ༡༦ །
།བླུན་པོའི་དྲུང་དུ་མཁས་པ་བས། །སྤྲེའུ་འཛིན་པ་ཁྱད་པར་འཕགས།
།སྤྲེ་འཛིན་ཟས་དང་ནོར་གྱིས་མཆོད། །མཁས་པ་ལག་པ་སྟོང་པར་འགྲོ། ༡༧ །
།ཡོན་ཏན་མེད་པའི་སྐྱེ་བོ་རྣམས། །ཡོན་ཏན་ཅན་ལ་ལྷག་པར་སྡང་།
།གངས་ཀྱི་ཡུལ་དུ་དགུན་སྐྱེས་པའི། །ལོ་ཏོག་ལྷས་ངན་ཡིན་ཞེས་སྒྲོགས། ༡༨ །
།ཡོན་ཏན་ལོག་པར་སྲུངས་པ་འགའ། །ལེགས་པར་སྲུངས་པ་ཁྱད་དུ་གསོད།
།ཕྲ་བ་མེད་ན་གླིང་ཕྲན་འགར། །ཡན་ལག་ཉམས་པའི་སྐྱོན་དུ་བྱེད། ༡༩ །

59 གང་གི་는 여기서 གཅིག་པུའི་ 와 같은 의미를 갖고 있다.

60 주석은 여기서 인도신화의 비슈누 전설을 설명한다. 비슈누는 난장이로 화현해서 악마의 지배자인 Bali에게 화현해서 그가 정복한 우주를 편취해버린다. 비슈누가 발리에게 한 걸음으로 잴 수 있는 땅을 요구했을 때, 발리는 그에게 세 걸음을 허락한다. 그 후에 비슈누는 두 걸음으로 대지와 허공을 가로질렀을 때 발리는 그의 약속을 지킬 수 없었고 부끄러움 때문에 대지에서 사라졌다.

།ཚིག་ཉམས་པར་བྱེད་པ་རྣམས། །ཚིག་ཚང་བར་བྱེད་ལ་བརྟེན།
།ཙཱུ་ཏའི་ཡུལ་དུ་ཕྱིན་པ་ན། །རྐང་གཉིས་པ་ལ་མིར་མི་སྐྱེ། ༢༠ །
།ཚིག་ལོག་པར་སྨྲ་བ་འགའ། །ཡང་དག་ཚིག་བྱེད་ལ་གཤེ།
།སྐྱེས་བུ་ཁྱི་ཡི་མགོ་ཅན་རྣམས། །བཞིན་བཟངས་བུད་མེད་ཡིན་ཞེས་བརྟེན། ༢༡ །
།ལོག་འཚོས་ཟས་ནོར་རྙེད་པ་འགའ། །མཁས་པ་དབུལ་པོ་ཁྱད་དུ་གསོད།
།སྤྲེ་ཀན་རྣམས་ཀྱིས་མི་བཟུང་ནས། །མཛུག་མ་མེད་ཅེས་བཞད་གད་བྱེད། ༢༢ །
།དེས་ན་ལས་ཀྱིས་མནར་བ་ན། །མཁས་པ་བླུན་པོའི་ནང་ན་འཁྱམ།
།ཀླུང་གིས་བདས་པའི་མ་ལི་ཀ། །དྲི་ཞིམ་ཕྱུག་དར་ཁྲོད་ན་རྫི། ༢༣ །
།སྐྱོན་རྣམས་འབད་པས་འཛིན་བྱེད་ཅིང་། །ཡོན་ཏན་རྩ་ནས་མི་མཆག་པ།
།སྐྱེས་བུ་ངན་པ་ཆུ་ཚགས་བཞིན། །ངན་པ་འཛིན་གྱི་བཟང་པོ་འཚོར། ༢༤ །
།ལེགས་ཉེས་དཔྱོད་པའི་བློ་གྲོས་མེད། །མཁས་པའི་མདུན་སར་ཕྱིར་ཕྱོགས་སྐྲོད།
།ཟས་ནོར་ཕོ་ནའི་གཏམ་གྱིས་འདའ། །རྐང་གཉིས་པ་ཡི་ཕྱུགས་སུ་བཤད། ༢༥ །
།བློ་ཆུང་མང་དུ་འདུས་ན་ཡང་། །བྱ་བ་ཆེན་པོ་སྒྲུབ་མི་ནུས།
།རྩེ་རྒྱང་མང་དུ་བསྡོམས་ན་ཡང་། །ཁང་པའི་གདུང་མ་བཟོད་པར་དཀའ། ༢༦ །
།མ་དཔྱད་པ་ལས་དོན་གྲུབ་པ། །བྱུང་ཡང་མཛངས་པར་སུ་ཞིག་རྩི།
།སྲིན་བུ་དག་གིས་བྲོས་པའི་རྗེས། །ཡི་གེར་བྱུང་ཡང་ཡིག་མཁན་མིན། ༢༧ །
།བློ་གྲོས་ཞན་པའི་འདོད་གཏམ་དང་། །ཅང་ཤེས་མིན་པའི་རྟ་མཆོག་དང་།
།གཡུལ་ངོར་ལྷུང་བའི་རལ་གྲི་རྣམས། །སུ་ཡི་གྲོགས་འགྱུར་ངེས་པ་མེད། ༢༨ །
།ཤེས་རབ་མེད་པའི་བླུན་པོ་རྣམས། །མང་ཡང་དགྲ་ཡི་དབང་དུ་འགྲོ།
།གླང་ཆེན་སྟོབས་ལྡན་ཁྱུར་ལོངས་པ།[61] །རི་བོང་བློ་ལྡན་གཅིག་གིས་བཏུལ། ༢༩ །

---

61 ཁྱུར་ལོངས་པ་ "무리 속에 들어가다" – 주석에 따르면 다음과 같은 이야기이다. 더위 때문에 고통받던 코끼리들이 연못을 찾고 있었다. 그 근처에 일군의 현명한 토끼가 살았다. 코끼리들이 그들의 집을 파괴했을 때 토끼들은 어떻게 하면 코끼리들을 거처에서 멀리 떨어지게 할 수 있는가를 궁리했다. 그들 중 가장 현명한 토끼가 나무 꼭대기에 앉아 코끼리들의 주목을 끌게 한 후에 달의 사자로서 자처했다. 그는 만일 그가, 즉 토끼가 배로부터 멀리 떨어질 경우에는 달이 더위를 확산시킬 것이라고 위협했다. 이는 모든 토끼가 원래 그들의 거처를 다시 찾을 때에만 일어나지 않

།ཤེས་རབ་མེད་པའི་ལོངས་སྤྱོད་ཀྱང་། །ཕལ་ཆེར་རང་ལ་ཕན་པ་ཉུང་།
།འདོད་འཇོ་བ་ཡི་འོ་མ་ཡང་། །བེའུས་འཐུང་བ་བརྒྱ་ལམ་ཡིན། ༣༠ །
།བླུན་པོ་རྣམས་ཀྱིས་མཁས་པ་ཡང་། །མཆོད་པར་འགྱུར་བའི་ངེས་པ་མེད།
།ཉི་མ་ཤིན་ཏུ་འོད་གསལ་ཡང་། །འབྱུང་པོའི་གདོན་རྣམས་མི་འགྲོས་སམ། ༣༡ །
།བླུན་པོ་ལོངས་སྤྱོད་སོག་རྣམས་ལ། །གཉེན་གྱི་བསམ་པ་ག་ལ་ཡོད།
།སྡིག་སྦྲུག་གཏམ་ངན་ཁོ་ན་ཡིས། །བྱི་བ་བཞིན་དུ་བསགས་ནས་འཆི། ༣༢ །
།སྐྱེ་བོ་ངན་པའི་ཚོགས་ནང་དུ། །ཡོན་ཏན་ལྡན་ཡང་ག་ལ་འཕུར།
།སྦྲུལ་གདུག་གནས་པའི་ས་ཕྱོགས་སུ། །སྒྲོན་མ་གསལ་ཡང་འོད་མི་འབྱིན། ༣༣ །
།ལོངས་སྤྱོད་ཡོད་ཀྱང་ལས་ངན་གྱིས། །འཇུངས་པ་[62]སྤྱོད་པའི་རང་དབང་མེད།
།རྐུན་འབྲུམ་སྨིན་པ་ཟ་བའི་ཚེ། །ཁྭ་ལ་མཆུ་ནད་རྒྱུན་དུ་འབྱུང་། ༣༤ །[63]
།རྒྱུན་དུ་གཞན་གྱིས་བསྐྱང་དགོས་པའི། །སྐྱེ་བོ་ནམ་ཞིག་ཅི་ནས་ཉམས།
།བྱ་རོག་གིས་ནི་བཟུང་བ་ཡི། །རུས་སྦལ་ས་ལ་ལྷུང་ཞེས་གྲག ༣༥ །[64]
།བཟང་ངན་མི་ཤེས་དྲིན་བྱས་བརྗེད། །ངོ་མཚར་གཏམ་ལ་མཚར་མི་འཛིན།
།མངོན་སུམ་མཐོང་བ་སླར་ཡང་འདྲི། །ཞུམ་ཞིང་རྗེས་འབྲང་བླུན་པོའི་རྟགས། ༣༦ །
།རྡོད་ཆུང་ཁ་ཡིས་དགྲ་བོ་འདུལ། །རྒྱང་ནས་མཐོང་ན་ཙ་ཙོ་འབྱིན།
།འཐབ་སར་འཕྲད་ན་ཐལ་མོ་སྦྱར། །རང་ཁྱིམ་སླེབ་ན་ང་རྒྱལ་སྨྲ། ༣༧ །[65]
།སྤུར་མ་གྲོས་བྱེད་ཚེ་ན་དཔའ། །ཁྲལ་བསྐོས་པ་ན་ཉོར་རྩེས་འདེབས།

을 것이다. 코끼리들은 이를 믿고 연못을 떠났으며, 이를 통해 토끼들은 목표에 도달했다.

62 사본은 འཇུངས་པས་ 내지 འཇུངས་པའི་로 읽는다. 첫 번째 읽기는 སྤྱོད་པའི་에서 시작음 ས་의 중복필사로 설명될 수 있으며, པའི་는 이 경우 པས་의 이차적 오염일 것이다.

63 여기서 많은 판본과 목판본에서 편의상의 이유 때문에 ཁྭ་ 대신에 ཁ་가 사용되고 있다. 아직 남아 있는 인도 원전에 의거하여 (Ravigupta, *Āryākoṣa*, 게송 2) 우리는 이 경우 까마귀에 대해 말하고 있음을 알고 있다.

64 이는 거북이가 두 마리 거위에 의해 나무로 한 연못에서 다른 연못으로 운반되어야 하는 이야기이다. 두 거위는 나무막대기의 두 끝을 주둥이로 잡고 거북이는 그 중간에서 막대기를 물고 있다. 거위들이 도중에 무언가 말하려고 했기 때문에 거북이는 떨어져서 죽게 되었다. 이 이야기는 (*Jātaka*, *Vinaya* 등의) 불교문헌과 힌두문헌인 *Hitopadeśa*에서도 발견된다.

65 ང་རྒྱལ་은 부사적으로 번역될 수 있다.

།འགྲོ་དགོས་བྱུང་ན་ནད་བུ་ལྟར། །འཐབ་སར་རྒྱུང་ནས་འབོད་ཅིང་བསྒོ། ༣༨ །

།བློ་ཆུང་ཙུང་ཟད་རྒྱལ་བས་ངོམས། །གལ་ཏེ་ཕམ་ན་གཉེན་ལ་འཁང་།

།གྲོས་ལ་འཚོགས་ན་འཐབ་རྩོད་སློང་། །གསང་གྲོས་བྱས་ན་ཕྱོག་ཏུ་སྨྲ། ༣༩ །[66]

།གཡུལ་ངོར་རྒྱན་ལ་བྱེ་དོར་བྱེད། །དགྲ་དང་ཕྲད་ན་རང་ཕྱོགས་སྲེད།

།འགྲོགས་ན་དགྲ་བས་གཉེན་ཕྱོགས་འཛིགས། །མཆོན་ཆ་དགྲ་ཡི་ལག་ཆར་འཕེན། ༤༠ །

།དཔུང་ཚོགས་འགྲོ་ན་མཇུག་སྡུད་ལ། །ལྡོག་ན་དེ་ཡི་སྔ་འདྲེན་བྱེད།

།བཟའ་བཏུང་མཐོང་ན་ནན་གྱིས་འཇུག། །དཀའ་བ་མཐོང་ན་ཐབས་ཀྱིས་འབྱོལ། ༤༡ །

།སྐྱེ་བོ་ངན་པའི་མཚན་ཉིད་ལ། །བརྗོད་རྒྱུ་དུ་མ་ཡོད་མོད་ཀྱང་།

།ངན་སྐྱུགས་ཁྲོན་པ་སུ་ཞིག་སློང་། །སྐྱུགས་པ་མཁས་པ་སུ་ཞིག་སྤྱོད། ༤༢ །

།མཆུ་བསྐྱོད་པ་ཡིས་བཛ་སྤྲོད་ཅིང་། །སློས་པའི་ཚེ་ན་མིག་འཛུམ་བྱེད།

།རྣམ་ཐར་ཐོས་ན་འཁྲུན་འཚེར་བ། །གང་ལ་བྱུང་ཡང་ཐ་ཤལ་རྟགས། ༤༣ །

༎ལེགས་པར་བཤད་པ་རིན་པོ་ཆེའི་གཏེར་ལས་བླུན་པོ་བརྟག་པ་སྟེ་རབ་ཏུ་བྱེད་པ་གསུམ་པའོ༎ ༎

66 ཕྱོག་ཏུ་སྨྲ་: "은밀히 잡담하다."

/ 고전 티벳어 문법 /

강독자료 III

Das Dardara-Jātaka aus der Jātakamālā des Haribhaṭṭa

이번 강독자료와 다음 강독자료는 히말라야(Himālaya)에서 자발적으로 목숨을 버린[1] 하리바따(Haribhaṭṭa)왕자의 자따까말라(*Jātakamāla*, 전설 모음집)에서 따온 것이다.[2] 이 방대한 저작은 티벳 탕규르(Tanjur) 자따까 부문에 수록되어 있다. 산스크리트 원본은 전체의 3분의 1만 보존되어 있다. 기원후 5세기 초 이전에 활동했을 것으로 추정되는 저자가 도입절에서 스스로 강조했듯이, 저자는 유명한 아랴수라(Āryāsūra)의 자타까말라를 본보기로 삼았고, 34개의 전형적인 붓다 전생담과 매우 유사하게 다양한 덕목(*pāramitā*)들을 서술하고 있다. 미카엘 한(Michael Hahn)에 따르면, 이 자타까 이야기의 요소들은 모두 불교문헌에서 확인가능한 것들이다. 하지만 하리바따는 자신의 윤리적인 의도를 분명히 드러내기 위해서, 빈번하게 이 요소들을 대폭 변형시킨다.[3] 그의 작업은 완성된 까뱌(*Kāvya*) 형태로 씌여 있다. 산스크리

---

1 이것이 인물에 대한 저자의 유일한 구체적 진술이다. 이 진술은 하리바따 자따까말라의 마지막 장에 보존되어 있다.

2 미카엘 한(Mihael Hahn)이 하리바따(Haribhaṭṭa)의 작업을 해명하기 위해 25년 이상 수행한 작업은 다음에 실려 있다: Hahn, Mihael, 1992, *Haribhaṭṭa and Gopadatta, Two Authors in the Succession of Āryaśūra, On the Rediscovery of parts of their Jātakamālās, Second edition, Thoroughly revised and enlarged*, Tokyo (Studia Philologica Buddhica, Occasional Paper Series. 1.)

3 예컨대, 하리바따 버전의 가장 dByig-pa-can 이야기(강독자료 I 참조)에서는 명확하기 반-브라흐만 경향을 확인할 수 있다. (이것은 하라바따의 활동시기를 추정할 때 분명히 의미가 없지 않다.) 의심할 여지없이, 이 경향은 본래 이야기에는 찾을 수 없다; 하리바따의 자타까말라 30번 참조.

트 원본으로 읽으면, 문학적으로 매우 아름다우면서 그에 상응하는 적절한 사유도 들어있음을 알 수 있다.

츌팀 중내 배와(Tshul-khrims 'byung-gnas sbas-pa, 1107-90)가 알랑까데바(Alaṅkadeva = Alaṃkāradeva)와 함께 완성한 티벳어 번역은 여러 부분에서 이해하기 쉽지 않다. 드물지 않게 번역자의 오해와 번역상의 오류를 확인할 수 있다. 이 문제들은 두 번역자가 좋은 티벳어 문체를 무시한 채, 너무 맹목적으로 단어선택이나 문장구성의 규칙을 따르는 데에 기인한다. 그렇지만 몇몇 부분을 제외하고, 이 책에서 제공하는 어휘집을 통해서 단어상의 문제만 해결하고 나면, 이야기의 내적인 논리와 저변에 깔려있는 정서를 이해함으로써 번역할 수 있다. 특히 탱규르(Tagur)에는 비슷한 문제를 지닌 텍스트가 매우 많기 때문에, 이 이야기는 그러한 텍스트를 스스로 연구하기 위한 좋은 예행 연습이 될 것이다.

다르다라 자따까(*Dardara-Jātaka*, 강독자료 III)는 빨리어 닫다라 자따까(*Daddara-Jātaka*, *Pāli-Jātaka* Nr. 304)에 대략 대응된다. 반면에 우다야 자따까(강독자료 IV)는 빨리어 우다야 자따까(*Pāli-Jātaka* Nr. 458)에 정확히 대응된다. 각 이야기의 핵심적인 도덕적 교훈은 도입절에 나타난다.

유의점: 하리바따의 자따까말라에서 발췌한 두 이야기와 관련해서 위에서 언급한 번역상·전승상의 문제들은 초급자가 접근하기 너무 어렵다. 이 문제는 인도적 배경에서 유래했기 때문에, 고전 산스크리트 시문학 분야에 대한 지식을 갖춘 독자에게 적합하다. 그런 지식이 없으면 많은 어법이나 관용구를 이해하기 어렵다. 하지만 이 두 이야기는 문학적으로 높은 가치를 지니고 있고 또 이 장르에서 가장 전형적인 작품이다. 이 두 이야기를 읽고 싶고, 거기에 필요한 추가적인 도움이 필요한 사람은 미카엘 한(Michael Hahn)의 이 티벳어 교재 제5판의 텍스트를 개정하면서 번역과 단어집을 정리한 것을 참고하면 좋을 것이다. 이것은 *Wiener Zeitschrift für die Kunde Südasiens*(Band XXIII, 1979, pp. 75-108, 그리고 Band XXIV, 1980, pp. 99-128)에 수록되어 있다. 혹은 서문에서 언급한 교재답안지(*Schlüssel zum Lehrbuch*)를 구입

해도 좋다. 또다른 하리바따의 이야기는 다음에 수록되어 있다: HAHN, Michael/Konrad Kalus, 1993, *Das mṛgajātaka(Haribhaṭṭajātakamālā XI). Studie, Texte, Glossar*, Bonn(Indica et Tibetica, Band 3).

།དམ་མིན་འཇུག་རྣམས་ཉིན་རེར་མ་གུས་ཀྱང་།
།གང་ཞིག་རང་གི་ཁྲོ་བ་འདུལ་བར་བྱེད།
།དེ་ནི་གཞན་དག་རྣམས་ཀྱི་འགྲོ་བ་ཡང་།
།དུལ་བ་དང་ལྡན་བརྟན་པས་འདུལ་བར་བྱེད། ༡ །

འདི་ལྟར་རྗེས་སུ་ཐོས་ཏེ།

དྲི་མ་མེད་པའི་མེ་ལོང་གི་དཀྱིལ་ལྟར་ཆུ་དང་བ་འགའ་ཞིག་ལ་ཆུ་ལ་སྤྱོད་པའི་འདབ་ཆགས་རྣམས་ཀྱི་གཤོག་པ་རྣམ་པར་འཕངས་པས་པདྨ་རྣམས་ཀྱི་ཚོགས་འཁྲུགས་པར་བྱས་པ་དང་། འདོད་ཆགས་དང་བྲལ་བའི་སེམས་ཐུབ་པ་རྣམས་ཀྱིས་འཇུག་ངོགས་ལ་བརྟེན་པ་དང་། འཇམ་པའི་རླུང་གིས་རྣམ་པར་འབིགས་བཞིན་པའི་ཆུ་རླབས་ཀྱི་རྒྱུན་གྱིས་བསྐྱུལ་བའི་ལྦུ་བ་དཀར་པོའི་ཕྲེང་བས་འགྲམ་གྱི་རི་མོ་འདྲེས་པར་བྱས་པ་དང་། འགྲམ་གྱི་ཤིང་རྣམས་ཀྱི་མེ་ཏོག་གིས་བྲག་གི་དཀྱིལ་བཀྲམ་པ་དང་།[4] སྐྱེ་བོ་བཟང་པོའི་སྤྱོད་པ་ལྟར་འཇིག་རྟེན་ཐམས་ཅད་ལ་རབ་ཏུ་བདེ་བར་བྱེད་པའི་ལྟོ་འཕྱེ་ཆེན་པོའི་གནས་[5]མཚོ་ཆེན་པོ་ལ་དྲི་མ་དང་བྲལ་བའི་ནོར་བུ་རྣམས་ཀྱི་གདེངས་ཅན་གྱི་ཚོགས་རྣམ་པར་བརྒྱན་པར་བྱས་པའི་བྱང་ཆུབ་སེམས་དཔའ་དར་དར་ཞེས་བྱ་བའི་སྦྲུལ་བྱུང་བར་གྱུར་ཏོ།[6]

།ལྟོ་འཕྱེ་སྐྱེ་བ་ལ་ཡང་གནས་པར་བྱེད་བཞིན་པ།[7]

---

4 འགྲམ་གྱི་ཤིང་རྣམས་ཀྱི་མེ་ཏོག་གིས་བྲག་གི་དཀྱིལ་བཀྲམ་པ་ "강변 나무들의 꽃에 [흩뿌려져] 덮여 있는 그 (물 위에 솟아 있는) 돌 원반(즉, 둥근 돌)."

5 སྐྱེ་བོ་부터 ལྟོ་འཕྱེ་ཆེན་པོའི་གནས་까지 이어지는 긴 표현은 མཚོ་ཆེན་པོ་와 동격(Apposition)이다.

6 이 긴 산문단락은 뒤에서부터 해석하는 것이 가장 좋다; 중심문장만 추리면 མཚོ་ཆེན་པོ་ལ་ …བྱང་ཆུབ་སེམས་དཔའ་ …བྱུང་བར་གྱུར་ཏོ།이다. 그 앞에 놓은 모든 문장성분들은 연결형 조사(9.2.c)를 통해 부가되어 མཚོ་ཆེན་པོ་ལ་를 한정하는 종속문이다. 이 단락의 완전한 번역은 다음과 같다: "한 큰 호수(바다)에, 먼지와 분리된(정제된) 보석으로 덮힌 머리를 지닌 [뱀]무리들을 더욱 아름답게 만들어 주는, 보살 다르다라(Dardar)라는 이름의 뱀이 태어났다. [호수에 대한 설명:] 먼지 없는(깨끗한) 거울의 중심부와 같이 맑은 물에, 물에 살고 있는 새들이 날개를 파닥임으로써, 연꽃(skt. *Padma*)들의 무리를 흔들리게 한다; 집착과 분리된(집착에서 벗어난) 마음을 [가진] 성자들이 강둑에 기댄다. 부드러운 바람에 의해 부서지는 파도의, 끊임없이 일어나는 흰 거품으로 이루어진 화환이 강둑의 선(線, 강둑의 경계)과 뒤섞인다. [물에서 돌출된] 돌원반(둥근 돌)이 강둑에 서 있는 나무들의 꽃에 흩뿌려져 [덮여] 있다; 좋은 사람의 행실과 같이, 모든 세상[사람들]에게 행복을 주는(축자적 번역: 행복하게 해주는) 큰 뱀들의 서식처이다."

7 གནས་པར་བྱེད་བཞིན་པ་는 산스크리트어에 제시된 현재분사(*Präsenspartizip*)를 표현한 것 같다. 진행형을 만드는 བཞིན་의

།བཟོད་པ་འདོད་པས་དེ་ནི་བསམ་པ་ངེས་འབྲེལ་བ།
།ནམ་ཡང་ཁྲོ་བའི་སེམས་ནི་གདུང་བྱེད་མི་འགྱུར་ཏེ།
།ས་ལས་སྐྱེས་པ[8]ཆུ་ནི་སྣངས་པ[9]མི་ལྟར་ནི།༢།
།རྟག་ཏུ་བྱམས་པ་གོམས་བྱེད་པའི།
།མཁས་པ་རྣམས་ཀྱི་རིགས་པ་སྟེ།
།སེམས་ནི་གྲོགས་དང་དགྲ་རྣམས་ལ།
།སྙིང་རྗེ་ཐ་ནི་མི་དད་འབྱུང་། ༣ །

[བདག་ཉིད་ཆེན་པོ་དེ་ཡང་ཆོས་དང་རྗེས་སུ་མཐུན་པའི་དགེ་སློང་དམ་དཀའ་ཐུབ་པ་མཐོང་ནས་མིའི་ཆ་བྱད་དུ་བྱས་ཏེ་མདུད་པ་དང་བཅས་པས་ཉེ་བར་བརྟེན་པར་གྱུར་ཏོ།[10] །བློ་གྲོས་ཆེན་པོ་དེའི་ཡང་གདེངས་ཀའི་ནོར་བུ་དང་། ལུས་ཀྱི་པགས་པ་འདྲ་བར་ཉེ་བའི་དར་དར་ཞེས་བྱ་བའི་[11]སྤྲུན་ཟླ་ཡོད་པར་གྱུར་ཏོ། །དེ་དག་ཕན་ཚུན་དུ་ཕན་པས་[12]རྗེ་གཅིག་པའི་ཡིད་ལ་བྱེད་པ་དང་། ཕ་རོལ་གྱི་རྣམ་པར་འཚེ་བའི་སྡུག་བསྔལ་ལས་ལོག་པ་[13]དཀའ་ཐུབ་ཀྱི་ནོར་ཅན་དང་འདྲ་བར་རྒྱུ་འཛིན་པ་དེ་ལ་རྣམ་པར་གནས་པར་གྱུར་ཏེ། དེར་ཡང་གདེངས་ཅན་རྣམས་ཀྱིས་རང་བཞིན་གྱིས་བསམ་པ་བཟང་པོའི་བྱང་ཆུབ་སེམས་དཔའ་ཉེ་བར་གནས་བཞིན་པ་ལ་མི་བཟོད་པར་གྱུར་ཏོ། །ཉམས་པ་མེད་ཀྱང་མི་དགའ་བའི་ཚིག་དེ་དང་དེ་རྣམས་ཀྱིས་ཉི་མ་རེ་རེ་ཞིང་འདི་ལ་གནོད་པར་གྱུར་ཏེ། དངོས་པོ་ཀུན་གྱི་རང་བཞིན་ཉིད།[14]

།བདག་ཉིད་དྲི་བཅས་སྐྱེ་ངན་གྱིས།
།སྨོངས་པ་རྣམས་ཀྱི་རང་བཞིན་ཉིད།[15]

기능은 17.6을 참조하시오.

8 ས་ལས་སྐྱེས་པ་ 나무; 축자적으로는 "땅에서 싹틈"; skt. *mahīja, mahīruh*를 참조하시오.

9 짐작컨데 ཆུ་ཡིས་སྣངས་པ་ "물*로써* 적셔진"일 것이다; 그 외에는 이 표현을 번역할 방법이 없다. 아마도 여기 ནི་는 소유격(Genitiv), 도구격(Instrumental) 조사의 일상적 발음에서 연원했을 것이다.

10 이 문장은 괄호 안에 넣었다. 틀림없이 이 문장은 티벳어로 번역된, 이 이야기의 다른 산스크리트 판본에서 유래했을 것으로 추정되기 때문이다. Vgl. WZKS XXIII, 1979, p. 85ff를 참조하시오.

11 ཉེ་བའི་དར་དར་

12 ཕན་ཚུན་དུ་ཕན་པས་는 부사적으로 혹은 ཡིད་ལ་བྱེད་པ་의 논리적 목적어로서 번역해야 한다.

13 생각을 나타내는 구절을(ལོག་པ་부터 དཀའ་ཐུབ་ཀྱི་ 까지) 반종지형 조사로도 표시할 수 있는 듯하다.

14 "사물의 본성은 …", 즉 "다음이 사물의 본성이다…."

15 བདག་ཉིད་དྲི་བཅས་ 가 주어이고, 그 다음부터 རང་བཞིན་ཉིད་ 까지는 한정어(限定語)이다.

།ཞི་བའི་སེམས་ལྡན་རྣམས་ལ་ཡང་།

།གང་ཕྱིར་རྒྱུ་མེད་[16]དྲག་ཉིད་འབྱེལ། ༤ །

།དེ་ནས་ཉེ་བའི་དར་དར་ལྷོ་འཕྱེའི་ཚོགས་ཀྱི་དྲུང་ནས་ཛན་ཙན་དེ་མ་བཟོད་ཅིང་རྒྱལ་གྱིས་མངོན་པར་གནས་པའི་ཡིད་ཅན་ཅུང་ཟད་ཀྱང་བཟོད་པར་མི་ནུས་ཤིང་དར་དར་ལ་སྨྲས་པ། དམ་པ་མ་ཡིན་པའི་རང་བཞིན་མིག་གིས་ཐོས་པ་འདི་རྣམས་ཀྱི་ཛན་ཙན་འདི་བདག་ཅག་གིས་མ་ནུས་པ་བཞིན་དུ་ཅིའི་ཕྱིར་བཟོད་པར་བྱེད། གང་གི་ཕྱིར་ཆུའི་ཧྲེན་གཞན་རྣམས་ལ་ལྷག་པར་གནས་པར་བྱས་པ་སྟོབས་དང་ལྡན་པའི་གྲོགས་པོ་རྣམས་ལྷོ་འཕྱེའི་བདག་པོ་ཡོད་དེ། དེ་རྣམས་ལ་སྤྱོ་བ་བསྐྱེད་ནས་འཐབ་མོས་ལྷོ་འཕྱེ་འདི་རྣམས་མཚོ་འདི་ལས་ངེས་པར་གདོན་པར་བྱ་བའམ། འཇིག་པ་ཉིད་དུ་ཕྱིར་བར་བྱ་ཞེས་ཟེར་རོ། །བྱང་ཆུབ་སེམས་དཔས་སྨྲས་པ། བཞིན་བཟངས་དམ་པ་མ་ཡིན་པའི་སྐྱེ་བོ་དང་ལྡན་ཅིག་སྐྱེས་པའི་ཁྲོ་བ་འདི་སོ་སོར་སྤྱད་པའི་སྟོབས་ཀྱིས་ཡོངས་སུ་དོར་བར་གྱིས་ལ་ཁྱོད་ལྟོས་ཤིག་དང་།[17]

།བཟོད་པའི་ལྕགས་ཀྱུས་གནས་པའི་ལམ་ནི་འདའ་བྱེད་པ།

།རིང་པོར་ཁྲོ་བའི་མཆེ་གཉིས་གང་ཞིག་འགག་བྱེད་པ།

།དེ་ཡི་ཡིད་ནི་ནམ་ཡང་འགྱོད་པར་མི་འགྱུར་ཏེ།

།ཕ་རོལ་ཏུ་ཡང་ངན་པའི་འགྲོ་བ་ཐོབ་པར་འགྱུར། ༥ །[18]

།ལམ་མིན་ན་འགྲོ་ངོ་ཚ་དོར་བར་བྱེད་པ་སྟེ།

།བློ་ལྡན་རྣམས་ཀྱི་གསོ་བའི་ངག་ནི་ཐོས་མིན་པ།

།དམ་མིན་སྐྱེ་བོ་ཆགས་པས་སྨོད་པའི་སྐྱེ་བོ་ནི།

།སྐད་ཅིག་གིས་ནི་བཟང་པོ་ཡང་ནི་[19]བཟང་ཉིད་འདོར། ༦ །

།གང་ཞིག་ཆོར་མ་དང་བཅས་ལམ་ལ་གོམ་པ་ནི།

---

16 운율을 위해 རྒྱུ་མེད་པར་를 축약한 것이다.

17 두 번째 처격 조사 ལ་ 또한 연결형 조사 དང་처럼 두 명령문을 서로 결합시킨다. 14.5과를 참조하시오.

18 གནས་པའི་ལམ་ནི་འདའ་བྱེད་པ།가 다른 문장성분과 어떤 관계를 맺는지, 그리고 의미가 뭔지는 불분명하다. 최선책은 아마도 이 구절을 མཆེ་གཉིས་ 뒤에 놓고, གནས་པའི་ལམ་ "머무르는 길"을 "[그에게] 주어진 길"로 이해하는 것일 것이다. 네 번째 줄에는 뜻이 통하도록 부정사를 보충해야 할 것이다. 그러면 이 게송의 전체 번역은 다음과 같이 된다. 인내(skt. kṣanti)라는 가시막대기를 가지고 오랫동안 분노라는 코끼리("이빨이 두 개인 것")를 억누르면서 자신에게 주어진 길을 벗어나려는 사람은, 그의 의향(마음)에 결코 후회가 일어나지 않는다. 다음 [생]에서 나쁜 재생(再生, 다시 태어남)을 얻지 [않기 때문이다.]

19 བཟང་པོ་ཡང་ཉིད་ "비록 [그가] (예전에는) 훌륭했다 하더라도."

།འཇུག་བྱེད་དེ་ལས་ལངས་པའི་སྡུག་བསྔལ་དེས་ཐོབ་སྟེ།

།དེ་ལྟར་བརྟགས་ནས་སྐྱེ་ངན་ཆེར་མ་དྲག་པ་ཅན།

།གནས་པ་མཁས་པ་[20]བདེ་བ་དོན་གཉེར་ཡོངས་སུ་དོར། ༧ །

།ཇི་སྲིད་ཁྲོ་བའི་མེ་ནི་སྟག་དང་ལྡན་པ།

།སེམས་ནི་སྲེག་པར་བྱེད་ཅིང་འཕེལ་བར་མི་འགྲོ་བ།[21]

།དེ་སྲིད་སྐྱེས་པས་བཟོད་པའི་ཆུ་ཡིས་རབ་སྣངས་པའི།

།བདེ་བ་སྦྱིན་པ་ཉིད་ནི་མྱུར་དུ་གསད་པར་བྱ། ༨ །[22]

།དེ་ལྟར་དགྲ་བཞིན་ཀུན་འཇུག་པ།

།ནད་ནི་ཀུན་ནས་འབྱུང་བ་ལྟར།

།བཟོད་དགྲ་བཟོད་པས་རྒྱལ་བྱས་ཏེ།

།རབ་ཞི་ལ་ཡིད(ད)བྱུང་[23]མཛོད། ༩ །

།གཞན་ཡང་ཤིན་ཏུ་དགའ་བ་རི་བོང་ཅན་གྱི་འོད་ཟེར་ལྟར་དྲི་མ་དང་བྲལ་བའི་ཆུ་དང་ལྡན་པའི་ཆུའི་རྟེན་རྣམས་ནི་གཞན་དག་ཀྱང་ཡོད་དེ། ནུས་པ་མེད་པ་དང་འདྲ་བར་མཚོ་འདི་ལ་ཅིའི་ཕྱིར་གནས་པར་བྱ། །དེ་བས་ན་འོང་བར་མཛོད་ཅིག་དང་མཚོ་གཞན་ལ་གནས་པར་བྱ་ཞེས་ཟེར་རོ། །ཇི་ལྟར་ཕུ་བོས་བཀའ་སྩལ་པ་ཞེས་བྱ་བ་མངོན་པར་བརྗོད་ནས་ནུ་བོ་དང་རྗེས་སུ་འགྲོ་བཞིན་པའི་བྱང་ཆུབ་སེམས་དཔའ[24]ཤེལ་གྱི་ནོར་བུའི་ཚོགས་ཞུ་བ་དང་འདྲ་བའི་ཆུ་སྐྱེས་ཀྱི་ནགས་ཀྱིས་བསྒྲིབས་པ་དང་། །ནང་དུ་རབ་ཏུ་འགྲོ་བའི་གསལ་བའི་ཉའི་ཚོགས་ཀྱིས་ཁྱབ་པ་དང་། །ཉེ་བར་[25]ཤིང་གི་གྲིབ་མས་འགྲམ་གྱི་ཆུ་བཀབ་པ་དང་། འདབ་ཆགས་ཀྱི་ཚོགས་

20 མཁས་པ་'는 구격으로 표시되어 있지 않지만, 게송 후반부의 주어이다. 운율을 위해서 축약되어 있다. 티벳어 문법을 따르자면, 7cd(7번 게송의 세 번째와 네 번째 줄)는 다음과 같이 읽어야 할 것이다: …སྐྱེ་ངན་ཆེར་མ་དྲག་པ་ཅན[ལ་]། གནས་པ་ [ནི་]མཁས་པ་བདེ་བ་ [ལ་]དོན་གཉེར་ [བས་]ཡོངས་སུ་དོར་ [རོ]།.

21 འཕེལ་བར་མི་འགྲོ་བ་ "증가의 상태에 도달하지 않고 (증가하지 않고)." 그 앞에 놓인 병렬형 조사 ཅིང་는 여기서 명사형 조사 བ་와 같이 해석되어야 한다. 이것은 하라바따의 자따까말라 티벳어 번역에서 자주 등장한다.

22 이 게송은 증여(贈與) 의식에서 물이 솟아오르는 장면에 기초하고 있다. 이 장면은 분노의 불길 비유와 시적 대조를 이룬다.

23 བྱུང་ 대신 དབྱུང་로(འབྱིན་པ་의 미래형 어간) 읽으시오! – "고요함에(ལ་) [도달한] 의향(마음)을 밝혀라!"

24 지금부터 이어지는 부분 중 일부는, 중심문장 안의 목적어 མཚོ་ཆེན་པར་에 대한 긴 한정사이다. 이 목적어는 이 산문단락의 거의 마지막에 나온다.

25 ཉེ་བར་ 뒤에 གནས་པའི་를 보충하시오.

ཏུ་མས་བར་མཚམས་མེད་པའི་མཚོ་ཆེན་པོར་མངོན་པར་འཇུག་པར་གྱུར་ཏེ།

།དེ་ནས་ས་འོག་ཀུན་ནས་འཇུག་པར་འདོད་པའི་དེ་ལ[26]ནི།

།བརྟན་པར་རབ་ཏུ་ཞི་ལ་ངེས་པར་འབྲེལ་པའི་ཡིད་ཅན་ལ།[27]

།པདྨའི་འདབ་མ་ཚོགས་ཀྱིས་འདྲེས་པ་[28]ལྷ་བའི་མཆོད་ཡོན་ནི།

།མཚོ་ཡི་རླབས་རྣམས་ཀྱིས་ནི་སྐྱེས་པ་འདྲ་བར་བྱིན་པར་གྱུར། ༡༠ །

།བདག་གི་ཆུ་ནི་དངས་བར་མཛོད།

།དེ་ལ་དེ་ལྟར་མངོན་བརྗོད་ཅིང་།

།ཀང་ཏྲུག་སྨིན་མའི་ལྗོན་ཤིང་[29]འདེགས།

།པདྨའི་ཚོགས་ལྷན་བྱས་པར་གྱུར། ༡༡ །[30]

།ནོར་བུའི་འོད་ཀྱིས་བསྐུལ་བ་ཡིས།[31]

།དེར་ནི་དེ་དག་ནུབ་གྱུར་ལ།

།དབང་པོའི་གཞུ་དང་ཆུ་དེ་ནི།

།སྐད་ཅིག་བར་མཚམས་མེད་གནས་གྱུར། ༡༢ །

།མཚོ་དེ་རྒྱ་ཆེ་དེ་དག་གིས།

།ས་འོག་ལྷག་པར་གནས་པ་ནི།

།ཁ་ཕྱེའི་པདྨ་ཨུཏྤལ་ཅན།

།བདག་ཉིད་གཙང་བ་འདྲ་བར་སེམས། ༡༣ །

---

26 འདོད་པའི་དེ་ལ་ "딱 알맞은 그곳에 [들어간다]" – 이렇게 지시대명사 앞에 쓰이는 독특한 소유격 용례는 하리바따 자따까말라의 티벳어 번역에서 여러 번 등장한다; 우다야 자따까(Udaya-Jātaka, 강독자료 IV) 16번 게송 뒤에 이어지는 두번째 티벳어 산문 구절을 참조하라.

27 དེ་ལ་ནི།...ཡིད་ཅན་ལ། 같은 격조사가 두 번 표기되었다.

28 འདྲེས་པ་를 འདྲེས་པའི་와 같이 해석하시오.

29 ཀང་ཏྲུག་སྨིན་མའི་ལྗོན་ཤིང་ "벌 눈썹을 가진 나무." 즉, 그것을 둘러싸고 있는 혹은 그것 위에 웅크려 모여 있는 벌떼에 의해 마치 눈썹을 가진 것 같은 나무.

30 바로 앞 게송에 있는 མཚོ་ཡི་རླབས་རྣམས་ཀྱིས་ 가 다시 이 게송의 주어로서 기능한다.

31 ནོར་བུའི་འོད་ཀྱིས་ "[그들의 [보석으로 장식된] 뱀머리에서 나오는] 보석의 빛으로써"; བསྐུལ་བ་ཡིས་ "이런 요청에 의해"

།དེ་ནས་པདྨ་ཆེན་པོ་དང་ལྡན་པའི་ཆུའི་གནས་དེར་རང་བཞིན་གྱིས་དྲག་པ་དང་། དྲི་མ་ཅན་གྱི་བསམ་པ་དང་ལྡན་པའི་སྦྲུལ་ཆེན་པོས་དེ་དག་གི་རང་བཞིན་གྱིས་ངེས་པར་སྐྱེས་པའི[32]བཟང་བ་ཉིད་ཤེས་ནས་ཉི་མ་རེ་རེར་འདི་ལྷུར་ཙན་ཅན་གྱི་དུག་དང་འབྲེལ་པ་ཚ་བའི་ཡི་གེ་རྣམས་སྨྲས་པར་གྱུར་ཏོ།

།སྡོ་འཕྱེ་ཉིད་ནི་ཡོད་ཅིང་(དེ་ལ)ཡང་དག་བརྟེན།[33]
།བཟོད་ལྡན་ཉིད་ནི་ཁྱེད་ཅག་དག་ལ་ཅི་ཕྱིར་འགྱུར།
།ཟབ་པའི་ཆུ་ལྡན་ཆུ་བོའི་བདག་པོའི་གནས་ལ་ཡང་།
།ཆུ་རྟའི་གདོང་གི་མེ་[34]ནི་བསིལ་བར་མི་འགྱུར་རོ། ༡༤ །
།རྣམ་ཁྱབ་ཁྲོ་བའི་བསྡིག་ལུགས་ཟ་བ་ཡོད་པ་ལ།
།བཟོད་པ་མངོན་པར་སྨྲ་བ་ཉིད་འདི་རིགས་མིན་ཏེ།
།ཨེ་མ་ཁྱེད་ཅག་གི་ནི་མི་བདེན་ཆེན་པོ་ཡིས།
།ཤིན་ཏུ་བདག་དང་སྐྱེ་བོ་ཡང་ནི་སླུ་བར་བྱེད། ༡༥ །
།གང་ཞིག་བདག་ཉིད་བཟོད་པ་དང་ལྡན་ཞེས་སྨྲ་བ།
།ཁྲོས་པས་ཉེ་བར་སྦས་པ་ལུས་ཅན་གྱི་ནི་སེལ།[35]
།ཁྲི་སྟན་ཕྲུགས་དང་ཤིང་ལོའི་གོས་ནི་འཛིན་པ་ཡིན།
།གནོད་སྦྱིན་དེ་ནི་གཡོ་སྒྱུས་དཀའ་ཐུབ་བརྟུལ་ཞུགས་ཅན། ༡༦ །
།ཁྲོ་བའི་མེ་ནི་ཡོད་ལ་འགྲོ་བའི་སྡུག་བཏུལ་གྱི་ནི་རྒྱུ།
།ཁྱེད་གཉིས་བཟོད་པའི་སྐྱེ་བོས་དད་པར་བྱས་པ་མ་ཡིན་ཏེ།[36]

---

32 ངེས་པར་སྐྱེས་པའི་ 여기에서는 "타고난, 내적인."

33 (དེ་ལ་)ཡང་དག་བརྟེན་을 ཁྱེད་ཅག་དག་ལ་ 뒤로 옮기고 14ad(14번 게송 첫번째와 두번째 줄)를 다음과 같이 번역하시오: 뱀의 속성(즉, 사악함)이 있다면, 인내가 너희들에게 [있다 한들,] 그 [사악함]에 몰두한다면, [인내가] 무슨 소용이 있겠는가?

34 ཆུ་རྟའི་གདོང་གི་མེ་ "남쪽 끝 지옥의 입구에 있는 [바다 밑] 불길"; 이 용어의 어원에 대해서는 용어집을 참조하시오.

35 두 번째 줄은 – 축자적으로는 "성난 자 혹은 분노에 의해서(이 두 번째 의미는 오직 유일하게 *Buddhacarita* 6,15에서만 지지된다) 숨겨진, 생명의 파괴자" – 해석이 어렵다; ཁྲོས་པས་를 ཁྲོས་པ་로 간주하면 "…[실제로] 그의 분노를 [완전히] 숨긴, 생명의 파괴자"로 번역할 수 있다 – 하지만 의심할 여지없이 이 게송의 의미는 다음을 주장하는 데 있다: 진정한 고행자는 없고 오직 '위선자'만 있다.

36 1979년 출판본에는 다르게 번역했지만, 게송의 전반부는 아마 다음과 같은 방식으로 이해해야 한다: "분노의 불길

།ཆོས་ཀྱི་བདག་ཉིད་ཇི་ལྟར་དོན་མིན་འདི་ནི་ཁྱེད་ཅག་གི།[37]

།བདག་གི་སྙད་དུ་[38]དགོད་པའི་དངོས་པོ་སྲིད་པར་འགྱུར་བ་ཡིན། ༡༧ །

།དེ་བས་ན་བདག་ཅག་གི་ཆུའི་རྟེན་གྱི་གནས་འདི་ནས་འགྲོ་བར་གྱིས་ཤིག་ཅེས་ཟེར་རོ། །ཆུའི་སྦྲུལ་དེ་ཡང་དེ་ལྟར་རྒྱུ་མེད་པར་ངག་རྩུབ་པར་སྨྲ་བ་མཐོང་ནས་དར་དར་ནི་རང་བཞིན་གྱིས་རྣམ་པར་དག་པའི་བློ་བདག་ཉིད་ནང་དུ་སྨྲས་པ།

།དམ་པ་རྣམས་ཀྱི་ཚིག་ནི་ཚིག་གི་དགྲ་སྟས་འཇིག་པར་བྱེད་ཅིང་ཤུགས་དང་ལྡན་པ་ནི།

།རིང་པོ་ནས་མཐོང་འཇིགས་དང་བཅས་འདྲར་དམ་པ་རྣམས་ཀྱི་གཉེན་འདུན་ཡོན་ཏན་རྣམས་ཀྱི་ངོར།

།དེ་ལྟར་གཅེར་བུ་བཞིན་དུ་མཐོང་ནས་འདུལ་བ་ཉམས་པས་དམ་པ་མིན་པའི་སྐྱེ་བོ་ནི།

།དམ་པའི་སེམས་ཀྱི་ཁྱིམ་བདག་མོ་ནི་ངོ་མི་ཚ་ཡང་ངོ་ཚ་དང་ལྡན་གནས་པར་བསམ། ༡༨ །[39]

།དེ་ནས་སྦྲུལ་ཆེན་པོ་དེའི་སྐྱེ་བོ་ངན་པའི་དངོས་པོའི་གཞུ་ལས་དྲངས་པའི་ཚིག་རྩུབ་མོའི་མདའ་རྣམས་བཟོད་པར་མི་ནུས་ཤིང་ཉེ་བའི་དར་དར་ཁྲོས་པས་ཀུན་ནས་བསྐྱེད་བཞིན་པའི་ཡིད་སོའི་རྩེ་མོ་རྣམས་ཀྱིས་མ་མཆུ་འཛིན་ཅིང་[40]དར་དར་ལ་སྨྲས་པ། སྤུན་ཟླ་ལགས་སྦྲུལ་ཆེན་པོ་འདིའི་བརླས་པ་འདི་ཅིའི་ཕྱིར་བཟོད་པར་བགྱི། །གང་གི་ཕྱིར་འདི་ནི་རྒྱུ་མེད་པར་ཉིམ་རེ་རེ་ཞིང་བདག་ཅག་ལ་དེ་ལྟར་ལྷག་པར་རྒོལ་བར་བྱེད། །འདིའི་ཆུའི་རྟེན་འདི་ཉོས་པ་འདི་མ་ཡིན་ཏེ།[41] དེ་བས་ན་མང་པོ་མངོན་པར་བརྗོད་པས་ཅི་ཞིག་

이 [분명히] 있고 삶(생명, skt. gati)의 고통의 원인인 너희 둘에게는, 인내를 지닌 생명들은 믿음을 주지 않을 것이다(너희들을 믿지 않을 것이다).”

37 ཁྱེད་ཅག་གི་는 예외적으로 [앞이 아닌] 뒤에 놓인 소유를 나타내는 소유격이다.

38 བདག་གི་སྙད་དུ་ “나에게는, 내 생각에는” (Terminativus ethicus!)

39 이 “뒤죽박죽인” 게송 구문은 유려한 산스크리트 구문을 표시한 것이다. 즉, 티벳어 번역에서 어떤 결과물이 나올지 고려하지 않고, [산스크리트] 원본의 단어배치를 그대로 보존하고 있다; 오직 내적인 논리를 통해서 개별 문장성분을 배열할 수 있다: 아래에 게송의 문장성분을 배열하여 번역한 것을 참조하시오: “격렬하고(ཤུགས་དང་ལྡན་པ་ནི,첫 번째 줄), [다른 사람들을] 말이라는 도끼를 가지고 베는 [데 몰두하고](ཚིག་གི་དགྲ་སྟས་འཇིག་པར་བྱེད་ཅིང་, 첫 번째 줄), 고귀한 자들의 말(དམ་པ་རྣམས་ཀྱི་ཚིག་ནི་, 첫 번째 줄)을 [오직] 멀리 떨어져서 듣는(རིང་པོ་ནས་མཐོང་, 두 번째 줄), [그] 범부(དམ་པ་མིན་པའི་སྐྱེ་བོ་ནི, 세 번째 줄)는 고귀한 자들을 따라다니는 것들인 공덕(미덕)들 앞에 [서면,] 두려움을 가진 자와 같이 [된다.](འཇིགས་དང་བཅས་འདྲར་དམ་པ་རྣམས་ཀྱི་གཉེན་འདུན་ཡོན་ཏན་རྣམས་ཀྱི་ངོར་, 두 번째 줄); 그렇게 계율을 어긴 [그를] 벌거벗은 자처럼 보면서(དེ་ལྟར་གཅེར་བུ་བཞིན་དུ་མཐོང་ནས་འདུལ་་བ་ཉམས་པས་, 세 번째 줄), ‘고귀한 마음의 여자집주인’(고귀한 마음을 인격화한 것)은 눈에 띄게 부끄러워한다(དམ་པའི་སེམས་ཀྱི་ཁྱིམ་བདག་མོ་ནི་ … ངོ་ཚ་དང་ལྡན་གནས་པར་བསམ་ , 네 번째 줄). 부끄러워할 이유가 없음에도 말이다(ངོ་མི་ཚ་ཡང་, 네 번째 줄).”

40 ཁྲོས་པས་부터 འཛིན་ཅིང་까지는 주어 ཉེ་བར་དར་དར 의 한정사이다. 번역은 다음과 같다: “… 분노를 가지고 일어난 생각때문에 송곳니로써 아랫입술을 깨물고.”

41 འདིའི་ … མ་ཡིན་ཏེ། 문장구조가 완전히 분명하지 않다; 세번재 འདི་는 해결하지 못했다. “이 [뱀들]의 이 호수를 [그가?] 사지 않았고, 빌리지 않았다!” 지시대명사 중 하나에서 도구격 어미가 탈락되었을 가능성이 있다.

དགོས།

།ཐོག་མར་གཡོ་སྒྱུ་ལྡན་པ་འདི་ནི[42]སྐད་ཅིག་གི་ཚིག་སྟེ།

།ཚོས་དང་འབྲེལ་བའི་ལམ་ཉམས་རྒྱུ་མཚན་མེད་པར་དཀྲར་འཛིན་པ།

།གློག་གི་རྒྱས་པ་ལྟར་ནི་སེར་སྐྱའི་དུག་གི་མེ་ཡིས་ནི།

།སྦྲུལ་ཆེན་ཚོགས་རྣམས་ཀུན་ནས་འཁོ་བར་གདུལ་དུ་བཏང་བར་བགྱི། ༡༩ །[43]

།བྱང་ཆུབ་སེམས་དཔས་སྨྲས་པ། སྡུག་ བསྔལ་དང་ལྡན་པ་འདིའི་སྟེང་དུ་སེམས་ལ་སྨོད་པ་ཚོག་ཅིང་ཚོག་གོ།[44] །འདི་ནི་བཟོད་པ་ཁོ་ན་མཛེས་པ་སྟེ་ཅིའི་ཕྱིར་ཞེ་ན།

།སྟོབས་དང་སྟོབས་ཆུང་ལ་བཟོད་པ།

།སྡིག་བཅས་ལ་ཡང་གང་ཞིག་བྱེད།

།དོན་དམ་བཟོད་ཅན་དམ་རྣམས་ཀྱིས།

།དེ་ནི་འགྲོ་བར་མངོན་པར་བརྗོད། ༢༠ །[45]

།དོན་མེད་ཁྲོ་བའི་མི་སྨྲར་བ།

།རྩུབ་པའི་ཡི་གེ་སྨྲ་བ་ནི།

།སྨན་ནི་ཙུང་ཟད་ལན་མིན་ལས།

།སྐྱེ་ངན་ལས[46]གཞན་ཡོད་མིན་ཏེ། ༢༡ །

།དེ་བས་རྩུབ་པའི་ཚིག་སྨྲོས་ཤིང་།[47]

42 ཐོག་མར་གཡོ་སྒྱུ་ལྡན་པ་འདི་ནི་는 ཐོག་མ་ནས་ …로 해석하는 것이 좋을 듯하다. “처음부터 이 교활한 것은…”

43 게송 후반부는 다음과 같이 번역하시오: “큰 뱀무리들은 마치 번개다발처럼[축자적으로는 “번개의 증식”] 노란빛을 띤 하얀 독 불길로써 널리 제압되어야 한다.”

44 སྨོད་པ་ཚོག་ཅིང་ཚོག་གོ་ “필요 이상으로 비난받았다!” (skt. *alam alam*) – 문장을 의역하면 다음과 같다: “하지만 이 불운과 관련해서 이제 정말 충분히 비난받았다.”

45 게송 후반부는 다음을 보충하여 번역하시오. “… 그것에 대해 고귀한 자들은 말한다. ‘[오직] 그가 진정한 관용과 함께 나타난다.’” 특히 འགྲོ་བར་는 또한 “세상에서”라고 번역해도 좋을 것이다: “그것에 대해서 고귀한 자들은 말한다. ‘(오직) 세상에서 그가 진정한 관용과 함께 나타난다.” 이것은 가능한 한 앞에 배치해야 한다.

46 비교의 탈격. 12.3.f를 참조하시오.

47 동사형태 སྨྲོས་는 སྨྲས་ 혹은 སྨོས་가 변형된 것으로 보인다. 마찬가지로 ཤིག་는 ཤིང་이 변형된 것으로 보인다. 아니면 반어법을 염두에 둔 명령형으로 이해해야 한다. “그러므로 [너는] 그저 근거없는 상스러운 말만 해라! 또한 고귀하지 않은 자들을 현혹시키는 지혜를 지는 이 [뱀은] 모욕[을 줌]으로써 제압당했다.”

།རྒྱ་མཚན་མེད་པར་འདི་ཡང་ནི།

།མི་སླའི་ངོ་བོས་རྒྱལ་བྱས་ཏེ།

།དམ་མིན་སྐྱེ་བོ་རྨོངས་པའི་བློ། ༢༢ །

།དོན་མེད་སྡིག་པ་སོག་བྱེད་པ།

།བདག་ལ་སྨོད་ཅིང་སྐྱེ་བོ་ངན།

།དེ་ཕྱིར་དེ་ལ་བརྩེ་བ་ཉིད།

།མཁས་པས་བྱ་བར་འོས་པ་ཡིན། ༢༣ །

།དེ་བས་འདི་འདྲའི་བློ་ནི་ཉེ་བར་བརྩམས་མཛོད་ཅིག།

།གཞན་ནི་ཉེ་བར་གསོད་ཕྱིར་འདི་ནི་[ཉེ་བར་][48]ཀུན་ལངས་པ།

།འདུལ་བ་མིན་པར་དགྲ་སྟས་[49]བདག་ཉིད་ཟད་པ་ལ།

།ཐོས་པ་ཆེ་བ་རྣམས་ལ་སྙིང་རྗེ་ཉིད་ནི་མཛེས། ༢༤ །

།དེ་ནས་ཉེ་བའི་དར་ད་རས་གུས་པ་དང་བཅས་པས་བཏུད་ནས་བྱང་ཆུབ་སེམས་དཔའ་ལ་ཕན་པ་ཉེ་བར་སྟོན་པ་ཆེན་པོ་རྣམས་ཀྱི་ཚིག་རྣམས་ནི་འདའ་བར་བྱ་བ་མ་ཡིན་ནོ་ཞེས་བྱ་བ་བརྗོད་ཅིང་བཟོད་པའི་ཆུའི་དབང་བསྒྱུར་བས་རང་གི་ཁྲོ་བའི་མེ་རྣམ་པར་ཞི་བྱས་ཏེ།

།སྐྱེ་བཟང་རྣམས་ཀྱིས་གནས་པ་ཆེན་པོ་བྱས་པ་ནི།

།ས་གསུམ་འདུལ་བ་མིན་པ་སོ་སོར་འགོག་བྱེད་པ།

།ཡོན་ཏན་ངེས་འབྲེལ་ཡིད་ནི་ངོ་ཚ་དང་ལྡན་པ།

།དགེ་བ་ཉིད་ལ་སྐྱེ་བོ་སོ་སོར་བསྐྱུང་བར་བྱ། ༢༥ །

།སྤྲུལ་ཆེན་པོ་དེ་ཡང་དེའི་བཟོད་པ་ཀུན་ནས་འདྲིས་པས་དུལ་བའི་ཡི་གེ་[50]བྱང་ཆུབ་སེམས་དཔའི་ཚིག་ལ་མཉན་ན་སླར་འགྱོད་པ་དང་ལྡན་པས་རྒྱ་མཚན་མེད་པར་སྡང་བ་དང་ངེས་པར་འབྲེལ་པ་བདག་ལ་ཉེ་མ་རེ་རེ་བཞིན་དུ་ཤིན་ཏུ་རྟུབ་པའི་ཚིག་མངོན་པར་བརྗོད་པ་ལ་བདག་ཉིད་ཆེན་པོ་འདི་ཞུང་བ་ཡང་སེམས་ལ་རྟུབ་པ་མ་ཡིན་པ་ཞེས་བྱ་བ་དེ་བས་ནི། ཨེ་མའོ་ངོ་མཚར་ཆེན་པོ་ཞེས་བྱ་བ་རྣམ་པར་བསམས་ནས། བླ་མ་དང་འདྲ་བར་སོ་སོར་བལྟ་བར་བྱ་བའི་བྱང་ཆུབ་སེམས་དཔའི་དྲུང་དུ་ཉེ་བར་འོངས་ནས། བཟོད་

48 이것은 산스크리트 접두어가 추가적으로 재현된 것이다. 운율을 위해서 생략되어야 한다.

49 དགྲ་སྟས་은 도구, 수단을 나타내는 소유격으로서(8.2.b 참조), ཉེ་བར་གསོད་ཕྱིར་ 다음에 배치되어야 한다.

50 འདུལ་བའི་ཡི་གེ་ "교육적인(계율이 담긴) 말들로 [구성되어]," 보살의 언설을 가리킨다.

པར་གསོལ་ཞིང་ཐམ་པ་མང་པོའི་གཏམ་འདི་ལྟར་སྨྲ་བར་གྱུར་ཏོ།

།ཡང་དང་ཡང་དུ་ཛན་ཅན་འདི་ནི་བདག་གིས་བྱས།

།ཁྱེད་ཀྱི་ཡིད་ནི་འགྱུར་བ་དང་ལྡན་མ་མཛད་དེ།

།ཁྱེད་ནི་ངེས་པར་གདེངས་ཅན་རྣམས་ནི་འདུལ་བའི་ཕྱིར།

།ཐུབ་པ་ཆེན་པོས་ཀྱང་ནི་ལྟོ་འཕྱེ་ཉིད་ནི་མཛད། ༢༦ །

།སྤྲུལ་ཉིད་འཛིགས་པར་བྱེད་པ་འདི་ནི་གང་དུ་སྟེ།

།ཤིན་ཏུ་ཞི་བ་དང་ལྡན་ཡིད་ནི་གང་དུ་ཡང་།[51]

།བསྐོར་བར་བྱས་ནས་སྣང་བ་ཉིད་ནི་སྤངས་བྱས་ཏེ།

།འདབ་ཆགས་རྒྱལ་པོ་ཡང་ནི་ཁྱེད་ལ་མཆོད་པར་བྱེད། ༢༧ །

།དེ་ལྟར་སྤྲུལ་ཆེན་པོ་དེ་རྩུབ་པའི་ཚིག་རྣམ་པར་ཟློག་སྟེ། བྱང་ཆུབ་སེམས་དཔའི་འདུལ་བའི་རྗེས་སུ་འཇུག་པས་རང་གི་གནས་སུ་འོངས་ཏེ་རང་བཞིན་བཟང་པོ་བཟུང་བར་གྱུར་ཏོ། །དེ་ལྟར་བཅོམ་ལྡན་འདས་དེས་བྱང་ཆུབ་ཀྱི་སྤྱོད་པ་ལ་གནས་ནས། །ལྟོ་འཕྱེའི་སྐྱེ་གནས་སུ་གནས་ཀྱང་།བཟོད་པ་གོམས་པས་དྲག་པོའི་ཡིད་ཅན་རྣམས་ཀྱང་བཟང་པོ་ཉིད་དུ་ཉེ་བར་ཁྱེར་བ་ཞེས་བྱ་བ་རྣམ་པར་ངེས་ནས་བཟོད་པ་ལ་ཡོངས་སུ་འདྲིས་པར་བྱའོ། །དར་ད་རའི་སྐྱེས་པའི་རབས་ཏེ་སྐྱེས་པའི་རབས་དང་པོའོ།།[52]

51 གང་དུ་སྟེ། … གང་དུ་ཡང་། "…와 … 사이에 무슨 차이가 있겠는가!" skt. *kva* … *kva*… 단어집을 참조하시오.

52 다르다라 자따까는 하리바따 자따까말라 제3권의 첫 번째 자따까이다. 자따까말라 전체에서는 21번째 자따까이다.

강독자료 IV

하리바따(Haribhaṭṭa) 자따까말라(Jātakamālā)의 우다야 자따까(Udaya–Jātaka)

།བདེ་བའི་ཆ་ཡིས་ཀུན་རྟོག་རྨོངས་སེམས་ཀྱི།

།སེམས་[1]ནི་ཤིན་ཏུ་བཅིངས་པའི་རྩ་བ་ཅན།[2]

།དམ་པ་རྣམས་ནི་ཆགས་བྲལ་གཏམ་གྱི་རྒྱུས།

།ཆགས་པའི་མེ་ནི་ཞི་བར་མཛད་པ་ཡིན། ༡ །

།འདི་ལྟར་རྗེས་སུ་ཐོས་ཏེ།

ཡོ་བྱད་ཡོངས་སུ་རྫོགས་པས་རབ་ཏུ་དགའ་བའི་སྐྱེ་བོ་རྣམས་ཀྱིས་དགའ་བར་གྱུར་པ་རྣམ་པ་སྣ་ཚོགས་པའི་སྐྱིད་མོས་ཚལ་རྣམས་ཀྱིས་མཐའ་ཀུན་ནས་ཁྱབ་པའི་འཇོག་པོའི་བྲག་[3]ཅེས་བྱ་བའི་རྒྱལ་པོའི་ཁབ་ན། བསྟན་བཅོས་དུ་མ་རྣམས་ལ་ཀུན་ནས་འདྲིས་པས་རྣམ་པར་དག་པའི་བློ།[4] དམ་པ་མ་ཡིན་པའི་སྐྱེ་བོ་དང་འབྲེལ་པ་ལ་རྒྱབ་ཏུ་ཕྱོགས་པ། སྐྱེ་བོ་བཟང་པོ་དང་འབྲེལ་པ་ལ་མངོན་པར་དགའ་བ། དུལ་བ་དང་ངེས་པ་དང་བཟོད་པས་རྣམ་པར་བརྒྱན་པ། འཇིག་རྟེན་ཐམས་ཅད་ཀྱི་གཉེན་དང་འདྲ་བའི་དེད་དཔོན་ལེགས་འགྲོ་ཞེས་བྱ་བའི་བྱང་ཆུབ་སེམས་དཔའ་བྱུང་བར་གྱུར་ཏེ།

།སྨུན་པ་འཇོམས་བྱེད་བློ་ཡིས་ནི།

---

1 སེམས་ཀྱི་སེམས་에 대해서는 단어집을 참조하시오.

2 བདེ་བའི་ཆ་ཡིས་ … ཤིན་ཏུ་བཅིངས་པ་ Zirkumposition! "분별에 의해 미혹되기 [쉬운] 마음의 상태가 행복하게 되고 매우 안정되는 토대를 가진 [고귀한 사람들]." 해석이 매우 까다롭다.

3 འཇོག་པོའི་བྲག་ (= *Takṣaśilā*)의 어원에 대해서는 단어집 참조.

4 བློ་를 བློ་དང་ལྡན་པ་와 같이 번역하시오; 14.8 참조.

།དེས་ནི་མཚན་རྣམས་བྱས་པར་གྱུར།5

།འོད་ཀྱིས་སྐྱེ་བོ་ལ་བདེ་བ།

།ཆ་དང་བཅས་པའི་ཟླ་བ་ལྟར། ༢ །6

།འགྲོ་ལ་མི་ཕན་སེལ་བ་ལ་ནི་གཅིག་ཏུ་མཁས།

།མདུན་ས་མདུན་ས་ལ་ནི་སྣང་བར་གྱུར་པའི་བློ།7

།གྲོགས་པོ་ལྟར་ནི་ཡོན་ཏན་རྣམས་ཀྱིས་དེ་ཕྱུད་པ།

།བྱེས་ནས་འབྲས་བུ་མ་ལུས་ཅན་ནི་ཀུན་ནས་འོངས། ༣ །

།དེ་ནས་དུས་གཅིག་གི་ཚེ་ན་བདག་ཉིད་ཆེན་པོ་དེ་ཤཱ་ནྡ་ཊ་སྣིར་ལྟའི་བུ་མོའི་གཟུགས་དང་མཉམ་པའི་བཟང་མོ་ཞེས་བྱ་བ་རིས་མའི་གཙོ་མོ་ཐོས་པར་གྱུར་ཏོ། །གང་གིས་8གཟུགས་མཛེས་ཤིང་རྣམ་པར་སྨྲིག་པའི་ཞགས་པ་རྣམས་ཀྱིས་བཀུག་སྟེ། དེད་དཔོན་མང་པོ་རྣམས་བདག་གི(ར)་བྱས་ཏེ།9 དེ་ནས་དེའི་གཟུགས་བཟང་བའི་ང་རྒྱལ་བསལ་བའི་དོན་དུ་10དེ་དང་འབྲེལ་པ་ཅན་རྣམས་ལ་ཡང་དུལ་བའི་ཕྱིར་གྲོགས་མང་པོ་འཛིན་པས་11ལེགས་འགྲོ་བཱ་ནྡ་ཊ་སྣིར་ཀུན་ནས་སོང་བར་གྱུར་ཏོ། །ལེགས་འགྲོ་འོངས་པ་ཐོས་ནས་ཀྱང་རིས་མའི་གཙོ་མོ་དེ་ལ་སྐྱོན་ཅན་རྣམས་ཀྱིས་རབ་ཏུ་སྨྲས་པར་གྱུར་པ།

།ཁྱོད་ཀྱི་སྐལ་བཟང་ཕུན་སུམ་ཚོགས་པ་འདི། 12

5 여기서 མཚན་རྣམས་는 운율상의 이유로 མཚན་རྣམས་སུ་ 대신 사용되었다; 이 시간적 규정은 네 번째 줄에 속한다. 또한 བྱས་པར་གྱུར་가 세 번째 줄의 བདེ་བ་ 뒤에 있는 것처럼 번역을 하시오.

6 이 매우 "중의적인 의미(*śleṣa*)"를 지닌 게송은 산스크리트 원본에 세 중의적인 표현을 포함하고 있다.
a) མུན་པ་འཇོམས་བྱེད་, skt. 대략 *tamonud*, "어둠을 몰아내는" 또는 "미혹(정신적인 어둠)을 몰아내는";
b) མཚན་རྣམས་, skt. 대략 *pradoṣa*, "밤" 또는 "죄를 지은, 괴로운 상황";
c) ཆ་དང་བཅས་པ་, skt. *kalāvant*, "작은 원판으로 구성된(달을 가리킴)" 또는 "숙련된 기술에 정통한(보살을 가리킴)"
이런 중의성이 티벳어 판본에는 더 이상 보존되어 있지 않다. 이 게송의 완전한 번역은 다음과 같다: "미혹을 몰아내는 그의 이해를 가지고 숙련된 기술에 정통한 자는, 작은 원판으로 구성된 달이 어둠을 없애는 빛을 가지고 밤에 사람들을 기쁘게 하듯이, 괴로운 상황에 놓인 사람들을 기쁘게 한다."

7 여기서도 བློ་는 བློ་དང་ལྡན་པ་로 해석해야 한다. མདུན་ས་의 반복에 대해서는 17.10을 참조.

8 གང་གིས་는 이어지는 문장의 དེའི་에 대응하는 관계사이다.

9 더 간단한 구조인 …བྱས་པ་ 대신에 티벳어답지 않은 관계절 구조 …བྱས་ཏེ། དེ་ནས་དེའི་ …가 된 것은 아마도 산스크리트 구문 때문일 것이다.

10 དོན་དུ་ 이 종지형 구조는 티벳어 구문에 대응시켜서 ཕྱིར་로 종결되는 종지형 구조에 종속시켜야 한다.

11 གྲོགས་མང་པོ་འཛིན་པས་는 양태를 나타내는 도구격이다(8.2.d 참조).

12 4d(4번 게송 네 번째 줄)의 འཁོར་བས་와 유사하게 여기에서는 도구격 འདིས་일 것이라고 추정한다.

།ནོར་སྦྱིན་ལྟ་བུ་མཛེས་པ་མོ་[13]ལེགས་འགྲོ།

།ཙཱུ་ཏའི་སྲོག་ཤིང་[14]ལས་ནི་བྱུང་བ་ལྟར།

།མེ་ཏོག་འབྱོར་པས་དེ་རིང་ཀུན་ནས་བཀུག། ༩ །

།དེ་བས་མཁས་ཤིང་ཚིག་གིས་གསལ་བ་ནི།

།ཡིད་འོབ[ས]་སྤྲོས་དང་དྲི་སོགས་རབ་འཛིན་པ།

།ཁྱོད་ཀྱིས་དེར་ནི་རབ་ཏུ་གཏོང་མཛོད་ཅིག།

།ཕོ་ཉ་མོ་ནི་སུ་ཞིག་ལེགས་འགྲོ་ལ། ༥ །[15]

།དཔལ་ལྡན་བསྟོད་པ་གསལ་བ་སྙིག་རྣམས་ཀྱིས། [16]

།དེ་ལ་[17]སྤྱོད་ཡུལ་དུ་ནི་འོངས་བྱས་ནས།

།སྙིང་པོ་བཟུང་ནས་ཕྱིས་ནི་དོར་འགྱུར་ཏེ།[18]

།སྨིན་པའི་ཨ་མྲའི་འབྲས་བུའི་རྡུས་པ་ལྟར། ༦ །

།དེ་ལྟར་དགོད་དང་བཅས་པ་མཉན་ནས་ནི།

།སྒྲིན་ཅན་གྱི་ཚིག་ནོར་འདོད་བཟང་མོ་ཡིས།

།བརྟན་པ་དེ་ལ་ཉེ་བར་འོངས་པའི་ཕྱིར།

།ཚིག་ལ་མཁས་པ་ཕོ་ཉ་མོ་ནི་བཏང་། ༧ །

།མེ་ཏོག་དེ་རྣམས་ཡིད་ནི་འཕྲོག་པར་བྱེད་པ་བླངས་ནས་ནི།

།ཏམ་བོ་ལ་དང་ཟླ་བའི་འོད་ཟེར་ལྟར་དཀར་ཙན་དན་ནི།[19]

---

13 མཛེས་པ་མོ་ 는 호격이 삽입된 것이다.

14 여기서 སྲོག་ཤིང་ 는 "도끼(skt. *akṣa*)"도 "몽둥이(skt. *yaṣṭi*)"도 아닌 좋은 의미를 산출한다. 따라서 여기서는 왜곡된(변형된) ལྗོན་ཤིང་ "나무"가 원래 티벳어 텍스트[의 단어]라고 추정해야 한다.

15 직접목적어와 간접목적어가 명백하게 술어를 뒤따른다. 티벳어 구문의 정확한 규칙에 반하는 이러한 위반은 하리바따(Haribhaṭṭa) 자따까말라(Jātakamālā)의 티벳어 번역에서 반복적으로 나온다.

16 དཔལ་ལྡན과 བསྟོད་པ་གསལ་བ་는 호격이다; སྙིག་རྣམས་ཀྱིས་ 는 양태를 나타내는 도구격이다.

17 དེ་ལ་는 간접목적어를 나타내는 처격이다. 11.5.e 참조.

18 후치된 비교를 보여주기 위한 반종지형 어미에 대해서는 15.3.g(5) 참조.

19 이 줄은 བླངས་ནས་에 대한 추가적인 목적어를 포함하고 있다.

།གནོད་སྦྱིན་ལྟར་སྤྱོད་རིམ་གྱིས་པོ་ཉ་མོ་ནི་མངོན་སྤོང་བ།[20]

།ལེགས་འགྲོ་འཇིག་རྟེན་པ་ཡི་ལྟད་མོ(ས)་རྣམ་པར་མ་ཉམས་པ། ༧ །

།ཉེ་བར་སྤྱོད་པ་དང་བཅས་པར་བྱང་ཆུབ་སེམས་དཔའ་ལ་ཡང་དག་པར་ཉེ་བར་འོངས་ཤིང་ཕྱག་བཙལ་བར་བྱས་ཏེ་སྨྲས་པ། སྐལ་བ་ཆེན་པོ་བཟང་མོ་ཞེས་བྱ་བའི་རིས་མའི་གཙོ་མོའི་བུ་མོ་རིས་མའི་གཙོ་མོ་ཐམས་ཅད་ཀྱི་དཔལ་འཕྲོག་པར་བྱེད་ཅིང་། སྐར་མ་རྣམས་ཀྱི་ནང་ན་རི་བོང་ཅན་གྱི་ཆ་ལྟར་ཁྱེད་འདི་ལ་གནས་པ་ལ་འདི་ལྟར་ཞུ་བར་བྱེད་དེ། ཇི་ལྟར་རང་གི་ཁྱིམ་འདི་དོར་ནས་ཅིའི་ཕྱིར་འཕགས་པའི་སྲས་གཞན་དུ་གནས་ཞེས་ཟེར་རོ། །ཨེ་མའོ་དཀའ་བ་ཉིད་ནི་འདི་ཡིན་ཏེ་དེ་བས་ན་འདིར་འོངས་པ་པོ་མོ་ཅག་ལ་རྗེས་སུ་གཟུང་བར་བྱེད་པར་ཁྱེད་ཀྱི་འོས་སོ་ཞེས་ཟེར་ཏེ།[21] བདག་ཅག་གི་བདག་མོ་གཟུགས་ཀྱི་ཡོན་ཏན་ཐོབ་པ་སྐལ་བ་ཆེན་པོ་ལ་ཤིན་ཏུ་ཕྲད་པར་འདོད་བཞིན་པས་གནས་པ་སྟེ།[22] ངེས་པར་ཁྱེད་ལ་དེ་རྣ་བའི་ལམ་དུ་འོང་བ་མ་ཡིན་ནམ།[23] གང་གི་ཕྱིར་གཞན་དུ་རོལ་པ་མཛད་ཅེས་ཟེར་རོ། །ལེགས་འགྲོས་སྨྲས་པ།

།ཆ་རྣམས་མ་ལུས་པ་ལ་མཁས་པ་སྲུ་ཞིག་དེ་མི་ཤེས།

།སེམས་ཀྱི་སར་འགྲོ་ལ་ནི་གཟུགས་དང་ལྡན་པ་འདྲ་བའི་སྟུགས།[24]

།ཟེའུ་འབྲུ་འབྱུང་བའི་ཀུ་མུ་ཏ་རྣམས་རྣམ་པར་ཕྱེ་བྱེད་ཅིང་།

།ཟླ་ཚེས་གསལ་བར་ཉེ་བར་འགྲོ་བ་མར་མེ་རྣམས་ཀྱིས་མིན། ༨ །[25]

།བདག་གི་ཝཱ་ཏཱ་ཊ་སྙིར་འོངས་པ་ལ་དགོས་པ་གཞན་ཡོད་པ་མ་ཡིན་ཏེ་དེ་བས་ན་བདག་འོངས་པ་ཁོ་ན་སྟེ།[26] དེ་ལྟར་སྨྲ་ཞིང་པོ་

---

20 མངོན[པར]སྤོང་བ་는 원래 "포기하다, 버리다(skt. *abhi-tyaj*)"라는 의미를 지니고, 따라서 ལེགས་འགྲོ་ 또는 뒤따르는 산문 자료에 이어지는 བྱང་ཆུབ་སེམས་དཔའ་와 관련될 수 있다; 8번 게송이 계사를 통해 종결되는 것이 아니라 이어지는 산문과 계속 연결된다면, མངོན་སྤོང་བ་가 མངོན་ཡོང་བ་의 변형이라고 보고("… ~에 가까워 지다") 그것을 통해 게송을 종결하는 것도 가능하다. 하지만 그 외에는 동사 ཡོང་བ་가 하리바따(Haribhaṭṭa) 자따까말라(*Jātakamālā*)의 티벳어 번역에서는 거의 사용되지 않는다.

21 …བྱད་པར་는 འོས་སོ에 종속된다.

22 འདོད་བཞིན་པས་는 양태를 나타내는 도구격이다.

23 གང་གི་ཕྱིར་는 선행하는 종속문에 대해서 원인("너희들은 다른 곳에서 즐거움에 몰두하기 때문에")으로 연결될 수도 있고 결과("그래서 너희들은 다른 곳에서 즐거움에 몰두한다")로도 연결될 수도 있다.

24 སེམས་ཀྱི་སར་འགྲོ་ "사랑 속에서 살다"; སེམས་ཀྱི་ས་ 는 skt. *manobhū*("육체적 사랑; 사랑의 신")를 티벳어로 재현한 것이다. སྟུགས་ 는 여기서 བསྟུགས་ 처럼 번역해야 한다. 문장의 배열에 따르면 ཆ་རྣམས་མ་ལུས་པ་ལ་མཁས་པ་ 는 སྲུ་ཞིག་에 대한 한정사가 아니라 དེ་에 대한 한정사로 간주되어야 한다. 게송의 두 번째 줄은 이것과 연결되어 있으며, 아마도 산스크리트 판본의 Bahuvrīhi 복합어를 재현했을 것이다.

25 མར་མེ་རྣམས་ཀྱིས་མིན། 이 마지막 문장성분은 너무 간결하게 서술되었다. 게송의 후반부를 다음과 같이 번역하시오: "꽃실(수술대)가 받치고 있는 수련(night lily)들은 열린다(개화한다). 초승달이 밝게 다가왔을 때; 등불에 의해서가 아니라…"

ཞ་མོ་དེས་ཆུ་བོའི་ཆུ་ཚོགས་ཀྱིས་རབ་ཏུ་རྒྱས་པ་ལྟར་འགྲམ་གྱི་ཤིང་འགུགས་བཞིན་པ་རིམ་གྱི་གཡོག་མོ་རྣམས་ཀྱིས་ཀུན་ནས་བསྟེན་བཞིན་པའི་གོས་དཀར་པོ་དང་ལྡན་པ་དང་།[27] རི་མོ་བྲིས་པས་དགའ་བར་གྱུར་པའི་ཁྱིམ་གྱི་རྩིག་པ་ཅན་དང་། བཏགས་པར་གྱུར་པ་ཁ་དོག་ཅན་གྱི་དྲིས་ནི་དྲི་ཞིམ་བྱས་པ་དང་། མ་ལླི་ཀ་སར་པའི་མེ་ཏོག་གི་ཕྲེང་བས་བརྒྱན་པའི་རས་ལ་རི་མོ་བྲིས་པའི་ཆུ་སྲིན་གྱི་རྒྱལ་མཚན་དང་ལྡན་པ་དང་། བཞད་གད་ཅན་གྱི་སྐྱེ་བོ་དུ་མ་དང་ཐུན་མོང་བ་དང་།[28] རེས་མའི་གཙོ་མོའི་མ་རྣམས་ཀྱིས་འདོད་པ་ཅན་ཁྲོ་བ་བཟློག་པར་གྱུར་པ་དང་། ཤིན་ཏུ་མང་བའི་ཡུལ་ལ་གནས་པའི་སྐྱེ་བོ་རྣམས་ཀྱི[ས] དེར་འཁྲུག་པ་ལ་མཁས་པ་དང་། དུལ་བ་མ་ཡིན་པ་དང་ཡང་བ་ཉིད་ཀྱི་རྒྱུ་བཟང་མོའི་ཁྱིམ་དུ་རྗེས་སུ་ཞུགས་པར་གྱུར་ཏེ།[29]

།དེ་ནས་རེས་མའི་གཙོ་མོ་ལེགས་འགྲོ་མཐོང་ནས་ནི།
།ལངས་ཏེ་ཡིད་འོང་དགོད་པས་འདར་བའི་(མ)ཆུ་ལྡན་མ།[30]
།སྒྲེག་དང་བཅས་པས་རྐང་པར་ལག་པ་བཞག་ནས་ནི།
།གསལ་བར་བྱས་པའི་མིག་གི་མཐའ་ལྡན་འདུད་པར་གྱུར། ༡༠ །
།འདུད་ཅིང་རྒྱས་པའི་མིག་ལྡན་འདི་ཡང་སྨྲས་པ་སྟེ།
།གོས་ཀྱིས་ཕྱོགས་གཅིག་ལ་ནི་རྣམ་པར་སྒྲེག་བྱེད་ཅིང་།
།སྒྲེག་དང་བཅས་པར་ཆུ་སྐྱེས་ལྟར་ནི་དཀར་དམར་བའི།
།རྐང་པ་ཚུང་ཟད་ཙམ་ནི་ས་ལ་མནན་བྱེད་ཅིང་། ༡༡ །[31]
།ཁྱད་པར་དུ་ནི་བསམ་པའི་མུན་པས་བསྒྲིབས་པའི་བདག།

---

26 직접화법을 반종지형 어미로 종결시킨 것이 눈에 띈다.

27 이 문장 성분에서 두 번 등장하는 형용사 བཞིན་པ་ 또는 བཞིན་པའི་는 지속을 나타내는 기능을 한다. 즉, 선행하는 동사의 진행형을 만든다. 16.7 참조: 바드라(Bhadrā)의 집은 "하얀 옷을 갖추고, 강의 풍부한 물 덕분에 번영하였고, 기울어져 있고 하인들에 의해 둘러싸여 있는 강가의 나무들…" 이어지는 모든 한정사들은 주문장의 목적어 བཟང་མོའི་ཁྱིམ་에 연결된다. 이 단어는 문단의 끝에 있다.

28 བཞད་གད་ཅན་ 는 일반적으로 skt. *vidūṣaka*("익살꾼, 광대")를 재현하는 데 사용된다; 하지만 여기서는 skt. viṭa("방탕아, 호색가")에 대응된다. - དང་ཐུན་མོང་བ་དང་ "~와 협동(결탁)하여"

29 ཀྱི་는 བཟང་མོ་ཁྱིམ་에 선행하는 동격이다.

30 본 서 제5판 248 쪽에 진술한 것과 달리, 이 단락에서는 མཆུ "…매력적인 미소를 가진 떨리는 입술에서"라고 독해해야 한다. 이것이 ཆུ "…매력적인 미소를 가지고 그녀는 물결치는 물에 대해서"라고 읽는 방식보다 더 정확하고 장면에 더 잘 맞는 의미를 산출한다.

31 b-d(두 번째 줄부터 네 번째 줄까지)는 단지 སྨྲས་པ་སྟེ་로 끝나는 주문장에 대한 양태적 한정일 뿐이다. 이것 역시 명백히 산스크리트 구문을 표현한 것이다.

།གསལ་བའི་གཏམ་གྱི(ས)་མཚན་མོ[32]མངོན་པར་འདོད་བྱེད་པའི།
།ཕྲད་པར་འདོད་པའི་སྐྱེ་བོ་འདི་ནི་ཞི་བའི་ཕྱིར།
།ཟླ་བ་འདི་ནི་གང་ནས་མ་དཔྱད་ཀུན་ནས་ལངས། ༡༢ །
།ད་ནི་བདག་གི་བུད་མེད་ཡོན་ཏན་བདག་གིས་ཞེས།
།དགེ་བ་ལ་བརྟེན་འབྲས་བུ་འགྲོ་ལ་མ་ཉམས་པ།[33]
།གང་ཕྱིར་བདག་གི་ཁྱིམ་འདི་ཡུན་རིང་[34]ཁྱོད་ཀྱིས་ནི།
།མཆོག་གི་བུད་མེད་[35]སེམས་ནི་འཛེམས་པས་བརྒྱན་པར་བྱས། ༡༣ །
།དྲི་མེད་འོད་ཟེར་ཅན་མཛེས་[36]ཁྱོད་ཀྱིས་ངོ་ཚ་བྱེད་པ་ལྟར།
།དེ་ལྟར་མཐོང་སྟེ་བདག་གི་ཡིད་ལ་རྣམ་རྟོག་ཀུན་ནས་འབྱུང་།
།གཅིག་པ་ཉིད་ཀྱིས་འགྲོ་བ་མངོན་པར་འདུ་བ་མི་ནུས་པས།
།ངེས་པར་ཡིད་སྐྱེས་མདའ་རྣམས་ཀྱིས་ནི་བདག་ཉིད་གཉིས་སུ་བྱས། ༡༤ །[37]

།དེ་ནས་བཞད་གད་ཅན་རྣམས་ཀྱིས་དེད་དཔོན་འདི་ཉ་དང་འདྲ་བར་གྱུར་པ་ཞེས་བྱ་བ་འདོད་པར་གྱུར་པ་རེས་མའི་གཙོ་མོ་ལ་འདི་སྐད་ཅེས་སྨྲས་པར་གྱུར་ཏེ།[38]

།མི་རྟག་ཡིད་འོང་མངོན་པར་འབྱུང་བས་ལྗོན་ཤིང་ལྟར།
།རང་གི་གཟི་བརྗིད་ཀྱིས་ནི་ནོར་བུའི་ཕུར་མ་ལྟར།
།ཉི་བར་གནས་པར་བྱེད་པའི་མཛེས་པ་འདི་ཡིས་ནི།

---

32 མཚན་མོ་ 는 མཚན་མོར་ 를 의미한다. 이 줄은 의도된 중의적 의미를 포함한다. 일반적으로 གཏམ་에 대응되는 단어는 skt. *kathā* "전달, 통지"이기는 하지만, 여기서는 གཏམ་ 가 원본에서 대략 중의적인 의미를 가진 skt. *pada*("단어"뿐만 아니라 "빛줄기"를 의미할 수 있다)라고 가정되기 때문이다.

33 འགྲོ་བ་ "세상에서." 이 줄은 ཁྱོད་와 연결되는 호격이다.

34 ཡུན་རིང་ "오랜 시간 동안"

35 མཆོག་གི་བུད་མེད་ "훌륭한 부인" (skt. *varā*); , skt. *vārā* "매춘부," tib. རེས་མའི་གཙོ་མོ་ 와 언어유희를 이룬다.

36 དྲི་མེད་འོད་ཟེར་ཅན་མཛེས་ "'때 묻지 않은 빛줄기처럼' 아름다운, 즉 달"; 여기서 ཅན་은 소유를 나타내는 조사가 아니라 비교를 나타내는 조사이다. 10.5 참조.

37 གཉིས་སུ་བྱས་ 는 skt. *dvidhā kṛ* "둘로 갈라지게 만들다; 관통하다, 쪼개다"에 상응한다.

38 དེད་དཔོན་부터 གྱུར་པ་ 까지의 구절은 끝에 도구격이나 소유격으로 종결된다고 예상해야 하며, རེས་མའི་གཙོ་མོ་ 와 관련된다.

།མཚན་མོ་ཟླ་བ་ལྟར་ནི་ཁྱོད་ནི་རྣམ་པར་མཛེས། ༡༥ །[39]

།དེ་ནས་ལེགས་འགྲོས་རེས་མའི་གཙོ་མོ་དེ་དང་ལྷན་ཅིག་ཏུ་དགའ་བ་ཉམས་སུ་མྱོང་བ་སྐྱེ་བོ་རངས་ཀྱི་དུས་ན་སྟོང་ཕྲག་བརྒྱའི་རིན་ཐང་མུ་ཏིག་གི་ཧར[40]བྱིན་པར་གྱུར་ཏོ། །གཉིས་པའི་ཞག་ལ་གསེར་གྱི་རྒྱན་ཆས་མངོན་པར་བརྒྱན་པར་གྱུར་ཏོ། །གསུམ་པའི་ཞག་ལ་དངུལ་གྱི་རང་བཞིན་རྒྱན་རྣམས་ཙང་བ[41]རབ་ཏུ་བྱིན་པར་གྱུར་ཏོ། །དེ་ནས་རེས་མའི་གཙོ་མོ་དེས་ཀུན་ནས་ཉེ་བར་འོངས་ཏེ་ཁྲོ་བ་དང་ལྡན་པ(ར)་རྒྱལ་པོ་ཚངས་པས་བྱིན་ལ་གཏམ་དེ་ཞུས་ཤིང་གསོལ་བར་གྱུར་པ།

།བདག་གིས་ཉེ་བར་སྤྱད་པ་བཅོས་མ་ཡིན།[42]
།ཉིམ་རེ་རེར་ལྷག་པར་བྱེད་འགྱུར་ཏེ།
།དེ་ལྟ་ན་ཡང་དེས་ནི་མི་ཤེས་སླར།[43]
།ལེགས་འགྲོ་མཉེས་གཤིན་མེད་ཡིད་ཅི་ཡི་ཕྱིར། ༡༦ །

།དེ་ནས་རྒྱལ་པོ་དེས་ལེགས་འགྲོ་ལ་བོས་ནས། །གདན་ཀུན་ནས་འཛིན་པར་བྱས་པའི་དེ[44]ལ་རེས་མའི་གཙོ་མོ་སླད་པ་དེ་བཤད་ཅིང་ཞུགས་སོ།[45] །རེས་མའི་གཙོ་མོས་གསོལ་པ། ལྷ་ལགས་མཉེས་གཤིན་པ་མེད་པའི་ཡིད་འདི་སྨོད་པར་བྱས་པས་ཅི་ཞིག་བྱ་སྟེ།

།ངོ་ཚ་བྲལ་བས)་སྐྱོན་མེད་པ་ཡི་སྐྱེ་བོ་ལ།
།གང་ཞིག་ཤིན་ཏུ་དྲང་བའི་ཕྱིར་ནི་དགའ་རྣམས་སྨྲ།
།དོན་མེད་ཀུན་ནས་ཉོན་མོངས་པས་ནི་ཁྱབ་པའི་ཡིད།
།དེས་ནི་ཆུ་མེད་པ་ལ་ཟམ་པ་འཛུགས་པར་བྱེད། ༡༧ །[46]

།རྒྱལ་པོས་སྨྲས་པ། དེད་དཔོན་ཆེན་པོ་འོ་ན་འདི་ལ་ལན་ཐོབ་[47]ཅིག་ཅེས་ཟེར་རོ། །ལེགས་འགྲོས་གསོལ་པ།

---

39 མཚན་མོ에 대해서는 7.6.c를 참조.

40 སྟོང་ཕྲག་བརྒྱའི་རིན་ཐང་མུ་ཏིག་གི་ཧར “백천[금화]의 가치를 지닌 진주목걸이”

41 རྒྱན་རྣམས་ཙང་བ : 통례와 다르게 복수 조사가 앞에 놓여 있다.

42 བཅོས་མ་ཡིན : 운율을 위해 བཅོས་མ་མ་ཡིན 가 축약되었다.

43 སླར를 ལྟར("마치 ~듯이")로 해석하시오. 지시대명사 དེས는 주어(ལེགས་འགྲོ)를 앞당긴 것이다. ཤེས 가 행위자를 나타내는 도구격을 요구한다.

44 지시대명사 앞에 놓이는 이 통례에서 벗어난 소유격은 하리바따(Haribhaṭṭa) 자따까말라(*Jātakamālā*)에서 종종 나온다. 강독자료 III *Dardara-Jātaka* 20번 게송 첫 번째 줄 참조.

45 རེས་མའི་གཙོ་མོ་སླད་པ་དེ་བཤད་ཅིང་ཞུགས་སོ། 매춘부를 비난한 그것을 설명하기 시작했다. སླད་པ는 སྨད་པ “비난, 고발”을 잘못 쓴 것 같다.

46 이 불명확한 게송의 번역은 다음과 같다. “한 파렴치한이 악덕이 없는 사람에게 그를 유혹할 목적으로 사랑에 대해 말한다. 쓸모없이 번뇌로 가득 찬 마음을 가진 그런 자가 물 없는 곳에 다리를 짓는 [것과 같다.]”

།བཙོང་བྱ་བརྟག་ལ་[48]བདག་ཅག་ནི།
།རྒྱལ་པོ་ཆེན་པོ་མཛེས་པའི་བློ།
།རེས་མའི་གཙོ་མོ་བཙོང་བྱ་འདི།
།རང་བཞིན་གཞན་གྱི་སྐྱོན་དང་བཅས། ༡༨ །[49]
།ཇི་ལྟར་འདི་ཡི་མཛེས་ལྡན་[50]དང་པོའི་ཞག་ལ་འགྱུར།
།དེ་ལྟར་གཉིས་པ་ལ་ནི་ལུས་འདི་མ་མཐོང་ངོ་།
།གཟུགས་ནི་གཞན་པ་ཐོབ་པ་འདི་ལ་མཐོང་ནས་ནི།
།རྒྱན་ནི་སྤེར་བ་[51]རྒྱན་རྣམས་གཞན་ནི་བདག་གིས་བྱས། ༡༩ །
།གསེར་གྱི་སྦྲམ་བུ་མིན་པ་ཇི་སྲིད་མེ་ཡིས་ནི།
།རབ་ཏུ་གདུང་བྱས་དེ་སྲིད་ཤིན་ཏུ་འོད་གསལ་བ།
།བསྲེག་ལུགས་ཟ་བ་འབར་བ་ལ་ནི་ཞུགས་བྱས་པ།
།དྲི་མ་ཅན་ཉིད་ངེས་པར་ཀུན་ནས་འོངས་པ་ཡིན། ༢༠ །[52]
།སྐྱེ་བོས་ཀྱང་ནི་དེ་སྲིད་ཡིད་འོང་ཉེར་འགྲོ་བ།
།ཇི་སྲིད་ཤིན་ཏུ་སྤྱོད་ཡུལ་དུ་ནི་ཉེར་འགྲོ་བ།
།སོང་བ་ལོངས་སྤྱོད་ཉེ་བར་འགྲོ་སྟེ་སྐྱེ་བོ་ཡི།
།སྐད་ཅིག་གིས་ནི་མེ་ཏོག་རྙིང་ལྟར་ཕྱེད་ལྷག་ཉིད། ༢༡ །[53]

---

47 여기서 ཐོབ་은 ཐོབ་པ་에서 온 것이 아니다.

48 བཙོང་བྱ་བརྟག་ལ་ "이 판매되어야 할 것들, 즉 상품(skt. *paṇya*)의 평가에 대해서"

49 རང་བཞིན་གཞན་གཡི་སྐྱོན་དང་བཅས་ "변화무쌍함(축자적으로는 '존재의 변화)이라는 결핍에 의해 고통받는"

50 མཛེས་ལྡན་의 앞에 의미상 두번째 줄의 ལུས་འདི་가 보충되어야 한다.

51 양태를 나타내는 목적어: "보석의 증여[라는 형태로,] (또한 나는 보석을 바꾸었다.)"

52 번역: "정련되지 않은 금이 불에 의해서 달구어지자마자, 매우 밝게 타는 불로 들어가는 것들로부터 불순물들이 명백하게 드러난다."

53 산스크리트 원본에서 두운법(頭韻法, *anuprāsa*)을 지키고 있었던 것으로 보이는 이 게송(ཉེ་བར་འགྲོ་가 세 번 나오는 것을 보라)은 앞에 제시된 티벳어 번역에서는 거의 이해할 수 없다. 대략 다음과 같이 게송을 번역한다. "즐거운 것이 시야에 들어오자마자, 그 쪽으로 돌진한다; 사람은 거기 가서 즐거워하지만, 그것은 순식간에 시든 꽃처럼 절반만 남는다."

།མེ་ཏོག་རྣམ་པར་བྱེ་བ་དྲི་མས་ངེས་འབྲེལ་ལ་ཞུགས་ནས།
།བུང་བས་སྙིང་པོ་དེ་ནི་མ་དཔྱད་པར་ནི་དོར་བར་བྱེད།
།ཕལ་ཆེར་དངོས་པོ་སར་པ་ཆགས་པ་ཉིད་དུ་བྱེད་པ་སྟེ།
།ཤིན་ཏུ་ཡིད་འོང་འཇིག་རྟེན་འདིར་ནི་ཉུང་ཟད་ཡོད་པ་མིན། ༢༢ །[54]
།རགས་པས་གཟུགས་ནི་མིག་ལ་ངལ་སོ་བྱེད་ཅིང་[55]འཕྲོག་པ་སྟེ།
།ཆགས་པ་སྟོབས་ལྡན་རྣམས་ཀྱི་སྟོབས་ཀྱང་སེམས་ལ་གནོད་པར་བྱེད།
།ཚེ་ནི་ཟིལ་གྱིས་མནན་ནས་དེ་བཞིན་མ་སྤྱད་མཐར་བྱེད་པ།[56]
།རྒྱལ་སྲིད་ཟས་དང་འོད་རྣམས་ལྟར་ནི་དངོས་པོ་སྐད་ཅིག་མ། ༢༣ །[57]
།དེ་ལྟར་རྒ་དང་ན་དང་འཆི་དང་འཕོ་བའི་སྡུག་བསྔལ་གྱི།
།མདའ་རྣམས་ཕོག་པས་སེམས་ཀྱི་བརྟན་པ་ལྷོད་པར་བྱས་པ་ལ།
།བུད་མེད་ཅེས་བྱ་རུས་པའི་ཁྱིམ་ནི་རང་བཞིན་མི་གཙང་བ།
།མཐོང་ནས་ཡོན་ཏན་གང་མཐོང་ནས་ནི་བྱིས་པ་ཆགས་པ་བསྐྱེད། ༢༤ །[58]
།ཨེ་མ་གཟུགས་ལྡན་བུད་མེད་ཅེས།
།རྨོངས་པས་[59]ཀུན་ནས་རྨོངས་པར་གྱུར།
།རུས་པའི་ཁྲེང་བ་ཞེས་བྱ་འདི།
།མཁས་པ་རྣམས་ཀྱིས་སྨད་པ་སྟེ། ༢༥ །

54 게송 22번은 다음과 같이 번역할 것을 제안한다. 벌어져 있고 먼지가 묻은 곳에 들어갔을 때, 벌은 그 엑기스(꽃의 꿀)을 거리낌 없이(분석하지 않고) 가지고 간다. 대부분 [사람들은] 새로운 것에 집착하지만, 완전히 만족스러운 것은 이 세상에 거의 없다.

55 མིག་ལ་ངལ་སོ་བྱེད་པ་는 어려운 표현이다. 대략 "눈에 대해서 쉬게 하는(? 감게 하는), 즉 혐오스러운 것"으로 이해되어야 한다.

56 세 번째 줄을 다음과 같이 번역하시오: "삶에 대해서 말하자면, 그렇게 파괴자(죽음의 신)가 매우 예측 불허하게 정복한다."

57 무상한 것들의 선택이 약간 이상하다. 특히 "음식"에 대한 언급이 그러하다; 여기에서 화자는 모든 것이 몰락한다는 것을 보여주기 위해서 의도적으로 이질적인 것들을 함께 모았을까?

58 세 번째 줄과 네 번째 줄을 다음과 같이 번역하시오: "집착을 하는 어리석은 자(범부)가 여인이라는 본성적으로 불결한 뼈의 집을 보고 나면, 어떠한 장점(공덕)이 있겠는가?"

59 རྨོངས་པས་는 여기서 "잘못된 견해, 생각을 통해서"라는 의미이다.

།བུད་མེད་དགའ་བར་གྱུར་པ་ཡང་།
།དེ་ལྟར་སྐྱོན་མར་ཤེས་བྱས་ནས།
།བློ་ལྡན་རྣམས་ཀྱིས་རིང་དུ་སྤངས།
།མ་ལ་ཧྲི་ཤིན་ཕྱི་[མ][60]་སྨྱངས་ལྟར། ༢༨ །

།དེ་ནས་རྒྱལ་པོ་དེས་ལེགས་སོ་ཞེས་བྱ་བས་བྱང་ཆུབ་སེམས་དཔའ་ལ་མངོན་པར་བསྟོད་ཅིང་བཞུགས་སོ། །རིས་མའི་གཙོ་མོ་དེ་ཡང་ལང་ཚོ་དང་གཟུགས་ཀྱི་ང་རྒྱལ་དང་རྣམ་པར་བྲལ་ནས་རབ་ཏུ་ཞི་བ་ལ་རྩེ་གཅིག་པ་བྱུང་བར་གྱུར་ཏོ། །སྐྱེ་བོའི་ཚོགས་དེ་ཡང་བག་མེད་པ་རྣམ་པར་བཟློག་པར་ཚུལ་ཁྲིམས་སུ་བྱེད་པའི་རྒྱུ་བདག་ཉིད་ཞུགས་ཤིང་གནས་སོ། །བྱང་ཆུབ་སེམས་དཔའ་སླར་ཡང་ལྗོན་ཤིང་གི་བྲག་ཉིད་དུ་སོང་བར་གྱུར་ཏོ། །དེ་ལྟར་བཅོམ་ལྡན་འདས་དེས་སོ་སོའི་སྐྱེ་བོ་ཉིད་དུ་གནས་པར་གྱུར་པ་ན་ཡང་འདོད་ཆགས་དང་བྲལ་བ་ཉིད་ཀྱིས་ཆགས་པའི་མི་རྣམ་པར་བཟློག་པར་བྱེད་ཅིང་རབ་ཏུ་ཞི་བའི་ཚོགས་ལ་རྣམ་པར་བཞུགས་པར་མཛད་དོ་ཞེས་བྱ་བ་རྣམ་པར་བསམས་ནས་བཅོམ་ལྡན་འདས་ལ་མཆོག་ཏུ་དད་པ་སྐྱེད[61]པར་འོས(སོ)་ཞེས་བྱ་བའོ།། །།དེད་དཔོན་ལེགས་འགྲོའི་སྐྱེས་པའི་རབས་ཏེ་སྐྱེས་པའི་རབས་དང་པོའོ།། །།[62]

60 티벳어 텍스트에서 종지음 ས는 삭제되어야 한다.

61 모든 판본에서는 정확한 미래형 어근인 བསྐྱེད་ 대신 이렇게 읽는다.

62 우다야 자따까(Udaya-Jātaka)는 열 개의 자따까가 한 권(卷)을 이루는 하리바타(Haribhaṭṭa) 자따까말라(*Jātakamālā*)에서, 네 번째이자 마지막 권의 첫 번째 자따까이다. 즉, 책 전체에서 31번째 자따까이다.

/ 고전 티벳어 문법 /

단어집

ཀ	**ka**	
ཀྭ་ཡེ་	kwa ye	아!(감탄사)
ཀུ་ཅོ་	ku co	소음, 짖는 소리(cf. ca co)
ཀུ་མུ་ཏ་	ku mu ta	수련(水蓮)(범어 kumuta)
ཀུན་	kun	모두, 전부(kun tu와 kun nas의 축약형)
ཀུན་མཁྱེན་	kun mkhyen	모든 것을 아는 (자)(여러 인도신들의 별칭)
ཀུན་དགའ་	kun dga’	(최고의) 환희, 기쁨(kun tu dga ’ba의 축약형, 범어 ānanda)
ཀུན་དགའ་བོ་	kun dga’ bo	아난, 붓다의 애제자(범어 Ānanda)
ཀུན་དགའ་ར་བ་	kun dga’ ra ba	숲, 정원(‘기쁨’의 숲, 범어 ārāma를 어원론적/의미론적으로 옮긴 것)
ཀུན་འཇུག་པ་	kun ’jug pa	들어가다, 침투하다, 몰두하다, ~처럼(bzhin) 보이다, 처신하다(kun tu 혹은 kun nas ’jug pa의 축약형 범어 saṃkalpa)
ཀུན་ཏུ་	kun tu	도처에, 사방팔방으로(범어의 동사접두어

		ā-, sam-, sam-ā-에 해당)
ཀུན་རྟོག་	kun rtog	분별, 개념적 구성(kun tu rtog pa의 축약형, 범어 saṃkalpa)
ཀུན་ནས་	kun nas	도처에서, 사방발팡에서, 전반적인, 전적으로, 매우(범어의 동사접두어 ā-, sam-, sam-ā-에 해당)
ཀུན་ནས་སྐྱིད་པ་	kun nas skyid pa	모든 측면에서 행복하다
ཀུན་ནས་སྐྱོད་པ་	kun nas skyod pa	흥분하다, 혼란에 빠지다(범어 saṃ(pra-)kṣubh, saṃ-bhram)
ཀུན་ནས་ཁྱབ་པ་	kun nas khyab pa	(도구격과 함께) ~로 관통된, ~으로 가득찬(범어 āpūrṇa, saṃchanna)
ཀུན་ནས་དགའ་བ་	kun nas dga' ba	극도로 즐거운(범어 āramya)
ཀུན་ནས་འགུག(ས)་པ་	kun nas 'gug(s) pa	소환하다, 부르다(범어 (sam-)ā-hvā)
ཀུན་ནས་འགྲོ་བ་	kun nas 'gro ba	kun nas 'ong ba와 동일
ཀུན་ནས་ཉེ་བར་འོང་བ་	kun nas nye bar 'ong ba	접근하다(범어 (sam-)upa-gam)
ཀུན་ནས་ཉོན་མོངས་	kun nas nyong mongs	잡염, 염오(범어 saṃkleśa)
ཀུན་ནས་སྟེན་པ་	kun nas sten pa	거주하다, 시중들다, 돌보다, 수습하다(범어 (sam-)ā-sev)
ཀུན་ནས་འདྲིས་པ་	kun nas 'dris pa	(la와 함께) ~에 정통한, 친숙한(범어 samucita)
ཀུན་ནས་འཕྲོ་བ་	kun nas 'phro ba	도처로 뻗어나가다, 확산되다(범어 vi-sṛ, saṃ-sṛ)
ཀུན་ནས་འབྱུང་བ་	kun nas 'byung ba	생기다, 나타나다, 발생하다(범어 saṃ-bhū, sam-ud-gam)

ཀུན་ནས་རྨོང་བ་	kun nas rmong ba	완전히 미혹하다(범어 saṃ-muh)
ཀུན་ནས་རྨོངས་པ་	kun nas rmong pa	완전히 미혹된(범어 saṃmūḍhā)
ཀུན་ནས་འོང་བ་	kun nas 'ong ba	가까이 오다, ~에서 나오다(범어 (sam-)ā-gam)
ཀུན་ནས་འཛིན་པ་	kun nas 'dzin pa	붙잡다, 파악하다(범어 ā-dhṛ, gtan kun nas 'dzin par byed pa 참조)
ཀུན་ནས་ལང་བ་	kun nas lang ba	(선정에서) 깨어나다(범어 ā-ruh, sam-ud-i)
ཀོས་ཀོ་	kos ko	턱
ཀྱང་	kyang	yang의 연성형태(10.6 참조)
ཀྱུ་	kyu	갈고리, 특히 코끼리 몰이용 갈고리(범어 aṅkuśa, lcags kyu 참조)
ཀྱེ་(མ་)	kye (ma)	오!(감탄사, 호격의 표지)
ཀླུ་	klu	뱀(범어 nāga)
ཀླུ་དབང་	klu dbang	뱀들의 왕(범어 nāgeśa)
ཀླུང་	klung	강, 하천
དཀའ་ཐུབ་	dka' thub	고행(범어 tapas)
དཀའ་ཐུབ་པ་	dka' thub pa	고행하다(범어 tapas tap)
དཀའ་ཐུབ་ཀྱི་ནོར་ཅན་	dka' thub kyi nor can	'고행을 많이 쌓은 자', 고행을 하는 (자), 경건한 (자)(범어 tapodhana)
དཀའ་བ་	dka' ba	어려운, 힘든, 고행
དཀར་བ་སྤྱོད་པ་	dka' ba spyod pa	고행을 하다
དཀར་པོ་	dkar ba	하얗다
དཀར་མོ་	dkar mo	흰
དཀར་དམར་བ་	dkar dmar ba	옅은 붉은색의, 연분홍색의(범어

		śvetarakta, pāṭala)
དཀུ་ལྟོ་	dku lto	속임수, 술수, 전략
དཀོན་པ་	dkon pa	희귀한, 드문
དཀྱིལ་	dkyil	중심, 원반(brag gi-, me long- 참조)
བཀབ་	bkab	’dgebs pa 참조
བཀའ་	bka’	말씀, 명령(skad, gtam, tshig의 존칭)
བཀའ་དྲིན་	bka’ drin	호의, 친절, 은혜
བཀའ་སྩལ་བ་	bka’ stsal ba	말씀하시다(smra ba의 존칭)
བཀུག་	bkug	’gug(s) pa 참조
བཀུམ་	bkum	2. ’gum pa 참조
བཀུར་	bkur	1. ’khur ba 참조
བཀུར་བ་	bkur ba	존중하다(1.’khur ba의 과거어간)
བཀོལ་	bkol	’khol ba 참조
བཀྲ་	bkra	형형색색, 아름다움, 만발
བཀྲ་བ་	bkra ba	형형색색의, 아름다운, 만발한
བཀྲ་མི་ཤིས་	bkra mi shis	불운, 재앙
བཀྲ་ཤིས་	bkra shis	행운, 행복, 은총
བཀྲ་ཤིས་པ་	bkra shis pa	행운의, 행복한, 은총어린(복합어에서만)
བཀྲམ་	bkram	건강에 좋은
བཀྲེམ་པ་	bkrem pa	’grem pa 참조
བཀྲེས་པ་	bkres pa	배고프다, 배고픔, 수척한, 마른
རྐང་	rkang	rkang pa의 축약형
རྐང་གཉིས་པ་	rkang gnyis pa	‘발이 둘인’, 인간
རྐང་དྲུག(པ་)	rkang drug (pa)	‘발이 여섯인’(꿀벌의 이명, 범어 ṣaṭpada)

རྐང་པ་	rkang pa	발, 다리
རྐང་མིག་	rkang mig	*Nyāyasūtra*의 저자인 인도철학자
		가우따마의 이명(범어 akṣapāda)
རྐུ་བ་	rku ba	훔치다, 빼앗다
	P brkus F bkru I rkus	
རྐུན་པོ་	rkun po	도둑
རྐོ་བ་	rko ba	파다, 발굴하다
	P brkos F brko I rkos	
རྐྱེན་	rkyen	원인, 조건, 부수적 원인(범어 pratyaya,
		rgyu의 상대개념)
རྐྱེན་གྱིས་	rkyen gyis	(소유격 뒤에서) ~ 때문에, ~로 인하여
ལྐོག་	lkog	비밀
ལྐོག་ཏུ་	lkog tu	비밀리에
ལྐོག་ཤལ་	lkog shal	(소의) 주름진 턱살
སྐད་	skad	말, 발화, 언어, 목소리, 울부짖음
སྐད་གྱིས་རྣང་བ་	skad gyis rnang ba	'목소리가 막힌', 말을 할 수가 없는
སྐད་ཅིག་	skad cig	순간, 찰나
སྐད་ཅིག་གི་ཚིག་	skad cig gi tshig	순간적인 말
སྐད་ཅིག་གིས་	skad cig gis	찰나적으로, 순간적으로(부사, 범어
		kṣaṇena)
སྐད་ཅིག་མ་	skad cig ma	순간적인, 순간적으로(범어 kṣaṇika)
སྐད་འབྱིན་པ་	skad 'byin pa	외치다, 울부짖다
སྐབས་	skabs	시간, 기회
སྐར་མ་	skar ma	별, 행성(rgyu skar 참조)

སྐལ་བ་	skal ba	운명
སྐལ་བ་ཆེན་པོ་	skal ba chen po	'운명의 측면에서 대단한', 운이 좋은(범어 mahābhāga)
སྐལ་བཟང་	skal bzang	'운명의 측면에서 좋은', 운 좋은(범어 subhaga), 행운, 행복, 운, 아름다움(skal bzang nyid의 축약형,범어 saubhāgya)
སྐས་(ཀ་)	skas (ka)	사다리, 계단
སྐུད་	skud	실(dar skud 참조)
སྐུར་བ་	skur ba	보내다, 양도하다, 축복하다(dbang skur ba 참조)
	PFI bskur	
སྐུལ་བ་	skul ba	충고하다, 자극하다, 고무하다(범어 preray, pra-coday)
	PF bskul	
སྐོ་བ་	sko ba	~로 임명된, 지명하다, 맡기다
	P bskos F bsko I skos	
སྐོམ་	skom	갈증
སྐོམ་ཚུགས་སུ་བཅས་ཏེ་	skom tshugs su bcas te	(la와 함께) ~에 턱을 괴다
སྐོམ་པ་	skom pa	목이 마르다, 갈증(앞부분 참조)
སྐོར་བ་	skor ba	둘러싸진, 둘러싸다, (마음이) 변하다(mgo skor ba 참조)
	PF bskor	
སྐོལ་བ་	skol ba	요리하다
	PF bskol P bskold	

སྐྱ་བོ་	skya bo	회백색의, 황백색의(ser skya 참조)
1 སྐྱབས་	skyabs	구제
2 སྐྱབས་	skyabs	skyob pa 참조
སྐྱིད་པ་	skyid pa	행복하다, 행복, 지복
སྐྱུ་རུ་ར་	skyu ru ra	신 과일, 레몬
སྐྱུག་པ་	skyug pa	내뱉다, 토하다
	PI skyugs	
སྐྱུགས་	skyugs	skyug pa, ngan skyugs 참조
སྐྱུགས་པ་	skyugs pa	구토
སྐྱུར་བ་	skyur ba	내던지다, 버리다
	PF bskyur	
སྐྱེ་ངན་	skye ngan	삼악취(三惡趣)(rgyud lnga 참조, skye ba ngan pa의 축약형, 범어 durgati)
སྐྱེ་གནས་	skye gnas	태어난 곳, 가문, 취(趣, 환생 시 주어지는 형태)(범어 jāti)
སྐྱེ་བ་	skye ba	생(生), 탄생하다, 생겨나다(nges par skye ba 참조)
	P skyes	
སྐྱེ་བོ་	skye bo	범부, 인간, 이방인(범어 jana, so so'i skye bo (nyid) 참조)
སྐྱེ་བོ་ངན་པའི་དངོས་པོ་	skye bo ngan ba'i dngos po	악한 재생의 존재(상태)
སྐྱེ་བཟང་	skye bzang	선취(善趣)(skye ngan 와 ngan pa'i 'gro ba의 반대, 범어 sadgati)
སྐྱེད་པ་	skyed pa	산출하다(spro pa skyed pa 참조)

	PF bskyed	
སྐྱེད་མོས་ཚལ་	skyed mos tshal	공원, 왕의 정원(범어 udyāna)
སྐྱེས་	skyes	skye ba 참조(skyes bu의 축약형)
སྐྱེས་པ་	skyes pa	살아 있는, 생명
སྐྱེས་པའི་རབས་	skyes pa'i rabs	붓다의 전생담(범어 Jātaka)
སྐྱེས་བུ་	skyes bu	생명
སྐྱོ་བ་	skyo ba	(la와 함께) ~에 싫증나다, 식상하다
སྐྱོང་བ་	skyong ba	보호하다, 지키다(so sor skyong ba 참조)
	P bskyangs F bskyang I skyongs	
སྐྱོད་པ་	skyod pa	움직이다, 흔들다(kun nas skyod pa 참조)
	PF bskyod	
སྐྱོན་	skyon	잘못, 과실, 정신적인 결함
སྐྱོན་ཅན་	skyon can	잘못이 있는, 과실이 있는, 사기, 야바위꾼(범어 dhūrta)
སྐྱོན་དུ་བྱེད་པ་	skyon du byed pa	잘못하다, 오류로 간주하다
སྐྱོན་མ་	skyon ma	행실이 나쁜 여자
སྐྱོན་མེད་པ་	skyon med pa	잘못이 없는, 과실이 없는
སྐྱོབ་པ་	skyob pa	(목적격 및 처소격과 함께) 구출하다, 구제하다, 보호하다
	P bskyabs F bskyab I skyobs(P는 경우에 따라 skyabs)	
སྐྲ་	skra	털, 머리카락
སྐྲག་དངང་བ་	skrag dngang ba	두려워하다
སྐྲག་པ་	skrag pa	(도구격과 함께) ~을 두려워하다
སྐྲོད་པ་	skrod pa	쫓아내다, 몰아내다

	PF bskrad	
བརྐུ་	brku	rku ba 참조
བརྐུ་བ་	brku ba	도둑질(rku ba)
བརྐོས	brkos	rko ba 참조
བསྐལ་པ་	bskal pa	시대, 겁(범어 kalpa)
བསྐུར་	bskur	skur ba 참조
བསྐུལ་	bskul	skul ba 참조
བསྐོར་	bskor	skor ba 참조
བསྐོས་	bskos	sko ba 참조
བསྐྱང་	bskyang	skyong ba 참조
བསྐྱངས་	bskyangs	skyong ba 참조
བསྐྱབས་	bskyabs	skyob pa 참조
བསྐྱུར་	bskyur	skyur ba 참조
བསྐྱེད་	bskyed	skyep pa 참조
བསྐྱོད་	bskyod	skyod pa 참조
ཁ	**kha**	
1. ཁ་	kha	부분
2. ཁ་	kha	입, 얼굴, 정면, 표면
3. ཁ་	kha	kha dog의 축약형
4. ཁ་	kha	눈
ཁྭ་	khwa	khva ta의 축약형
ཁྭ་ཏ་	khwa ta	까마귀
ཁ་སྒྱུར་བ་	kha sgyur ba	'색을 바꾸다', 채색하다

ཁ་ཅིག་	kha cig	불특정인(人), 누군가
ཁ་ཆུ་	kha chu	'입물', 침
ཁ་སྟོན་པ་	kha ston pa	직면하다
ཁ་དོག་	kha dog	색깔(mdog 참조)
ཁ་དོག་ཅན་	kha dog can	염료, 색소
ཁ་ན་	kha na	(소유격 뒤에서) ~위에서, 표면에서
ཁ་སྤུ་	kha spu	얼굴에 난 털, 턱수염
ཁ་སྤྱེ་བ་	kha spye ba	열린, (꽃이) 핀(범어 utphulla)
ཁ་འབྱེད་པ་	kha 'byed pa	입을 열다
ཁ་ཟས་	kha zas	음식, 자양분
ཁ་སང་	kha sang	어제, 엊그제, 일전에
ཁང་པ་	khang pa	집
1.ཁབ་	khab	궁전, 저택
2.ཁབ་	khab	바늘
ཁབ་ལེན་རྡོ་	khab len rdo	'바늘을 끌어당기는 돌', 자석
ཁམས་	khams	영역, 구역, 계(界)
ཁར་	khar	(소유격 뒤에서) ~도, 마찬가지로(kha na 참조)
ཁས་ལེན་པ་	khas len pa	인정하다, 수락하다, 약속하다
ཁུ་བ་	khu ba	육수, 체액, 정액
ཁུར་བུ་	khur bu	짐
ཁུང་	khung	구멍, 동굴
ཁུང་བུ་	khung bu	구멍, 작은 구멍(khung의 지소사)
ཁེ་	khe	이익, 득

ཁེ་སྤོགས་	khe spogs	이익, 득
ཁོ་	kho	3인칭 대명사
ཁོ་ན་	kho na	(형용사로서, 한정해주는 말 뒤에만 위치함) 오직, 다만
ཁོ་ནར་	kho nar	kho na의 부사형
ཁོ་བོ་	kho bo	나(남성형)
ཁོ་མོ་	kho mo	나(여성형)
ཁོང་	khong	내부
ཁོན་པ་	khon pa	불쾌, 노여움, 증오
ཁོན་འཛིན་པ་	khon 'dzin pa	미워하다
ཁྱད་	khyad	차이, 구분
ཁྱད་དུ་	khyad du	우수한, 특히(부사)
ཁྱད་དུ་གསོད་པ་	khyad du gsod pa	경멸하다
ཁྱད་པར་	khyad par	차별적으로, 특히,
ཁྱད་པར་(དུ་)འཕགས་པ་	khyad par (du) 'phags pa	탁월함, 최고, 차이
ཁྱབ་པ་	khyab pa	채우다, 투과하다, 포괄하다(kun nas khyob pa, rnam khyab, bsam gyi mi khyab pa 참조)
ཁྱི་	khyi	개
ཁྱིམ་	khyim	집
ཁྱིམ་བདག་	khyim bdag	집주인, 가장
ཁྱིམ་བདག་མོ་	khyim bdag mo	집주인의 부인, 여자집주인
ཁྱིམ་མཚེས་	khyim mtshes	이웃
ཁྱུ་	khyu	(가축이나 짐승) 무리
ཁྱུད་(པ་)	khyud (pa)	'skyud pa 참조

ཁྱེད་	khyed	2인칭 대명사(khyod의 존칭)
ཁྱེའུ་	khye'u	남자 아이(khyo의 지소사)
ཁྱེར་	khyer	'khyer ba 참조
ཁྱོ་	khyo	남자, 남편, 배우자
ཁྱོར་བྱེད་པ་	khyor byed pa	~을 남편으로 맞이하다, 남편이 되다
ཁྱོད་	khyod	2인칭 대명사
ཁྲ་	khra	매
ཁྲག་	khrag	피
ཁྲལ་	khral	세금, 공물, 의무
ཁྲལ་སྐོ་བ་	khral sko ba	세금을 부과하다
ཁྲི་	khri	왕좌
ཁྲི་སྔན་	khri sngan	검은 영양(범어 kṣaṇasāra)
ཁྲིད་	khrid	'khrid pa 참조
ཁྲིམས་	khrims	법, 규범, 규칙(tshul khrims 참조)
ཁྲོ་བ་	khro ba	화나다, 분노
ཁྲོད་	khrod	더미, 덤불, 숲(phyag dar khrod 참조)
ཁྲོན་པ་	khron pa	샘, 원천(ngan skyugs khron pa 참조)
ཁྲོས་	khros	'khro ba 참조
མཁན་	mkhan	~에 정통한(- yig-, - shing- 참조)
མཁའ་	mkha'	하늘, 허공(nam mkha' 참조)
མཁའ་ལྡིང་	mkha' lding	nam mkha' sding과 동일
མཁར་	mkhar	거주지, 성(grog mkhar 참조)
མཁས་པ་	mkhas pa	(la와 함께) 능숙한, ~ 박식한, 현명한, 교활한

མཁྱེན་པ་	mkhyen pa	(śes pa의 존칭) 알다, 이해하다(kun mkhyen 참조)
འཁང་བ་	'khang ba	해치다, 모욕하다
འཁམ་པ་	'kham pa	기절하다
	P 'khams	
འཁམས་	'khams	'kham pa 참조
འཁར་བ་	'khar ba	막대기, 지팡이(mkhar ba라고도 씀)
འཁུན་པ་	'khun pa	탄식하다, 신음하다, 탄식, 신음
1.འཁུར་བ་	'khur ba	존경하다
	PF bkur	
2.འཁུར་བ་	'khur ba	운반하다, 가지고 가다
	PF khur 드물게 bkur	
འཁོད་པ་	'khod pa	앉다
འཁོར་	'khor	원반, 바퀴, 수행원
འཁོར་འདབ་	'khor 'dab	수행원
འཁོར་གཡོག་	'khor g.yog	수행원
འཁོར་བ་	'khor ba	회전하다, 빙글빙글 돌다, 순회하다, 윤회(범어 saṃsāra)
འཁོར་ལོས་སྒྱུར་བ་	'khor los sgyur ba	전륜성왕, 보편적 통치자(범어 cakravartin의 (잘못된) 축어역)
འཁོལ་བ་	'khol ba	노예로 삼다, 고용하다(bran du 'khol ba 참조)
	P bkol I khol	
འཁྱམ་པ་	'khyam pa	방황하다, 헤매다

འཁྱུད་པ་	’khyud pa P khyud	(탈격과 함께) 포함하다, 품다
འཁྱེར་བ་	’khyer ba PFI khyer, ’khyer	가져가다, 데려가다(nye bar 참조)
འཁྲིག(ས)་པ་	’khrig(s) pa	응집하다, 구름이 끼다
འཁྲིད་པ་	’khrid pa P khrid F bkri	이끌다, 가져가다, 데리고 가다, 취하다
འཁྲུག་པ་	’khrug pa P ’khrugs	무질서하다, 흔들리다
འཁྲུགས་	’khrugs	’khrug pa 참조
འཁྲུད་པ་	’khrud pa P bkrus F bkru I khrus	씻다, 목욕하다
འཁྲོ་བ་	’khro ba P khros	화내다

ག	**ga**	
ག་	ga	누구? 무엇? 어디?(의문사 어간)
ག་རེ་	ga re	누구인지? 어디인지?
ག་ལ་	ga la	어디에서? 어디로? 어디에? 어떻게?
ག་ལ་བ་	ga la ba	~하는 장소(관계사)
གང་	gang	어떤? ~하는 사람이(의문대명사 및 관계대명사)
གང་དུ་	gang du	어디? 언제?, ~한 곳에서, ~할 때
གང་དུ་...གང་དུ་	gang du gang du	A는 어디에? B는 어디에?(“A와 B가 뭐가

		다르나!”에 해당하는 관용어구, 범어 kva … kva)
གང་ན་	gang na	어디? ~한 곳에서
གང་ན་བ་	gang na ba	‘있는 곳’, 소재지
གང་(གི་)ཕྱིར་	gang (gi) phyir	왜냐하면(범어 yasmāt, hi)
གང་བ་	gang ba	가득한
གང་ཡང་	gang yang	누구든, 무엇이든
གངས་	gangs	얼음, 빙하
གངས་ཅན་ཡུལ་	gangs can yul	‘얼음나라’, 통상적으로 부르는 티벳의 별명
གད་མོ་	gad mo	웃음(bshad gda 참조)
གར་	gar	어디로? ~한쪽으로
གལ་ཏེ་	gal te	만약, ~할 때
གལ་ཏེ་ན་	gal te na	만약
གས་པ་	gas pa	균열, 틈
གུང་	gung	중간
གུམ་	gum	1. ’gum pa 참조
གུས་	gus	존경, 존중
གུས་པ་	gus pa	존경, 존중, 공손한, 공손하게 행동하다
གུས་པས་	gus pas	공손하다, 굴복하다
གོ་	go	장소
གོ་བ་	go ba	이해하다, 알다, 이해
གོང་	gong	위의 것, 전자
གོང་མ་	gong ma	위의 것, 상위의 것, 전자, 앞의, 상위의

སྒོམ་པ་	gom pa	걸음
གོམས་པ་	goms pa	수습하다, (la와 함께) ~에 숙련된, 정통한
གོམས་པར་བྱེད་པ་	goms par byed pa	~에 숙련된
གོས་	gos	외투, 옷(chos gos 참조)
གོས་སེར་ཅན་	gos ser can	'노란 옷을 입은 자', 인도신 비슈누의 별칭 (범어 pītāmbara)
གཽ་ཏ་མ་	gau ta ma	붓다의 씨족명(범어 Gautama)
གྱིས་	gyis	bgyid pa 참조
གྱུར་	gyur	'gyur ba 참조
གྱེན་	gyen	(la와 함께) ~보다 위의 것
གྱེན་ལ་	gyen la	위쪽으로
གྱོས་པོ་	gyos po	시아버지, 장인
གྲག་པ་	grag pa	'grag pa보다 덜 쓰이는 유사형태, 소음, 알림, 소문
གྲགས་	grags	'grag pa 참조
གྲགས་པ་	grags pa	인정되는, 통용되는, 알림, 소문, (좋은) 평판, 명성(snyan 참조)
གྲངས་	grangs	수(數)
གྲངས་མེད་པ་	grangs med pa	수많은, 무수한
གྲི་	gri	단도(ral gri 참조)
གྲིབ་མ་	rib ma	그림자
གྲིམས་པ་	grims pa	영리한, 총명한, (몸) 상태가 괜찮은, 민첩한
གྲུབ་	grub	'grub pa 참조
གྲུབ་པ་	grub pa	성취된, 완벽, 신성, 성취자(범어 siddha)

གྲོག་མཁར་	grog mkhar	개미둑, 범어 이름 Vālmīki를 옮긴 것 (Rāmāyaṇa의 저자)
གྲོག་མ་	grogs ma	개미(gros mo라고도)
གྲོགས(པོ་)	grogs (po)	친구, 조력자
གྲོང་	grong	마을
གྲོང་ཁྱེར་	grong khyer	도시, 성읍
གྲོལ་	grol	'grol ba 참조
གྲོས་	gros	조언, 충고, 계획(blo gros 참조)
གྲོས་བྱེད་པ་	gros byed pa	상의하다, 계획을 짜다
གླ་རྩི་	gla rtsi	사향(gla 사향노루, rtsi 체액)
གླང་	glang	황소, 거세한 황소(ba lang 참조)
གླང་ཆེན་	glang chen	코끼리('큰소', 코끼리를 모르는 티벳인들을 위한 표현)
གླིང་	gling	섬, 영역, 땅, 대륙(범어 dvīpa, rgya mtsho'i gling, 'dzam bu'i gling 참조)
གླིང་ཕྲན་	gling phran	작은 섬, 작은 땅
གློག་	glog	번개
དགང་	dgang	'gongs pa 참조
དགའ་ལྡན་	dga' ldan	도솔천, 환희에 찬, 기쁜, 불교에서 특정 천(天)의 명칭(범어 Tuṣita의 축어역)
དགའ་བ་	dga' ba	기쁘게 하다, 기뻐하는, 기쁘다, 즐기다, 좋아하다, 사랑하다, 기쁨, 사랑(kun dag' ra ba, kun nas-, mngon par-, rab tu- 참조)
དགའ་བ་ཉིད་	dga' ba nyid	기쁨

དགར་	dgar	dga' bar의 축약형
དགུན(ཀ་)	dgun (ka)	겨울
དགེ་བ་	dge ba	선, 유덕한, 덕, 덕행
དགེ་སྦྱོང་	dge sbyong	'덕을 수행하는', 고행자(범어 śramaṇa)
དགེ་སྦྱོར་	dge sbyor	'덕과의 접촉', 달성된 고행
དགེ་སློང་	dge slong	'덕을 위해 구걸하는', 탁발승, 비구(범어 bhikṣu)
དགེ་སློང་མ་	dge slong ma	비구니(범어 bhikṣuṇī)
དགོངས་པ་	dgongs pa	(sem(s) pa 등등의 존칭) 의도하다, 생각하다, ~로 간주하다, 기억하다
དགོད་པ་	dgod pa bgad	웃다, 미소짓다, 웃음, 미소
དགོན་པ་	dgon pa	은둔, 외딴 곳
དགོན་པ་པ་	dgon pa pa	은둔자
དགོས་པ་	dgos pa	의향, ~해야만 한다(조동사로서) 필연적이다, 필연, 목적, 목표(ci zhig dgos 참조)
དགྲ་	dgra	적
དགྲ་བཅོམ་པ་	dgra bcom pa	소승의 성자들의 계위에서 가장 높은 4번째 단계에 도달한 자 아라한(범어 arhant "가치 있는, 존경할 만한"의 잘못된 축어역으로, "적을 파괴한 자"라고 해석된다. 그러나 올바른 어원분석 역시 티벳에 알려져 있다.)
དགྲ་སྟ་	dgra sta	전투 도끼(범어 paraśu)

དགྲ་བོ་	dgra bo	dgra와 동일
བགད་པ་	bgad pa	웃다, 미소짓다(dgod pa의 유사형태, 5과 참조)
བགེགས་	bdegs	장애, 방해물
བགོ་བ་	bdo ba	옷을 입다, 의복
	PI bgos	
བགོས་	bgos	bgo ba 참조
བགྱི་	bgyi	bgyid pa 참조
བགྱིད་པ་	bgyid pa	(byed pa의 존칭) 만들다, 실행하다, 달성하다, 말하다, 명명하다
	P bgyis F bgyi I gyis	
བགྱིས་	bgyis	bgyid pa 참조
བགྲང་བ་	bgrang ba	세다
	P bgrangs	
བགྲོ་བ་	bgro ba	토론하다, (함께) 숙고하다
	P bgros	
བགྲོས་	bgros	bgro ba 참조
མགུ་བ་	mgu ba	기뻐하다, 반기다(mgu bar byed pa '기뻐하다'를 운문에서 운율상의 이유로 사용하는 형태)
མགོ(བོ་)	mgo (bo)	머리, 정상
མགོ་སྐོར་བ་	mgo bo skor ba	'머리를 돌리다', 아첨하다, 아첨으로 속이다
མགོན་པོ་	mgon po	보호자

མགོན་(པོ་)མེད་(པ་)	mgon (po) med (pa)	보호자가 없는, 무방비의
མགོན་མེད་ཟས་སྦྱིན་	mgon med zas sbyin	'무방비한 이에게 음식을 주는 (자)', 특히 아낌없이 보시하는 붓다의 재가신도에 대한 명칭(범어 Anāthapiṇḍada)
མགྱོགས་པོ་	mgyogs po	빠른
མགྱོགས་པོར་	mgyogs por	빨리
འགག་པ་	'gag pa	멸(滅)하다, 끝내다, 마무리하다
འགའ་	'ga'	각각, 각자, 어떤
འགའ་ཞིག་	'ga' zhig	어떤 (사람)
འགའ་ཞིག་ཀྱང་	'ga' zhig kyang	누구든
འགལ་དུམ་	'gal dum	나무토막(mgal dus라고도 씀)
འགལ་པ་	'gal pa	나무토막(mgal pa라고도 씀)
འགལ་བ་	'gal ba	(las 혹은 dang과) ~와 모순되다, 반대되다, 초과하다
འགས་པ་	'gas pa	분열하다
	P gas	
འགུག(ས)་པ་	'gug(s) pa	불어오다, 꾀다, 굴복하다(kun nas 'gug(s) pa 참조)
	P bkug F dgug I khug	
1.འགུམ་པ་	'gum pa	죽다('chi ba의 고상한 표현)
	P gum, 'gums	
2.འགུམ་པ་	'gum pa	죽이다
	P bkum F dgum I khums	
འགེགས་པ་	'gegs pa	억제하다, 방해하다

	P bkag F dgag I khog	
འགེངས་པ་	’gengs pa	채우다
	P bkang F dgang I khong	
འགེབས་པ་	’gebs pa	덮다
	P bkab F dgab I khob	
འགེམས་པ་	’gems pa	죽이다, 잡아 찢다, 갈기갈기 찢다
འགོད་པ་	’god pa	앉히다, 세우다, 두다, 옮기다
	P bkod F dgod I khod	
འགོག་པ་	’gog pa	떼어내다(so sor ’gog pa 참조)
	P bkog F dgog I khog	
འགྱུར་ལྡོག་	’gyur ldog	변화
འགྱུར་བ་	’gyur ba	바뀌다, ~가 되다(rnam ’gyur, dpon du-, dbang du- 참조)
	PI gyur	
འགྱེད་པ་	’gyed pa	분산하다, 분배하다, 나누다
	P bkyes, bgyes F bkye, bhye I khyes, gyes	
འགྱེལ་བ་	’gyel ba	흔들리다, 무너지다
	PI gyel	
འགྱོད་པ་	’gyod pa	후회하다
འགྲག་པ་	’grag pa	소리나다, 울리다, 들리다
	P grag(s)	
འགྲང་བ་	’grang ba	배부르다, 물리다, 만족하다
	P ’grangs	
འགྲངས་	’grangs	’grang ba 참조

འགྲམ་	’gram	물가, 강둑
འགྲམ་གྱི་ཆུ་	’gram gyi chu	‘물가의 물’, 물가 근처에 있는 물(범어 taṭajala)
འགྲམ་གྱི་རི་མོ་	’gram gyi ri mo	물가를 따라 형성된 라인(범어 taṭalekha)
འགྲམ་གྱི་ཤིང་	’gram gyi shing	물가의 나무(범어 taṭalvṛkṣa)
འགྲུབ་པ་	’grub pa	완성된, 성취된, 완결된, 실현된(don grub pa 참조)
	P grub	
འགྲུས་	’grus	brtson ’grus 참조
འགྲེ་བ་	’gre ba	땅에 구르다, 뒹굴다
འགྲེམ(ས)་པ་	’grem(s) pa	내려 놓다, 펼치다, 뿌리다
	P bkram F dgram I khroms	
འགྲོ་	’gro	’gro ba의 축약형
འགྲོ་བ་	’gro ba	가다, 떠나다, 감, 달리기, 추이, 가는 것, 중생, 중생 전체, 세계, ~가 되다, 재생시 받는 형태(범어 gati, kun nas-, rjes su-, nye bar-, dud ’gro, dbang du-,rab tu- 참조)
	P song	
འགྲོགས་པ་	’grogs pa	(dang과 함께 혹은 맨 뒤에서) 친구가 되다, ~와 (재)결합하다
འགྲོལ་བ་	’grol ba	풀다, 해명하다, (las와 함께) ~에서 해방된
རྒ་	rga	rga ba의 축약형
རྒ་བ་	rga ba	노(老), 늙다, 나이
རྒན་	rgan	rgan po의 축약형

རྒན་པོ་	rgan po	늙은, 노인, 나이
རྒན་མོ་	rgan mo	노파, 나이
རྒན་གཞོན་	rgan gzhon	"늙고 젊음", 나이
རྒལ་བ་	rgal ba PF brgal I rgol	(목적격, la, las와 함께) 초과하다, 등반하다
རྒས་པ་	rgas pa	나이 든, 늙은, 나이
རྒུད་པ་	rgud pa	약하다, 노쇠하다, 어려움에 빠지다
རྒུན་	rgun	포도, 포도송이
རྒུན་འབྲུམ་	rgun 'brum	포도송이
རྒོད་མ་	rgod ma	암말
རྒོལ་བ་	rgol ba PF brgol	싸우다, 반대하다, 적
1. རྒྱ་	rgya	넓이, 정도
2. རྒྱ་	rgya	rgya ba의 축약형
རྒྱ་གར་	rgya gar	'땅이 하얀', 인도(여기서 복합어 형성을 위해 dkar가 gar가 됨)
རྒྱ་གར་སྐད་	rgya gar skad	인도말, 범어
རྒྱ་ཆེ་བ་	rgya che ba	큰 규모의, 커다란, 거대한
རྒྱ་བ་	rgya ba P rgyas	넓다, 펼쳐져 있다
རྒྱ་མཚོ་	rgya mtsho	'큰 호수', 바다, 대양
རྒྱ་མཚོའི་གླིང་	rgya mtsho'i gling	'대양의 영역'(rgya mtsho의 잉여적 동의어)
རྒྱང་	rgyang	먼 곳(rgyang ma 참조)

རྒྱང་ན་	rgyang na	멀리
རྒྱང་ནས་	rgyang nas	멀리서
རྒྱང་མ་	rgyang ma	거리
རྒྱང་ཚད་	rgyan tshad	'먼 치수', 거리, 지속
རྒྱང་རིང་པོ་	rgyang ring po	'거리의 측면에서 멀다', 매우 먼
རྒྱང་རིང་བ་	rgyan ring ba	'거리의 측면에서 멀다', 멀리 있다
རྒྱན་	rgyan	장식
རྒྱན་དུ་བྱེད་པ་	rgyan du byed pa	장식하다
རྒྱན་ཆ་	rgyan cha	보석
རྒྱབ་	rgyab	등, 뒤쪽
རྒྱབ་ཏུ་ཕྱོགས་པ་	rgyab tu phyogs pa	뒤를 향해, 돌아선
རྒྱལ་	rgyal	승리
རྒྱལ་ཁབ་	rgyal khab	왕의 거처(rgyal po'i khab의 축약형)
རྒྱལ་པོ་	rgyal po	왕
རྒྱལ་པོའི་ཁབ་	rgyal po'i khab	왕의 거처, Rājagṛha
རྒྱལ་ཕྲན་	rgyal phran	'작은 왕', 봉신, 가신
རྒྱལ་བ་	rgyal ba	(las와 함께) ~를 이기다, 능가하다, 정복하다(nga rgyal 참조)
རྒྱལ་བུ་	rgyal bu	왕자
རྒྱལ་བྱེད་	rgyal byed	'승리자', 왕자 이름(범어 jetṛ)
རྒྱལ་བྱེད་ཀྱི་ཚལ་	rgyal byed kyi tshal	'승리자의 숲' Śrāvastī에 소재한 숲(범어 Jetavana)
རྒྱལ་མཚན་	rgyal mtshan	'전리품', 깃발(범어 dhvaja)
རྒྱལ་རིགས་	rgyal rigs	끄샤뜨리야(범어 kṣatriya)

རྒྱལ་སྲིད་	rgyal srid	왕업, 왕국(범어 rājya)
རྒྱས་	rgyas	rgya ba 참조
རྒྱས་པ་	rgyas pa	확장된, 풍부한, 자세한, 널리 퍼진, 다량, Vyāsa(고대 인도 서사시 Mahābhārata의 전설적인 저자)를 옮긴 것(rab tu-, sangs rgyas 참조)
རྒྱས་པར་བྱེད་པ་	rgyas par byed pa	퍼진, 확산된
རྒྱུ་	rgyu	(주된) 원인, 근본적 원인, 이유, 동기 (rkyen의 상대개념, 범어 hetu)
རྒྱུ་སྐར་	rgyu skar	'방황하는 별', 행성, 28수(범어 nakṣatra)
རྒྱུ་བ་	rgyu ba	떠돌다
རྒྱུ་མེད(པར)	rgyu med (par)	이유 없이
རྒྱུ་མཚན་	rgyu mtshan	원인적 측면의 nimitta, 토대, 원인(=rgyu)
རྒྱུ་མཚན་མེད་པར་	rgyu mtshan med par	이유 없이
རྒྱུག་པ་	rgyug pa P brgyugs F brgyug I rgyugs	달리다, 뛰다, 서두르다
རྒྱུད་	rgyud	흐름, 상속, 끈, 딴뜨라, 관계, 가계, (이생의) 존재 형태(범어 gati)
རྒྱུད་ལྔ་	rgyud lnga	다섯 가지 존재 형태, 즉 천신(범어 deva, 티벳어 lha), 인간(manuṣya, mi), 축생(tiyañc, dud 'gro), 아귀(preta, yi dwags), 지옥(naraka, sems can dmyal ba). 종종 여섯 번째 존재형태로 반식 혹은 아수라(asura, lha ma yin)가 천신과 인간 사이에 위치한다.

རྒྱུན་	rgyun	상속, 흐름, 하천, 강
རྒྱུན་དུ་	rgyun du	쉴 새 없이, 늘
སྒེག་པ་	sgeg pa	뽐내다, 매력적인, 요염한, 매력(rnam par 참조)
སྒོ་	sgo	문, 입구
སྒོ་ནས་	sgo nas	(소유격 뒤에서) ~의 방식으로, ~의 도움으로, ~을 통해
སྒོ་བ་(བསྒོ་བ་라고도)	sgo ba (bsgo ba)	(상위자가) 말하다, 지시하다
	P bsgos F bsgo I sgos	
སྒོམ་པ་	sgom pa	수습하다, 상상하다, 명상하다
	P bsgoms F bsgom I sgom(s)	
སྒྱུ་མ་	sgyu ma	거짓, 환영, 붓다 모친의 이름(범어 Māyā, gyo sgyu 참조)
སྒྱུར་བ་	sgyur ba	바꿔다, 회전하다, 향하다, 제어하다(kha-, 'khor los 참조)
	PF bsgyur	
སྒྲ་	sgra	말, 소리
སྒྲ་ཆེན་པོ་	sgra chen po	'목소리가 큰', 왕자 이름(범어 Mahā(pra)ṇāda)
སྒྲིབ་པ་	sgrib pa	장애하다, 어두워지다, 정신이 흐려지다, 현혹하다, 죄, 몽롱
	P bsgribs F bsgrib I sgribs	
སྒྲུབ་པ་	sgrub pa	성취하다, 실행하다, 실현하다, 도달하다
	P bsgrubs F bsgrub I sgrubs	

སྒྲོ་	sgro	깃(mjug sgro 참조)
སྒྲོག(ས)་པ་	sgrog(s) pa	외치다, 소리치다, 퍼뜨리다, 칭찬하다, 기리다
	P bsgrags F bsgrag I sgrogs	
སྒྲོན་མ་	sgron ma	램프, 랜턴, 횃불
སྒྲོམ་	sgrom	상자, 용기
སྒྲོལ་བ་	sgrol ba	해명하다, (las와 함께) 구제하다, 해방하다
	PF bsgral	
བརྒལ་	brgal	rgal ba 참조
བརྒྱ་	brgya	100
བརྒྱ་ལམ་	brgya lam	의미 없는, 무관한(brgya lam na의 축약형)
བརྒྱན་པ་	brgyan pa	장식하다, 갖추다(mngon par-, rnam par-)
བརྒྱལ་བ་	brgyal ba	기절하다
བསྒོ་	bsgo	sgo ba 참조sgo ba 참조
བསྒོ་བ་	bsgo ba	더럽히다, 때가 끼다(sgo ba 참조)
	P bsgos	
བསྒོས་	bsgos	sgo ba, bsgo ba 참조
བསྒྱུར་	bsgyur	sgyur ba 참조
བསྒྲིབས་	bsgribs	sgrib pa 참조
བསྒྲུབ་	bsgrub	sgrub pa 참조
བསྒྲུབས་	bsgrubs	sgrub pa 참조
ང	**nga**	
ང་	nga	나

ང་རྒྱལ་	nga rgyal	아만, "나-우선", 오만, 자긍
ངག་	ngag	말
ངང་	ngang	성격, 본성, 경향
ངང་པ་	ngang pa	거위, 홍학(범어 haṃsa)
ངན་སྐྱུགས་	ngan skyugs	구토
ངན་སྐྱུགས་ཁྲོན་པ་	ngan skyug khron pa	오물통
ངན་པ་	ngan pa	나쁜, 사악한(skye ngan, ltas ngan, mya ngan, rigs ngan 참조)
ངན་པའི་འགྲོ་བ་	ngan pa'i 'gro ba	나쁜 재생 형태(rgyud lnga 참조, 범어 durgati)
ངལ་བ་	ngal ba	지치다, 피곤하다, 피곤함
ངལ(ག)སོ་	ngal (g)so	"피곤함의 치유", 여가, 중지, 자제(ngal bso, ngal so로 쓰기도, 범어 virati, viramaṇa)
ངུ་བ་	ngu ba P ngus	흐느끼다, 울부짖다
ངུར་སྨྲིག་	ngur smrig	주황(승복의 색깔)
ངུས་	ngus	ngu ba 참조
ངེད་	nged	우리
ངེས་	nges	nges par의 축약형(cho nges 참조)
ངེས་པ་	nges pa	확정성, 확실하다, 참이다, 참, 확인하다 (rnam par- 참조)
ངེས་པར་	nges par	확실한(종종 범어 ni 나 nis의 기계적 번역)
ངེས་པར་ཀུན་ནས་འོང་བ་	nges par kun nas 'ong ba	나타나다, 출현하다(범어 nir-ā-gam)
ངེས་པར་སྐྱེས་པ་	nges par skyes pa	나타나다, 출현하다, 있다(범어 nirjāta)

ངེས་པར་འདོན་པ་	nges par ’don pa	(las와 함께) 쫓아내다, 유배보내다(범어 nir-ā-kṛ, niṣ-kāray, niṣ-kṛ, niḥ-sāray 참조)
ངེས་པར་འབྲེལ་བ་	nges par ’brel ba	(dang과 함께) 확정적으로 결합된, ~와 밀접하다, 완전히 갖추다, (la와 함께) ~을 지향하다(범어 ni-bandh, nibaddha)
ངེས་འབྲེལ་	nges ’brel	nges par ’brel ba의 축약형
ངོ་	ngo	얼굴, 외모(g.yul ngo 참조)
ངོ་བོ་	ngo bo	(진정한) 본성, 본질(mi smra ngo bo 참조)
ངོ་ཚ་	ngo tsha	“얼굴의 열”, 수치, 얼굴이 빨개짐
ངོ་ཚ་བྱེད་པ་	ngo tsha byed pa	부끄러워하다
ངོ་ཚ་བྲལ་བ་	ngo tsha bral ba	부끄러움 없이(ngo tsha dang bral ba의 운율상의 축약형)
ངོ་མཚར་	ngo mtshar	놀람, 경이
ངོ་མཚར་དུ་	ngo mtshar du	놀랍게
ངོ་མཚར་བ་	ngo mtshar ba	놀란
ངོགས་	ngogs	물가, 강둑(’jug ngogs 참조)
ངོམ་པ་	ngom pa P ngoms	욕망을 만족시키다
ངོམས་	ngoms	ngom pa 참조
ངོར་	ngor	(소유격 뒤에서) ~의 앞에서
ངོས་	ngos	측면, 한계, 표면, 방향
དངང་བ་	dngang ba P dngangs	두려워하다(skrag dngang ba 참조)
དངངས་	dngangs	dngang ba 참조

དངུལ་	dngul	은, 돈, 동전
དངོས་པོ་	dngos po	事, 사물, 존재, 재화, 출현, 사건(범어 bhāva)
མངའ་བ་	mnga' ba	존재하다(yod pa의 존칭)
མངོན་	mngon	mngon pa(r)의 축약형
མངོན་པ་	mngon pa	현저하다, 분명하다
མངོན་པར་	mngon par	현저하게(범어 abhi)
མངོན་པར་དགའ་བ་	mngon par dga' ba	(la와 함께) ~을 즐기다(범어 abhi-nand, abhinandin)
མངོན་པར་བརྒྱན་པ་	mngon par brgyan pa	장식하다(범어 abhy-alaṃ-kṛ)
མངོན་པར་འཇུག་པ་	mngon par 'jug pa	입장하다, 관통하다(범어 abhi-ni-viś)
མངོན་པར་རྗོད་པ་	mngon par rjod pa	말하다, 관련지우다(범어 abhi-dhā)
མངོན་པར་སྟོད་པ་	mngon par stod pa	칭찬하다(범어 abhi-śaṃs, abhi-ṣṭu)
མངོན་པར་གནས་པ་	mngon par gnas pa	거주하다, 머무르다, ~에 의해 둘러싸지다 (lhag par gnas pa 참조)(범어 adhi-ṣṭhā, abhi-ṣṭhā)
མངོན་པར་འདུ་བ་	mngon par 'du ba	접근하다(범어 (sam)-abhi-i)
མངོན་པར་འདོད་པ་	mngon par 'dod pa	갈망하다(범어 abhi-laṣ, abhi-vāñch)
མངོན་པར་སྤོང་བ་	mngon par spong ba	제거하다, 버리다, 포기하다, 멀리하다 (mngon (par) yong ba 참조, 범어 abhi-tyaj)
མངོན་པར་འབྱུང་བ་	mngon par 'byung ba	발생하다, 일어나다(범어 abhi-jan)
མངོན་པར་སྨྲ་བ་	mngon par smra ba	말하다(범어 abhi-vad)
མངོན་པར་སངས་རྒྱ་བ་	mngon par sangs rgya ba	정등각하다(범어 abhi-saṃ-buddha)
མངོན་སུམ་	mngon sum	직접지각(現量), 분명한, 눈앞의

རྔ་	rnga	북
རྔ་བ་	rnga ba	깎다, 베다
	P brngas F brnga I rngos	
རྔན་ཅན་	rngan can	모욕하다(rngan chan 참조)
རྔུ་	rngu	고통(zug rngu 참조)
རྔོན་པ་	rngon pa	사냥하다, 사냥꾼
	PF brngon	
བརྔ་	brnga	rnga ba 참조
ལྔ་	lnga	5
སྔ་	snga	~전에, 곧, 일찍, 이전의 것, 첫째
སྔ་བ་	snga ba	처음이다
	P sngas	
སྔ་མ་	snga ma	이전의 것, 이전에
སྔ་རོལ་	snga rol	이전의 것, 과거시대
སྔག(ས)་པ་	sngag(s) pa	칭찬하다
	P bsngags F bsngag I sngog(s)	
སྔགས་	sngags	주문, 부적(범어 mantra, bsgnags의 축약형, gsang sngags 참조)
སྔར་	sngar	이전에, 미리, 먼저
སྔོན་	sgnon	이전에, 시작, 전자
སྔོན་དུ་ / སྔོན་ལ་	sngon du / sngon la	(소유격 뒤에서) ~ 전에, 미리
བསྔགས་	bsngags	칭찬
བསྔལ་བ་	bsnal ba	피곤한, 혼미한(sngug bsngal (ba) 참조)

ཅ	**ca**	
ཅ་ཅོ་	ca co	떠들석한 소리, 소음
ཅང་	cang	모든 것(ci yang, ci'ng 참조)
ཅང་ཤེས་	cang she	(주로 말에 대해) 혈통이 좋다(범어 ājanya, ājenya를 어원대로 옮긴 것)
ཅང་ཤེས་མིན་པ་	cang she min pa	혈통이 나쁜
ཅི་	ci	어느 것? 무엇? 왜? 어떻게?(의문사 어간)
ཅི་ལྟར་	ci ltar	어떻게? 어떤 식으로?(의문사 및 관계사)
ཅི་སྟེ་	ci ste	만약, ~할 때
ཅི་འདྲ་བ་	ci 'dra ba	어떤 종류? 무엇으로 된?(의문사 및 관계사)
ཅི་འདྲ་བ་ཞིག་	ci 'dra ba zhig	어떠어떠한 사람
ཅི་ནས་	ci nas	ci nas kyang의 축약형
ཅི་ནས་ཀྱང་	ci nam kyang	여하간의 이유로, 어떤 경우이든
ཅི་ཙམ་	ci tsam	어떻게? 얼마나 많이?(의문사 및 관계사)
ཅི་ཞིག་	ci zhig	무슨? 어떤?(의문사 및 관계사)
ཅི་ཞིག་དགོས་	ci zhig dgos	(동사적 명사의 도구격과 함께) 무슨 필요가 있는지?
ཅི་ཞིག་བྱ་	ci zhig bya	~해서 무엇하랴?
ཅི་ཡང་	ci yang	무엇이든, 어떤 것도
ཅི་རིགས་པ་	ci rigs pa	적절한
ཅི་རིགས་པར་	ci rigs par	이치에 맞게, 적절하게(범어 yathāyogam)
ཅི་རུང་	ci rung	왜 ~하는지? ~하는 게 맞는지
ཅི་ལ་	ci la	무엇을 위해?

ཅིའི་ཕྱིར་	ci'i phyir	왜?
ཅིའི་སླད་དུ་	ci'i slad du	왜?, 무엇을 위해서(ci'i phyir의 존칭)
ཅུང་	cung	복합어에서 chung의 축약형
ཅུང་ཟད་	cung zad	아주 작은, 약간, 얼마간
ཅེ་ན་	ce na	"만약 ~라고 한다면"(보통 문말에서 반대를 가정할 때 사용되며, 종종 물음표로만 번역됨)
ཅེ་སྤྱང་	ce spyang	재칼(lce spyang 참조)
ཅེས་	ces	그래서, 직접 인용 표시, 고유명사 강조
ཅེས་བྱ་བ་	ces bya ba	~라고 하는, 이른바(ces bgyi ba의 우아한 형태, 범어 iti)
ཅོ་	co	ku co, ca co 참조
གཅགས་པ་	gcags pa	파악하다(yid la 참조)
གཅད་	gcad	gcod pa 참조
གཅིག་	gcig	1, 단일한
གཅིག་ཏུ་	gcig tu	하나로, 함께, 당장, 전체적으로, 일차적으로, 오직, 한결같이
གཅིག་པ་	gcig pa	개별적으로, 단일한 종류의(종종 gcig pu)
གཅིག་པ་ཉིད་	gcig pa nyid	단일함(범어 ekākitā), 외롭게
གཅིག་པུ་	gcig pu	홀로, 단일한
གཅིག་ཤོས་	gcig shos	(두 가지가 이야기될 때) 또 다른
གཅེར་བུ་	gcer bu	벗은
གཅོག་པ་	gcog pa	잘라내다, 박살내다
	P bcag F gcag I chog	

གཅོད་པ་	gcod pa	자르다, 결정하다(rtsad nas-, zhal che- 참조)
	P bcad F gcad I chod	
བཅག་	bcag	gcog pa 참조
བཅད་	bcad	gcod pa 참조
བཅམ་པ་	bcam pa	(dang과 함께 혹은 복합어 말미에서) ~을 갖춘
བཅས་པ་	bcas pa	(dang과 함께) ~을 갖춘
བཅིངས་	bcings	'ching ba 참조
བཅུ་	bcu	숫자 10
བཅུག་	bcug	2. 'jug pa 참조
བཅོམ་	bcom	dgra bcom pa, 'joms pa 참조
བཅོམ་ལྡན་འདས་	bcom ldan 'das	(세계)를 넘어선 정복자, 붓다의 별명, 세존(범어 bhagavat)
བཅོལ་	bcol	'tshol ba 참조
བཅོས་	bcos	bcos ma의 축약형
བཅོས་མ་	bcos ma	인위적인, 만들어진, 허위의
ལྕགས་	lcags	철
ལྕགས་ཀྱུ་	lcags kyu	(코끼리 조련용) 쇠로 된 고리
ལྕགས་ཕྱེ་	lcags phye	철 톱밥
ལྕེ་	lce	혀(me lce 참조)
ལྕེབ་པ་	lceb pa	죽음을 구하다, 자살하다
	P lcebs	
ཆ	cha	부분, 몫, 원반, 기교(범어 kalā), 운명(범어

		bhāga)(rgyan cha, bde b'i cha, bya b'i cha, mtshon cha, lag cha 참조)
ཆ་བྱད་	cha byad	외양, 옷, 도구
ཆག(པ་)	chag (pa)	2. 'chag pa 참조
1.ཆགས་པ་ལ་	chags pa	(la와 함께) ~을 탐착하다, ~을 사랑하다, 그리워하다, 열정, 집착('dod chags 참조)
2.ཆགས་པ་	chags pa	태어나다, 산출되다, 일어나다(srog chags 참조)
ཆགས་བྲལ་	chags bral	열정이 없는, 집착이 없는,
ཆང་	chang	술
ཆང་ཚོང་	chang tshong	술
ཆང་ཚོང་གི་གྱིམ་	chang tshong gi gyim	술집
ཆང་ཚོང་མ་	chang tshong ma	술 따르는 여자, 술집 여자
ཆད་	chad	'chad pa 참조
ཆད་པ་	chad pa	처벌
ཆར(པ་)	char (pa)	비, 쏟아짐
ཆར་འདོད་བྱེའུ་	char 'dod bye'u	"빗물을 원하는 새"(범어 cātaka)
ཆུ་	chu	물
ཆུ་ཀླུང་	chu klung	강
ཆུ་སྐྱེས་	chu skyes	"물에서 태어난, 물에서 나온", 연꽃(범어 abja 등등)
ཆུ་རྟ་	chu rta	"물이 집인", 하마
ཆུ་རྟའི་གདོང་གི་མེ་	chu rta'i gdong gi me	"암말의 입의 불", 남극의 지옥 입구의 물로 끌 수 없는 불(범어 vaḍabāmukhāgni)

ཆུ་དྭངས་ནོར་བུ་	chu dwangs nor bu	"흐린 물도 깨끗하게 만드는 보석"(빨리어 udakappa-sādako maṇi)
ཆུ་ལྡན་	chu ldan	"물을 함유한"(rgyal mtshan 참조)
ཆུ་ཕྲན་	chu phran	물방울
ཆུ་བོ་	chu bo	시내, 강
ཆུ་བོའི་བདག་པོ་	chu bo'i bdag po	"강의 지배자" (강의 신), 바다 및 대양 (범어 nadīpatti)
ཆུ་ཚགས་	chu tshags	"물 속의 망", 어구
ཆུ་འཛིན་པ་	chu 'dzin pa	"물 운반자", 구름, 물의 시적인 표현(범어 jaladhara)
ཆུ་རླབས་	chu rlabs	물결
ཆུ་ལ་སྦྱོད་པ་	chu la sbyod pa	"물에서 사는", 수중 생물(범어 jalecara)
ཆུ་སྲིན་	chu sren	"물 벌레", 돌고래(범어 makara)
ཆུ་སྲིན་གྱི་རྒྱལ་མཚན་	chu sren gyi rgyal mtshan	"돌고래의 깃발(을 지닌 자)", 인도신 Kāma
ཆུང་	chung	작은, 약간(chung ngu, chung ba의 축약형 nyams chung, tha chung 참조)
ཆུང་ངུ་	chung ngu	작은, 미세한(chung ba의 지소사)
ཆུང་བ་	chung ba	작다, 적다
ཆུང་མ་	chung ma	"작은 사람", 여자, 부인
ཆུད་པ་	chud pa	투과하다
ཆུད་གསན་པ་	chung gsan pa	버리다, 낭비하다, 캐내다
ཆུའི་རྟེན་	chu'i rten	"물의 용기", 물, 연못, 바다(범어 jalāśaya)
ཆུའི་གནས་	chu'i gnas	"물이 있는 곳", 연못, 바다(범어 jalasthāna)
ཆུའི་སྦྲུལ་	chu'i sbrul	물뱀(범어 jala)

ཆེ་	che	che ba의 축약형(zhal che 참조)
ཆེ་ཁྱད་	che khyad	"크기의 정도", 사이즈
ཆེ་ཆུང་	che chung	"크고 작음"(rgan gzhon과 유사)
ཆེ་རྟགས་	che rtags	주요한 성격
ཆེ་བ་	che ba	크다, 사이즈(rin po che 참조)
ཆེད་དུ་	ched du	(소유격 뒤에서) ~를 위해
ཆེན་པོ་	chen po	큰(sgra-, shing rta-, sems can-, lha- 참조)
ཆེར་	cher	더한 정도로(명사 뒤에서, 부사적 비교급 및 최상급 표현, phal cher 참조)
ཆོ་ག་	cho ga	일반규칙, 게임의 규칙, 규정
ཆོ་ངེས་	cho nges	울부짖음
ཆོ་ངེས་འདེབས་པ་	cho nges 'debs pa	울부짖다
ཆོ་རིགས་	cho rigs	가족, 가계
ཆོག་	chog	gcog pa 참조
ཆོག་པ་	chog pa	충분하다
ཆོད་	chod	gcod pa 참조
ཆོམ་	chom	절도, 강도
ཆོམ་རྐུན་	chom rkun	도둑, 강도
ཆོས་	chos	법, 가르침, 교리, 불교교리, 종교, 존재요소(범어 dharma)
ཆོས་ཀྱི་བདག་ཉིད་	chos kyi bdag nyid	법의 본질, 올바름, 덕, 불교의 가르침의 완수(범어 dharmātmatā)
ཆོས་གོས་	chos gos	법복
ཆོས་རྒྱལ་	chos rgyal	"종교적인 왕", 종교적이고 윤리적인

		이상에 따라 통치하는 왕(범어 dharmarāja)
ཆོས་སྦྱོད་	chos sbyod	도덕적으로 깨끗한 삶을 영위하는(sdig sbyod의 반대)
ཆོས་ལུགས་	chos lugs	종교
མཆི་བ་	mchi ba P mchis	(우아한 형태) 가다, 오다, 말하다
མཆིས་	mchis	mchi ba 참조
མཆིས་པ་	mchis pa	존재하다(yod pa의 우아한 형태)
མཆུ་	mchu	입술, 부리
མཆུ་ནད་	mchu nad	입술병, 알러지의 일종(범어 oṣṭha(pra)kopa, oṣṭharoga)
མཆེ་གཉིས་	mche gnyis	"상아가 둘인", 코끼리(범어 dvirada)
མཆེ་བ་	mche ba	상아
མཆེད་	mched	형제(spun의 존칭)
མཆོག་	mchog	최고, 최고의, 탁월한
མཆོག་ཏུ་	mchog tu	최고로(범어 ut, pra)
མཆོག་ཏུ་དད་པ་	mchog tu dad pa	(la와 함께) ~을 완전히 신뢰하는(범어 prasāda)
མཆོང་བ་	mchong ba P mchongs	뛰다
མཆོངས་	mchongs	mchong ba 참조
མཆོད་རྟེན་	mchod rten	"숭배의 용기", 탑(범어 stūpa)
མཆོད་པ་	mchod pa	존경하다, 숭배하다, 존경, 숭배
མཆོད་པ་བྱེད་པ་	mchod pa byed pa	경의를 표하다

མཆོད་ཡོན་	mchod yon	선물
1.འཆག་པ་	’chag pa	걸어가다
	P bcags F bcag I chog	
2. འཆག་པ་	’chag pa	깨지다
	P chag	
1. འཆད་པ་	’chad pa	잘리다
	P chad	
2. འཆད་པ་	’chad pa	말하다, 관련 지우다, 설명하다, 명명하다
	PF bshad I shod	
འཆར་བ་	’char ba	(해가) 뜨다
	P shar	
འཆི་བ་	’chi ba	사(死), 죽다
	P shi	
འཆིང་བ་	’ching ba	묶다, 족쇄를 채우다, 길들이다(shin tu bcings pa 참조)
	P bcings F bcing I chings	
འཆེ་བ་	’che ba	확실히 하다, 약속하다, 결정하다(shal che 참조)
	P bces ’ches F bce I ches	
འཆོར་བ་	’chor ba	빠져나가다, 탈출하다
	P shor	
འཆོལ་བ་	’chol ba	맡기다, 임명하다
	PF bcol I chol	
འཆོས་པ་	’chos pa	만들다, 준비하다, 건축하다

P bcos F bco I chos

ཇ	**ja**	
ཇི་	ji	무엇(의문대명사 ci의 관계사 형태)
ཇི་ལྟ(བུ)	ji lta (bu)	~ 같은
ཇི་ལྟ་ཇི་ལྟར་	ji lta ji ltar	~한 식으로(상관사: de lta de ltar)
ཇི་ལྟར་	ji ltar	어떻게?
ཇི་ཙམ་	ji tsam	~하는 동안
ཇི་ཙམ་དུ་	ji tsam du	~하는 한
ཇི་སྲིད་	ji srid	~하는 한(상관사: de srid)
མཇུག་	mjug	결론, 뒷부분, 뒷면(mjug ma 참조)
མཇུག་སྒྲོ་	mjug sgro	꽁짓털
མཇུག་སྡུད་པ་	mjug sdud ma	맨 뒷줄에 서다(sna 'dren pa의 반대)
མཇུག་མ་	mjug ma	뒷쪽, 꼬리
འཇམ་པ་	'jam pa	부드러운, 온화한
འཇམ་པོ་	'jam po	부드러운, 온화한
འཇམ་དཔལ་	'jam dpal	"부드러운 아름다움을 가진"(Mañjuśrī 보살의 티벳명)
འཇིག་རྟེན་	'jig rten	세간, "무상함을 가진 것", 세계(범어 loka의 어원을 잘못 파악하여 옮긴 것)
1.འཇིག་པ་	'jig pa	썩다, 사라지다
	P bzhig	
2.འཇིག་པ་	'jig pa	파괴하다
	P bzhig F gzhig I zhig, bshig	

འཇིག་པ་ཉིད་	'jig pa nyid	파괴, 부패
འཇིག་པ་ཉིད་དུ་འཁྱེར་བ་	'jig pa nyid du 'khyer ba	"파괴로 이끌다", 소멸하다
འཇིགས་པ་	'jigs pa	(la 혹은 las와 함께) ~을 두려워하다
འཇུག་ངོགས་	'jug ngogs	(성스러운) 목욕지(범어 tīrtha)
1.འཇུག་པ་	'jug pa	이해하다, 들어가다, 시작하다, 발생하다, 존재하다, 시작, 행위, 행위하다(kun-, mngon par-, rjes su-, dam min- 참조)
	PI zhugs	
2.འཇུག་པ་	'jug pa	(la와 함께) 초래하다, ~하게 만들다, 설복하다, 일어나게 하다
	P bcug F gzhug I chug	
འཇུངས་པ་	'jungs pa	탐욕을 부리다, 탐욕스러운 사람, 탐욕
འཇོ་བ་	'jo ba	우유를 짜다 ('dod 'cho 참조)
	P bzhos F bzho I 'jos	
1. འཇོག་པ་	'jog pa	두다, 위치시키다
	P bzhag F gzhag I zhog	
2. འཇོག་པ་	'jog pa	자르다, 썰다, 새기다, 쪼개다
	P bzhogs F gzhog I zhog	
འཇོག་པོ་	'jog po	조각가, 칼(범어 takṣaka, takṣan)
འཇོག་པོའི་བྲག་	'jog po'i brag	"칼의 바위", 인도 북서부 도시명(현재의 Taxila)
འཇོམས་པ་	'joms pa	정복하다, 파괴하다
	P bcom F gzhom I chom(s)	
འཇོམས་བྱེད་	'joms byed	파괴자

རྗེ་	rje	지배자, 통치자(snying rje, thugs rje 참조)
རྗེ་དཔོན་	rje dpon	지배자, 통치자
རྗེད་པ་	rjed pa PF brjed	잊다
རྗེས་	rjes	흔적, 표식, 발자국(phyi rjes 참조)
རྗེས་མཐུན་	rjes mthun	rjes su mthun pa의 축약형
རྗེས་འབྲང་	rjes 'brang	추적하다, 뒤따르다(rjes su 'brang ba의 축약형)
རྗེས་སུ་	rjes su	~의 방식으로, ~에 따라(범어 anu)
རྗེས་སུ་འགྲོ་བ་	rjes su 'gro ba	뒤따라가다(범어 anu-gam)
རྗེས་སུ་འཇུག་པ་	rjes su 'jug pa	들어가다, 덧붙이다, 계승(범어 anu-viś), 모방(anugamana), 부응함(anuvṛtti)
རྗེས་སུ་ཐོས་པ་	rjes su thos pa	듣다, 전달하다(범어 anu-śru)
རྗེས་སུ་མཐུན་པ་	rjes su mthun pa	수순하다, 상응하다, 조화하다, 일치하다(범어 anukūla)
རྗེས་སུ་འཛིན་པ་	rjes su 'dzin pa	(la와 함께) ~에 도움이 되는, 지지하다(범어 anugrah의 차용어)
རྗེས་སུ་གཟུང་བ་	rjes su gzung ba	은혜, 호의, 선의, 지지(범어 anugraha)
རྗེས་སུ་ཡི་རང་བ་	rjes su yi rang ba	(la와 함께) ~을 즐기다
རྗོད་པ་	rjod pa PF brjod	말하다, 언급하다
ལྗོན་ཤིང་	ljon shing	나무
ལྗོན་ཤིང་གི་བྲག་	ljon shing gi brag	"나무-돌"(범어 vṛkṣaśila, Takṣaśīlā로 읽음, 'jog pe'i brag 참조)

བརྗིད་	brjid	밝음, 화려함, 윤기기(gzi brid 참조)
བརྗེད་	brjed	rjed pa 참조
བརྗོད་	brjod	rjod pa 참조

ཉ	**nya**	
ཉ་	nya	물고기, 만월(범어 pūrṇa, pūrṇamās)
ཉན་པ་	nyan pa	듣다
	I nyon	
ཉམ(ས)་	nyam(s)	정신, 마음, 힘
ཉམ(ས)་ཆུང་	nyam(s) chung	힘이 약하다, 약한
ཉམས་པ་	nyams pa	부패하다, 기울다, 상하다(ma nyams pa 참조)
ཉམས་སུ་མྱོང་བ་	nyams su myong ba	(정신적으로) 즐기다, 경험하다, 지각하다
ཉལ་བ་	nyal ba	눕다
	I nyol	
ཉི་མ་	nyi ma	해, 날
ཉི་མ་རེ་རེ་ཞིང་	nyi ma re re zhing	매일
ཉིད་	nyid	자아, 동일한, 오직, 다만, 조차, ~임(추상명사 만드는 어미)(범어 -tā, -tva)
ཉིན(མོ)་	nyin (mo)	날
ཉིན་གུང་	nyin gung	정오
ཉིན་པར་	nyin par	하루간
ཉིན་རེ་	nyin re	하루
ཉུང་བ་	nyung ba	작은, 적은, 약간

ཉེ་བ་	nye ba	(dang과 함께) ~ 근처인
ཉེ་བའི་དར་དར་	nye ba'i dar dar	(nye ba'i dar dar로도 씀), 물뱀의 이름(범어 upadardara)
ཉེ་བར་	nye bar	근처(범어 upa)
ཉེ་བར་ཀུན་ནས་ལང་བ་	nye bar kun nas lang ba	일어나다, 접근하다(범어 (sam)upa-ruh)
ཉེ་བར་འཁྱེར་བ་	nye bar 'khyer ba	~로 이끌다, 특정 상황에 두다(범어 upa-nī)
ཉེ་བར་འགྲོ་བ་	nye bar 'gro ba	접근하다, 도달하다(범어 upa-gam)
ཉེ་བར་རྟེན་པ་	nye bar rten pa	함께하다, 공양하다(이런 의미로 nye bar sten pa라고도 씀, 범어 upa-sev)
ཉེ་བར་སྟེན་པ་	nye bar sten pa	시중들다, 공양하다(upa-sev)
ཉེ་བར་སྟོན་པ་	nye bar ston pa	가르치다, 선생(범어 upa-diś, upadeṣṭṛ)
ཉེ་བར་གནས་པ་	nye bar gnas pa	~와 함께하다, 출석하다, 접근하다, 나타나다(범어 upa-sthā), 거주하다(범어 upa-vas)
ཉེ་བར་སྤྱད་པ་	nye bar spyad pa	행위, 행동(범어 upacāra)
ཉེ་བར་སྤྱོད་པ་	nye bar spyod pa	정중하게 행동하다, 예의바르게 처신하다, 예의바름, 공손함(범어 upa-car, upacāra)
ཉེ་བར་སྦས་པ་	nye bar sbas pa	숨겨진(범어 upagupta)
ཉེ་བར་རྩོམ་པ་	nye bar rtsom pa	고수하다, 의존하다(범어 upa-rabh)
ཉེ་བར་འོང་བ་	nye bar 'ong ba	접근하다(범어 upa-gam, upā-gam, kun nas nye bar 'ong ba, yang dag par nye bar 'ong ba 참조)
ཉེ་བར་གསོད་པ་	nye bar gsod pa	해치다, 죽이다, (범어 upa-han)
ཉེན་པ་	nyen pa	고통받다, 고문을 당하다

ཉེས་པ་	nyes pa	과실, 잘못된, 죄를 지은, 해로운, 잘못하다, 죄를 짓다, 잘못, 위반, 해
ཉེར་	nyer	nye bar의 축약형
ཉེར་འགྲོ་བ་	nyer 'gro ba	nye bar 'gro ba와 동일
ཉོ་བ་	nyo ba	사다
	PI ཉོས་ nyos	
ཉོན་	nyon	nyan pa 참조
ཉོན་མོངས་	nyon mongs	(업의) 더러움, 때, 불행, 번뇌(범어 kleśa, kun nas nyon mongs 참조)
ཉོས་	nyos	nyo ba 참조
གཉིས་	gnyis	2
གཉིས་པ་	gnyis pa	두 번째
གཉིས་སུ་	gnyis su	둘째로
གཉེན་	gnyen	친척, 친구
གཉེན་འདུན་	gnyen 'dun	친적, 수행원
གཉེན་ཕྱོགས་	gnyen phyogs	우방, 동맹
གཉེར་བ་	gnyer ba	돌보다, 제공하다(don gnyer ba 참조)
མཉན་པ་	mnyan pa	nyan pa의 축약형
མཉན་(དུ)་ཡོད་(པ་)	mnyan (du) yod (pa)	인도도시 Śrāvastī(티벳에서는 이를 śr u "듣다"와 asti "존재하다"로 잘못 분석)
མཉམ་པ་	mnyam pa	(dang과 함께) 평등한, ~와 닮다, 같다, ~같이
མཉེན་པ་	mnyen pa	부드러운, 유연한, 애정 어린
མཉེས་པ་	mnyes pa	(dga' ba의 존칭) 기뻐하다, 행복하다,

		만족하다
མཉེས་གཤིན་པ་	mnyes gshin pa	유순하다, 사랑스럽다
རྙིང་པ་	rnying pa	늙은, 고대의
རྙིང་བ་	rnying ba	나이 먹다
	P rnyings	
རྙེད་པ་	rnyed pa	획득하다, 도달하다, 찾다
	P brnyes, rnyed F brnyed	
རྙོག་པ་	rnyog pa	문제가 되다, 휘젓다, 소용돌이
སྙད་པ་	snyod pa	관련 지우다, 보고하다
	PF bsnyad I snyod	
སྙན་	snyan	귀(rna ba의 존칭)
སྙན་གྲགས་	snyan grags	명성, 영예
སྙན་པ་	snyan pa	명성, 유명한
སྙམ་(པ་)	snyam (pa)	생각, 감각, 마음, 생각하다, 상상하다
(འདི)་སྙམ་དུ་སེམས་པ་	('di) snyam du sems pa	생각하다
སྙིང་	snying	심장
སྙིང་རྗེ་	snying rje	비심(悲心)
སྙིང་རྗེ་མེད་པ་	snying rje med pa	비심이 없는
སྙིང་པོ་	snying po	핵심, 존재, 심장, 실체, 부, 재산(범어 sāra)
སྙིང་པོ་འཛིན་པ་	snying po 'dzin pa	누군가를 이용하다
སྙིང་བརྩེ་བ་	snying brtse ba	사랑하다, 비심을 느끼다, 동정하다
སྙེད་	snyed	(수사 뒤에서) 그만큼, 대략(de snyed 참조)
སྙོད་པ་	snyod pa	~에게(탈격) —을 먹이다
	PF བསྙོད་ bsnyod	

སྙོམས་	snyoms	bsod snyoms 참조
སྙོལ་བ་	snyol ba	내려놓다, 설치하다
	PF བསྙལ་ bsnyal	
བརྙ་བ་	brnya ba	~에게(la) 빌리다
	P བརྙས་ brnyas	
བརྙས་	brnyas	brnya ba 참조
བརྙས་པ་	brnyas pa	속이다
བརྙེད་	brnyed	rnyed pa 참조
བརྙེས་	brnyes	rnyed pa 참조
བསྙད་	bsnyad	snyad pa 참조
བསྙལ་	bsnyal	snyol ba 참조
བསྙོད་	bsnyod	snyod pa 참조

ཏ	**ta**	
ཏམ་བོ་ལ་	tam bo la	빈랑나무(범어 tāmbūla)
ཏིང་འཛིན་	ting 'dzin	삼매, 집중, 명상(ting nge 'dzin의 운율상의 축약형)
གཏང་གཏོང་བ་	gtang	gtong ba 참조
གཏམ་	gtam	말, 담화
གཏམ་བྱེད་པ་	gtam byed pa	연설하다, 담소를 나누다
གཏི་མུག་	gti mug	치(癡), (정신적) 어둠, 무지, 어리석음
གཏིང་	gting	바닥, 깊이
གཏུམ་པ་	gtum pa	맹렬한, 고온의
གཏུམ་མོ་	gtum mo	체온이 높은 여성

གཏེར་	gter	보관함, 보물(rin chen gter 참조)
གཏོང་བ་	gtong ba	버리다, 포기하다, 보내다, 해산하다(rab tu gtong ba 참조)
	P btang F gtang I thong	
བཏགས་	btags	’dogs pa 참조
བཏང་	btang	gtong ba 참조
བཏབ་	btab	’debs pa 참조
བཏུང་	btung	’thung ba 참조
བཏུང་བ་	btung ba	음료
བཏུད་	btud	’dud pa 참조
བཏུལ་	btul	’dul ba 참조
རྟ་	rta	말(chu rta 참조)
རྟ་རྒོད་མ་	rta rgod ma	“암말인 말”, 암말
རྟ་མཆོག་	rta mchog	좋은 혈통의 말
རྟ་བདག་	rta bdag	말 소유자
རྟག་ཏུ་	rtag tu	항상, 영원히
རྟག་པ་	rtag pa	항상하는, 항상성
རྟགས་	rtags	특성, 표식(che rtags 참조)
རྟེན་	rten	근거, 지니다, 지지하다, 용기, 성지
རྟེན་པ་	rten pa	(la와 함께) ~에 기대다, 의지하다, 살다(nye
	PF brten	bar-, yang dag par- 참조)
རྟོག་གེ་(བ་)	rtog ge (ba)	지적인 따짐, 논리(범어 (vi)tarka, rtog pa의 강조형)
རྟོག་པ་	rtog pa	분별하다, 고려하다, 검토하다, 숙고하다,

		판별하다, 의심하다(kun rtog, rnam rtog, rtog ge (ba) 참조)
	P brtags F brtag I rtogs	
རྟོགས་པ་	rtogs pa	증득하다, 지각하다, 알다, 이해하다, 인식, 지각, 인지
ལྟ་ཅི་སྨོས་	lta ci smos	하물며
ལྟ་བ་	lta ba	~로(la) 보다, 간주하다, ~에(여격) 주의하다
	P bltas F blta I ltos	
ལྟ་བུ་	lta bu	~처럼
ལྟད་མོ་	lta mo	시야, 경치, 장관, 연극
ལྟར་	ltar	(비교의 후치사) ~처럼, (동사 뒤에서) 마치 ~인 듯(ci ltar, ji ltar, da ltar, de ltar, 'di ltar 참조)
ལྟས་	ltas	길조
ལྟས་ངན་	ltas ngan	흉조
ལྟུང་བ་	ltung ba	떨어지다, 몰락하다
	PFI lhung	
ལྟེ་བ་	lte ba	배꼽, 중심
ལྟོ་	lto	음식
ལྟོ་འགྲངས་(པ་)	lto 'grangs (pa)	음식에 물리다
ལྟོ་འཕྱེ་	lto 'phye	"배로 기는 것", 뱀(범어 uraga)
ལྟོ་འཕྱེ་ཉིད་	lto 'phye nyid	뱀의 특성(범어 urgatva)
ལྟོ་བ་	lto ba	배

ལྟོགས་པ་	ltogs pa	배고프다, 굶주림, 후회하다
ལྟོས་	ltos	lta ba 참조
སྟ་(རེ་)	sta (re)	도끼(dgra sta 참조)
སྟག་	stag	호랑이(me stag 참조)
སྟག་ཕྲུག་	stag phrug	호랑이 새끼
སྟག་མོ་	stag mo	호랑이 암컷
སྟན་	stan	매트, 카펫, 쿠션
སྟེང་	steng	윗부분, 위, 표면
སྟེང་དུ་	steng du	(소유격 뒤에서) ~ 위에
སྟེན་པ་	sten pa	~에(게) 기대다(kun nas- 참조)
	PF bsten	
སྟེའུ་	ste'u	작은 도끼(sta (re)의 지소사)
སྟེར་བ་	ster ba	주다, 수여하다, 허락하다
	PF bster	
སྟེས་	stes	(상서로운) 운명, 기회
སྟོང་	stong	1000
སྟོང་པ་	stong pa	공(空), 빈(범어 śūnya)
སྟོད་པ་	stod pa	칭찬하다(mngon par- 참조)
	PF bstod	
སྟོན་པ་	ston pa	보여주다, 설명하다, 가르치다, 선생(kha ston pa, nye bar ston pa 참조)
	PF bstan	
སྟོབས་	stobs	힘, 활력
སྟོབས་ཆུང་	stobs chung	힘이 약하다

སྟོབས་ལྡན་	stobs ldan	강한, 활기찬(흔한 범어 인명 balin)
སྟོར་བ་	stor ba	상실하다, 망하다
བརྟག་/ བརྟགས་	brtag / brtags	rtog pa 참조
བརྟན་པ་	brtan pa	확고하다, 확고함
བརྟུལ་ཞུགས་	brtul zhugs	고행
བརྟུལ་ཞུགས་ཅན་	brtul zhugs can	고행자
བརྟེན་	brten	rten pa 참조
བལྟ་	blta	lta ba 참조
བལྟས་	bltas	lta ba 참조
བསྟན་	bstan	ston pa 참조
བསྟན་བཅོས་	bstan bcos	논서, 전문서적(범어 śāstra)
བསྟན་པ་	bstan pa	교리, 가르침
བསྟེན་	bsten	sten pa 참조
བསྟོད་	bstod	stod pa 참조
བསྟོད་པ་	bstod pa	칭찬, 찬사
ཐ	**tha**	
ཐ་	tha	tha ma의 축약형
ཐ་ག་པ་	tha ga pa	방직공(thag ga pa에서 파생)
ཐ་ཆུང་	tha chung	(예컨대 3형제 중에서) 가장 어린 자
ཐ་དད་པ་	tha dad pa	구별하다, 다르다, 다양하다
ཐ་མི་དད་པ་	tha mi dad pa	구별이 없다, 차이 없다, 같다
ཐ་མ་	tha ma	마지막, 마지막으로, 마침내
ཐ་ཤལ་	tha shal	천한 사람, 나쁜 사람

ཐག་	thag	거리(ma thag pa 참조)
ཐག་པ་	thag pa	밧줄
ཐགས་	thags	직물, 옷감
ཐད་(ཀ་)	thad (ka)	전방
ཐད་དུ་	thad du	(소유격 뒤에서) ~를 향해, 앞에서
ཐབས་	thabs	방편, 수단, 장치, 기회(sham 참조)
ཐབས་(བ)རྡུག(ས)་པ་	thabs (b)rdug(s) pa	수 없는, 방법이 없는
ཐམས་ཅད་	thams cad	일체, 모두, 함께
ཐམས་པ་	thams pa	닫힌 (입)('thams pa 참조)
ཐར་པ་	thar pa	해탈, 구제
ཐར་བ་	thar ba	(las와 함께) 해방된, 자유로운
ཐལ་བ་	thal ba	초월하다, 지나다, 지나치다
ཐལ་མོ་	thal mo	손바닥
ཐལ་མོ་སྦྱར་བ་	thal mo sbyar ba	합장하다(범어 añjaliṃ kṛ)
ཐིབས་པོ་	thibs po	어두운, 빽빽한
ཐུག་པ་	thug pa	(la와 함께) ~에 도달하다, 가다, 만나다
ཐུགས་	thugs	마음, 지성(snying, blo, sems의 존칭)
ཐུགས་རྗེ་	thugs rje	비심(snying rje의 존칭)
ཐུགས་བརྩེ་བ་	thugs brtse ba	비심을 느끼다, 동정하다(snying brtse ba의 존칭)
ཐུགས་བརྩེ་བར་	thugs brtse bar	동정심을 느끼는
ཐུང་བ་	thung ba	짧다
ཐུན་མོང་བ་	thun mong ba	(dang과 함께) 일반적인, ~와 공통된
ཐུབ་པ་	thub pa	~가 가능하다, ~와 동등하다, 성자(범어

		muni, dka' thub (pa), dka' thub kyi nor can 참조)
ཐུབ་པ་ཆེན་པོ་	thub pa chen po	"위대한 성자"(붓다의 별칭, 범어 mahāmuni)
ཐུར་	thur	아래
ཐུར་དུ་	thur du	아래로
ཐུར་མ་	thur ma	숟가락(nor bu'i thur ma 참조)
ཐེ་ཚོམ་	the tshom	의심
ཐེག་པ་	theg pa	수레(범어 yāna)
ཐེག་(པ་)ཆེན་པོ་	theg (pa) chen mo	대승, "큰 수레"(범어 mahāyāna)
ཐེག་(པ་)དམན་(པ་)	theg (pa) dman (pa)	소승, "작은 수레"(범어 hīnayāna)
ཐོ་རངས་	tho rangs	동틀녘
ཐོ་རངས་ཀྱི་དུས་	tho rangs kyi dus	동틀녘에(범어 pratyūṣakāle)
ཐོག་	thog	가장 위에 있는 것, 상위자
ཐོག་ཏུ་	thog tu	(소유격 내지 목적격 뒤에서) ~위에
ཐོག་མ་	thog ma	가장 위에 있는 것, 위쪽 끝, 기원
ཐོག་མར་	thog mar	시초에, 애초에, (소유격 뒤에서) ~ 이전에
ཐོགས་	thogs	'thogs 참조
ཐོགས་པ་	thogs pa	장애, (물질의)저항성, 방해되는, 걸린
ཐོབ་	thob	'debs pa 참조
ཐོབ་པ་	thob pa	도달하다, 획득하다
ཐོས་པ་	thos pa	듣다, 지각하다, ~에 대해 듣다, 들려진 것, 가르침(rjes su thos pa, mig gis thos pa 참조)
ཐོས་པ་ཆེ་བ་	thos pa che ba	많이 배운(범어 mahāśruti), mang du thos

		pa라고도 함(범어 bahuśruta)
མཐའ་	mtha'	끝, 한계, 경계, (도시의) 외곽
མཐར་	mthar	끝에, 마침내
མཐར་ཕྱིན་པ་	mthar phyin pa	"(도덕적 분투의) 끝에 도달한 자", 완벽한 자, 성자, 도덕적 완성
མཐར་བྱེད་པ་	mthar byed pa	"끝내는 자", 인도신 Yama의 별명(범어 antaka, kṛtānta)
མཐུ་	mthu	힘, 권력, 권위, 능력
མཐུ་རྩལ་	mthu rtsal	완력, 힘, 힘의 사용
མཐུན་པ་	mthun pa	상응하다, 일치하다, 조화하다(rjes (su) mthun (pa), rigs mthun 참조)
མཐེ་བོ་	mthe bo	엄지
མཐོ་	mtho	mtho ba의 축약형
མཐོ་བ་	mtho ba	높다, 높이, 높은, 고양된
མཐོ་རིས་	mtho ris	천상, "높은 곳", 하늘
མཐོང་བ་	mthong ba	보다, 지각하다
འཐག་པ་	'thag pa	직조하다
	P btags F btag I (')thog	
འཐབ་པ་	'thab pa	(dang과 함께) ~와 싸우다, 전투하다, 논쟁하다
འཐབ་མོ་	'thab mo	전쟁, 전투, 말싸움
འཐབ་རྩོད་	'thab rtsod	말싸움, 논쟁
འཐབ་ས་	'thab sa	전장
འཐམ་པ་	'tham pa	입을 앙다물다

	P (’)thams	
འཐུང་བ་	’thung ba	마시다
	P ’thungs F btung I ’thungs	
འཐོགས་པ་	’thogs pa	취하다, 붙잡다, 부르다(’dogs pa 참조)
	PI thogs	
འཐོན་པ་	’thon pa	나오다
	PI thon	
འཐོབ་པ་	’thob pa	되다, 얻다, 발생하다
ད	**da**	
ད་ལྟར་	da ltar	지금, 이제, 바로
ད་སྟེ་	da ste	이제
དག་	dag	복수조사
དག་པ་	dag pa	청정한, 순수한, 깨끗한(rnam par dag pa, yang dar par 참조)
དང་	dang	~와(연결사)
དང་དུ་ལེན་པ་	dang du len pa	승인하다, 자원하다
དང་པོ་	dang po	첫째
དང་བ་	dang ba	순수하다, 신성하다
དང་བར་བྱེད་པ་	dang bar byed pa	정화하다
དྭངས་པ་	dwangs pa	순수하다, 깨끗하다(chu dwangs nor bu 참조)
དད་པ་	dad pa	믿다, 확신하다(범어 prasāda, mchog tu- 참조)

དམ་པ་	dam pa	고귀한, 용맹한, 탁월한, 신성한 (자)
དམ་མིན་	dam min	비열한 (자)(dam pa min pa의 축약형)
དམ་མིན་འཇུག་པ་	dam min ’jug pa	비열하게 행동하다(asadvṛtti)
དར་	dar	비단
དར་སྐུད་	dar skud	비단실
དར་དར་	dar dar	물뱀 이름(범어 dardara)
དལ་གྱིས་	dal gyis	고요하게, 부드럽게
དལ་བ་	dal ba	천천히, 고요하다
དུ་མ་	du ma	“모인”, 매우, 많이, 여럿(’du ba에서 파생)
དུག་	dug	독
དུག་ཅན་	dug can	유독한
དུང་	dung	조개껍데기
དུད་འགྲོ་	dud ’gro	축생, “네 발로 걷는”, 동물(범어 tiryañc의 차용어)
དུད་པ་	dud pa	구부린, 기울어진(’dud pa 참조)
དུམ་	dum	조각
དུམ་བུ་	dum bu	작은 조각(dum의 지소사, ’gal dum 참조)
དུར་	dur	무덤
དུལ་བ་	dul ba	부드러운, 유순한, 길들여진, 좋은 행동, 규율
དུས་	dus	시간
དུས་བྱེད་པ་	dus byed pa	(해를 통해) 시간을 확인하다, 시간을 다하다, 죽다, 사라지다(tshe’i dus byed pa 참조)

ས་ལ་འབབ་པ་	dus la 'bab pa	(소유격과 함께) ~의 때에, ~하는 때가 되다, ~하기 딱 좋은 시간
དེ་	de	저(것)
དེ་ཉིད་	de nyid	바로 이것, 아주 똑같은 것
དེ་སྙེད་	de snyed	그만큼, 그렇게 많이(ji snyed의 상관사)
དེ་སྙེད་དུ་	de snyed du	그만큼
དེ་ལྟ་དེ་ལྟར་	de lta de ltar	그만큼(ji lta ji ltar의 상관사)
དེ་ལྟ་ན་ཡང་	de lta na yang	"그렇지 않다 해도", ~에도 불구하고
དེ་ལྟར་	de ltar	그렇게
དེ་ལྟ་(བུ)	de ltar (bu)	그러한
དེ་ལྟར་ན་	de ltar na	de ltar와 동일
དེ་ན་	de na	거기서
དེ་ནས་	de nas	그러고 나서, 그로부터, ~이래로(범어 tadā)
དེ་ཕྱིན་ཅད་	de phyin cad	그로부터, 그 후
དེ་བས་ན་	de bas na	따라서, 이 때문에
དེ་མ་ཐག་ཏུ་	de ma thag tu	직후
དེ་བཞིན(དུ)	de bzhin (du)	따라서
དེ་བཞིན་གཤེགས་པ་	de bzhin gshegs pa	여래(如來), "그렇게 간 자", "절대적 진리(de bzhin nyid)에 도달한 자", 붓다의 별칭(범어 tathāgata)
དེ་རིང་	de ring	이제, 오늘
དེ་སྲིད་	de srid	그만큼(ji srid의 상관사)
དེང་	deng	오늘
དེད་དཔོན་	ded dpon	대상의 우두머리, 상인(범어 sārthavāha,

		ded에 대해서는 ’ded pa 참조)
དེའི་ཚེ(ན་)	de’i tshe (na)	그때
དེའི་འོག་ཏུ་	de’i ’og tu	그 후
དེར་	der	거기서
དེས་ན་	des na	따라서
དེས་པ་	des pa	훌륭하다, 용감하다, 고귀하다, 순결함, 온순함
དོ་	do	이(잘 안 쓰이는 지시대명사)
དོགས་པ་	dogs pa	두려워하다, 공포
དོང་	dong	’dong ba 참조
དོན་	don	의미, 목적, 이익, 사물, 대상(범어 artha)
དོན་གྲུབ་པ་	don grub pa	성취된 목적, 목적을 성취한 자(범어 siddhārtha)
དོན་གཉེར་བ་	don gnyer ba	(la와 함께) ~을 추구하다, ~에 관심이 있다
དོན་དམ་པ་	don dam pa	승의(勝義), 최고의, 궁극적인 (진리)(범어 paramārtha)
དོན་དུ་	don du	(소유격 뒤에서) ~ 때문에, ~을 위해
དོན་བྱེད་པ་	don byed pa	이롭게 하다
དོན་མེད་པ་	don med pa	무익한, 무의미한(범어 anartha)
དོན་མཛད་པ་	don mdzad pa	don byed pa의 존칭
དོར་	dor	’dor ba 참조
དོར་བ་	dor ba	포기, 거절(’dor ba의 축약형) 버려진, 결여된, 여읜(’dor ba의 완료형, 범어 tyakta, parityakta, longs su dor ba 참조)

དྲག་ཉིད་	drag nyid	맹렬함, 잔인함
དྲག་ཏུ་	drag tu	강하게, 맹렬하게
དྲག་པ་	drag pa	맹렬하다, 강력하다, 잔인하다
དྲག་པོ་	drag po	맹렬한 강력한, 잔인한
དྲང་པོ་	drang po	진정으로, 똑바른, 정직한, 완고한, 진정성
དྲང་སྲོང་	drang srong	성스러운 은둔자, 현인(범어 ṛṣī, ṛju "똑바른"에서 잘못 파생)
དྲངས་	drangs	'dren pa 참조
དྲན་པ་	dran pa	기억하다, 기억
དྲི་	dri	냄새맡다, 냄새, 향기
དྲི་ལྡན་	dri ldan	향이 좋은
དྲི་མ་	dri ma	염오, 더러움
དྲི་མ་ཅན་	dri ma can	더러운
དྲི་མ་ཅན་ཉིད་	dri ma can nyid	더러움
དྲི་མེད་	dri med	때가 없는, 잘못이 없는(dri ma med pa의 축약형)
དྲི་མེད་འོད་ཟེར་	dri med 'od zer	"흠 없이 찬란한"(달을 표현함)(범어 vimalāṃśu 따위)
དྲི་ཞིམ་	dri zhim	좋은 향
དྲི་བཟང་	dri bzang	좋은 향
དྲིན་	drin	친절함, 호의, 이익, 자비(bka' drin 참조)
དྲིས་	dris	'dri ba 참조
དྲུང་	drung	근처
དྲུང་དུ་	drung du	(소유격 뒤에서) ~ 근처에서

དྲེགས་པ་	dregs pa	자랑하는, 젠체하는, 오만함
དྲོ་བ་	dro ba	따뜻하다
དྲོངས་	drongs	’dren pa 참조
དྲོད་	drod	즐거움, 용기, 결정(brod의 다른 철자)
དྲོད་ཆུང་	drod chung	결정을 못 내리다, 용기가 없다, 겁쟁이
དྲོན་མོ་	dron mo	따뜻한
གདན་	gdan	자리
གདན་ཀུན་ནས་འཛིན་པར་བྱེད་པ་	gdan kun nas ’dzin par byed pa	참석토록 초대하다
གདབ་འདེབས་པ་	gdab	’debs pa 참조
གདུག་པ་	gdug pa	독성이 있는, 독
གདུང་	gdung	가족, 가계, 후손들
གདུང་བ་	gdung ba	고통받다, ~에 한탄하다, 갈망하다, 한탄, 고통(rab tu gdung ba 참조)
	P gdungs	
གདུང་མ་	gdung ma	(빛)줄기, 나뭇조각
གདུངས་པ་	gdungs pa	~에 고통받다(gdung ba의 축약형)
གདུལ་	gdul	’dul ba 참조
གདེངས་ཀ་	gdengs ka	(위협적인) 뱀의 머리와 목(gdeng ba “위협하다”에서 파생)
གདེངས་ཅན་	gdengs can	뱀(범어 phaṇin, gdengs ka로도)
གདོང་(པ་)	gdong (pa)	얼굴
1.གདོན་	gdon	악마, 악령(’byung po’i gdon 참조)
2.གདོན་	gdon	’don pa 참조
གདོན་མི་ཟ་བར་	gdon mi za bar	확실히, 필연적으로

གདོལ་པ་	gdol pa	카스트 외부, 낮은 카스트에 속한 사람(범어 caṇḍāla)
བདག་	bdag	나, 자아(bdag po의 축약형)
བདག་གི་བྱེད་པ་	bdag gi byed pa	집수하다, ~를 ~에 종속시키다
བདག་ཉིད་	bdag nyid	성격, 본성, 실체, 존재(chos kyi 참조)
བདག་ཉིད་ཆེ་	bdag nyid che	bdag nyid chen po와 동일
བདག་ཉིད་ཆེན་པོ་	bdag nyid chen po	"위대한 자아를 가진 자", 고귀한 영혼의, 관대한(범어 mahātman)
བདག་ཉིད་ནང་	bdag nyid nang	"내적인 존재", 영혼, 자아(범어 antarātman)
བདག་པོ་	bdag po	소유자, 주인(khyim bdag, rta bdag, nor bdag 참조)
བདག་མེད་	bdag med	무아
བདག་མོ་	bdag mo	여주인, 숙녀
བདའ་བ་	bda' ba	몰다, 몰아내다
	P བདས་ bdas	
བདས་	bdas	bda' ba 참조
བདུན་	bdun	숫자 7
བདུན་ཕྲག་	bdun phrag	"7(일)", 한 주
བདེ་སྐྱིད་	bde skyid	행복, 극도의 즐거움
བདེ་སྐྱིད་པ་	bde skyid pa	행복하다
བདེ་བ་	bde ba	행복하다, 잘 맞는, 건강에 좋은, 지복, 행복
བདེ་བའི་ཆ	bde ba'i cha	좋은 운명, 행운(범어 sukhabhāga)
བདེ་བར་བྱེད་པ་	bde bar byed pa	~를(la) 행복하게 만들다

བདེ་བླག་ཏུ་	bde blag tu	쉽게, 쉬이, 편안하게
བདེན་པ་	bden pa	제(諦), 진정한, 진리
མདའ་	mda’	화살
མདུད་པ་	mdud pa	매듭
མདུན་	mdun	앞부분, 앞면
མདུན་དུ་	mdun du	이전에, ~에, ~로
མདུན་ས་	mdun sa	모임, 모임장소(종종 ’dun sa의 또 다른 철자법, ’du ba 참조)
མདུན་སོ་	mdun so	앞니
མདོ་	mdo	담화, 경전(범어 sūtra)
མདོག་	mdog	색깔(ka dog 참조)
འདབ་	’dab	행렬, 권속, 사람들의 줄(’khor ’dab 참조)
འདབ་ཆགས་	’dab chags	새(범어 pakṣin)
འདབ་ཆགས་རྒྱལ་པོ་	’dab chags rgyal po	새들의 왕(신화에서 뱀들의 천적인 Garuḍa을 가리키는 말 범어 pakṣirāja)
འདབ་མ་	’dab ma	날개, 잎
འདམ་པ་	’dam pa P ’dams I ’doms	고르다
འདའ་བ་	’da’ ba P ’das	지나가다, 지나치다, 버리다, ~를(las) 피하다, ~와 시간을 보내다, 위반하다
འདར་བ་	’dar ba	떨다
འདས་	’das	’da’ ba, bcom ldan ’das, mya ngan las ’das pa 참조

འདི་	'di	이(것)
འདི་སྐད་ཅེས་	'di skad ces	다음과 같이
འདི་ལྟ་བུ་	'di lta bu	그와 같은 이, 그러하게, 이처럼
འདི་ལྟར་	'di ltar	그러하게, 이런 식으로
འདི་འདྲ་བ་	'di 'dra ba	그러한
འདུ་བ་	'du ba	모이다(mngon par 'du ba 참조)
	P 'dus	
འདུག་པ་	'dug pa	앉다, 특정한 곳에 살다, 머물다, 존재하다
འདུད་པ་	'dud pa	구부리다, 쏠리다, 절하다
	P btud F gdud I thud	
འདུན་	'dun	gnyen 'dun 참조
འདུལ་བ་	'dul ba	조복하다, 길들이다, 규율하다, 복종시키다, 규율, 계율(범어 vinaya)
	P btul F gdul I thul	
འདུལ་བ་མིན་པ་	'dul ba min pa	길들여지지 않은, 규율되지 않은, 규율의 결여, 무질서
འདུས་	'dus	'du ba 참조
འདེག(ས)་པ་	'deg(s) pa	들어올리다, 지지하다, 유지하다
	P bteg F gdeg I theg	
འདེད་པ་	'ded pa	운전하다, 추구하다, 추적하다
	PI ded	
འདེབས་པ་	'debs pa	두다, 놓다, 던지다, 밀다, 배출하다, (씨를) 심다(cho nges-, rtsis-, rims kyis-, lan-, gsol ba 참조)

	P btab F gtab I ཐོབ་ thob	
འདོགས་པ་	’dogs pa	가설하다. 묶다(phan ’dogs pa 참조)
	P btags F gdags I thogs	
འདོང་བ་	’dong	가다, 나아가다
	P dong I (’)dong	
འདོད་ཆགས་	’dod chags	탐(貪), 집착, 탐욕
འདོད་འཇོ་	’dod ’jo	“소원-우유짜기”(소원을 성취한 소의 명칭, 인도신화의 일부, 범우 kāmaduh)
འདོད་པ་	’dod pa	(la와 함께) 인정하다, ~을 욕망하다, 갈망하다, ~로 타당하다, 명명되다, 주장하다, 욕망(mngon par ’dod pa, char ’dod bye’u)
འདོད་པ་ཅན་	’dod pa can	욕구하는, 바람, 연인(범어 kāmin)
འདོད་ཡོན་	’dod yon	욕구되는 물건들, 재산
འདོན་པ་	’don pa	나오다, 내던지다, 쫓아보내다, 돌려보내다(nges par ’don pa 참조)
	P bton F gdon I thon	
འདོར་བ་	’dor ba	거부하다, 내던지다
	PI dor	
འདྲ་བ་	’dra ba	~와(dang) 유사하다(ci-, ’di- 참조)
འདྲལ་བ་	’dral ba	조각조각 찢다
	P dral, ral, hral	
འདྲི་བ་	’dri ba	묻다(yongs su- 참조)
	PI dris	

འདྲིས་པ་	’dris pa	관습, ~에 친숙하다(kun nas- 참조)
	P dris	
འདྲེ་བ་	’dre ba	~와(dang) 섞이다.
	PI ’dres	
འདྲེན་པ་	’dren pa	~로(la) 이끌다, 당기다, (화살을) 쏘다, 이끌다, 안내하다(sna-, shin tu- 참조)
	P drangs F drang I drongs	
འདྲེས་	’dres	’dre ba 참조
རྡུག་པ་	rdug pa	정복하다(thabs rdug pa 참조)
	P brdugs F brdug I rdugs	
རྡུལ་	rdul	먼지
རྡུལ་དུ་རློག་པ་	rdul du rlog pa	“먼지로 만들다”, 박살내다
རྡུལ་ཕྲན་	rdul phran	극미, 먼지 입자
རྡེབ་པ་	rdeb pa	넘어뜨리다, 쓰러뜨리다, 휘두르다
	P brdabs F brdab I rdobs	
རྡོ་(བ་)	rdo (ba)	돌(khab len rdo 참조)
རྡོ་རྗེ་	rdo rje	금강(金剛), 벼락(범어 vajra, 불교예식에 쓰이는 도구)
ལྡག་པ་	ldag pa	핥다
	P bldags F bldag I ldog(s)	
ལྡང་བ་	ldang ba	일어나다, 퍼지다
	P ldangs, langs I longs	
ལྡན་པ་	ldan pa	~을(dang) 갖춘(dga’ ldan, bcom ldan ’das 참조)

ལྡིང་བ་	lding ba	수영하다, 날다(nam mkha' lding 참조)
ལྡིབ་པ་	ldib pa	불분명한, 이해할 수 없는
ལྡིར་བ་	ldir ba	포효하다, (천둥소리가) 우르릉거리다
ལྡོག་པ་	ldog pa	제거하다, 전환하다, 돌아오다, 바뀌다 (phyin ci log pa 참조)
	PI log	
སྡང་	sdang	zhe sdang 참조
སྡང་བ་	sdang ba	(la와 함께) ~을 싫어하다
	P sdangs	
སྡར་མ་	sdar ma	벌벌 떨다, 소심한, 겁먹은
སྡིག་པ་	sdig pa	악행, 잘못한, 죄, 범죄
སྡིག་སྤྱོད་	sdig spyod	잘못된 삶을 살다
སྡུག་	sdug	sdug pa 참조
སྡུག་བསྔལ་	sdug bsngal	苦, 고통, 고뇌
སྡུག་བསྔལ་བ་	sdug bsngal ba	괴로움, 고통스러운, 시달리는, 한탄스러운
1.སྡུག་པ་	sdug pa	아름다운, 즐거운, 친애하는
2.སྡུག་པ་	sdug pa	고통스러운, 고통받는, 고통(범어 duḥkha)
སྡུད་པ་	sdud pa	포섭하다, 적집하다, 모이다, 쌓이다, 닫다, 결론짓다(mjug 참조)
	P bsdus F bsdu I sdus	
སྡོད་པ་	sdod pa	앉다, 머물다, 멈추다, 기다리다, 살다
	PF bsdad	
སྡོམ་པ་	sdom pa	묶다, 고정하다
	P bsdams, bsdoms F bsdam I sdoms	

བརྡ་	brda	몸짓, 시사, 표시
བརྡ་སྤྲོད་པ་	brda sprod pa	설명하다, 해명하다
བརྡབས་	brdabs	rdeb pa 참조
བརྡུགས་	brdugs	rdug pa 참조
བལྡག་	bldag	ldag pa 참조
བསྡད་	bsdad	sdod pa 참조
བསྡུས་	bsdus	sdud pa 참조
བསྡོམས་	bsdoms	sdom pa 참조

ན	**na**	
ན་	na	나이, 인생의 단계(na ba 참조)
ན་ཆུང་	na chung	"나이가 적은", 소녀, 처녀
ན་བ་	na ba	아픈, 질병
ནགས་	nags	나무, 숲
ནང་	nang	내부, 내면
ནང་དུ་	nang du	(소유격 뒤에서) ~안으로
ནང་པར་	nang par	다음날 아침
ནད་	nad	병, 이상, 병폐
ནད་བུ་	nad bu	심각하지 않은 병(nad의 지소사)
ནད་གསོ་བ་	nad gso ba	병에서 회복하다
ནན་	nan	압박, 폭력
ནན་གྱིས་	nan gyis	압박하여, 맹렬하게
1.ནམ་	nam	언제?, ~할 때 항상
2.ནམ་	nam	하늘(gnam이 복합어로 쓰일 때)

ནམ་མཁའ་	nam mkha'	허공, 하늘
ནམ་མཁའ་ལྡིང་	nam mkha' lding	"하늘을 나는"(신화 속 새인 Garuḍa의 별명 Viṣṇu의 자가용이자 뱀들의 천적으로 여겨짐)
ནམ་ཞིག་	nam zhig	언젠가
ནམ་ཡང་	nam yang	~할 때마다(부정어와 함께: 전혀 ~ 아니다)
ནམས་	nams	bsod nams 참조
ནལ་	nal	근친상간
ནས་	nas	보리, 보리알
ནི་	ni	은/는(고립의 격조사)
ནུ་བོ་	nu bo	남동생(nu ba "빨다"에서 파생)
ནུ་མ་	nu ma	가슴, 유방
ནུབ་པ་	nub pa	가라앉다
ནུས་པ་	nus pa	(탈격과 함께) ~가 가능하다, 능력
ནོག་	nog	낙타혹
ནོར་	nor	재산, 부
ནོར་བདག་	nor bdag	자산가, 부자
ནོར་བུ་	nor bu	"작은 보물", 보석
ནོར་བུའི་ཐུར་མ་	nor bu'i thur ma	보석이 박힌 숟가락
ནོར་སྦྱིན་	nor sbyin	"보물을 주는 자"(인도신 Kuberas의 별칭, 범어 dhanada)
གནང་བ་	gnang ba	(존칭어) 수여하다, 허여하다
གནམ་	gnam	하늘
གནས་	gnas	장소, 지역

གནས་པ་	gnas pa	있다, 살다, 거주하다, 머물다(mngon par gnas pa, rnam par gnas pa, lhag par gnas pa 참조)
གནས་པ་ཆེན་པོ་	gnas pa chen po	높은 지위(범어 mahāsthāna)
གནས་པ་ཆེན་པོ་བྱེད་པ་	gnas pa chen po byed pa	높은 지위를 얻다
གནས་པའི་ལམ་	gnas pa'i lam	존재의 길, 존재 방식
གནས་ལུགས་	gnas lugs	지위, 성향, 배열
གནོད་པ་	gnod pa	손상하다, 해치다, 해, 손상
གནོད་སྦྱིན་	gnod sbyin	"손상을 입히는 자"(특정 유형의 악마들을 일컫는 말, 범어 yakṣa)
གནོན་པ་	gnon pa	(la와 함께) 압도하다, 밀다, 누르다, 찍다, 극복하다, 진압하다(zil gyis gnon pa 참조)
	PF mnan I non	
མནན་	mnan	gnon pa 참조
མནར་བ་	mnar ba	고통스럽다
མནལ་བ་	mnal ba	주무시다, 수면(gnyid log pa의 존칭)
རྣ་བ་	rna ba	귀
རྣ་བའི་ལམ་	rna ba'i lam	"듣는 통로", 가청 범위(범어 karṇapatha)
རྣ་བའི་ལམ་དུ་འོང་བ་	rna ba'i lam du 'ong ba	들리게 되다, 귀에 닿다
རྣང་བ་	rnang ba	(목을) 조르다(범어 skad kyid rnang ba 참조)
	P brnangs	
རྣམ་	rnam	rnam pa, rnam pa'i, rnam par의 축약형
རྣམ་ཁྱབ་	rnam khyab	변충하는(rnam par khyab pa의 축약형

		범어 vyāpin)
རྣམ་འགྱུར་	rnam 'gyur	"형태 변화", 형태, 외모, 외양, 표정
རྣམ་རྟོག་	rnam rtog	숙고, 의심, 거리낌(범어 vikalpa vikalpanā, vicāra, vitarka)
རྣམ་ཐར་	rnam thar	"완전한 자유", (완전한 자유로 이끄는 성인의) 일대기, 삶의 방식, 행위방식(rnam par thar pa의 축약형)
རྣམ་པ་	rnam pa	종류, 분할, 방식, 외양, 측면, 행상
རྣམ་པ་སྣ་ཚོགས་	rnam pa sna tshogs	다양한 측면을 가진
རྣམ་པ་མང་པོ་	rnam pa mang po	"다양한 부분을 가진", 다중적인
རྣམ་པར་	rnam par	전적으로, 완전히, 특정한 정도로, 특히(종종 범어의 동사 접두어 vi의 기계적 번역어)
རྣམ་པར་འགྱུར་བ་	rnam par 'gyur ba	전변하다, 변하다, 표정을 바꾸다
རྣམ་པར་སྒེག་པ་	rnam par sgeg pa	요염한, 아주 즐거운, 요염함(범어 vi-khrīḍ, vi-la, vikrīḍita)
རྣམ་པར་སྒེག་པར་བྱེད་པ་	rnam par sgeg par byed	요염한 짓을 하다(범어 vi-khrīḍ, vi-lālay, vi-las)
རྣམ་པར་བརྒྱན་པ་	rnam par brgyan pa	~을 갖춘, ~로 장식한(범어 vibhūṣita)
རྣམ་པར་ངེས་པ་	rnam par nges pa	고려하다, 숙고하다, 확신하다(범어 vi-niś-ci)
རྣམ་པར་དག་པ་	rnam par dag pa	매우 청정한, 깨끗한(범어 viśuddha)
རྣམ་པར་གནས་པ་	rnam par gnas pa	거주하다, 머물다, 살다(범어 vi-hṛ)
རྣམ་པར་ཕྱེ་བ་	rnam par phye ba	개현하다, 개시하다, 만개하다(범어

		vikasita)
རྣམ་པར་འཕེན་པ་	rnam par ’phen pa	(날개를) 앞뒤로 퍼덕이다(범어 (pakṣau) vi-dhū)
རྣམ་པར་འབིགས་པ་	rnam par ’bigs pa	두동강내다(범어 vi-bhid)
རྣམ་པར་འབྱེད་པ་	rnam par ’byed pa	분석하다, 완전히 펴지다, 만개하다(범어 vi-kas)
རྣམ་པར་འབྲལ་བ་	rnam par ’bral ba	(dang과 함께) 완전히 자유로워지다, 완전히 분리되다
རྣམ་པར་མ་ཉམས་པ་	rnam par ma nyams pa	훼손되지 않다(범어 aviskhalita)
རྣམ་པར་འཚེ་བ་	rnam par ’tshe ba	해치다, 손상을 입히다, 손상(범어 vi-heṭhay, viheṭha)
རྣམ་པར་མཛེས་པ་	rnam par mdzes pa	특히 아름답다, 찬란하다(범어 vi-rāj)
རྣམ་པར་ཞི་བ་	rnam par zhi ba	고요해지다, 적정해지다(범어 vy-upa-śam)
རྣམ་པར་བཞུགས་པ་	rnam par bzhugs pa	~에(la) 살다(범어 vi-hṛ)
རྣམ་པར་ཟློག་པ་	rnam par zlog pa	격퇴하다, 단념시키다, 삼가다(범어 vi-vṛj, vi-ni-vāray)
རྣམ་པར་སེམ(ས་)པ་	rnam par sem(s) pa	숙고하다, 생각하다, 고려하다(범어 vi-cintay)
རྣོན་པོ་	rnon po	날카로운, 뾰족한
1.སྣ་	sna	종류
2.སྣ་	sna	끝, 앞부분
སྣ་འདྲེན་པ་	sna ’dren pa	앞에서 이끌다, 리더
སྣ་འདྲེན་བྱེད་པ་	sna ’dren byed pa	리더의 역할을 맡다, 리더로서(잘못) 행동하다

སྣ་མ་	sna ma	재스민(범어 jāti)
སྣ་མའི་མེ་ཏོག་	sna ma'i me tog	재스민꽃(범어 jātikusuma)
སྣ་ཚོགས(པ་)	sna tshogs (pa)	다양하다
སྣང་བ་	snang ba	현현하다, 광명, 빛나다, ~처럼 보이다
སྣད་	snad	부상
སྣད་པ་	snad pa	해치다, 부상을 입히다
	PF bsnad I snod	
སྣུན་པ་	snun pa	(북을) 치다
	PF bsnun	
སྣོམ་པ་	snon pa	집다, 취하다, 두다('dzin pa, len pa 등등의 존칭)
	P bsnams F bsnam I snoms	
བརྣངས་	brnangs	rnang ba 참조
བསྣམས་	bsnams	snom pa 참조
བསྣུན་	bsnun	snun pa 참조
པ	**pa**	
པ་གུ་	pa gu	벽돌(pha gu라고도 씀)
པགས(པ་)	pags (pa)	피부(lpags (pa)라고도 씀)
པད་མ་/ པད་མོ་	pad ma / pad mo	연꽃연꽃(범어 padma의 차용어)
དཔག་	dpag	dpog pa 참조
དཔག་ཏུ་མེད་པ་	dpag tu med pa	무량한
དཔག་མེད་	dpag med	dpag tu med pa의 축약형
དཔའ་བ་	dpa' ba	용감한, 영웅적인, 용기

དཔའ་བོ་	dpa' bo	용감한, 영웅
དཔལ་	dpal	영예, 찬란함, 아름다움, 복지, 행복, 지복(범어 śrī)
དཔལ་ལྡན་	dpal ldan	아름다운, 찬란한, 영광스러운(범어 śūmant)
དཔུང་	dpung	군대, 무리
དཔུང་པ་	dpung pa	어깨, 어깨죽지
དཔོག་པ་	dpog pa	재다, 비율을 조정하다, 무게를 재다, 판단하다
	P dpags, dpogs F dpag I dpogs	
དཔོགས་	dpogs	dpags의 축약형(dpog pa 참조)
དཔོན་	dpon	dpon po의 축약형
དཔོན་དུ་སྐོ་བ་	dpon du sko ba	~를 섭정/통치자에 앉히다
དཔོན་དུ་འགྱུར་བ་	dpon du 'gyur ba	섭정/통치자가 되다
དཔོན་པོ་	dpon po	주인, 통치자, 군주
དཔྱད་	dpyad	dpyod pa 참조
དཔྱོད་པ་	dpyod pa	사(伺), 검토하다, 숙고하다, 고려하다, 분석하다, 구분하다(ma dpyad par 참조)
	PF dpyad	
ལྤགས་	lpags	pags의 축약형
སྤང་(ས་)	spang(s)	spong ba 참조
སྤུ་	spu	머리카락
སྤུན་	spun	형제자매
སྤུན་ཟླ་	spun lja	형제(=spun)

སྤོགས་	spogs	이익, 이득
སྤོང་བ་	spong ba	제거하다, 물러나다, 포기하다, 피하나 (mngon par spong ba 참조)
	P spangs F spang I spongs	
སྤོངས་	spongs	spong ba 참조
སྤོས་	spos	향, 향수(범어 gandha)
སྤྱང་	spyang	늑대(ci spyang 참조)
སྤྱད་པ་	spyad pa	spyod pa의 축약형(nye bar spyad pa 참조)
སྤྱི་བོ་	spyi bo	머리끝, 꼭대기
སྤྱོ་བ་	spyo ba	꾸짖다, 탓하다
	PI spyos	
སྤྱོད་པ་	spyod pa	수행하다, 실행하다, 훈련시키다, 행위하다(chu la spyod pa, chos spyod, sdig spyod, longs spyod 참조)
སྤྱོད་ཚུལ་	spyod tshul	행동방침, 행동, 삶의 방식
སྤྱོད་ཡུལ་	spyod yul	인식영역, "행동의 영역", 활동영역(shin tu spyod yul 참조)
སྤྲིན་	sprin	구름
སྤྲུལ་བ་	sprul ba	변형하다, 바꾸다
སྤྲེ་	spre	원숭이
སྤྲེ(འུ)་འཛིན(པ་)	spre('u) 'dzin (pa)	원숭이 조련사
སྤྲེའུ་	spre'u	작은 원숭이(spre의 지소사)
སྤྲོ་བ་	spro ba	~에(la) 심취하다, 만족하다, 즐기다, 즐거움, 기쁨

སྤྲོ་བ་སྐྱེད་པ་	spro ba skyed pa	~하게끔 하다, ~을 좋아하게 만들다, 격려하다, 책망하다, 조장하다
སྤྲོད་པ་	sprod pa	합치다(brda sprod pa 참조)
ཕ	**pha**	
1.ཕ་	pha	아버지
2.ཕ་	pha	다른 쪽, 건너편
ཕ་མ་	pha ma	부모
ཕ་ཟད་	pha zad	거리, 저 멀리
ཕ་རོལ་	pha rol	다른 쪽, 건너, 반대, 적
ཕག་	phag	숨겨진 것, 감춰진 것
ཕག་པ་	phag pa	돼지
	phan 'dogs pa	요익(饒益), 돕다, 증진시키다, 쓸모 있다
ཕན་པ་	phan pa	유용한, 쓸모, 이익, 유익한 영향
ཕན་པ་ཉེ་བར་སྟོན་པ་	phan pa nye bar ston pa	"유용한 것을 가르치는 자", 이로움을 가르치는 선생님(범어 hitopadeṣṭṛ)
ཕན་ཚུན་	phan tshun	상호 간에
ཕབས་	phabs	이스트
ཕལ་ཆེར་	phal cher	흔한, 보통의
ཕལ་པ་	phal pa	흔하다, 보통이다, 평균적인 사람
ཕུ་བོ་	phu bo	형, 오빠
ཕུག་རོན་	phug ron	비둘기
ཕུན་སུམ་ཚོགས་པ་	phun sum tshogs pa	원만한, 완벽한, 완성된, 탁월한, 탁월성 (범어 saṃpanna, saṃpad)

ཕུར་	phur	’phur ba 참조
ཕོ་	pho	남자, 남자다운(bu pho 참조)
ཕོ་ཉ་	pho nya	사자(使者), 메신저
ཕོ་ཉ་མོ་	pho nya mo	여성 사자(使者), 메신저
ཕོ་བྲང་	pho brang	집, 거주지, 왕궁
ཕོག་	phog	’phogs pa 참조
ཕོངས་པ་	phongs pa	가난한(’phongs pa라고도 씀, dbul phongs pa 참조)
ཕྱག་	phyag	손(lag pa의 존칭), 숭배
ཕྱག་དར་	phyag dar	쓰레기, 잡동사니, 먼지
ཕྱག་དར་ཁྲོད་	phyag dar khrod	쓰레기 더미
ཕྱག་འཚལ་བ་	phyag ’tshal ba	~에(la) 경의를 표하다, 경배하다
ཕྱི་	phyi	뒤의 것, 나중 것, 외부세계, 외부
ཕྱི་རྗེས་	phyi rjes	미래
ཕྱི་མ་	phyi ma	후자, 이어지는 것, 마지막 것
ཕྱི་རོལ་ཏུ་	phyi rol tu	외부에
ཕྱིན་	phyin	phyung의 축약형(’byin pa 참조)
ཕྱིན་ཅད་	phyin cad	이후에, 나중에(phyi에서 파생)
ཕྱིན་ཅི་ལོག་པ་	phyin ci log pa	전도된, 잘못된, 부정확한, 기만적인
ཕྱིན་ཏེ་ལོ་ཤུ་ཤ་	phyin te lo shu sha	브라만의 이름, 범어명 Piṇḍoladhvaja에 해당하는, 중국어 P’in t’ou lo tuo shê의 오역
ཕྱིན་པ་	phyin pa	오다, 도달하다, 가다, 나아가다(mthar phyin pa 참조)

1.ཕྱིར་	phyir	(소유격 뒤에서) ~을 위해서, ~ 때문에
2.ཕྱིར་	phyir	뒤, 뒤에, 다시, ~로부터
ཕྱིར་ཕྱོགས་	phyir phyogs	바깥으로, ~로부터(phyir phyogs pa, phyir phyogs su의 축약형)
ཕྱིར་འབྱུང་བ་	phyir 'byung ba	다시 나오다, 재발하다
ཕྱིར་མི་ལྡོག་པ་	phyir mi ldog pa	불환(不還), 다시 돌아가지 않는, 다시 돌아가지 않는 자(범어 anāgāmin)
ཕྱིར་ཡང་	phyir yang	추가적인, ~을 더해, 게다가
ཕྱིས་	phyis	나중에, 이후에(phyi에서 파생)
ཕྱུག་པ་	phyug pa	부유한, 부자
ཕྱུགས་	phyugs	소
ཕྱུང་	phyung	'byin pa 참조
1.ཕྱེ་	phye	'byed pa 참조
2.ཕྱེ་	phye	phye ma의 축약형
ཕྱེ་མ་	phye ma	먼지, 가루
1.ཕྱེད་	phyed	절반(온전한 형태: phyed ka)
2.ཕྱེད་	phyed	'byed pa 참조
ཕྱེད་ཀ་	phyed ka	절반
ཕྱེས་	phyes	'byed pa 참조
ཕྱོགས་	phyogs	방향, 쪽, 부분(gnyen-, phyir-, rang, yul-, sa- 참조)
ཕྱོགས་པ་	phyogs pa	~로(la) 돌리다(rgyab tu- 참조)
ཕྲག་	phrag	수사에 후행하여 해당 수사를 복수화하는 조사

ཕྲག་པ་	phrag pa	어깨
ཕྲད་	phrad	’phrad pa 참조
ཕྲད་པ་	phrad pa	합침, 만남, 만나다
ཕྲན་	phran	작은, 적은, 입자(gling phran, rgyal phran, rdul phran 참조)
ཕྲིན་	phrin	소식, 메시지(’phrin으로도 씀)
ཕྲེང་བ་	phreng ba	끈, 화환(’phreng ba로도 씀, 범어 mālā)
ཕྲོགས་	phrogs	’phrogs pa 참조
འཕགས་རྒྱལ་	’phags rgyal	“승리한, 고원한”(인도 도시명, 범어 ujjayinī)
འཕགས་པ་	’phags pa	성스러운, 고양된, 탁월한, 저명한, ~보다(las) 뛰어나다, 고귀하다, 성스럽다(범어 ārya, khyad par- 참조)
འཕགས་པའི་སྲས་	’pahgs pa’i sras	“고귀한 자의 아들”, 고귀한 사람(범어 āryaputra)
འཕངས་	’phangs	’phen pa 참조
འཕན་ཟེལ་	’phan zel	산산조각나다, 파열하다(어형이 다소 불분명함)
འཕུར་བ་	’phur ba P phur	날다
འཕེན་པ་	’phen pa P ’phangs F ’phang I phong, phangs	던지다, 내팽개치다(rnam par ’phen pa 참조)
འཕེལ་བ་	’phel ba	증장, 늘리다, 강화하다, 개선하다, 기르다

	P phel	
འཕོ་བ་	’pho ba	장소를 변경하다, 존재를 바꾸다, 죽다 (tshe ’pho ba 참조)
	P ’phos I (’)phos	
འཕོག་པ་	’phog pa	phongs pa의 축약형
	P phog	
འཕོས་	’phos	’pho ba 참조
འཕྱིད་པ་	’phyid pa	쓸어버리다
འཕྱེ་བ་	’phye ba	기다(lto ’phye 참조)
	P ’phyes	
འཕྱོ་བ་	’phyo ba	수영하다
	P ’phyos	
འཕྲད་པ་	’phrad pa	~와(dang) 만나다
	P phrad	
འཕྲིན་	’phrin	phrin의 축약형
འཕྲོ་བ་	’phro ba	퍼지다(kun nas- 참조)
	PI (’)phros	
འཕྲོག་པ་	’phrog pa	빼앗다, 박탈하다
	PI phrogs	

བ	**ba**	
བ་	ba	소
བཱ་རཱ་ཎ་སཱི་	bā rā ṇa sī	범어명 Vārāṇasī / Bārāṇasī의 번역어 (현재의 Benares)

བ་ལང་	ba lang	황소(ba glang으로도 씀)
བ་སུ་མི་ཏྲ་	ba su mi tra	범어명 Vasumitra의 번역어
བག་	bag	주의, 성실함, 경건함
བག་མ་	bag ma	신부
བག་མར་གཏོང་བ་	bag mar gtong ba	신부로 주다
བག་མེད་པ་	bag med pa	방일(放逸), 부주의하다, 겁을 모르다(범어 pramāda)
བག་ཡོད་པ་	bag yod pa	불방일(不放逸), 경청하는, 주의 깊은, 성실한, 경건한
བང་(བ་)	bang (ba)	보고, 창고
བང་མཛོད་	bang mdzod	보고
བབ(ས་)	bab(s)	’babs pa 참조
བར་	bar	중간, ~까지, 간격
བར་འགའ་	bar ’ga’	여러 번, 여러 차례
བར་ཆད་	bar chad	“딜레마”, 위험, 삶의 곤경, 손상
བར་དུ་	bar du	(소유격 뒤에서) ~까지, 사이, 동안
བར་མཚམས་	bar mtshams	간격
བར་མཚམས་མེད་པ་	bar msthams med pa	간격 없이, 중단되지 않은(범어 anantara)
བལ་	bal	양모
བལ་པོ་	bal po	네팔, 네팔사람, 네팔의
བལ་པོའི་སེའུ་	bal po’i se’su	석류(범어 dāḍima)
བུ་	bu	아이, 아들(지소사로도 쓰임)
བུ་གུ་	bu gu	작은 막대기, 봉
བུ་ཕོ་	bu pho	남자 아이, 아들

བུ་མོ་	bu mo	여자 아이, 딸(lha'i bu mo)
བུང་བ་	bung ba	꿀벌
བུད་མེད་	bud med	여자
བུམ་པ་	bum pa	항아리, 병
བེའུ་	be'u	송아지(ba의 지소사)
བོད་	bod	티벳
བོད་སྐད་	bod skad	티벳어
བོད་ཡུལ་	bod yul	티벳(땅)
བོན་	bon	sa bon 참조
བོར་	bor	'bor ba 참조
བོས་	bos	'bod pa 참조
བྱ་	bya	byed pa 참조
བྱ་	bya	새(rma bya 참조)
བྱ་བ་	bya ba	"수행되어야 할 것", 과업, 의무, 행위, 사건 (범어 kārya)
བྱ་རོག་	bya rog	"검은 새", 까마귀
བྱང་	byang	'byang ba 참조
བྱང་ཆུབ་	byang chub	보리(菩提), 깨달음(범어 bodhi)
བྱང་ཆུབ་སེམས་དཔའ་	byang chub sems dpa'	"깨달음의 존재", 보살, 미래의 붓다
བྱང་བ་	byang ba	청정한, 깨끗해진
བྱད་	byad	cha byad, yo byad 참조
བྱམས་པ་	byams pa	사랑, 자심(慈心)(미래불의 이름이기도, 범어 maitreya)
བྱམས་པ་བྱེད་པ་	byams pa byed pa	사랑하다

བྱར་	byar	bya bar의 축약형
བྱས་	byas	byed pa 참조
བྱི་	byi	'byi ba 참조
བྱི་དོར་	byi dor	"쓸어서 없애다", 쓰레기를 치우다, 깨끗하게 닦다
བྱི་དོར་བྱེད་པ་	byi dor byed pa	청소하다, 광을 내다
1.བྱི་བ་	byi ba	쓸려 나간 (것), 쓰레기
2.བྱི་བ་	byi ba	쥐
བྱི་ལ་ / བྱི་བླ་	byi la / byi bla	고양이
བྱིན་	byin	sbyin pa 참조
བྱིས་པ་	byis pa	유치한, 아이
བྱུང་	byung	'byunf ba 참조
བྱེའུ་	bye'u	작은 새(bya의 지소사)
བྱེད་པ་	byed pa	만들다, 하다, 결과를 내나, ~로 바뀌다, 세다, 간주하다, 말하다, 부르다, 명명하다 (skyon du byed pa, gros byed pa, rgyal byed pa, bdag gi byed pa, bde bar byed pa, dbang byed pa, bzhad gad byed pa, yin la byed pa, rab tu byed pa, lhag par byed pa 참조)
	P byas F bya I byos	
བྱེས་	byes	외국, 이질적인 부분
བྱོས་	byos	byed pa 참조(byed의 이차형태)
བྲག་	brag	바위('jog po'i brag, ljon shing gi brag 참조)
བྲག་གི་དཀྱིལ་	brag gi dkyil	"바위 원반", 둥근 돌

1.བྲང་	brang	(소, 염소의) 젖통, 가슴
2.བྲང་	brang	쉬는 곳, 여관, 숙박('brang으로도 씀, pho brang 참조)
བྲན་	bran	하인, 노예, 집사, 신하
བྲན་དུ་འཁོལ་བ་	bran du 'khol ba	하인/집사로 고용하다
བྲན་བཟངས་	bran bzangs	"좋은 하인"(인도왕자의 이름, Kamāṣapāda의 별칭, 범어 saudāsa)
བྲན་གཡོག་	bran g.yog	하인, 노예
བྲམ་ཟེ་	bram ze	브라흐만
བྲལ་	bral	'bral ba 참조
བྲལ་བ་	bral ba	~과(dang) 분리된, ~에서(dang) 자유롭다
བྲིན་པ་	brin pa	희귀한, 가치 있는(1. 'bri ba에서 파생)
བྲིས་	bris	2. 'bri ba 참조
བྲེལ་བ་	brel ba	가난하다, 부족하다
བྲོ་བ་	bro ba	맛, 풍미
བྲོས་	bros	'bros pa 참조
1.བླ་	bla	위쪽, 더 높은 곳, 더 높은, 더 나은(보통 과거어간과 함께 씀)
2.བླ་	bla	영혼, 흉조
བླ་བ་	bla ba	더 낫다, 수승하다
བླ་མ་	bla ma	수승한 자, 스승
བླག་	blag	bde blag tu 참조
བླང་(ས་)	blang(s)	len po 참조
བླུན་པོ་	blun po	바보, 멍청이

བློ་	blo	인식, 마음, 지성, 경향, 감정
བློ་གྲོས་	blo gros	마음, 지성
བློ་གྲོས་ཆེན་པོ་	blo gros chen po	이해력이 좋은, 영리한 정신
བློ་ངན(པ་)	blo ngan (ba)	성향이 악한, 사악한
བློ་ཆུང་	blo chung	이해력이 나쁜, 바보
བློ་ལྡན་	blo ldan	날카로운, 똑똑한 (사람), 영리한 정신
བློན་པོ་	blo po	대신
1.དབང་	dbang	dbang po의 축약형
2.དབང་	dbang	힘, 완력(rang dbang 참조)
དབང་སྐུར་བ་	dbang skur ba	(왕으로) 올리다
དབང་བསྐུར་བ་	dbang bskur ba	축성, 성수(범어 seka, abhiṣeka)
དབང་དུ་འགྱུར་བ་	dbang du ’gyur ba	(소유격과 함께) ~의 영향력 아래 놓이다
དབང་དུ་འགྲོ་བ་	dbang du ’gro ba	(소유격과 함께) ~의 지배를 받다
དབང་པོ་	dbang po	군주, 통치자, 주권자, 감각기관(범어 indriya, མི་དབང་mi dbang 참조)
དབང་པོའི་གཞུ་	dbang po’i gzhu	“인드라의 활”, 무지개(범어 indracāpa)
དབང་བྱེད་པ་	dbang byed pa	(la와 함께) 권력을 행사하다, 통치하다, 지배하다
དབུགས་	dbugs	숨결, 숨쉬기
དབུགས་འབྱིན་པ་	dbugs ’byin pa	출식(出息), 숨쉬다, 안도의 한숨을 내쉬다, 회복하다
དབུལ་	dbul	’bul ba의 미래어간(dbul po의 축약형)
དབུལ་ཕོངས་པ་	dpul phongs pa	가난하다, 가난한 사람(dbul ’phongs pa로도 씀)

དབུས་	dbus	중간
དབུས་ན་	dbus na	(소유격 뒤에서) ~ 중간에
དབྱངས་	dbyangs	노래, 곡조, 선율, 듣기 좋은 소리
དབྱིག་པ་	dbyig pa	막대기(범어 daṇḍa)
དབྱིག་པ་ཅན་	dbyig pa can	"막대기를 든 자"(특정 브라만을 지칭하는 고유명사, 범어 daṇḍin)
དབྱུ(ག)་གུ་	dbyu(g) gu	작은 막대기, 북채(dbyug의 지소사)
དབྱུག(པ་)	dbyug (pa)	막대기
དབྱུག་པ་ཅན་	dbyug pa can	dbyig pa can의 이형
འབད་པ་	'bad pa I 'bod	노력하다, 전념하다, 수양하다, 전념, 적용
འབབ་པ་	'bab pa P 'bab(s) I 'bob	하강하다, 떨어지다, 흘러들어가다, 입장하다, 마주치다(srog la 'bab pa 참조)
འབའ་ཞིག་	'ba' zhig	오직, 단지(명사 뒤에서)
འབར་བ་	'bar ba	태우다
འབིགས་པ་	'bigs pa P phigs F dbig I phigs	찌르다, 관통하다, 지루하게 만들다, 침입하다, 부수고 열다(rnam par 'bigs pa 참조)
འབུམ་	'bum	10만
འབུལ་བ་	'bul ba PI phul F dbul	주다, 제출하다
འབོད་པ་	'bod pa	부르다, 외치다, 소환하다

	PI bos	
འབོར་བ་	’bor ba	던지다, 내팽개치다, 잃다, 관두다
	PI bor	
འབྱང་བ་	’byang ba	청소하다, 정화하다
འབྱར་བ་	’byar ba	(la와 함께) ~에 달라붙다, 집착하다
འབྱི་བ་	’byi ba	닦이다, 지워지다, (머리가) 빠지다
	P byi, phyis, phyi	
འབྱིན་པ་	’byin pa	산출하다, 꺼내다, 제거하다, (울부짖음)을 내뱉다, 산출하다, 방출하다(skad ’byin pa, dbugs ’byin pa 참조)
	P phyin, phyung F dbyung	I phyungs
འབྱུང་པོ་	’byung po	존재, 피조물, 악마, 악령
འབྱུང་པོའི་གནོད་	’byung po’i gnod	위험한 악마
འབྱུང་པོའི་བྱ་	’byung po’i bya	“악마새”, 부엉이
འབྱུང་བ་	’byung ba	~이다, ~가 되다, 바뀌다, 발생하다,
	PI byung	나타나다(kun nas-, mngon par-, rab tu- 참조)
འབྱེད་པ་	’byed pa	열다, 분리하다, 분해하다, 차이를 내다, 구별하다, 나누다(kha ’byed pa, rmam par ’byed pa 참조)
	P phye, phyed, phes F dbye	I phyes
འབྱོར་	’byor	’byor ba의 축약형
འབྱོར་པ་	’byor pa	부, 자산, 재물, 소유물
འབྱོལ་བ་	’byol ba	양보하다, 물러서다

འབྲང་བ་	'brang ba	따르다, 추종하다
	P (འ)བྲངས་(')brangs I འབྲོང་ 'brong	
འབྲལ་བ་	'bral ba	(dang과 함께) ~과 분리된, 자유로운, 여읜
	P བྲལ་ bral	
འབྲས་	'bras	쌀
འབྲས་བུ་	'bras bu	과일, 결과, 응보, 결과, 이익, 소득
1.འབྲི་བ་	'bri ba	감소하다, 줄다, 희귀해지다
	PI བྲི་ bri	
2.འབྲི་བ་	'bri ba	그리다, 채색하다, 쓰다
	PI བྲིས་ bris	
འབྲིང་པོ་	'bring po	"뒤따르는 것", (셋 중에) 중간 것, 추종자
འབྲུ་	'bru	곡식 낟알, 조각, 입자(ze'u 'bru 참조)
འབྲུག་	'brug	천둥
འབྲུམ(པ་)	'brum (pa)	열매(rgun 'brum 참조)
འབྲེལ་པ་	'brel pa	(dang과 함께) ~과 결합하다, ~와의 연결, 접촉, 취급
འབྲེལ་བ་	'brel ba	(dang과 함께) ~와 연결되다, 일치하다, 조화되다(nges 'brel 참조)
འབྲོས་པ་	'bros pa	도망치다, 내빼다
	PI བྲོས་ bros	
ལྦ་བ་	lba ba	혹, 종기, 매듭, 사마귀
ལྦུ་བ་	lbu ba	거품
སྦངས་	sbangs	spong ba 참조
སྦར་བ་	sbar ba	불을 켜다, 촛불을 붙이다, 불태우다

སྦལ་པ་	sbal pa	개구리, 게(sbal ba로도 씀, rus sbal 참조)
སྦས་	sbas	sbed pa 참조
སྦེད་པ་	sbed pa	숨기다, 은폐하다, 비밀로 하다(nye bar sbas pa 참조)
	P sbas F sba I sbos	
སྦོང་བ་	sbong ba	적시다, 축축하게 만들다(rab sbangs pa 참조)
	P sbangs F sbang I sbongs	
སྦོམ་པོ་	sbom po	뚱뚱한, 두꺼운, 무거운
སྦྱངས་	sbyangs	sbyong ba 참조
སྦྱར་བ་	sbyar ba	합치다, 연결하다, 조립하다, 구성하다(thal mo sbyar ba 참조)
སྦྱིན་པ་	sbyin pa	주다, 수여, 선물(mgon med zas sbyin, nor sbyin, gnod sbyin, yus sbyin pa, rab tu sbyin pa 참조)
	P byin	
སྦྱོང་བ་	sbyong ba	실천하다, 훈련하다, 적용하다, 이용하다
	P sbyangs F sbyang	
སྦྱོར་བ་	sbyor ba	노력하다, 참가하다, 연결하다, 합치다, 연결, 결합, 통합
	PF sbyar	
སྦྲང་བ་	sbrang ba	꿀벌
སྦྲང་རྩི་	sbrang rtsi	"꿀벌의 음료", 꿀
སྦྲམ་བུ་	sbram bu	정금(精金)(sa le sbram 참조)

སྦྲུལ་	sbrul	뱀
སྦྲུལ་ཉིད་	sbrul nyid	뱀의 특성

མ	**ma**	
1.མ་	ma	어머니(pha ma 참조)
2.མ་	ma	밑에 있는 것
3.མ་	ma	아니다(부정사)
མ་མཆུ་	ma mchu	아랫입술(범어 adharoṣṭha)
མ་ཉམས་པ་	ma nyams pa	손상 입지 않은, 달성된, 완결된, 파괴 불가능한(rnam par ma nyams pa 참조)
མ་ཐག་པ་	ma thag pa	(선행 동사어간과 함께) 간격 없이, 곧바로
མ་དཔྱད་(པར་)	ma dpyad (par)	생각할 겨를 없이, 갑자기, 예기치 않게 (부사, 범어 acintita, atarkita)
མ་ཟད་(ཀྱི་)	ma zad (kyi)	~일 뿐만 아니라 ─도
མ་རུངས་པ་	ma rungs pa	"적절치 않은", 무서운
མ་ལ་ཏི་	ma la ti	재스민(범어 mālatī의 번역어)
མ་ལ་ཡ་	ma la ya	백단향이 자라는 인도의 산악지대 이름 (범어 malaya의 번역어)
མ་ལི་ཀ་	ma li ka	ma lli ka의 오기
མ་ལུས་པ་	ma lus pa	남김 없이, 완전히, 전적으로 예외없이, 충분한
མ་ལུས་པར་	ma lus par	전적으로, 완전하게(부사)
མ་ལླི་ཀ་	ma lli ka	재스민(범어 mallikā의 번역어)
མག་པ་	mag pa	양아들, 신랑

མང་དུ་	mang du	많이, 넉넉히(부사)
མང་པོ་	mang po	많은, 수많은(형용사)
མང་པོས་བཀུར་བ་	mang pos bkur ba	"다중의 존경을 받는 자", 불교사의 첫 번째 왕의 이름(범어 mahāsaṃmata)
མང་བ་	mang ba	많다, 수많다
	P mangs	
མང་ཚོགས་	mang tshogs	덩어리, 양, 다량, 수
མངས་	mangs	mang ba 참조
མར་	mar	버터, 기름
མར་མེ་	mar me	"기름불", 버터 램프, 램프
1.མི་	mi	사람, 인간
2.མི་	mi	아니다(부사 부정어)
མི་དགའ་བ་	mi dga' ba	불선, 친하지 않은, 거친
མི་མཐོང་བ་	mi mthong ba	보이지 않는, 맹목적인
མི་བདེན་པ་	mi bden pa	비진실, 거짓(범어, anṛta, asatya)
མི་དབང་	mi dbang	"인군(人君)", 왕(범어 narendra)
མི་སྨྲ་	mi smra	말해져서는 안될 것, 말해질 수 없는 것 (smra bar mi bya의 운율상의 축약형, 범어 avācya)
མི་སྨྲའི་ངོ་བོ་	mi smra'i ngo bo	학대, 혹평, 수치, 불명예(범어 avadyatā 혹은 avadyat(bhāva))
མིག་	mig	눈(rkang mig, lha'i mig 참조)
མིག་གི་མཐའ་	mig gi mtha'	눈가(범어 nayanāta)
མིག་གིས་ཐོས་པ་	mig gis thos pa	"눈으로 듣는", 뱀(범어 cakṣuḥ-śravas)

མིག་འབྱིན་པ་	mig 'byin pa	"눈이 튀어나오게 만들다", 눈알을 후벼파다
མིག་འཛུམ་	mig 'dzum	눈감음
མིན་པ་	min pa	~이 아니다(ma yin pa의 반대)
མུ་ཏིག་	mu tig	진주(범어 muktikā 혹은 mauktika의 축약번역)
མུ་ཏིག་གི་ཧར་	mu tig gi har	진주목걸이(범어 muktikāhāra의 번역)
མུག་(པ་)	mug (pa)	gti mug, yi mug pa 참조
མུན་པ་	mun pa	어둠, 모호함
མེ་	me	불, 화염
མེ་ལྕེ་	me lce	화염의 혀
མེ་ཏོག་	me tog	꽃
མེ་སྟག་	me stag	불꽃
མེ་ལོང་	me long	거울
མེ་ལོང་དཀྱིལ་	me long dkyil	둥근 거울(범어 ādarśamaṇḍala)
མེད་པ་	med pa	~가 없는, 없다
མོ་	mo	여자, 여성
མོད་པ་	mod pa	실은, 확실히(yin pa, yod pa의 강조형), 넉넉한, 많은(형용사)
མོས་པ་	mos pa	기쁘다, 즐기다, 즐거움(skyed mos tshal 참조)
མྱ་ངན་	mya ngan	곤란, 불행, 고통
མྱ་ངན་བྱེད་པ་	mya ngan byed pa	한탄하다, 울부짖다, 고통을 겪다
མྱ་ངན་ལས་འདས་པ་	mya ngan las 'das pa	해탈, "고통을 벗어나다"(범어 nirvāṇa)

མྱངས་མྱོང་བ	myangs	myong ba 참조
མྱངས(པ་)	myangs (pa)	달라붙은, 고착된, 집착하는, ~로 뒤덮인, 더러운(범어 lipta)
མྱུར་དུ་	myur du	빨리, 서둘러(부사)
མྱུར་བ་	myur ba	빠르다
མྱུལ་བ་	myul ba	면밀하게 검토하다
མྱོང་བ་	myong ba	맛보다, 즐기다, 경험하다(nyams su myong ba 참조)
	P myangs, myong(s) F མྱང་ myang	
དམག་	dmag	집단, 군대
དམག་མི་	dmag mi	병사
དམན་པ་	dman pa	하찮은, 비열한(dma' ba에서 파생됨)
དམའ་བ་	dma' ba	하찮다, 비열하다
དམར་པོ་	dmar po	빨간
དམར་བ་	dmar ba	빨갛다(dkar dmar ba 참조)
དམྱལ་བ་	dmyal ba	지옥(sems can dmyal ba 참조)
རྨ་བྱ་	rma bya	공작(범어 mayūra)
རྨི	rmi	rmi ba의 축약형
རྨི་བ་	rmi ba	꿈꾸다
	P rmis	
རྨི་ལམ་	rmi lam	꿈
རྨིག་རྗེས་	rmig rjes	말굽 자국
རྨིག་པ་	rmig pa	발굽
རྨིས་	rmis	rmi ba 참조

རྨུག་པ་	rmug pa	혼침(惛沈), 물어뜯다
	P rmugs	
རྨུགས་	rmugs	rmug pa 참조
རྨོང་བ་	rmong ba	(정신적으로) 흐릿하다, 잘못되다, (la와 함께) ~에 미혹하다(kun nas rmong ba 참조)
	P rmongs	
རྨོངས་	rmongs	rmong ba 참조
རྨོངས་པ་	rmongs pa	(la와 함께) ~에 어둡다, 혼란되다, 미혹되다, 바보(kun nas rmongs pa 참조)
	P rmongs	
སྨད་	smad	아랫부분, 아래((2) ma에서 파생됨), 아이, 아들
སྨད་པ་	smad pa	탓하다, 꾸짖다
སྨན་	sman	(1) 약, 약물, 치료약 (2) 소득, 이익 (의 존칭)
སྨན་པ་	sman pa	의사
སྨིན་པ་	smin pa	성숙, 성숙하다, 익다
སྨིན་མ་	smin ma	눈썹
སྨོ་བ་	smo ba	말하다(lta ci smos pa 참조)
	P smos	
སྨོད་པ་	smod pa	탓하다, 꾸짖다, 비난하다
སྨོས་	smos	smo ba 참조
སྨྲ་བ་	smra ba	말하다(mngon par smra ba, rab tu smra ba

		참조)
	P smras I smros	
སྨྲས་	smras	smra ba 참조
སྨྲིག་	smrig	ngur smrig 참조
སྨྲོས་	smros	smra ba 참조
ཙ	**tsa**	
ཙནྡན་	tsandana	백단향, 백단향 나무(tsan dan으로도 씀, 범어 candana의 번역)
ཙམ་(དུ)	tsam (du)	단지, 오직, ~뿐(ci tsam 참조)
ཙུ་ཏ་	tsu ta	tsū ta의 이형
ཙུ་ཏའི་ཡུལ་	tsu ta'i yul	"망고나무의 나라"(신화적 국가의 이름)
ཙཱུ་ཏ་	tsū ta	망고나무(범어 cūta의 번역)
གཙང་བ་	gtsang ba	깨끗하다, 청정하다
གཙང་མ་	gtsang ma	청정한(zas gtsang na 참조)
གཙུག་	gtsug	정수리, 정점
གཙུག་གི་ནོར་བུ་	gtsug gi nor bud	정수리에 있는 보석, 왕관(범어 cūḍāmaṇī)
གཙེ་	gtse	'tshe ba 참조
གཙེ་བ་	gtse ba	고문하는, 괴롭히는
གཙེས་	gtses	'tshe ba 참조
གཙོ་	gtso	gtso bo 및 gtso mo의 축약형
གཙོ་བོ་	gtso bo	최고, 군주, 주인, 대장
གཙོ་མོ་	gsto mo	(여성에 해당) 최고(res ma'i gtso mo 참조)
བཙའ་བ་	btsa' ba	품다, 내놓다

	P btsas	
བཙལ་	btsal	’tshal ba 및 ’tshol ba 참조
བཙས་	btsas	btsa’ ba 참조
བཙུན་མོ་	btsun mo	숙녀, 여왕
བཙེས་	btses	’tshe ba 참조
བཙོང་	btsong	’tshong ba 참조
བཙོང་བྱ་	btsong bya	“팔릴 것”, 재화
རྩ་	rtsa	rtsa ba의 축약형
རྩ་ནས་	rtsa nas	밑에서부터, 철저히
རྩ་བ་	rtsa ba	뿌리, 기원, 토대, 기초(범어 mūla)
རྩད་	rtsad	뿌리(=rtsa ba)
རྩད་ནས་གཅོད་པ་	rtsad nas gcod pa	“뿌리부터 잘라내다”, 뿌리를 뽑다, 근절하다
རྩལ་	rtsal	기술, 숙련(mthu rtsal 참조)
རྩི་	rtsi	쥬스
རྩི་རྐྱང་	rtsi rkyang	빗자루, 깃털빗자루(의 깃털)(rtsi skyang으로도 씀)
རྩི་བ་	rtsi ba	세다, 헤아리다, 간주하다
	P brtsis F brtsi I rtsis	
རྩིག་པ་	rtsig pa	벽, 외벽
རྩིས་	rtsis	셈, 계산
རྩིས་འདེབས་པ་	rtsis ’debs pa	계산하다
རྩུབ་པ་	rtsub pa	울퉁불퉁하다, 거칠다
རྩེ་(མོ་)	rtse (mo)	꼭대기, 정상

རྩེ་གཅིག་པ་	rtse gcig pa	"하나의 목표만을 지닌", (la와 함께) ~에 집중하다, 초점을 맞추다(범어 ekāgra)
རྩེ་བ་	rtse ba	놀다, 뛰놀다, 장난치다, 농담하다
རྩོག་པ་	rtsog pa	더러운, 때가 탄, 묻은, 움추린, 겁먹은(?) (brtsog pa로도 씀)
རྩོད་པ་	rtsod pa PF brtsad	(la와 함께) ~와 언쟁하다, 토의하다
རྩོམ་པ་	rtsom pa P brtsams F brtsam I rtsoms	(la와 함께) 시작하다, 착수하다(nye bar rtsom pa 참조)
སྩོལ་བ་	stsol ba PF (b)stsal I stsol	(존칭어) 주다, 부여하다(bka'- 참조)
བརྩད་	brtsad	rtsod pa 참조
བརྩམས་	brtsams	rtsom pa 참조
བརྩི་	brtsi	rtsi pa 참조
བརྩེ་བ་	brtse ba	사랑하다, 사랑, 애정, 친절(snying brtse ba, thugs brtse ba 참조)
བརྩོག་པ་	brtsog pa	더러운, 때묻은
བརྩོག་བརྩོག་པ་	brtsog brtsog pa	완전히 때묻은(rtsog pa로도 씀)
བརྩོད་	brtsod	rtsod 및 brtsad의 이형
བརྩོན་འགྲུས་	brtson 'grus	정진(精進), 에너지, 노력(범어 vīrya)
བརྩོན་པ་	brtson pa	노력하다, (la와 함께) 전념하다, 전념, 노력
བརྩོན་པར་བྱེད་པ་	brtson par byed pa	노력하다

ཚ	**tsha**	
ཚ་བ་	tsha ba	뜨거운, 사악한, 열, 열기
ཚ་ལ་	tsha la	백반(白礬)
ཚགས་	tshags	필터(chu tshags 참조)
ཚང་	tshang	둥지, 굴, 동굴
ཚང་བ་	tshang ba	가득한, 완결된, 가득찬
	P tshangs	
ཚང་བར་བྱེད་པ་	tshang bar byed pa	가득 채우다
ཚངས་པ་	tshangs pa	인도신 Brahman의 이름
ཚངས་པས་བྱིན་	tshangs pas byin	"Brahman에 의해 주어진" (전설적인 여러 인도 왕들의 이름(범어 brahmadatta)
ཚད་	tshad	양(量), 크기, 치수(rgyang tshad 참조)
ཚད་མེད་པ་	tshad med pa	무량한, 무한한
ཚལ་	tshal	숲, 정원, 공원(skyed mos tshal 참조)
ཚལ་བ་	tshal ba	조각, 나무조각
ཚིག་	tshig	낱말, 구절
ཚིག་གིས་གསལ་བ་	tshig gis gsal ba	"말이 휘황찬란한", 웅변적인(범어 vākapaṭu, śabdacatura)
ཚིམ་པ་	tshim pa	만족한, 물린
ཚིས་	tshis	so tshis 참조
ཚུ་	tshu	이쪽에, 이쪽으로, 이쪽면
ཚུགས་	tshugs	(1) sgom tshugs su bcas te 참조 (2) 'tshugs pa
ཚུགས་པ་	tshugs pa	해치다, 괴롭히다
ཚུར་	tshur	이쪽에, 이곳에, 이쪽으로

ཚུལ་	tshul	수단, 방법, 행위(spyod tshul 참조)
ཚུལ་ཁྲིམས་	tshul khrims	계(戒), “행위 규범”, 바른 행위, 도덕성(범어 śīla)
ཚེ་	tshe	시간, 인생, 존재, (소유격 뒤에서) ~할 때, 동안(tshe na의 축약형)
ཚེ་གཅིག་ཏུ་	tshe gcig tu	갑자기, 단박에
ཚེ་དང་ལྡན་པ་	tshe dang ldan pa	늙은, 존경스러운(범어 āyusmant)
ཚེ་འཕོ་བ་	tshe ’pho ba	“존재를 바꾸다”, 죽다
ཚེ་སྲོག་	tshe srog	수명
ཚེའི་དུས་བྱེད་པ་	tshe’i dus byed pa	“수명을 다하다”, 죽다(범어 kālam kṛ)
ཚེར་མ་	tsher ma	가시, 적, 반대자(범어 kaṇṭaka)
ཚེས་	tshes	태음일(zla tshes 참조)
ཚོ་	tsho	lang tsho 참조
ཚོགས་	tshogs	모임, 무더기, 군집, 덩어리, 매우 큰(sna tshogs, phun sum tshogs pa 참조)
ཚོང་	tshong	무역, 거래, 일(chang tshong (ma) 참조)
ཚོང་པ་	tshong pa	상인, 무역상
ཚོད་	tshod	(바른) 박자
ཚོད་ཤེས་པ་	tshod shes pa	바른 박자를 아는, 박자를 맞추다
ཚོན་	tshon	색깔, 그림, 염료
ཚོན་ཞེན་(པ་)	tshon zhen (pa)	색칠된
ཚོར་བ་	tshor ba	감수하다, 수(受), 인지하다, 알아차리다, 느끼다
ཚོལ་	tshol	’tshol ba의 명령형 및 2차형태

མཚན་	mtshan	mtshan ma 및 mtshan mo의 축약형
མཚན་ཉིད་	mtshan nyid	상(相), 특징, 표시, 상징
མཚན་མ་	mtshan ma	상(相), 특징, 표시(rgyal mtshan 참조)
མཚན་མོ་	mtshan mo	밤
མཚམས་	mtshams	중간 지대(bar mtshams 참조)
མཚར་བ་	mtshar ba	경이로운, 놀라운(ngo mtshar 참조)
མཚར་བ་འཛིན་པ་	mtshar ba ’dzin pa	(la와 함께) ~에 놀란
མཚུངས་པ་	mtshungs pa	(dang과 함께) ~와 비슷한, 같은
མཚེས་	mtshes	khyim mtshes 참조
མཚོ་	mtsho	연못(rgya mtsho 참조)
མཚོན་	mtshon	(날카로운) 날을 가진 도구, 무기
མཚོན་ཆ་	mtshon cha	자르거나 뚫는 데 쓰는 도구, 날카로운 무기
འཚང་བ་	’tshang ba	회복하다, 제정신으로 돌아오다, 일어나다
	P sangs	
འཚལ་བ་	’tshal ba	바라다, 갈망하다, 요구하다(phyag ’tshal ba 참조, cf. ’tshol ba)
	P btsal I tshol	
འཚུགས་པ་	’tshugs pa	뿌리내리다, 자신을 확립하다, 정착하다
	P tshugs	
འཚེ་བ་	’tshe ba	해치다, 손상시키다, 다치게 하다(rnam par ’tshe ba 참조)
	P gtses, btse F gtse, btse	
འཚེར་བ་	’tsher ba	빛나다, 반짝이다

འཚོ་བ་	’tsho ba		살다, 양육하다, 유지하다, 삶, 생계(srid ’tsho ba 참조)
འཚོགས་པ་	’tshogs pa	PI tshogs	모으다, 만나다
འཚོང་བ་	’tshong ba	P btsong F btsong I tshong(s)	팔다
འཚོལ་བ་	’tshol ba	PF btsal, btsol I tshol	추구하다, 추적하다
ཛ	**dza**		
མཛངས་པ་	mdzangs pa		현명한, 똑똑한
མཛད་པ་	mdzad pa	I mdzod	(byed pa의 존칭어) 만들다, 하다, 완성하다 (cf. byed pa의 여타 의미들도)
མཛའ་བ་	mdza’ ba		(여성 혹은 친척)과 친하다, 사랑하다
མཛའ་བོ་	mdza’ bo		연인
མཛེས་ལྡན་	bdzes ldan		(mdzes ldan nyid의 축약형) 아름다운, 아름다움
མཛེས་པ་	bdzes pa		아름다운, 잘생긴, 화려한, 찬란한, 아름다움(인도왕의 이름: “잘생긴 자”, 본래의 범어 ādarśamukha)
མཛེས་པ་མོ་	mdzes pa mo		“잘생긴 자”, “찬란한 자”(mdzes ma의 운율상의 축약형)
1.མཛོད་	mdzod		창고, 무기고, 보물창고(mdzod 참조)
2.མཛོད་	mdzod		mdzad pa 참조

འཛད་པ་	’dzad pa	기진맥진하다, 기운이 빠지다, 하강하다
	P zad	
འཛམ་བུ་	’dzam bu	갯복숭아나무(범어 jambu 혹은 jambū의 번역)
འཛམ་བུ(འི)་གླིང་	’dzam bu(’i) gling	남섬부주(南贍部洲), 갯복숭아나무 대륙 (인도에 대한 불교식 명칭, 범어 jambudvīpa)
འཛིན་པ་	’dzin pa	(nas와 함께) 붙잡다, 파악하다, 쥐다, (창고를) 세우다, 이해하다, ~을(la) 一로 간주하다(zin pa, kun nas ’dzin pa, khon ’dzin pa, chu ’dzin pa, rje su ’dzin pa, mtshar ’dzin pa, yid la ’dzin pa, rab tu ’dzin pa, rig ’dzin 참조)
	P bzung F gzung I zungs	
འཛུགས་པ་	’dzugs pa	찔러넣다, 찌르다, 뚫다, 세우다
	P btsugs F gzugs I zugs	
འཛུམ་པ་	’dzum pa	(보통 mig 뒤에서) 눈을 감다, 미소짓다
	P btsum(s), zum F btsum, gzum I tsum(s)	
འཛུར་བ་	’dzur ba	항복하다, 양보하다, (las와 함께) 피하다,
	P bzur F gzur I zur	도망치다
རྫས་	rdzas	실재, 사물, 물질, 대상
རྫི་བ་	rdzi ba	누르다, 치대다, 쑤셔넣다
	P brdzis F brdzi I rdzis	
རྫོགས་པ་	rdzogs pa	완결된, 끝난, 완벽한, 완결성,

		가득참(yongs su rdzogs pa 참조)
བརྫུན་	brdzun	거짓말
ཝ	**wa**	
ཝ་	wa	여우
ཝ་སྐྱེས་	wa skyes	여우
ཝཱ་རཱ་ཎཱ་སཱི་	wā rā ṇā sī	인도에 있는 도시 바라나시/베나레스(bā rā ṇa sī의 이형)
ཞ	**zha**	
ཞག་	zhag	날, 하루
ཞགས་པ་	zhags pa	가죽끈
ཞན་པ་	zhan pa	약한
ཞབས་	zhabs	(rkhang p의 존칭어) 발, 다리
ཞལ་	zhal	(kha의 존칭어) 입, 얼굴
ཞལ་ཆེ་	zhal che	결정, 판단(zhal (gyal) ’che ba에서 파생; cf. ka(s) ’che ba)
ཞལ་ཆེ་གཅོད་པ་	zhal che gcod pa	결정하다, 판단하다
ཞལ་ཆེ་པ་	zhal che pa	판사
ཞི་བ་	zhi ba	적정, 조용해지다, 차분해지다, 누그러지다, 조용한, 평온한, 차분한(rnam par zhi ba, rab tu zhi ba 참조)
ཞི་བར་བྱེད་པ་	zhi bar byed pa	평온하게 하다, 가라앉히다
ཞིག་	zhig	부정(不定)불변화사 cig의 산디 형태(ci

		zhig, 'ba zhig, tsam zhig, ring zhig tu, su zhig, gsum zhig 참조)
ཞིང་	zhing	국토, 들판
ཞིང་པ་	zhing pa	농부, 농노
ཞིམ་པ་	zhim pa	향기로운(dri zhis 참조)
ཞིམ་པོ་	zhim po	향기로운
1.ཞུ་བ་	zhu ba	묻다, (높은 사람에게) 말하다, 부탁하다, 말하다, 전하다
	PI zhus	
2.ཞུ་བ་	zhu ba	녹다
	P bzhus F bzhu I zhus	
ཞུགས་	zhugs	'jug pa 참조
ཞུམ་པ་	zhum pa	두려워하다, 낙담하다
ཞུས་	zhus	(1) zhu ba 참조
ཞེ་	zhe	경향, 마음, 성향
ཞེ་སྡང་	zhe sdang	진(瞋), 증오
ཞེ་ན་	zhe na	(ga, da, ba 이외의 어미 뒤에서의 ce na의 산디형태)
ཞེན་པ་	zhen pa	집착하다, 꿰뚫리다, 스며들다(tshon zhen (pa) 참조)
ཞེས་	zhes	(ga, da, ba 이외의 어미 뒤에서의 ces의 산디형태)
ཞེས་བྱ་བ་	zhes bya ba	ces bya ba 참조
ཞོ་	zho	우유, 응유

གཞན(པ་)	gzhan (ba)	다른; 변화(rang bzhin gzhan 참조)
གཞན(དུ)བྱེད་པ་	gzhan (du) byed pa	바꾸다, 변경하다(las와 함께) ~와 다르게 행동하다
གཞན་ཡང་	gzhan yang	더욱이, 또한(범어 aparam)
གཞུ་	gzhu	활(dbang po gzhu 참조)
གཞོན་ནུ་	gzhon nu	법왕자, 어린; 젊은이(문수사리보살의 별칭, gzhon pa의 지소사)
གཞོན་ནུར་གྱུར་པ་	gzhon nur gyur pa	"젊은이였던"(문수사리보살의 젊은 시절을 일컫는 별명 범어 kumārabhūta)
གཞོན་པ་	gzhon pa	젊은; 젊어지다
བཞག་	bzhag	'jog pa 참조
བཞད་གད་	bzhad gad	웃음
བཞད་གད་བྱེད་པ་	bzhad gad byed pa	웃다, 비웃다
བཞད་གད་ཅན་	bzhad gad can	익살꾼, 어릿광대(범어 vidūṣaka)
བཞད་པ་	bzhad pa	웃다
བཞམས་པ་	bzhams pa	달래다, 위로하다
བཞི་	bzhi	넷
1.བཞིན་	bzhin	얼굴, 표정
2.བཞིན་	bzhin	실체, 본질; (탈격 뒤에서) ~에 따라서, 상응해서
བཞིན་དུ་	bzhin du	~처럼, (탈격 뒤에서) ~에 따라서, 상응해서
བཞིན་བཟངས་	bzhin bzhangs	"얼굴이 아름다운", 아름다운 얼굴을 가진, 잘생긴 (표현 방식으로 '고귀한 군주', 범어

		bhadramukha)
བཞུགས་པ་	bzhugs pa	(단일형, sdod pa, 'dug pa의 존칭어) 앉다, 머무르다(rnam par bzhugs pa 참조)
བཞོན་པ་	bzhon pa	탈것, 수레, 마차
ཟ	**za**	
ཟ་བ་	za ba P zos, bzas F bza' I zo(s)	먹다(gdon mi za bar 참조); 음식, 영양분
ཟད་	zad	(1) cung zad 참조 (2) 'dzad pa 참조
ཟད་མི་ཤེས་པ་	zad mi shes pa	지칠 줄 모르는, 끝임 없는, 끝이 없는
ཟན་	zan	음식, (오트밀 같은) 죽
ཟབ་པ་	zab pa	심원한, 깊은, 깊이
ཟབ་པོ་	zab po	깊은
ཟམ་པ་	zam pa	둑, 다리
ཟས་	zas	음식, 영양분(kha zas, mgon med zas sbyin 참조)
ཟས་གཙང་མ་	zas gtsang ma	"정반", 붓다 부친의 이름(범어 śuddhodana)
1. ཟིན་པ་	zin pa	모든 어간에서 'dzin pa
2. ཟིན་པ་	zin pa	완성된, 끝난
ཟིལ་	zil	빛남, 화려함, 영광
ཟིལ་གྱིས་གནོན་པ་	zil gyis gnon pa	능가하다, 뛰어넘다, 勝, 극복하다(범어 abhi-bhū, pari- bhū, ā-kram)
ཟུག་	zug	(gzug으로도 씀) 고통, 괴로움
ཟུག་རྔུ་	zug rngu	zug과 동일

ཟུངས་	zungs	'dzin pa 참조
ཟེའུ་འབྲུ་	ze'u 'bru	꽃실
ཟེར་བ་	zer ba	말하다
ཟེལ་མ་	zel ma	파편, 작은 조각('phan zel 참조)
ཟོས་	zos	za ba 참조
ཟླ་	zla	zla ba의 축약형
ཟླ་བ་	zla ba	달, 어떤 왕자의 이름(lo zla 참조)
ཟླ་ཚེས་	zla tshes	차오르는 달
ཟློག་པ་	zlog pa	장애하다, 개(蓋), 돌아가게 하다, 돌려보내다; 막다(rnam par- 참조)
	P (b)zlogs F bzlog(s) I zlog(s)	
གཟའ་	gza'	행성, 달을 삼킨다는 악마의 이름(범어 rāhu)
གཟི་བརྗིད་	gzi brjid	밝음, 아름다움, 장엄함
གཟིར་བ་	gzir ba	고통 받다
གཟུགས་	gzugs	물질(色), 형태, 모습; 아름다운 모습(범어 rūpa)
གཟུང་	gzung	'dzin pa 참조
གཟེར་	gzer	못; 광선; 고통; 아픔(병)
བཟང་ཉིད་	bzang nyid	bzang ba nyid의 축약형
བཟང་པོ་	bzang po	좋은, 아름다운, 고귀한, 우수한
བཟང་བ་	bzang ba	좋다, 아름답다, 고귀하다, 우수하다
བཟང་བ་ཉིད་	bzang ba nyid	좋음, 우수함, 고귀한 성향(범어 bhadratva, bhadratā)

བཟང་མོ་	bzang mo	아름다운 자, 어떤 매춘부의 이름(범어 bhadrā)
བཟངས་	bzangs	bzang의 옛 표기법, 주로 이름이나 고정된 표현에 남아 있다(bzangs, bzhin bzangs 참조)
བཟའ་བ་	bza' ba	음식, 양분, 식사
བཟུང་	bzung	'dzin pa 참조
བཟེད་	bzed	그릇, 발우
བཟོད་ལྡན་ཉིད་	bzod ldan nyid	인내, 끈기, 참을성(범어 kṣamatva, kṣamatā)
བཟོད་པ་	bzod pa	(탈격 또는 la와 함께) 인내하다, 참다; 용서하다; 인내, 끈기; 용서
བཟོད་སྲན་	bzod sran	인내, 끈기
བཟློག་	bzlog	zlog pa 참조
འ	**'a**	
འང་	'ang	양보의 불변화사 yang의 산디형태
འུ་བུ་ཅག་	'u bu cag	우리
འོ་	'o	우리; 이것; 그렇고 말고!
འོ་ན་	'o na	지금, 이제
འོ་མ་	'o ma	우유
འོག་	'og	(탈격이나 여격 뒤에서) 아래에, 밑에, 나중에(sa 'og 참조)
འོག་ཏུ་	'og tu	(소유격 뒤에서) 아래에, 나중에

འོག་ན་	'og na	(소유격 뒤에서) 아래에
འོང་བ་	'ong ba	오다(kun nas 'ong ba; kun nas 'ong ba, nyes bar kun nas 'ong ba, yang dag par nye bar 'ong ba 참조)
	P 'ongs	
འོངས་	'ongs	'ong ba 참조
འོད་	'od	빛, 빛남, 광휘
འོད་ཟེར་	'od zer	광선
འོད་གསལ་བ་	'od gsal ba	밝은 빛의; 빛나는, 밝은; ~할 가치가 있는, 가치 있는, 적합한; 어울리다, 적절하다 (동사적 명사와 함께)
འོས་པ་	'os pa	~할 가치가 있는, 가치 있는, 적절한
ཡ	**ya**	
ཡ་	ya	위에 있는 것
ཡ་རབས་	ya rabs	상류층, 귀족
ཡ་སོ་	ya so	윗니
ཡ་སོ་ཅན་	ya so can	윗니를 가진
1.ཡང་	yang	또한, 다시(부사)
2.ཡང་	yang	양보사: ~에도 불구하고, 하지만, 그렇지만 (gang yang, phyir yang, su yang, slar yang 참조)
ཡང་དག་	yang dag	yang dag par의 운율상의 축약형
ཡང་དག་པ་	yang dag pa	올바른, 완전한

ཡང་དག་པར་	yang dag par	올바른 방식으로, 완전히, 전적으로; 실제로(범어 sam, samyak)
ཡང་དག་པར་ཉེ་བར་འོང་བ་	yang dag par nye bar 'ong ba	접근하다, 가까이 가다(범어 sam-upa-gam)
ཡང་དག་པར་རྟེན་པ་	yang dag par rten pa	기대다, ~을 토대로 하다; 붙잡히다
ཡང་དང་ཡང་དུ་	yang dag yang du	계속해서, 여러번(범어 muhur muhuḥ)
ཡང་བ་	yang ba	가벼운; 가벼움
ཡང་བ་ཉིད་	yang ba nyid	가벼움, 무모함, 부주의함(범어 laghutva, laghutā)
ཡང་ཡང་	yang yang	계속해서(yang dang yang du 참조)
ཡན་ལག་	yan lag	지절(肢節), 구성원, 몸의 구성요소
ཡབ་	yab	(pha의 존칭어) 아버지
ཡི་གེ་	yi ge	글자, 문자, 단어(범어 akṣara), 경전
ཡི་མུག་པ་	yi mug pa	(yi는 yid의 축약형) 절망하다
ཡི་རང་བ་	yi rang ba	기뻐하다, 즐거워하다
ཡིག་	yig	yi ge의 축약형
ཡིག་མཁན་	yig mkhan	총무, 서기, 회계원, 글을 아는 자
ཡིད་	yid	마음, 정신, 감각
ཡིད་སྐྱེས་	yid skyes	"감각에서 태어난"(인도의 사랑의 신의 별칭, 범어 kāma)
ཡིད་འཕྲོག་པ་	yid 'phrog pa	"감각을 빼앗는", 마비시키는(범어 manobhava)
ཡིད་འོང་	yid 'ong	(yid du 'ong ba의 축약형) "마음을 움직이는", 사랑스러운(범어 manorama)
ཡིད་འོངས་	yid 'ongs	yid 'ong 참조

ཡིད་ལ་གཅགས་པ་	yid la gcags pa	"마음으로 슬퍼하는", 슬픈, 혼란스러운
ཡིད་ལ་བྱེད་པ་	yid la byed pa	작의(作意), "마음이 움직이다", 생각하다, 주의를 기울이다
ཡིད་ལ་འཛིན་པ་	yid la 'dzin pa	마음에 새기다, 주의를 기울이다
ཡིན་པ་	yin pa	~이다
ཡུག་	yug	천 조각(ras yug 참조)
ཡུང་བ་	yung ba	강황(범어 kāñcanī, haridrā)
ཡུན་	yun	시간
ཡུན་རིང་པོ་	yung ring po	오랫동안
ཡུན་རིང་པོ་ནས་	yun ring po nas	오래전부터
ཡུམ་	yum	(ma의 존칭어) 어머니
ཡུལ་	yul	지역, 구역, 영약, 장소, 지방; 지각 영역, 지각 대상(범어 viṣaya, gangs kyi yul, spyod yul 참조)
ཡུལ་ཁམས་	yul khams	토지, 왕국
ཡུལ་འཁོར་	yul 'khor	지방
ཡུལ་ཕྱོགས་	yul phyogs	지역, 구역
ཡུས་	yus	비난, 기소
ཡུས་སྦྱིན་པ་	yus sbyin pa	비난하다, 기소하다
ཡོ་བྱད་	yo byad	일상용품, 도구
ཡོང་བ་	yong ba	오다
ཡོངས་	yongs	전적으로, 완전히
ཡོངས་སུ་	yongs su	완전히, 철저히(범어 pari)
ཡོངས་སུ་དོར་བ་	yongs su dor ba	완전히 포기하다(범어 pari-hā)

ཡོངས་སུ་འདྲི་བ་	yong su 'dri ba	익숙해지다, 친숙해지다(범어 pari-ci)
ཡོངས་སུ་རྫོགས་པ་	yongs su rdzogs pa	구족하다, 완전히 갖추다. 완전히 가득 차다, 만족하다(범어 paripūrṇa)
ཡོད་པ་	yod pa	거기에 있다, 가지고 있다(mnyam du-, bag- 참조)
ཡོན་	yon	선물, 공물(mchod yon 참조)
ཡོན་ཏན་	yon tan	공덕, 덕, 속성(범어 guṇa)
གཡས་	g.yas	오른쪽
གཡུལ་	g.yul	전투
གཡུལ་ངོ་	g.yul ngo	전투의 시작
གཡོ་སྒྱུ་	g.yo sgyu	속임수, 사기
གཡོ་བ་	g.yo ba PI g.yos	동요하다, 움직이다, 움직여지다
གཡོག་	g.yog	g.yog po의 축약형
གཡོག་པ་	g.yog pa PI g.yogs	덮다; 뿌리다, 쏟다
གཡོག་པོ་	g.yog po	남자 하인, 시종('khor g.yog 참조)
གཡོག་མོ་	g.yog mo	여자 하인, 시종(rim gyi g.yog mo 참조)
གཡོགས་	g.yogs	g.yog pa 참조
གཡོན་	g.yon	왼쪽
གཡོས་པོ་	g.yos po	장인, 시아버지

ར	**ra**	
རྭ་	rva	뿔, 침

ར་བ་	ra ba	울타리, 벽; 울타리 쳐진 공간(kun dga')
ར་མ་	ra ma	염소, 암염소, 어린 염소, 아이
རང་	rang	자신
རང་ཉིད་ལེན་པ་	rang nyid len pa	"사적으로 취하다", 사유화하다
རང་ཕྱོགས་	rang phyogs	자신의 무리
རང་བ་	rang ba	기뻐하다, 즐거워하다((rjes su) yi rang ba 참조)
རང་དབང་	rang dbang	독립적인, 자율적인; 독립, 자율; 자신, 자신의 자아, 특성; (소유격)에 대한 경향을 가지다; ~로 이루어진(범어 maya)
རང་བཞིན་གྱི་(ས་)	rang bzhin gyi(s)	자체적으로, 본래
རང་བཞིན་ཉིད་	rang bzhin nyid	본질, 특성(범어 svabhāvatā)
རང་བཞིན་གཞན་	rang bzhin gzhan	"다른 것, 특성의 변화", 변하기 쉬움(범어 anyathābhāva)
རང་ཡུལ་	rang yul	자신의 영역, 조국, 집
རངས་	rangs	tho rangs 참조
རན་པ་	ran pa	~에 대한 바로 그 순간에 도달했다
རབ་	rab	최고, 첫 번째
རབ་ཏུ་	rab tu	매우, 아주, 무엇보다도(범어 pra)
རབ་ཏུ་དགའ་བ་	rab tu dga' ba	매우 기쁘다
རབ་ཏུ་འགྲོ་བ་	rab tu 'gro ba	이동하다(범어 pra-sṛ)
རབ་ཏུ་རྒྱས་པ་	rab tu rgyas pa	완전히 발전된, 완전히 펼쳐진, 만개한 (범어 praphulla)
རབ་ཏུ་གཏོང་བ་	rab tu gtong ba	파견하다, 보내다(범어 pra-sṛj)

རབ་ཏུ་གདུང་བ་	rab tu gdung ba	데우다, 뜨겁게 하다(범어 pra-tap)
རབ་ཏུ་བྱེད་པ་	rab tu byed pa	(rab tu 'byed pa로도 씀) 부분, 장(범어 prakaraṇa)
རབ་ཏུ་སྦྱིན་པ་	rab tu sbyin pa	넘겨주다, 주다, 전달하다(범어 pra-dā)
རབ་ཏུ་འབྱུང་བ་	rab tu 'byung ba	승가에 들어가다(범어 pra-vraj)
རབ་ཏུ་སྨྲ་བ་	rab tu smra ba	말하다, 공표하다(범어 pra-vad, pra-vac)
རབ་ཏུ་འཛིན་པ་	rab tu 'dzin pa	붙잡다; 자신의 무리에 넣다(범어 pra-grah)
རབ་ཏུ་ཞི་བ་	rab tu zhi ba	완전히 평온하다; 완전한 평온함(범어 pra-śam)
རབ་སྤངས་པ་	rab spangs pa	뿌려지다, 젖다(범어 prokṣita)
རབ་འཛིན་པ་	rab 'dzin pa	rab tu 'zhin pa 참조
རབས་	rabs	rab tu zhi ba 참조
རལ་གྲི་	ral gri	"찢는 칼", 검
རལ་བ་	ral ba	조각내진, 찢어진, 칼로 베인
རས་	ras	면포
རས་ཡུག་	ras yug	면포 한 (전체) 조각
རི་(བོ)	ri (bo)	산, 언덕
རི་དགས་	ri dags	영양, 동물, 야생 동물, 사냥감
རི་དགས་རྒྱལ་པོ་	ri dags rgyal po	"동물의 왕", 사자
རི་བོང་	ri bong	토끼("산 당나귀")
རི་བོང་ཅན	ri bong can	"토끼를 가진", 달의 환유적 표현(범어 śaśin)
རི་མོ་	ri mo	상, 그림, 그리기(범어 lekha)

རིག་པ་	rig pa	알다, 이해하다; 지식, 이해
རིག(པ་)འཛིན(པ་)	rig (pa) 'dzin (pa)	"지식을 붙잡는", 인도 신화상 어떤 현자의 이름(범어 vidyādhara)
རིགས་	rigs	논리, 가족, 가문; 계급, 계층; 종류(cho rigs 참조)
རིགས་ངན་	rigs ngan	"신분이 낮은 자", 사형 집행인
རིགས་མཐུན(པ་)	rigs mthun (pa)	같은 가문인, 같은 종류의
རིགས་པ་	rigs pa	타당한, 적절한, 어울리는, 알맞은; 적절함
རིགས་པས་	rigs pas	적절한 방법으로
རིང་	ring	ring bo, ring ba의 축약형(de ring 참조)
རིང་དུ་	ring du	먼 곳에
རིང་ནས་	ring nas	멀리서
རིང་པོ་	ring po	긴, 높은, 키 큰; (시간이) 긴; 먼, 떨어져 있는 (rgyan ring po, rgyan ring ba, rgyan ring bo (nas))
རིང་པོ་མ་ལོན་པར་	ring po ma lon par	"오랜 시간이 지나지 않고", 잠시 후에
རིང་བ་	ring ba	길다; 멀다
རིང་མོ་	ring mo	ring bo와 동일
རིང་ཞིག་ཏུ་	ring zhig tu	오랫동안, 잠시 동안
རིད་པ་	rid pa	빈약한, 쇠약한
རིན་	rin	가치, 값
རིན་ཆེན་	rin chen	"높은 가치의", 보석
རིན་ཆེན་གཏེར་	rin chen gter	"보석의 저장고", 바다의 환유적 표현, 대양(범어 ratnanidhi 등)

རིན་ཐང་	rin thang	가치, 값
རིན་པོ་ཆེ་	rin po che	"높은 가치의", 귀중한 것, 보석, 라마
རིན་པོ་ཆེ་སྣ་བདུན་	rin po che sna bdun	일곱 종류의 보물(금, 은, 크리스탈, 루비 등)(범어suvarṇa, rūpya, sphaṭikā, lohitamukti, aśmagarbha musāragalba)
རིན་པོ་ཆེའི་གཏེར་	rin po che'i gter	= rin chen gter
རིམ་གྱི་གཡོག་མོ་	rim gyi g.yog mo	여자 하인(범어 paricārikā)
རིམ་གྱིས་	rim gyis	차제로, 순서대로, 계속해서, 연속으로, 점점
རིམ་པ་	rim pa	계속, 연속
རིམས་	rims	열
རིམས་ཀྱིས་འདེབས་པ་	rims kyis 'debs pa	열이 나다, 열이 나면서 아프다
རིལ་བ་	ril ba	전체, 완전히; 둥근, 구형의
རིས་	ris	지역, 구역(mpho ris 참조)
རུང་	rung	가치, 목적
རུང་བ་	rung ba	적절한, 어울리는, 적합한(ci rung 참조)
རུས་པ་	rus pa	뼈; 돌, (과일에 있는) 씨
རུས་བུ་	rus bu	작은 뼈, 일반적인 뼈(rus pa의 지소사)
རུས་སྦལ་	rus sbal	"뼈개구리", 거북
1. རེ་	re	ga re 참조
2. རེ་	re	개별적인, 하나의, 개별적인 것
རེ་བ་	re ba	바라다, 희망하다; 바람, 희망
རེ་ཞིག་	re zhig	우선, 어떤 사람, 어떤 것; 어떤, 조금
རེ་རེ་	re re	모두, 각각

རེད་པ་	red pa	~이다, 준비되다
རེས་	res	변화, 전환, 시간, 횟수
རེས་མ་	res ma	매춘부(범어 vārā)
རེས་མའི་གཙོ་མོ་	res ma'i gtso mo	"최고의 매춘부", 특별한 미와 지성을 갖춘 매춘부(범어 vārāmukhyā, vārastrī)
རེས་མའི་གཙོ་མོ་རྣམས་ཀྱི་མ་	res ba'i gtso mo rnams kyi ma	"매춘부의 어머니, 매춘부의 여자 시종
རོག་པོ་	rog po	검은(bya rog 참조)
རོན་	ron	phug ron 참조
རོལ་	rol	측면(phyi rol, snga rol 참조)
རོལ་པ་	rol pa	즐거움, 기쁨
རོལ་པ་བྱེད་པ་	rol pa byed pa	즐기다, 즐거워하다
རླབས་	rlabs	파도, 물결, 범람(chu rlabs 참조)
རླུང་	rlung	바람
རློག་པ་	rlog pa	치다, 부수다, 파괴하다
	P brlags F brlag I rlogs	
རློན་པ་	rlon pa	젖다, 신선한, 날것의, 푸른
བརླག་	brlag	rlog pa 참조
ལ	**la**	
ལ་ལ་	la la	어떤, 몇몇의
ལག་ཆ་	lag cha	도구, 기구; 손
ལག་པ་	lag pa	손, 팔
ལགས་	lags	호격 뒤에서 존중을 나타내는 불변화사
ལགས་པ་	lags pa	(yin pa의 존칭어) ~이다

ལང་	lang	복합에서 glang의 이형(ba lang 참조)
ལང་བ་	lang ba P langs I longs	올라오다, 일어나다(kun na s lang ba, nye bar kun nas lang ba 참조)
ལང་ཚོ་	lang tsho	젊음, 젊은 시절, 청소년기
ལངས་	langs	lang ba 참조
ལན་	lan	시간, 횟수 (한 번, 두 번 등); 답, 응답; 응보, 앙갚음
ལན་གཅིག་ཕྱིར་ལྡོག་པ་	lan gcig phyir ldog pa	일래(一來), "한 번만 더 태어날 자". 해탈을 위한 성문승(śrāvakayāna)의 길에서 두 번째 단계에 이른 불교 수행자(범어 sakṛdāgāmin)
ལན་གཅིག་ཕྱིར་མི་ལྡོག་པ་	lan gicig phyir mi ldog pa	phyir mi ldog pa(anāgāmin)와 동일
ལན་དུ་	lan du	대응해서, 응답해서; 다시, 되돌아서
ལན་འདེབས་པ་	lan 'debs pa	답하다, 응답하다
ལམ་	lam	길(rna ba'I lam, rmi lam, gnas ba'I lam 참조)
ལམ་མིན་	lam min	"길이 아님", 잘못된 길, 부적절한 길(범어 amārga)
ལས་	las	탈격조사, 행위, 행동; 업
1. ལུགས་	lugs	길, 방법, 방식(chos lugs 참조)
2. ལུགས་	lugs	철을 주조함, 철을 두드림; 버터가 녹음
ལུས་	lus	몸
ལུས་ཅན་	lus can	"몸을 가진", 살아 있는 것, 사람(범어 dehin)
ལུས་པ་	lus pa	남겨지다, 남겨진(ma lus pa 참조)

ལེ་ལོ་	le lo	해태(懈怠), 게으름, 나태
ལེགས་འགྲོ་	legs ’gro	어떤 상인의 이름(범어 sugata, 허나 udayabhadra일 수도)
ལེགས་པ་	legs pa	좋은, 적절한, 훌륭한; 좋은 행위, 좋음
ལེགས་པར་	legs par	좋으면서 적절한 방법으로(범어 su)
ལེགས་པར་འོངས་སོ་	legs par ’ongs so	“환영합니다!” “환영합니다!”(승가로 들이는 것을 나타내는 공식적인 언사)
ལེགས་པར་བཤད་པ	legs par bshad pa	적절하거나 세련된 문장(말), 좋은 선언 (범어 subhāṣita)
ལེགས་བཤད་	legs bshad	legs par bshad pa의 축약형
ལེན་པ་	len pa P blangs F blang I longs	받다, 얻다, 취하다; 받아들이다; 붙잡다
ལེའུ་	le’u	장, 절(lo의 지소사: 말, 이야기, 보고, 소문)
1.ལོ་	lo	년, 해
2.ལོ་	lo	(lo ma의 축약형) 잎
ལོ་ཏོག	lo tog	추수(더 오래되고 어원적으로 올바른 표기는 lo thog; thog 생산물)
ལོ་ཟླར་	lo zlar	몇 달, 몇 년 동안(매우 긴 시간을 나타냄)
ལོག་	log	log pa, log par의 축약형
1.ལོག་པ་	log pa	(las) ~로부터 등을 돌리다; 돌아가다
2.ལོག་པ་	log pa	삿된, 잘못된(ldog pa의 완료형)
ལོག་པར་	log par	잘못된 길로; 잘못된 방식으로
ལོང་བ་	long ba	눈이 멀다, 눈이 먼; len pa의 이형
ལོངས་	longs	langs의 이형(khyur longs pa 참조)

ལོངས་སྤྱོད་	longs spyod	즐거움, 결실; 부, 재산
ལོངས་སྤྱོད་པ་	longs spyod pa	향수하다, 즐기다
ལོན་པ་	lon pa	시간이 지나다(rin po ma lon par 참조)

ཤ	**sha**	
ཤ་	sha	살, 고기
ཤ་ཀོ་ཏ་ཀ་	sha ko ta ka	śākhoṭaka 나무
ཤམ་ཐབས་	sham thabs	속치마, 속옷
1.ཤར་	shar	’char ba 참조
2.ཤར་	shar	동쪽
ཤར་བ་	shar ba	(별이) 떠오름
1.ཤལ་	shal	tha shal 참조
2.ཤལ་	shal	귓볼(lkog shal 참조)
ཤི་	shi	’chi ba 참조
ཤི་བ་	shi ba	죽음; 죽은 상태
ཤིང་	shing	나무(ljon shing, srog shing 참조)
ཤིང་མཁན་	shing mkhan	“나무에 대해 아는”, 목수
ཤིང་རྟ་	shing rta	“나무로 된 말“, 마차
ཤིང་རྟ་ཆེན་པོ་	shing rta chen po	어떤 인도 왕의 이름(범어 mahāratha)
ཤིང་བལ་	shing bal	목화솜
ཤིང་ལོ་	shing lo	나뭇잎
ཤིན་ཏུ་	shin tu	대단히, 매우(범어 su)
ཤིན་ཏུ་བཅིངས་པ་	shin tu bcings pa	잘 묶인(범어 su(saṃ)baddha)
ཤིན་ཏུ་དྲང་བ་	shin tu drang pa	shin tu ’dren pa의 동사적 명사

ཤིན་ཏུ་འདྲེན་པ་	shin tu 'dren pa	당기다, 누군가를 자신에게 끌어오다 (범어sam̩-ā-kr̥s̩)
ཤིན་ཏུ་སྤྱོད་ཡུལ་	shin tu spyod yul	"적절한 행동 범위", 좋은 행위의 범위 (sugocara)
ཤིན་ཏུ་ཞི་བ་དང་ལྡན་	shin tu zhi ba dang ldan	완전히 고요해지다, 완전히 차분해지다
ཤིན་ཏུ་ཡིད་འོང་	shin tu yid 'ong	매우 사랑스러운, 아주 매력적인(범어 sumanorama)
ཤིས་	shis	운, 행복, 축복(bkra (mi) shis (pa) 참조)
ཤིས་པ་	shis pa	행복한, 덕이 있는, 유익한
ཤུགས་	shugs	타고난 힘, 힘
ཤེལ་	shel	유리, 크리스탈
ཤེལ་གྱི་ནོར་བུ་	shel gyi nor bu	수정
ཤེས་པ་	shes pa	지(智), 알다, 이해하다, 인지하다(tshod shes pa 참조)
ཤེས་བྱ་	shes bya	인식대상(所知), 알아야 할 것, 알 가치가 있는 것, 아는 것,
ཤེས་རབ་	shes rab	반야(般若), 분별력 있는 이해, 지혜(범어 prajñā)
ཤེས་རབ་ལྡན་པ་	shes rab ldan pa	반야를 수반한, 아는 것, 이해하는 것
ཤོག་	shog	가라!, 와라!(일반적으로 ong ba의 명령형이라고 하지만, gshegs pa의 명령형이다.)
ཤོར་	shor	'chor ba 참조
ཤོས་	shos	(둘 중에) 다른 사람(gcig shos 참조)

གཤིན་པ་	gshin pa	좋은, 즐거운, 적합한(mnyes gshin pa 참조)
གཤིན་རྗེ་	gshin rje	죽음의 신
གཤིན་པོ་	gshin po	죽은 사람
གཤེ་བ་	gshe ba	(la와 함께) 욕하다
	P gshes	
གཤེགས་པ་	gshegs pa	('gro ba, 'ong ba의 존칭어) 가다, 가버리다; 오다(de bzhin gshegs pa 참조)
	I gshegs, shog	
གཤེས་	gshes	gshe ba 참조
གཤོག་པ་	gshog pa	날개
བཤད་	bshad	'chad pa 참조
བཤད་པ་	bshad pa	선언, 이야기, 대화, 말
ས	sa	
ས་	sa	땅; 장소; 세계('thabs sa, mdun sa 참조)
ས་ཕྱོགས་	sa phyogs	장소, 지역
ས་བོན་	sa bon	종자, 씨, 곡물
ས་འོག་	sa 'og	하지(下地), 지표면 밑에 있는 것, 지하의
ས་ལས་སྐྱེས་པ་	sa las skyes pa	"땅에서 태어난", 식물, 나무(범어 mahīja)
ས་ལེ་སྦྲམ་	sa le sbram	순수한 좋은 금
ས་གསུམ་	sa gsum	(신, 인간, 귀신의 세계로 이루어진) 삼계
སངས་	sangs	'tshang ba 참조
སངས་རྒྱ་བ་	sangs rgya ba	붓다가 되다, 불성을 획득한
	P sangs rgyas	

སངས་རྒྱས་	sangs rgyas	불(佛), "깨닫고 펼쳐진"(범어 Buddha)
སངས་པ་	sangs pa	깨달은
སད་པ་	sad pa	깨닫다
སར་པ་	sar pa	(gsar pa의 이형) 새로운, 신선한, 푸른
སུ་	su	누구? 무엇?(의문대명사)
སུ་བྷཱ་ཥི་ཏ་ར་ཏྣ་ནི་དྷི་ནཱ་མ་ཤཱ་སྟྲ་	su bhā ṣi ta ra tna ni dhi nā ma śā stra	범어 subhāṣitaratnanidhināmaśāstra
སུ་ཞིག་	su zhig	누구? 무엇? 누구든지, 무언가
སུ་ཡང་	su yang	누구든지, 모두
1.སུམ་	sum	mngon sum 참조
2.སུམ་	sum	복합어에서의 gsum의 이형(phun sum tshogs pa 참조)
སུམ་ཅུ་	sum cu	숫자 30
སུམ་ཅུ་དགུ་	sum cu dgu	숫자 39
སུམ་ཅུ་དགུ་པ་	sum cu dgu pa	39번째
སེའུ་	se'u	(se'u 'bru라고도 씀) 석류
སེང་གེ་	seng ge	사자(범어 siṃha를 잘못 쓴 형태)
སེམ་པ་	sem pa	sems pa의 이형
སེམས་	sems	심(心), 생각, 마음, 정신 상태
སེམས་ཀྱི་ས་	sems kyi sa	사랑의 신, 사랑, 사랑의 기술(범어 manobhū)
སེམས་ཀྱི་སེམས་	sems kyi sems	심심소(범어 cittacaitasika)
སེམས་ཅན་	sems can	"마음을 가진", 유정, 중생
སེམས་ཅན་ཆེན་པོ་	sems can chen po	"위대한 존재", 어떤 왕자의 이름(범어

		mahāsattva: 위대한 존재를 가진)
སེམས་པ་	sems pa	사(思), 생각하다, 헤아리다, 고려하다, 상상하다; ~을 ~로 여기다(snyam du sems pa, rnam par sems pa 참조)
	P bsams F bsam I som(s), sems	
སེམས་ཅན་དམྱལ་བ་	sems can dmyal ba	dmyal ba와 동일
སེམས་དཔའ་	sems dpa'	"영웅적인 본성의", 존재, 본성(범어 sattva)(byang chub sems dpa')
སེམས་སྤྲོ་བ་	sems spro ba	(la와 함께) ~에서 즐거움을 찾다
སེར་སྐྱ་	ser skya	연노랑, 밝은 노랑, 주황
སེར་སྣ་	ser sna	탐욕
སེར་པོ་	ser po	노랑
སེར་བ་	ser ba	싸라기눈, 우박
སེལ་	sel	sel ba의 축약형
སེལ་བ་	sel ba	제거하다, 깨끗하게 하다, 없애다, 치우다; 깨끗하게 해서 없애다
	PF bsal I sol	
1.སོ་	so	복합에서의 gso의 이형(ngal so 참조)
2.སོ་	so	이, 치아(mdun so, ya so (can) 참조)
སོ་ཚིས་	so tshis	집안일
སོ་ཚིས་འཚུགས་པ་	so tshis 'tshugs pa	가정을 꾸리다
སོ་སོ་	so so	분리하다, 개별적으로
སོ་སོའི་སྐྱེ་བོ་	so so'i skye bo	범부, 일반인(보통 종교적 의미에서) 어리석은 재가자, 자(범어 pṛthagjana)

སོ་སོའི་སྐྱེ་བོ་ཉིད་	so so'i skye bo nyid	재가자임(범어 pṛthagjanatā)
སོ་སོར་སྐྱོང་བ་	so sor skyong ba	보호하다, 지키다, 구하다(범어 prati-rakṣ)
སོ་སོར་སྡུད་པ་	so sor sdud pa	"분리된 집합"(아마도 범어 pratipatti나 pratipad(ā)의 번역어), 윤리적으로 옳은 행위
སོ་སོར་འགོག་པ་	so sor 'gog pa	없애다, 막다(범어 prati-ṣidh)['gog pa는 관련 구절에서 'gegs pa와 같은 의미로 쓰임]
སོ་སོར་ལྟ་བ་	so sor lta ba	~로 여기다, 간주하다(범어 praty-avekṣ)
སོག(ས་)པ་	sog(s) pa	모으다
	P bsags F bsag I sog(s)	
སོགས་	sogs	(la sogs pa의 축약형) 등등
སོང་	song	'gro ba 참조
སོད་	sod	(gsod 참조)
སོའི་རྩེ་མོ་	so'i rtse mo	치아의 끝부분(범어 dantāgra)
སོལ་བ་	sol ba	석탄
སོས་	sos	gso ba 참조
སྲང་མདའ་	srang mda'	저울대, 저울추를 거는 막대기
སྲན་པ་	sran pa	확고한, 꾸준한, 지속적인(bzod sran 참조)
སྲས་	sras	(bu의 존칭어) 아들('phags ba'o sras 참조)
1.སྲིད་	srid	길이(ji srid, de srid 참조)
2.སྲིད་	srid	지배, 통치
སྲིད་པ་	srid pa	중생, ~이다, 가능하다; 존재, 삶
སྲིད་འཚོ་བ་	srid 'tsho ba	다스리다, 통치하다
སྲིན་བུ་	srin bu	벌레, 누에(chu srin 참조)(chu srin 참조)

སྲུང་བ་	srung ba	지키다, 보호하다; 순종하다, 믿을 만한
	P bsrungs F bsrung` I srungs	
སྲེག་པ་	sreg pa	태우다
	P bsregs F bsreg I sregs	
སྲེད་པ་	sred pa	갈애, 갈증, 욕망, 탐욕
སྲོག་	srog	삶, 생명(tshe srog, lus srog 참조)
སྲོག་ཆགས་	srog chags	유정(有情), 살아 있는 것
སྲོག་ལ་འབབ་པ་	srog la 'bab pa	생명의 위기에 봉착하다.
སྲོག་ཤིང་	srog shing	생명의 나무(어떤 구절에서는 나무를 뜻함)
སྲོང་བ་	srong ba	올바른, 곧은(drang sron 참조)
སླ་བ་	sla ba	얇은, 쉬운; 쉽다
1.སླད་	slad	(phyir의 우아한 표현) 뒤, 뒷면: 이후에
2.སླད་	slad	~때문에, 목적
སླད་དུ་	slad du	~을 위해서
སླད་ན་	slad na	(소유격 뒤에서) 이후에, 나중에
སླད་པ་	slad pa	망치다
སླད་བཞིན་པར་	slad bzhin par	나중에
སླར་	slar	(phyir의 우아한 표현) 다시, 한번 더; 되돌아서; ~을 위해서
སླར་ཡང་	slar yang	한 번 더, 반복해서(slar의 강화형)
སླས་	slas	하인, 수행원
སླུ་བ་	slu ba	속이다, 함정에 빠뜨리다, 유혹하다
	P bslus F bslu I slus	

སླེབ་པ་	sleb pa	이르다, 도착하다
	P bslebs F bsleb I slebs	
སློང་	slong	dge slong 참조((2) slong ba 참조)
1.སློང་བ་	slong	일으키다, 세우다; (~로부터 ~를) 야기하다, 만들다
	P bslangs F bslang I slongs	
2.སློང་བ་	slong	요구하다, 빌다; 거지
	P bslangs F bslang I slongs	
སློབ་ཏུ་བཅུག་པ་	slob tu bcug pa	가르쳐진, 알려진(from slob tu 'jug pa, cf. 16.11)
སློབ་པ་	slob pa	훈련하다, 배우다, 공부하다
	P bslabs F bslab I slobs	
གསང་	gsang	gsang ba의 축약형
གསང་བ་	gsang ba	무언가를 숨기다; 숨겨진, 비밀의; 비밀
གསང་གྲོས་	gsang gros	은밀한 조언
གསང་སྔགས་	gsang sngags	비밀스러운 주문, 진언(범어dhāraṇī)
གསང་སྔགས་གྲུབ་པ་	gsang sngags grub pa	(dhāraṇī에 성공한), 진언을 아는 자
གསང་བ་	gsang la	비밀스럽게, 몰래
གསད་	gsad	gsod pa 참조
1.གསན་པ་	gsan pa	(nyan pa, thos pa의 존칭어) 듣다
2.གསན་པ་	gsan pa	chud gsang pa 참조
གསར་པ་	gsar pa	새로운
གསལ་བ་	gsal ba	깨끗하다, 밝은, 분명한, 순수한, 빛나는
གསལ་བའི་ཉ་	gsal ba'i nya	"빛의 물고기" 아마도 범어 śvetakolaka,

		śvetamasysa, śveta의 번역어
གསུང་བ་	gsung ba	(smar ba의 존칭어) 말하다, 공포하다
	P gsungs	
གསུངས་	gsungs	gsung ba 참조
གསུམ་	gsum	숫자 3
གསུམ་ཀ་	gsum ka	(저기 있는) 셋; 셋으로 된 무리
གསུམ་པོ་	gsum po	(저기 있는) 셋; 셋으로 된 무리
གསུམ་ཞིག་	gsum zhig	숫자 3
གསེར་	gser	금
གསོ་བ་	gso ba	치료하다, 향상시키다; 끝내다, (위급한 상황에서 위험, 병, 위급한 사태를) 없애다; 먹이다, 기르다
	P gsos, (b)sos	
གསོད་པ་	gsod pa	죽이다(khyad du gsod pa, nyed par gsod pa 참조)
	P bsad F gsad I sod	
གསོན་པ་	gson pa	살다, 살아 있다; 살아 있는
གསོལ་བ་	gsol ba	(높은 사람에게) 말하다; 이야기하다; 요구하다(공손한 요구를 표현하는 동사어간 말미 뒤에 ba 없이: gsol -); 요구
གསོལ་བ་འདེབས་པ་	gsol ba ’debs pa	요구하다
གསོས་	gsos	gso ba 참조
བསགས་	bsags	sog(s) pa 참조
བསད་	bsad	gsod pa 참조

བསམ་	bsam	bsam pa의 축약형
བསམ་གྱིས་མི་ཁྱབ་པ་	bsam gyis mi khyab pa	부사의(不思議)한, "인간의 마음이나 생각에 의해 꿰뚫리지 않은 혹은 도달할 수 없는", 생각할 수 없는, 상상할 수 없는
བསམ་པ་	bsam pa	생각, 마음, 의도
བསམས་	bsams	sem(s) pa 참조
བསལ་	bsal	sel ba 참조
བསིལ་བ་	bsil ba	차가운, 시원한
བསོད་སྙོམས་	bsod snyoms	보시, 구호품
བསོད་ནམས་	bsod nams	복덕, 공덕(범어 puṇya)
བསོད་པ་	bsod pa	기쁘게 하는, 기분 좋은; 기뻐하다, 즐거워하다
བསོས་	bsos	gso ba 참조
བསྲུངས་	bsrungs	srung ba 참조
བསྲུན་པ་	bsrun pa	매끄러운, 순한, 부드러운(srun pa 참조)
བསྲེག་	bsreg	sreg pa 참조
བསྲེག་ལུགས་	bsreg lugs	"타서 녹은", (제사할 때 불에 던지는) 녹은 버터, 버터(범어 āhuti)
བསྲེག་ལུགས་ཟ་བ་	bsreg lugs za ba	"녹은 버터의 포식자", 불, 제사에 쓰는 불
བསྲེགས་	bsregs	sreg pa 참조
བསླང(ས་)	bslang(s)	slong ba 참조
བསླབ(ས་)	bslab(s)	slob pa 참조
བསླུས་	bslus	slu ba 참조

ཧ	**ha**	
ཧར་	har	진주 목걸이(범어 hāra, mu tig gi har 참조)
ལྷ་	lha	왕, 신, 주인, 지배자(범어 deva)
ལྷ་ཆེན་པོ་	lha chen po	"위대한 지배자", 어떤 왕자의 이름(범어 mahādeva)
ལྷ་མོ་	lha mo	왕비(범어 devī)
ལྷ་མཛེས་	lha mdzes	왕비(범어 devī)
ལྷའི་བུ་མོ་	lha'i bu mo	"신의 딸", 천녀(apsaras)의 이형, 요정의 특정 종류(범어 devaputrī)
ལྷའི་མིག་	lha' mig	천안(天眼)(범어 devacakṣus)
ལྷག་	lhag	lhag pa, lhag par, lhag ma의 축약형
ལྷག་པ་	lhag pa	초월적인, 훌륭한, 우월한
ལྷག་པར་	lhag par	강력한, ~보다(las) 많은, 훨씬 많은, 나아가; 풍부하게(범어 adhi); (las) + (lhag par) = 비교급
ལྷག་པར་རྒོལ་བ་	lhag par rgol ba	모욕하다(범어 *adhi-vāday; adhivādin 참조)
ལྷག་པར་གནས་པ་	lhag par gnas pa	~에 살다, 머무르다, 위치하다(범어 adhi-ṣṭhā; mngon par gnas pa 참조)
ལྷག་པར་བྱེད་པ་	lhag par byed pa	늘리다, 증가시키다
ལྷག་མ་	lhag ma	나머지, 부스러기
ལྷན་ཅིག་(ཏུ)	lhag cig (tu)	동시에, ~과(dang) 함께
ལྷན་ཅིག་སྐྱེས་པ་	lhan cig skyes pa	타고난, 날 때부터 있는(범어 sahaja)
ལྷབ་པ་	lhab pa	(깃발이) 펄럭이다, (새가) 날개를 퍼덕이다

ལྷུང་	lhung	ltung ba 참조
ལྷུང་བཟེད་	lhung bzed	발우(범어 pātra)
ལྷོད་པ་	lhod pa	느슨해지다, 완화되다; 느슨한, 부주의한
ཨ	**a**	
ཨ་མྲ་	a mra	망고(범어 amra, āmra)
ཨུཏྤལ་	utpala	(파란) 연꽃(범어 utpala)
ཨེ་མ་	e ma	슬픔을 나타내는 감탄사: 아아!
ཨེ་མ་	e ma'o	즐거움과 놀람을 나타내는 감탄사: 정말! 설마! 어머나!

| 찾아보기 |

※ 번호는 해당 챕터를 의미합니다.

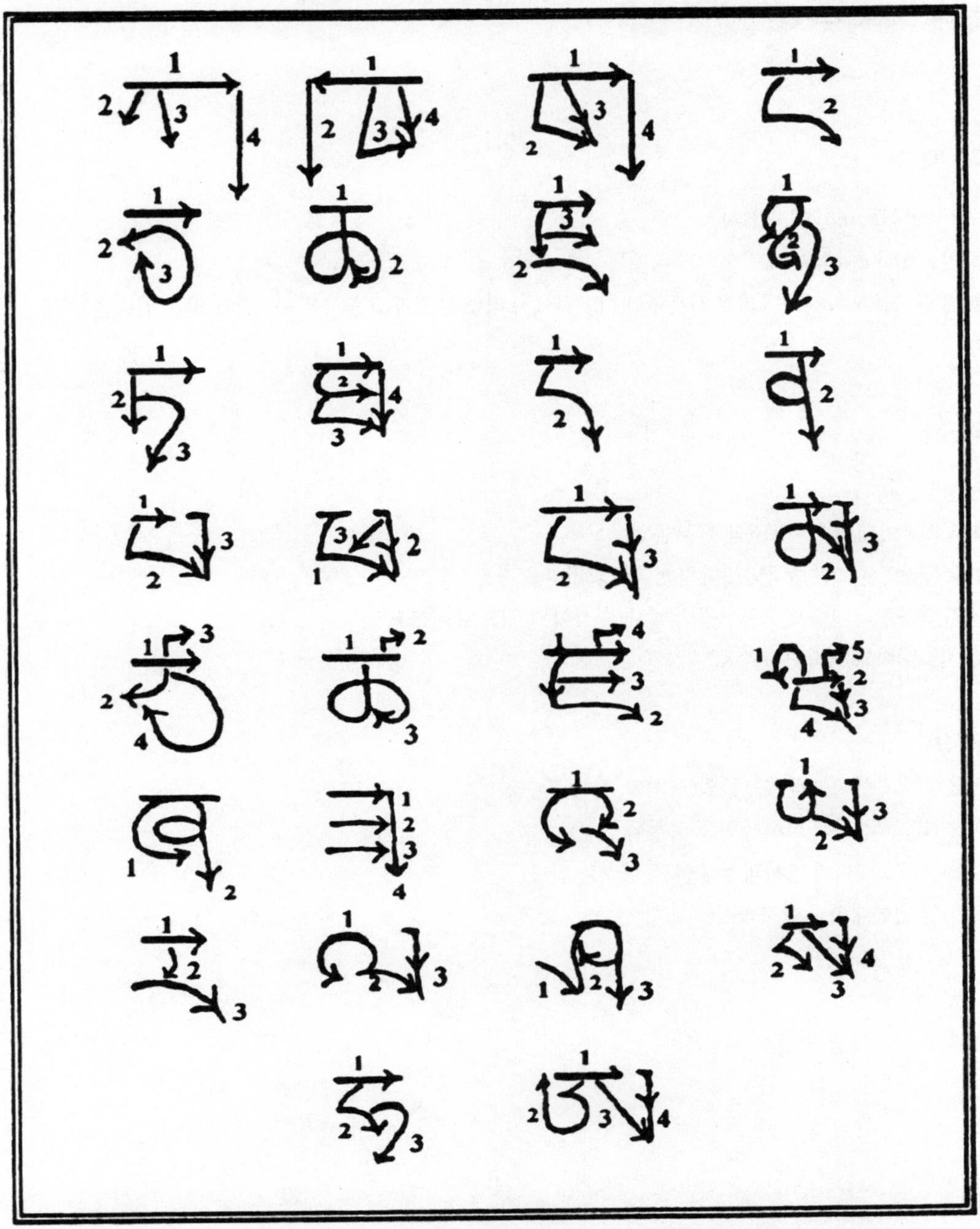

| 저자 및 역자소개 |

저 자

Michael Hahn(1941-2014)
독일 Marburg 대학에서 인도학과 티벳학을 가르침
특히 인도불교의 산스크리트 시문학과 티벳학에서 티벳 문법과 교훈시를 중심으로 많은 업적을 남김

역 자

안성두
한국외국어대학 독어교육과 학부졸업
한국학중앙연구원 한국학대학원 한국불교철학을 전공
독일 함부르크대학 인도학연구소 석사, 박사학위(인도 유식불교 전공)
현 서울대학교 철학과 교수로 재직 중

최성호
서울대학교 사회학과 학부졸업(사회학, 철학 복수 전공)
서울대학교 철학과 석사학위(동양철학 전공)
서울대학교 철학과 박사과정 수료(동양철학 전공)
현 독일 뮌헨대학교 박사과정(불교학 전공)

고전 티벳어 문법

초판인쇄 2016년 8월 24일
초판발행 2016년 8월 31일

저 자 Michael Hahn
역 자 안성두, 최성호
펴 낸 이 김성배
펴 낸 곳 도서출판 씨아이알

책임편집 박영지
디 자 인 김나리, 추다영
제작책임 이헌상

등록번호 제2-3285호
등 록 일 2001년 3월 19일
주 소 (04626) 서울특별시 중구 필동로8길 43(예장동 1-151)
전화번호 02-2275-8603(대표)
팩스번호 02-2275-8604
홈페이지 www.circom.co.kr

I S B N 979-11-5610-245-8 93790
정 가 24,000원